Gärten und Politik Vom Kultivieren der Erde

Gärten und Politik

Vom Kultivieren der Erde

Herausgegeben von Brita Reimers

Dieses Buch wurde gefördert von

Heinz Holert, Hamburg
Marianne Günther, Hamburg
Hamburgische Architektenkammer
Stiftung Naturschutz Hamburg und
Stiftung Loki Schmidt zum Schutze gefährdeter Pflanzen

E we 100,a

Dieses Buch wurde klimaneutral hergestellt.
CO$_2$-Emissionen vermeiden, reduzieren, kompensieren –
nach diesem Grundsatz handelt der oekom verlag.
Unvermeidbare Emissionen kompensiert der Verlag
durch Investitionen in ein Gold-Standard-Projekt.
Mehr Informationen finden Sie unter: www.oekom.de

Bibliografische Information der Deutschen Nationalbibliothek

Die Deutsche Nationalbibliothek verzeichnet diese Publikation
in der DeutschenNationalbibliografie; detaillierte bibliografische
Daten sind im Internet über http://dnb.d-nb.de abrufbar.

© 2010 oekom verlag, München
Gesellschaft für ökologische Kommunikation mbH
Waltherstraße 29, 80337 München

Lektorat und Redaktion: Brita Reimers
Umschlag und grafisches Konzept: Katja Musenberg
Umschlagabbildungen: istockphoto
Korrektorat: Hartwig Stein

Druck: Kessler Verlagsdruckerei, Bobingen
Dieses Buch wurde auf FSC-zertifiziertem Papier gedruckt.
FSC (Forest Stewardship Council) ist eine nichtstaatliche,
gemeinnützige Organisation, die sich für eine ökologische und
sozialverantwortliche Nutzung der Wälder unserer Erde einsetzt.

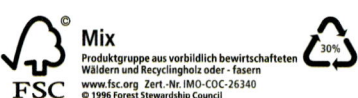

Mix
Produktgruppe aus vorbildlich bewirtschafteten
Wäldern und Recyclingholz oder - fasern
www.fsc.org Zert.-Nr. IMO-COC-26340
© 1996 Forest Stewardship Council
FSC

Inhalt

7 Vorbemerkung
   Brita Reimers

I.

11 Ohne Boden bodenlos
   Gartenkultur und Bodenschutz – ein Widerspruch?
   Günter Miehlich, Bodenkundler

20 Stadtpark – Brache – Neue Wildnis?
   Defensive Strategien für einen Überfluss von Raum
   Wolfgang Kil, Architekturkritiker und Publizist

II.

30 Der Traum des Poliphilo und andere Gärten der Renaissance
   Horst Günther, Philosoph

45 Barock als Banalität: Linden in der Kulturlandschaft
   Hans-Helmut Poppendieck, Botaniker

58 Die Entdeckung der Landschaft.
   Garten als künstlerisches Medium einer gesellschaftlichen Epoche
   Martina Oldengott, Landschaftsarchitektin

74 Gärten der Revolution – die Revolution im Garten
   Horst Günther, Philosoph

88 Vom formalen Garten zur Stadtlandschaft
   Hartmut Frank, Architekturtheoretiker

107 Tomaten in menschlicher Gesellschaft
   Bernd Horneburg, Gärtner und Pflanzenzüchter

121 Oasen in der Steinwüste – Der deutsche Kleingarten zwischen
   pädagogischer Provinz, ökonomischer Nische und privatem Paradies
   Hartwig Stein, Historiker

137 Leberecht Migge und der Reformgarten – Von der Raumkunst im Freien
   zum Garten der Hunderttausend
   Britta Olényi von Husen, Kunsthistorikerin

149 Vom Gartenkind zum Weltbürger – Natur als éducation politique
   Brita Reimers, Kulturhistorikerin

III.

166 Gärten in modernen Zeiten
Brigitte Wormbs, Landschaftsarchitektin

182 Urbanisierte Landschaft – Kulturlandschaft der beschleunigten
Gesellschaft
Jörg Dettmar, Landschaftsarchitekt

192 Gärten und Kulturen auf der Wanderschaft
Thomas Gladis, Biologe und Kulturpflanzenforscher

208 Gemeinschaftsgärten – Politische Konflikte um die Nutzung
innerstädtischer Räume
Marit Rosol, Geographin

218 Von der Lesbarkeit der Gärten.
Versuch über Dramaturgien der Naturbegegnung
Silke Koneffke, Dramaturgin

235 Gärten für die Multioptionsgesellschaft? Landschaftsarchitektur
zwischen gestalterischer Geschwätzigkeit und Minimalismus
Udo Weilacher, Landschaftsarchitekt

246 Grau gegen Grün.
Vom Konflikt zwischen politischer und natürlicher Ordnung
Silke Koneffke, Dramaturgin

263 Ressource Kritik.
Garten und Landschaft als politische Orte in den zeitgenössischen Künsten
Dirck Möllmann, Kunsthistoriker

IV.

276 Der Garten der Frauen – ein Ort der Zeitgeschichte
Rita Bake, Sozial- und Wirtschaftshistorikerin

283 Hinter Mauern und Stacheldraht – Gärten der Hoffnung
Renate Hücking, Journalistin

V.

300 Anmerkungen

310 Über die Autorinnen und Autoren

315 Abbildungsnachweis

317 Dank

»Wer einen Garten gestaltet, entwirft ein Wunschbild der Welt. Man nimmt von der Natur das, was nicht weglaufen kann, den Boden und die Pflanzen, und prägt dem seinen Willen auf. Man verwandelt das Land um der Menschen willen, aus den unterschiedlichsten Absichten, die sich ergänzen oder einander widerstreiten, und schon ist man mitten in den Auseinandersetzungen der Politik.«
Horst Günther

Unter diesem Motto konzipierte und organisierte ich für die Landeszentrale für politische Bildung in Hamburg die Vortragsreihe »Gärten und Politik«, auf der dieses Buch beruht.

Gärten und Städte entstanden als Orte der Verteidigung gegen die wilde Natur. Ihre Kultivierung war ein Akt der Humanisierung, wobei sich ökonomischer Nutzen und ästhetische Absicht verbanden. Heute ist die Erde weitgehend begärtnert, und die Zonen, die es nicht sind, stehen unter Kontrolle. Doch haben wir uns bei dieser Kulturleistung nicht als Gärtner erwiesen, die in einem pfleglichen Austausch mit der Natur leben, sondern als Herrscher und Ausbeuter. Die Politik einer bis zur Verwüstung schädigenden Landwirtschaft und Industrie ist ebensowenig Ausdruck einer gärtnerischen Haltung wie die kommerziellen Freizeitparks und die eintönigen städtischen Freiräume oder ein zerstörerischer Tourismus übersättigter Kurzweil.

Seitdem wir das Eigenleben der Natur erklären und verwerten, anstatt es verstehen zu wollen, stößt der Mensch nur noch auf sich selbst. Am Abend vor der Einweihung des Parc André-Citroën 1992 durch Jacques Chirac, damals Bürgermeister von Paris, ging Gilles Clément, einer seiner Erbauer, den Parcours noch einmal ab. Als er eine vertrocknete, die gesamte Hecke verunstaltende Eibe entdeckte, wies er an, sie zu entfernen. Doch anstatt sie auszugraben, lackierten die Gärtner sie grün: »Niemand sagte etwas zu diesem auffälligen Detail, weil niemand es sah. Politiker lassen sich den Blick von den kleinen Repräsentationen des Lebens nicht versperren. Damals habe ich verstanden, dass man nicht einen Garten für Paris einweihte, sondern nur die Gelegenheit, von einem Garten für Paris zu sprechen.«

Den Garten wieder als Ort der Begegnung des Menschen mit der Natur zu verstehen, gibt ihm seine Bedeutung zurück. Die vielen Facetten historischer und gegenwärtiger Gärten – nützlich und poetisch, geheim und öffentlich, bescheiden und fürstlich, enzyklopädisch und wild – bieten sich an für die Erörterung, welches Verhältnis wir künftig zur Natur und zu uns selbst haben wollen. Dabei ist die gesellschaftliche Verantwortung des Experten, der sich gegenüber den Pressionen der Politik und den Interessen der Wirtschaft durchsetzen muss, ebenso gefordert wie die des Bürgers mit seinen Vorstellungen von einem guten Leben. In dieser demokratischen Runde müsste auch die Natur eine Stimme haben.

Wäre die Lösung in einer humanen Haltung zu suchen, in der wir uns als Teil des Ganzen der Natur begriffen, freilich im Bewusstsein unserer Verantwortung, da wir ermessen können, dass das Leben in unseren Händen liegt, dann ginge es vor allem darum, die Natur zu beobachten, sie zu verstehen und sich im lebendigen Austausch zwischen natürlichem und kulturellem Wachstum zu integrieren. Menschliche Gestaltung wäre an die bildende Kraft der Natur zurückgebunden.

Die vorliegende Textsammlung zielt, um mit dem Kulturhistoriker Aby Warburg zu sprechen, auf Grenzerweiterung. Das Thema ist weit gefasst: Der Blick richtet sich auf klassische Kleingärten wie Haus-, Pacht- und Mietergärten ebenso wie auf Migranten- und Gefängnisgärten. Es geht um traditionelle Parks und städtebauliche Anlagen vom Fürstengarten über den Revolutionsberg bis zum Volkspark, von der Gartenstadt bis zur Stadtlandschaft. Die Diskussion der zeitgenössischen Nutzung und Gestaltung umfasst Parks, öffentliche Plätze und städtische Brachflächen, wie sie durch den Abriss von Häusern oder die Aufgabe von Industriegelände entstehen, sowie die von Gärtnern bewirtschaftete und von Künstlern und Planern gestaltete Landschaft. Es geht um den Boden, die Pflanzen und die Bäume.

Zu den Künsten, die den Zusammenhang des großen Ganzen nie aufgegeben haben, gesellte sich die Ökologie, die Ernst Haeckel als die umfassende Erforschung der Wechselwirkungen zwischen den Lebewesen und ihrer unbelebten Umwelt beschrieben hat. Für die Umfriedung des Gartens bedeutet das, dass wir sie auf die empfindliche Grenze unserer Biosphäre ausdehnen und den ganzen Planeten als Garten verstehen. Die alte Geschichte vom Paradies ist als politische Geschichte neu zu erzählen.

Dazu bedarf es aller lebendigen Kräfte. Es geht mir darum, die engen Fachgrenzen, die die Welt zersplittern, zu überschreiten und möglichst viele verschiedene, praktisch und theoretisch tätige Experten zu versammeln. Architekturtheoretiker, Botaniker und Bodenkundler, Dramaturgin und Geographin, Historiker, Kulturpflanzenforscher, Kunsthistoriker und Literaturwissenschaftler, Landschaftsarchitekten, Philosophen und Pflanzenzüchter denken über den Garten nach. Die Beiträge erscheinen in der Disparatheit ihrer persönlichen, generationsbedingten und fachlichen Individualität. Aus diesen sehr unterschiedlichen Arten, die Welt wahrzunehmen, zu denken und zu handeln, ist ein Chor entstanden, der komplex ist wie das Leben selbst.

Dieses Konzept spiegelt sich in dem gelockerten chronologischen Aufbau des Buches, der mit zwei vorangestellten Beiträgen aus den großen Bereichen Kultur- und Naturwissenschaften die ganze Weite des Horizonts aufscheinen lässt. Der Zeitraum umfasst die Neuzeit von der Renaissance bis zur Gegenwart, vom humanistischen Garten bis heute, da es darum geht, ein humanes Verhältnis zur Natur zurückzugewinnen.

Wenn es dem Buch gelingt, Kenntnisse über das Wesen des Gartens und Gärtnerns zu vermitteln und Perspektiven zu eröffnen, damit wir eine Antwort darauf finden, welcher Garten unsere Vision der Welt am Anfang des 21. Jahrhunderts repräsentieren könnte, wäre sein Zweck erfüllt.

Brita Reimers

Ohne Boden bodenlos
Gartenkultur und Bodenschutz – ein Widerspruch?

Günter Miehlich

Jede Einrichtung eines Gartens, aber auch seine Pflege ist mit gravierenden Eingriffen in die natürlichen Eigenschaften seines Bodens verbunden. Bei der Anlage wird der Boden oft tiefgründig gemischt, teils abgetragen und anderswo zur Modellierung des Terrains verwendet. Der Gärtner hackt, düngt, gießt und erntet; auch das sind gravierende Eingriffe in den Boden. Gartenkultur ist also per se permanente Bodenveränderung.

Nicht jeder Eingriff in den Boden steht im Widerspruch zu den Zielen des Bundes-Bodenschutzgesetzes, das nur in Ausnahmefällen den natürlichen Boden schützt. In Sonderfällen entstanden durch langjährig intensive Gartenkultur sogar Böden, die als Archive der Kulturgeschichte schützenswert sind. Hauptzweck des Gesetzes ist es, »nachhaltig die Funktionen des Bodens zu sichern oder wiederherzustellen«[1]. Es benennt natürliche Bodenfunktionen (u. a. seine Rolle als Lebensgrundlage und Lebensraum), seine Funktion als Archiv der Natur und Kulturgeschichte sowie Nutzungsfunktionen (u. a. als Fläche für Siedlung und Verkehr oder als Standort für die land- und forstwirtschaftliche Nutzung). Das Gesetz und seine Verordnung definieren »schädliche Bodenveränderungen«, die abzuwehren, gegebenenfalls zu sanieren und deren Entstehung durch Vorsorge zu vermeiden sind.

Gartenkultur und Bodenschutz sind also grundsätzlich vereinbar. Da nicht gewerblich genutzt, gilt für Haus- und Kleingärten in besonderem Maße, Vorsorge für den Erhalt der Bodenfunktionen zu treffen und schädliche Bodenveränderungen, wie z. B. Überdüngung, zu vermeiden.

Pflanzen haben Ansprüche
Unsere Gartenpflanzen hatten Millionen Jahre Zeit, sich an die speziellen Bodenbedingungen ihrer Standorte anzupassen. Sie haben in Bezug auf Licht, Klima und Boden einen physiologischen Lebensbereich entwickelt, innerhalb

Podsol, Pseudogley und Schwarzerde, drei Boden- typen aus Deutschland, die sich farblich in der Abfolge der Horizonte deutlich unterscheiden.
Foto Günter Miehlich

dessen sie gedeihen. Oft unterscheiden sich Arten einer Gattung deutlich in ihren Ansprüchen. Während z. B. die meisten Erika-Arten saure, humusreiche Böden beanspruchen, benötigt die Schnee-Heide (Erica herbacea) kalkhaltigen Boden. Auch in der Spannweite ihrer Lebensbedingungen unterscheiden sich Pflanzen erheblich. Es gibt anspruchslose Pflanzen mit breitem physiologischen Lebensbereich und Spezialisten, die extreme Bedingungen tolerieren oder brau- chen und dort gegenüber anderen Pflanzen Standortvorteile haben.

Im Gegensatz zur natürlichen Vegetation sind Gartenpflanzen (meist) vom Konkurrenzdruck anderer Pflanzen befreit. Sie können daher die volle Spann- weite tolerabler Lebensbedingungen ausnutzen. Optimal gedeihen die Pflanzen jedoch nur, wenn ihre Standortansprüche berücksichtigt werden. Oft schafft der Gärtner geeignete Bodenbedingungen. Aus Sicht des Bodenschutzes ist hier vor rabiaten Eingriffen in den Boden abzuraten. Wie wäre es, Pflanzen nach dem Boden auszuwählen, statt den Boden den Pflanzen anzupassen? Grund- voraussetzung dafür ist jedoch, seinen Boden zu kennen.

Böden sind die lebendige Haut unserer Erde. Wasser und Wärme, Tiere und Pflanzen haben dafür gesorgt, dass sich der oberste Bereich des Gesteins im Verlauf der Zeit in Böden verwandelt hat. Seit Jahrtausenden bewirtschaf-

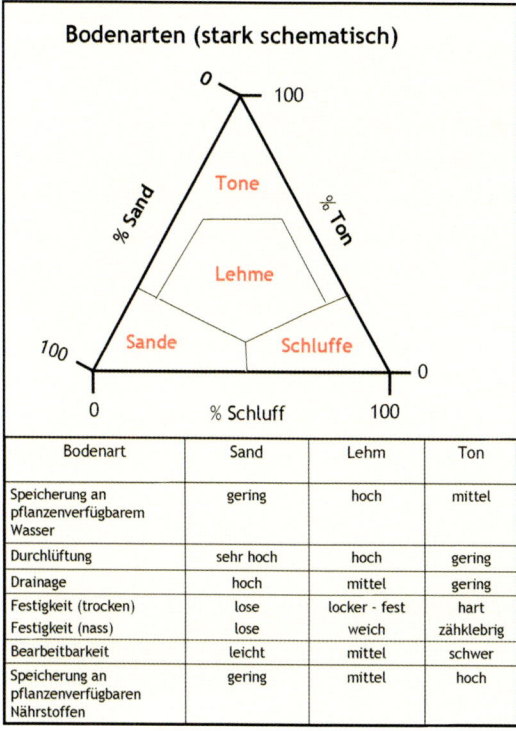

Bodenarten (stark schematisch)

Bodenart	Sand	Lehm	Ton
Speicherung an pflanzenverfügbarem Wasser	gering	hoch	mittel
Durchlüftung	sehr hoch	hoch	gering
Drainage	hoch	mittel	gering
Festigkeit (trocken)	lose	locker - fest	hart
Festigkeit (nass)	lose	weich	zähklebrig
Bearbeitbarkeit	leicht	mittel	schwer
Speicherung an pflanzenverfügbaren Nährstoffen	gering	mittel	hoch

Bodenarten und ihre Bedeutung für Bodeneigenschaften

tet der Mensch Böden und gestaltet sie zu seinem Nutzen um. Je nach Art und Dauer der Einwirkungen entstanden verschiedene Formen, die oft kleinräumliche Muster in der Landschaft bilden. Nach den Eigenschaften und der Abfolge ihrer Horizonte unterscheiden die Bodenwissenschaften in Deutschland 56 Bodentypen.[2] Ihre Eigenschaften variieren erheblich. Böden können zwischen wenigen Zentimetern und mehreren Metern mächtig sein. Es gibt tonreiche und sandige, humusreiche und -arme, nährstoffreiche und -arme, schnell austrocknende und stets feuchte, saure und basische, dichte und lockere Böden. Der Gärtner neigt dazu, extreme Bodeneigenschaften abzumildern. Er düngt insbesondere nährstoffarme, er drainiert nasse, bewässert rasch austrocknende und lockert dichte Böden. Er erhöht dadurch die Bodenfruchtbarkeit, verändert aber, oft irreversibel, Standorte für Pflanzen mit besonderen Ansprüchen.

Leider sind die meisten Gartenbücher keine besondere Hilfe, um etwas über die Details der Bodeneigenschaften und die Möglichkeiten ihrer Beeinflussung zu erfahren. Sie ergehen sich oft in Allegorien zur »Grundlage allen Lebens« oder bemühen gar »Mutter Erde«. Dagegen sind sachdienliche Informationen oft spärlich oder fachlich nicht richtig. Ich möchte dies am Begriff Lehm verdeutlichen. Man unterteilt die feineren Mineralkörner des Bodens in die Korngrößenfraktionen Sand (2 bis 0,063 mm), Schluff (0,063 bis 0,002 mm) und Ton (< 0,002 mm). Für Gemische aus diesen Fraktionen bildet man die Bodenarten, die nicht zu verwechseln sind mit den oben erwähnten Bodentypen. Die Bodenartengruppe Lehme hat einen Mindestanteil aus allen drei Korngrößenfraktionen. Es ergibt sich auch, dass ein Boden zwar sandiger, toniger oder schluffiger als ein anderer sein kann, nicht jedoch »lehmiger«. Von den sieben, eher zufällig in meinen Bücherschrank geratenen Gartenbüchern erklärt lediglich ein ADAC-Ratgeber[3], sonst für Autos und Verkehr zuständig, die Bodenarten einfach und richtig. Selbst im empfehlenswerten Buch von Robert Sulzberger[4] zum Thema Boden und Garten besteht Lehm aus Sand und Ton. Die Bodenart steuert eine große Zahl von Bodeneigenschaften. Sandige Lehme und lehmige Sande sind des Gärtners Freude. Neben der Bodenart sollte er Humusgehalt, pH-Wert und Nährstoffstatus seines Bodens kennen. Im Zweifel hilft eine Bodenanalyse.

Garten- und Landschaftsbau – gestaltete Natur?
Innerhalb Deutschlands schufen Fürst Leopold III. Friedrich Franz von Anhalt-Dessau und sein Architekt Friedrich Wilhelm von Erdmannsdorf ab 1764 in Wörlitz den ersten Garten im englischen Stil. Es war die Zeit der Aufklärung und neben neuen gartengestalterischen Prinzipien übernahm der Fürst aus England auch Ideen für die moderne Landwirtschaft, z. B. den Anbau von Schmetterlingsblütlern wie Lupinen oder Bohnen zur Erhöhung der Bodenfruchtbarkeit. Sein öffentlich zugänglicher Garten entstand nach dem auf Horaz zurückgehenden Motto: »Jeglichen Beifall errang, wer Nützliches mischt mit dem Schönen.«[5] Gewaltige Erdbewegungen waren mit der Anlage eines Landschaftsgartens verbunden. Seen wurden ausgehoben und künstliche Hügel geschaffen, um vielfältige Gartenaspekte auf kleinem Raum zu erreichen. Rahel Varnhagen nannte Hermann Fürst Pückler, der die Landschaftsgärten von Muskau und Branitz schuf, einen »Erdbändiger«; er selbst sprach von seiner »Erdfabrik«.[6] Auch wenn für Pflanzen die These von der gestalteten Natur im Landschaftsgarten angehen mag, für Böden stimmt sie nicht.

Auch im modernen Gartenbau wird wenig pfleglich mit Böden umgegangen. Sie werden meist nur als Substrat wahrgenommen, das zur Modellierung der Landschaft dient und von einer Vegetationstragschicht abgedeckt wird, in der die Bepflanzung wurzelt. Bodenkunde und Bodenschutz kommen in der Ausbildung von Gärtnern nicht oder wenig vor. Die Schüler einer Hamburger Meisterklasse für Gartenbau haben kurz vor Abschluss eher zufällig durch einen Vortrag von mir von dieser Thematik erfahren. Im Lehrplan vorgesehen ist dieses Thema nicht.

Günter Miehlich

Ein wichtiges umweltpolitisches Ziel ist es, die Versiegelung von Böden einzudämmen, denn durch die Abdeckung werden ihre Funktionen massiv eingeschränkt. Im Jahr 2000 wurden in Deutschland täglich ca. 130 Hektar, meist gutes Ackerland, in Flächen für Siedlung und Verkehr umgewandelt.[7] Das ehrgeizige Vorhaben der Regierung Schröder, den Flächenverbrauch in Deutschland auf 30 ha pro Tag zu reduzieren, führte zu einer Trendwende, das Ziel wurde aber weit verfehlt. Hinzu kommt die Mode, immer größere Anteile der Grundstücke zuzupflastern. In Gartenzeitschriften finden sich Gestaltungsbeispiele, in denen 80 Prozent der Fläche versiegelt sind. Bei der Verwendung von behauenen Natursteinen ist außerdem zu befürchten, dass sie von Kindern in Handarbeit hergestellt wurden.[8]

Eine weitere Folge unsachgemäßen Umgangs mit Böden ist seine Verdichtung. Gerade in kleinen Grundstücken bleibt beim Bau des Hauses oft kein Quadratmeter Boden unberührt. Meist wird bei jedem Wetter mit schwerem Gerät gearbeitet, so dass der Unterboden stark verdichtet wird. Da hilft auch keine fachgerechte Vegetationstragschicht, diese Böden leiden dauerhaft unter stauender Nässe.

Von nützlichen und schädlichen Stoffen im Garten
Jeder Gärtner weiß, dass Humus von großer Bedeutung für die Bodenfruchtbarkeit ist. Unter Humus werden hier alle abgestorbenen Reste von Pflanzen oder Tieren, die Streu, und deren submikroskopisch feine, meist braune Umwandlungsprodukte, die Huminstoffe, zusammengefasst. Humus hat für Gartenpflanzen viele wichtige Funktionen. Die Streu dient den Bodenorganismen als Nahrung und bei ihrer Zersetzung werden für Pflanzen essentielle Nährstoffe freigesetzt. Huminstoffe können diese Nährstoffe in pflanzenverfügbarer Form binden und teilweise Schadstoffe irreversibel fixieren. Außerdem stabilisieren sie das Bodengefüge, zum Beispiel das Krümelgefüge, das für eine gute Durchwurzelbarkeit, die Belüftung des Bodens und die Aufnahme von Niederschlägen sorgt. Vor allem in sandigen Böden erhöhen Huminstoffe den Anteil an pflanzenverfügbarem Wasser. Und schließlich sind dunkle, das heißt humusreiche Böden, »warme Böden«, weil sie im Frühjahr schneller erwärmen als helle.

In natürlichen Ökosystemen besteht ein Gleichgewicht zwischen der anfallenden Streu und der mikrobiellen Zersetzung von Humus zu Kohlendioxid und Wasser. Ihr Humusgehalt bleibt konstant. In Gärten wird das Gleichgewicht durch Ernte und Streuentnahme gestört, so dass es zu einer Humusverarmung kommen kann. Ausgleich schafft die Einarbeitung von möglichst im eigenen Garten produziertem oder gekauftem, gütegesichertem Kompost.

Torf gehört ins Moor und nicht in den Garten. Obwohl Torf die positive Wirkung von Kompost nur sehr unvollkommen ersetzen kann, bestehen fast alle in Gartencentern angebotenen Bodensubstrate aus Hochmoortorf. Er enthält kaum Nährstoffe. Sogenanntem Düngetorf sind meist Mineraldünger zugemischt, die in der Tüte viel preiswerter sind. Torf wirkt versauernd auf den Boden, was nur für sehr wenige Kulturen wünschenswert ist. Vor allem wird er, einmal stark ausgetrocknet, wasserabweisend, so dass er kaum zur Wasserspeicherung des Bodens beiträgt. Außerdem zersetzt sich der nur unter nassen Bedingungen stabile Hochmoortorf im Oberboden eines Gartens sehr schnell.

Trotz dieser, gegenüber Kompost deutlich schlechteren Eigenschaften werden in Deutschlands Hausgärten jährlich ca. 900.000 Kubikmeter Torf eingesetzt.[9] Da der Torfabbau in Deutschland an strenge Umweltauflagen gebunden ist, wird ca. die Hälfte der jährlich in Deutschland verwendeten 3,5 Millionen Kubikmeter Torf zu günstigen Preisen importiert. Er kommt insbesondere aus baltischen Ländern, in denen intakte Hochmoore abgebaut werden und unwiederbringlich verloren gehen. Dieser Raubbau ist sogar in Satellitenbildern wie z. B. von Google Earth deutlich zu sehen.

Pflanzen entnehmen dem Boden für ihr Wachstum unabdingbar erforderliche Nährelemente wie Stickstoff, Phosphor, Kalium, Calcium, Magnesium, Schwefel und mehrere Spurenelemente, wie z. B. Eisen, Kupfer, Zink oder Molybdän. Die Nährelemente werden in sehr unterschiedlichen Anteilen benötigt. Bezogen auf Eisen enthält eine Maispflanze 10, 20, 50, 100 und 150 mal mehr Schwefel, Phosphor bzw. Magnesium, Calcium, Kalium und Stickstoff, aber nur ein Tausendstel an Molybdän. Unabhängig von den Unterschieden zeigen Pflanzen Mangelerscheinungen, sobald die kritische Konzentration eines dieser essentiellen Nährelemente unterschritten ist.

In natürlichen Ökosystemen hat sich ein annähernd konstanter Nährstoffkreislauf gebildet. Die Pflanze nimmt die Nährelemente aus der Bodenlösung auf und gibt sie im Herbst größtenteils mit der Streu wieder an den Boden

Zwei Bodenproben aus einem Feld, links lockeres Krümelgefüge, rechts verdichtetes Plattengefüge unter einer Fahrspur.
Foto Günter Miehlich

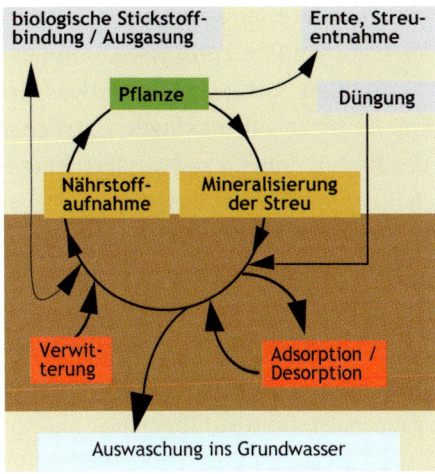

*Nährstoffkreislauf
Pflanze/Boden*

zurück. Bodentiere und Mikroorganismen zersetzen die Streu. Dabei werden die in den Pflanzenorganen gespeicherten Nährelemente an die Bodenlösung abgegeben. Vor allem Tonminerale und Huminstoffe können die Nährelemente so speichern, dass sie bei Bedarf verfügbar sind. Dies ist insbesondere im Winter wichtig, wenn zwar Nährstoffe angeliefert werden, die Pflanzen aber keinen Bedarf haben. Ohne diese Möglichkeit der Zwischenspeicherung würde ein großer Teil der Nährstoffe ins Grundwasser ausgewaschen.

Die meisten Nährstoffe werden durch Verwitterung aus den Mineralen der Gesteine freigesetzt. Je nach Mineralzusammensetzung des Bodens schwankt die natürliche Nährstoffversorgung in weiten Grenzen. Besonders nährstoff-reich sind Böden, die das Vulkangestein Basalt als Ausgangsgestein haben, extrem arm sind die Böden aus quarzreichen Sanden. Verluste an Nährstoffen treten durch Auswaschung in das Grundwasser auf. In Sonderfällen können auch gasförmige Verluste an Stickstoff auftreten.

Das Hauptnährelement Stickstoff ist nicht in Mineralen enthalten. Es ge-langt durch Mikroorganismen in den Boden, die in der Lage sind, den chemisch sehr trägen Luftstickstoff in organische Verbindungen zu überführen. Beson-ders Schmetterlingsblütler leben mit stickstoffbindenden Mikroorganismen in Symbiose. In den Wurzelknöllchen kann so viel Stickstoff gespeichert werden, dass eine Düngung für eine nachfolgende Weizenkultur überflüssig ist. Fürst Franz kannte nur die positive Wirkung der Schmetterlingsblütler, nicht jedoch die Ursache. Heute kann der ökologische Landbau durch Zwischenanbau dieser Pflanzen auf Mineraldüngung weitgehend verzichten.

Durch Ernte, Rasenschnitt oder das Abrechen von Laub entzieht der Gärt-ner Nährstoffe, die er durch Düngung ersetzt. Untersuchungen zeigen, dass er dabei häufig des Guten zu viel tut. Insbesondere der wenig bewegliche Phosphor ist in vielen Gartenböden überreichlich vorhanden. Teilweise kommt es sogar zu bedenklicher Auswaschung des sehr mobilen Nitrats ins Grundwasser. Grundsätzlich gilt: Im Privatgarten kommt es nicht auf maximale Erträge an. Stets müssen bei der Düngung Aspekte des Boden- und Grundwasserschutzes mitbedacht werden. Im Zweifel hilft auch hier eine Bodenanalyse.

Im Gartencenter steht der gutwillige Hobbygärtner meist ratlos vor der überwältigenden Auswahl an Düngern. Da gibt es Universaldünger oder spezielle Dünger für Rasen, Buchs, Rhododendren, Tannen, Tomaten oder Beeren und Dünger mit kryptischen Namen wie Kalkammonsalpeter oder schwefelsaures Ammoniak. Es wird zwischen organischen Düngern wie Hornspänen oder Guano und Mineraldüngern (meist Mehrstoffdünger aus anorganischen Verbindungen) unterschieden. Oft preisen mehr als 20 verschiedene Varianten in bunter Aufmachung ihre Wunderwirkung an. Ich kann mich des Eindrucks nicht erwehren, dass Verwirrung hier Konzept ist, das zum Kauf der oft überteuerten Spezialdünger anregen soll.

Gleichgültig, ob man mit organischen oder Mineraldüngern dem Boden Nährstoffe zuführt, es kommt auf die richtige Zusammensetzung, die richtige Menge und den richtigen Zeitpunkt an. Die Zusammensetzung organischer Dünger entspricht oft nicht dem Bedarf von Pflanzen. So enthält z. B. Hornmehl kein Kalium. Dies muss für eine ausgewogene Düngung berücksichtigt werden. Auch mehrere für die Landwirtschaft entwickelte Mineraldünger sind nicht optimal für den Privatgarten geeignet. Das größte Problem ist die richtige Menge. Kaum jemand macht sich die Mühe, die Düngemenge abzuwiegen und auf die Fläche zu beziehen. Außerdem müssen zusätzliche Nährstoffquellen wie Kompost oder der Stickstoffeintrag aus der Luft berücksichtigt werden. In alten Gartenbüchern steht noch, dass man im Herbst düngen soll. Dies lässt die Gefahr der Auswaschung von Stickstoff ins Grundwasser unberücksichtigt, die insbesondere bei sandigen Böden besteht.

Vor allem in Siedlungen können Böden durch Schadstoffanreicherungen geschädigt sein. Die wichtigsten Quellen sind Verunreinigungen durch die Vornutzung oder Schadstoffeinträge über die Luft. Ist die Belastung so hoch, dass von den Böden Gefahren für den einzelnen oder die Allgemeinheit ausgehen, spricht man von einer Altlast. Wenn sich der Verursacher der Verunreinigung nicht feststellen lässt, muss der Eigentümer das Grundstück sanieren, was mit sehr hohen Kosten verbunden sein kann. Man kann daher Kaufwilligen nur raten, sich genau über die Vornutzung des Grundstücks zu informieren und bei Verdacht eine Bodenuntersuchung durchführen zu lassen.

Lasst sie wühlen!

Es gibt nicht mehr viele Kinder, die wissen, wie Böden aussehen, sich anfühlen, riechen, schmecken und vor allem, warum eine Pflanze den Boden braucht. Dies führt zur weit verbreiteteten Unkenntnis des Zusammenhangs zwischen Ernährung, die im Supermarkt gekauft wird, und der Produktion auf dem Acker. Die Folgen sind schieres Unwissen über Böden und eine weit verbreitete Gleichgültigkeit gegenüber dem Umgang mit Böden. Gärten könnten ein wunderbarer Lernort für den Wert von Böden sein. Meine Beobachtungen sprechen dagegen. Die Sandkiste ist kein Erdkontakt für Kinder, und die Beete sehen meist so aus, als dürfe da höchstens der Hund buddeln. Wie wäre es mit einer angemessenen Lösung? Die Gartenfläche wird durch die Personen des Haushalts geteilt, und die Kinder können mit ihrer Fläche machen, was sie wollen, auch wenn dies in krassem Kontrast zur Gartengestaltung der Erwachsenen (und der Nachbarn) steht. Sie lernen dabei mehr als nur den Boden kennen.

Lola matscht.
Foto Katharina Kuhlmann

Stadtpark – Brache – Neue Wildnis?
Defensive Strategien für einen Überfluss von Raum

Wolfgang Kil

- **Demografie:** Bei linearer Fortschreibung der aktuellen demografischen Entwicklung werden, so eine Berechnung des statistischen Landesamtes, im Jahr 2020 etwa 70 Prozent der Bevölkerung von Halle/Saale außerhalb regulärer Erwerbstätigkeit stehen – weil sie entweder unter 20 oder über 65 Jahre alt sind. Diese Zahl potenzieller Transferabhängiger würde also unabhängig von (und zusätzlich zu) jeder Arbeitslosenquote entstehen.
- **Abwanderung:** Die Städte Dessau und Roßlau zusammen haben seit 1990 fast 25.000 Einwohner verloren. Das entspricht mehr als einem Fünftel der Gesamtbevölkerung. Im Schnitt stehen in der unlängst fusionierten Doppelstadt ungefähr 6.000 Wohnungen leer, bis 2010 werden es vermutlich 10.000 sein. Vor diesem Hintergrund wird am Bauhaus versucht, einen neuen Typ des Städtischen zu definieren: die »fragmentierte Stadt«, deren Elemente wie Inseln in heterogene Grünzonen eingebettet sind.
- **Armut:** Nach dem Datenreport der Bundeszentrale für politische Bildung 2006 galten 13,2 Prozent der Deutschen offiziell als arm. Jedes zehnte Kind ist in unserem Land von Armut betroffen. 3,13 Millionen deutsche Haushalte galten zu diesem Zeitpunkt als überschuldet.

Drei willkürlich herausgegriffene Meldungen beleuchten die Lage: In weiten Teilen Ostdeutschlands sind an die Stelle des traditionellen Wachstumsmodells von der Konjunktur unabhängige, d. h. eigendynamische Schrumpfungsprozesse getreten. Deökonomisierung, Peripherisierung, demographische Schrumpfung und massive Abwanderungen sind dabei, ganze Landstriche und Städte von Grund auf zu verändern; in Extremfällen wird mit regelrechter Verödung zu rechnen sein. Das beispiellose Überangebot nicht mehr nachgefragter Flächen und Räume stürzt viele lokale Wohnungsmärkte in existenzbedrohende Krisen.

Perforierte Stadt: Abrissecken, wie hier in Altenburg, haben oft keine Chance, in absehbarer Zeit wieder geschlossen zu werden.
Foto Wolfgang Kil

Im Spannungsfeld zwischen Abriss und Umfeldverbesserung können viele Kommunen mit Tempo und Umfang der tatsächlichen Schrumpfungsprozesse kaum mehr Schritt halten. Hier noch auf die »Heilungskräfte des Marktes« zu hoffen, wird immer aussichtsloser, je weiter die Krise voranschreitet. Das Investitionsvertrauen in die betroffenen Regionen ist längst zusammengebrochen. Schon lange vor der Bankenkrise wurden hier Kredite für Neubaumaßnahmen, sogar für Sanierung und Umbau, nur noch in Ausnahmefällen gewährt. Seit in den Neunzigern die Berliner Bankgesellschaft mit ostdeutschen Immobilien tödliche Verluste erlitt, haben die Geldhäuser ihr Sensorium geschärft: Wo die Menschen davonlaufen, verlieren selbst Grund und Boden alle Heiligkeit.

Offenbar befindet sich das gesamte Gesellschaftsgefüge in einem grundlegenden Umbau, die Folgen für das Planungsgeschehen sind krass. Viele altvertraute Steuerungsmechanismen, das klassische Instrumentarium von Städtebau und Raumentwicklung, greifen nicht mehr. Anstatt rational lenkender Vorausschau wird Planung immer stärker zur deskriptiven Begleitung eigendynamischer, anscheinend unabwendbarer Prozesse, zum Hinterherlaufen in der Hoffnung, wenigstens die Schäden eingrenzen zu können. An Architektur zu denken, fällt noch schwerer: Was will man in einer Region mit solchen Kenndaten und Prognosen noch bauen? Was wird noch gebraucht, was kann man sich noch leisten? Hilft Bauen hier überhaupt?

Perspektivenwechsel

Schon immer hat sich im Erscheinungsbild von Städten und Landschaften der ökonomische wie soziale Zustand einer Gesellschaft verlässlich gespiegelt. Heute kündigen nutzlos gewordene Altindustrieflächen, Wohnungsleerstand und Landstriche, die ohne Subventionen aus aller Bewirtschaftung fallen würden, einen historisch allfälligen Paradigmenwechsel an: Traditionelle Sehweisen und Interpretationen, die althergebrachten Methoden und Erwartungen helfen nicht mehr weiter. Zumindest in einigen europäischen Kernregionen ist es an der Zeit, das Denken von der ständigen Expansion auf den geordneten Rückzug umzustellen.

Trotz mittlerweile neun Jahren Schrumpfungsdebatte stehen Architekten, Planer und – vor allem – Politiker dem notwendigen Perspektivenwechsel in Anbetracht der Grenzen des Wachstums mehrheitlich vollkommen uninspiriert gegenüber. Solange Stadtumbau – zumindest im Osten – nicht mit Auf-, sondern vor allem mit Abbauen zu tun hat, können die »Spezialisten fürs Neue« für sich irgendwie keine rechte Aufgabe erkennen. Eine dramatische Fehleinschätzung, denn natürlich muss der Rückzug aus bestehenden Strukturen genauso von Fachleuten geplant werden, wie es ihre Errichtung einst erforderte. Schließlich geschieht doch das Ganze vor den Augen (und auf dem Rücken) einer verbleibenden Bewohnerschaft, die den schmerzhaften Rückzugsprozess »bei lebendigem Leibe« aushalten muss.

Das gilt für naturräumliche Strukturen genauso. Spätestens seit der »IBA Emscher Park« mit ihren Experimenten in Sachen Industrieverwaldung, Haldenbekunstung und schlichter Rekultivierung sollte sich herumgesprochen haben, dass ein Abschied von bislang aufwändig verteidigten Kulturstandards – also von Stadtpark, Bürgergarten, Liegewiese, Spielanlage, ja selbst vom hausmeisterlich betreuten Abstandsgrün – nicht ohne Begleitung zu haben sein wird. Radikales Laissez faire, die »Brache im Selbstlauf« außerhalb aller sozialen Kontrolle, führt beinahe zwangsläufig zur wilden Müllkippe.

Natürliche Sukzession, und damit »Unordentlichkeit als Prinzip« im urbanen Umfeld ist ein vielfach noch von Angst blockiertes Thema. Da ich dieses Thema allerdings für unausweichlich auf die Tagesordnung gesetzt sehe, will ich mich ihm im Folgenden mit besonderer Ausführlichkeit widmen.

Stadtpark, Brache, neue Wildnis

Seit das Schrumpfungsproblem die zentralen Diskurse erobert hat, ist in den Städten eine ideologische Schlacht entbrannt: Die Traditionalisten scharen sich um die inneren, zumeist altstädtischen Zentrumslagen und sind entschlossen, wenigstens diese gegen alle Auszehrung bis aufs Letzte zu verteidigen, als

Wolfgang Kil

Alternative Freiflächen: In Erfurt, der traditionellen »Blumenstadt«, wurde eine Zentrumsfläche temporär parzelliert und Gärtnereien zur Schau-Nutzung überlassen. Foto Wolfgang Kil

Referenz an die große europäische Stadtkultur. Auf der anderen Seite wollen die Pragmatiker, abgehärtet durch ihre Auseinandersetzung mit der wuseligen und disparaten Zwischenstadt draußen vor den Toren, einem wohl unvermeidlichen Wandel auch des inneren Stadtbildes offensiv entgegen sehen; sie haben sich schnell auf den neuen Begriff der »perforierten Stadt« geeinigt, an dessen positiver Auslegung intensiv gearbeitet wird.

In einem Wanderführer durch Leipzig, wo die neue urbane Typologie der perforierten Stadt erstmals benannt und beschrieben wurde, heißt es dazu lapidar: »Zuviel Stadt für zu wenig Städter ... Vielleicht kann nun das Werden von Landschaft in der Stadt entdeckt werden. Doch was ist das für eine Landschaft?«[1]

Diese Frage ist alles andere als rhetorisch. Man könnte sie geradezu als eine Gretchenfrage der kommenden Epoche bezeichnen, und durch sie werden Landschaftsplaner, Gärtner, Ökologen plötzlich ins hellste Rampenlicht gerückt: Es gilt, die massenhaft entstehenden Brachflächen der von innerer Auszehrung betroffenen Städte als zumutbare wie auch finanzierbare öffentliche Räume neu zu definieren. Noch immer dominieren auf den Entwurfsplänen der Stadtumbaukonzepte die traditionellen Stereotype des sogenannten städtischen Grüns, also der tausendfach variierte Mix aus Schmuckwiesen, Spielplätzen und (neuerdings zunehmend) Mietergärten. Da öffentliche Grünflächen jedoch von den meisten Kommunen bereits jetzt kaum noch unterhalten werden können,

Drapierte Brachen: In Aschersleben haben Architekten mit Schul-klassen Baumaterialien aus innerstädtischen Abrisshäusern geborgen, sortiert und daraus eine »Stadtmauer« errichtet. Foto Wolfgang Kil

sind deren weiterer Ausdehnung schon rein finanziell engste Grenzen gesetzt. Mietergärten wiederum sind an den Verbleib genügend zahlreicher wie hinreichend motivierter Bewohner gebunden, was in perforierten Innenstadtlagen vielleicht gegeben sein kann, für Fälle flächenhaften Rückzugs und an Stadträndern jedoch kaum zu erwarten ist.

In Schwedt, wo zum ersten Mal Flächenabrisse gewagt wurden, hatte sich recht früh gezeigt, dass es gar nicht leicht fallen würde, für die Menge an aufgelassenen Versorgungsbauten und Brachflächen einen halbwegs ausreichenden Bedarf an Nach- oder wenigstens Zwischennutzungen zu finden. Infrage kommende Bedürfnisse waren schnell ausgeschöpft: »Tiergehege, Selbstversorgergärten, Driving Range, ›Gehöfte‹, Abrissberge mit Aussichtstürmen? Inzwischen steht fest: Die Natur wird sich den Großteil dieses Stadtquartiers wieder zurückholen. Wald und Pflanzen werden irgendwann die ehemaligen Elfgeschosser aus dem Gedächtnis wischen.«[2]

Was sich hier also zeigt, ist ein erheblicher Bedarf an Neuem Denken: »Es wird eine Freiflächenkultur entstehen müssen, die die Gestalt- und Nutzungsintensität der gewohnten städtischen Freiräume überwindet und dennoch städtebaulich wirksam ist«, forderte etwa die Berliner Landschaftsarchitektin Undine Gisecke angesichts der Abräumung ganzer Straßenzüge. »Dies muss gekoppelt sein mit Überlegungen für eine ausreichende finanzielle Ausstattung in der Pflege und Unterhaltung, wenn der Freiraum im Rahmen des Stadtumbaus

Wolfgang Kil

einen Beitrag zur städtischen Kultur und nicht allein zur ökologischen Anreicherung leisten soll.«[3] Der Mut zur Tüte Grassamen wird also oft genug des Planers letztes Halteseil bleiben.

Was an hektargroßen Löchern in einstmals geschlossenen Stadtgefügen aufreißen kann, lässt sich mittlerweile an Dutzenden Standorten eingehend studieren. Trotzdem gelten Aufforstung und natürliche Sukzession, die mit Abstand kostengünstigsten Varianten, im bisherigen planerischen Konsens für innerstädtische Freiräume nach wie vor als indiskutabel. Offenbar kann unsere von westlichen Kulturbegriffen geprägte Gesellschaft vom Bild der »kontrollierten Landschaft« nicht einfach lassen. Untergründig wirken immer noch angstbesetzte Affekte in der Naturbetrachtung nach, denen zufolge Wildnisse bis in die Frühzeit von Industrialisierung und Verstädterung aus verständlichen Gründen »als schrecklich, hässlich und barbarisch wahrgenommen und als Ausdruck von Mangel an Zivilisation, von Armut und Rückständigkeit gewertet wurden«[4]. »Brachen in der Stadt sind zunächst einmal sichtbares Zeichen des Untergangs. Unordnung, Chaos, Wildwuchs und Unkraut bedrohen unsere vermeintliche Sicherheit. Städte sind in ihrem Ursprung eben auch Orte der Verteidigung gegen die gefährlichen und unkalkulierbaren Kräfte der Natur gewesen. Gerät etwas außer Kontrolle, wuchert etwas, bedroht dies viele Menschen offensichtlich auf der unbewussten Ebene. Daran haben auch die ›Inwertsetzung des Unkrauts‹ durch die Ökologiebewegung und die Programme für mehr ›Natur in der Stadt‹ nichts geändert.«[5]

Angesichts derart tief eingewurzelter kultureller Muster gelingt es den Befürwortern eines anderen Ansatzes nur mühsam, sich im Mainstream einer entweder ordnungsbetonten oder gewollt artifiziellen Gartenkunst Gehör zu verschaffen.

Die Leipziger Architektengruppe L 21 würde mitten im gründerzeitlichen Leipziger Osten großräumige Areale zur Bewaldung freigeben. Der Leipziger Osten ist jenes Stadtgebiet, für das die Planer des Berliner Büros bgmr (Becker, Giesecke, Mohren, Richards) den wunderbaren Begriff von den »Geduldsfeldern« erfanden, nachdem sie gleich neben dem Leipziger Hauptbahnhof ein als »Hirschgehege« bezeichnetes waldähnliches Sukzessionsareal vorgeschlagen hatten. Immerhin hat diese Provokation dazu geführt, dass endlich über radikalere Konsequenzen aus der Stadtperforation, nämlich dem absehbaren Brachfall ganzer Stadtgebiete diskutiert wurde.

Deutlich pragmatischer im Ansatz, dafür aber wohl nicht so Diskurs anregend, dürfte im Vergleich dazu die Defensiv-Strategie von Christophe Girot sein, der mit seinem Rückzug auf unaufwändige Gestaltungen und robuste Pflanzen von den rauen, weil oft vernachlässigten Kanten der Großstädte den

Übergang zur Natur sucht. Was der Planer hier braucht, und was er von den Nutzern/Besuchern seiner Anlagen gleichermaßen fordert, ist dieselbe Fähigkeit, wie sie in Leipzig reklamiert wurde: abwarten können. »Er hält nichts von der Ungeduld vieler zeitgenössischer Landschaftsarchitekten, die ein fertiges Bild anstreben, ohne die diskrete Kultur der Zurückhaltung. Die Wahrnehmung der Landschaft braucht Geduld.«[6]

Mir ist bewusst, dass unsere derzeitige Gesellschaft gerade mit dem Begriff Geduld nicht viel anzufangen weiß. Doch in der stattdessen proklamierten Beschleunigung, mit ihren immer kürzeren Betrachtungs- und Erwartungs-Zeiträumen, wird unsere Gesellschaft an der Bewältigung der in immensen Größenordnungen auf uns zukommenden »neuen Räume« scheitern. Wer nicht warten kann, wer immer alles und alles sofort haben will, wer keine Neugier für allmähliche Entwicklungen aufbringt und sich vor Endresultaten ohne Vorausgarantie fürchtet, der wird dem Abenteuer Sukzession nicht gewachsen sein – jenem Abenteuer, welches einer wachsenden Zahl unserer Städte mit Sicherheit vorherzusagen ist.

Wildnis einüben

Nun darf man sich das Verwildern von Brachen nicht romantisch vorstellen. Selbst in innerstädtischen Lagen schießen auf liegengelassenen Flächen binnen kürzester Zeit nicht nur hüfthohe Gräser, sondern auch viel Gestrüpp und anspruchslose Pioniergehölze in die Höhe – ein Anblick, der Nachbarn und Passanten erst einmal eher in Erschrecken versetzt, als dass er Naturfreuden spendet. Solange eine Sukzessionsfläche in einer Anfangsphase der Verwilderung noch offen und eventuell in reicher Blütenpracht erscheint, mag ihre Akzeptanz noch vorzustellen sein. Mit zunehmender Dichte der Vegetation gehen aber Struktur und Übersichtlichkeit verloren, was viele Menschen heutzutage weniger mit Abenteuer assoziieren als mit Gefahr, »und das auf Flächen«, wie Dettmar zu bedenken gibt, »wo man sowieso nicht genau weiß, ob man sie überhaupt betreten darf und wer sich hier sonst noch aufhalten könnte.«[7]

Wildnis muss also eingeübt werden. Vor allem unter jüngeren Kollegen beginnen einige der Erkenntnis zu folgen, dass ohne einen Wandel der Erfahrungswerte – also ohne den Perspektivwechsel in den kulturellen Mustern und Leitbildern – der notwendige Wandel der landschaftsplanerischen Konzeptionen nicht durchzusetzen sein wird.

Bertram Weißhaar vom Leipziger Atelier Latent etwa veranstaltet Führungen durch von Brachfall bedrohte, »unordentliche« Stadtteile, um sein Wanderpublikum für die durchaus abenteuerlichen Reize urbaner Verwilderungen zu sensibilisieren und Neugier auf noch unvertraute Bilder von Stadtnatur zu

Wolfgang Kil

Wildnis in der Stadt, wie hier mitten in Naumburg, darf man sich nicht romantisch vorstellen. Ein angstloses Leben mit solchen Brachen will gelernt sein. Foto Wolfgang Kil

wecken: »Traditionell ist Landschaft stets als das Gegenüber der Stadt betrachtet worden. Beide Bilder grenzen sich voneinander ab. Doch längst ›sprenkeln‹ ungezählte, vereinzelte Landschaftsinseln in die Stadt hinein, in Form von brachfallenden Industrieflächen, verlassenen Hinterhöfen oder begrünten Abrissgrundstücken. Ein Bild für diese ›hineingesprenkelte‹ Landschaft zu entdecken, ist die Intention unserer ›spaziergangswissenschaftlichen Spaziergänge‹. Wir suchen nach neuen Stadt-Landschafts-Übergängen.«[8]

Seine Kollegen Katja Heinecke und Reinhard Krehl von der Leipziger Bürogemeinschaft Niko.31 untersuchen städtische Konfigurationen, die die Arbeitswelt des 19. und 20. Jahrhunderts einst hervorgebracht und nun zurückgelassen hat: »Offene Felder, architektonisches Geschiebematerial und diffuse Landschaften, ... aus diesem Spurenwerk zwischen Gegenwart und Vergangenheit formulieren wir mögliche Landschaften, die hinausreichen bis in eine utopische Zukunft ...«[9]

Mit dem Abschied von der Illusion grenzenlosen Wachstums müssen sich die verbreiteten Ideale urbaner Schönheit wandeln – sonst werden wir an den Bildern der Schrumpfung verzweifeln. Anstatt Chaos und Wildwuchs als ästhetisches Desaster zu beklagen, sind die Sondeure einer neuen Stadterfahrung entschlossen, den Kontrollverlust als Gewinn zu verbuchen: Erst wenn die übersichtlich klare Zuordnung von Räumen und Funktionen endet – so ihr neues

*Abenteuer Sukzession: In Hellersdorf, der zweitgrößten Berliner
Großsiedlung, ist auch mit leicht surrealen Begegnungen zu rechnen.*
Foto Wolfgang Kil

Credo – wird Stadt spannend, lebendig, also wirklich. Und glimmt denn in
Zonen vager Möglichkeiten nicht stets ein Funken Sehnsucht? Er persönlich,
bekennt Dettmar, finde die Ergebnisse einer Umgestaltung meist weniger reiz-
voll als die ungestaltete Brache zuvor: »Selbst wenn ein Landschaftsarchitekt
sehr sensibel mit dem Ort umging, die spontane Vegetation weitgehend in den
Entwurf integrierte, ging das Geheimnisvolle, das Abenteuerliche der Brache
verloren.«[10] Gerade das Beseitigen jeglicher Gefahren oder die Beräumung von
Altlasten scheinen sich kaum mit dem überraschungsvollen Charakter einer
Brache zu vertragen.

Auch Boris Sieverts sucht draußen, an den windigen Rändern und einsamen
Endhaltestellen, zwischen Autobahnabfahrten und Gewerbegebieten weniger
nach der großen Geschichte, als nach alltäglichen Geschichten: »Solche Orte
können trostlos sein. Sie können aber auch von einer Poesie erfüllt sein, die den
aufmerksamen Besucher beinahe ehrfürchtig innehalten lässt. Ihre Aura hängt
wesentlich vom Augenblick ab, vom Licht, dem Wetter, der Jahreszeit, den
anwesenden Personen: Im richtigen Moment können sie eine Kraft entfalten,
die die meisten durchgestalteten öffentliche Räume bei weitem übertrifft.«[11]

Resümee
Das Ende des klassischen Industriezeitalters und die Ära der Globalisierung
werden unsere sozialräumliche Umwelt genauso durcheinander wirbeln und
prinzipiell neu strukturieren, wie das im Zuge der Industriellen Revolution zu-

letzt im 19. Jahrhundert geschehen ist. Da wir vorab kaum wissen können, wohin die Reise der nachindustriellen Gesellschaft geht, sollten wir mit allen Sinnen offen und auf Veränderungen vielfältigster Art vorbereitet sein. Die bereits jetzt absehbaren demografischen Entwicklungen deuten darauf hin, dass weiterer Brachfall in vielen unserer Städte nicht aufzuhalten sein wird. Das dominante Leitbild der Europäischen Stadt wird nicht mehr nur von außen (in Form grenzenloser Zersiedelung), sondern nun auch von innen (im Sinne der Perforierten Stadt) infrage gestellt. Es müssen also Leitbilder und Methoden des Umgangs für diese neuen Räume gefunden werden.

Experimente einer extensiven Flächenentwicklung gibt es bereits, an der Einübung neuer Bewertungsmuster wird hie und da gearbeitet. Die Zeit ist reif, um in der generellen Debatte über urbane und stadtnahe Landschaftsräume anstelle von Event und Attraktion die Aspekte Prozess und Geduld stärker zu verankern. Mit realistischem Blick auf rapide sich verändernde Lebensbedingungen täten Politik und Planung gut daran, traditionelle Leitbilder und daraus entwickelte Regularien zu überprüfen und gegebenenfalls zu revidieren.

Insbesondere Landschaftsarchitekten, die man ja in Fällen übergroßer Brachflächen zu konsultieren pflegt, sind gefordert, den derzeit auffälligen Trend zu immer artifizieller Gartenkunst kritisch zu reflektieren und sich – in Zusammenarbeit mit Ökologen und Biologen – stärker als bisher mit natürlichen Vegetationsformen, Umweltfaktoren, Tierwelt und Pflanzfolge auseinanderzusetzen. Damit unsere Städte angesichts sinkender Einwohnerzahlen und leerer Kassen nicht verwildern, müssen wir uns wahrscheinlich mit neuen Formen von Stadtnatur arrangieren, die sich weitgehend selber stabilisieren, oder sich für rege öffentliche Nutzung anbieten, damit soziale Kontrolle wenigstens beiläufig gewährleistet bleibt.

Es geht also keineswegs um Panikmache, es geht um die nächsthöhere Dimension von Phantasie. Selten war in der Planerzunft eine anspruchsvollere Qualifikation gefragt.

Der Traum des Poliphilo und andere Gärten der Renaissance

Horst Günther

Gastliche Gärten

Die Renaissance ist weniger ein Zeitalter als eine Tätigkeit. Sie findet, wie die Aufklärung, nicht flächendeckend und von einem Zeitpunkt bis zu einem anderen statt, sondern dort, wo man etwas tut, wo ein reges geistiges Leben sich mit einer entwickelten Stadtkultur verbindet und sich auf die Antike besinnt. Wenn irgendwo, so hat die Formel »Hoffnung im Vergangenen« hier ihren Sinn. Die Bewunderung antiker Größe lässt sich nur durch die Gewissheit balancieren, dass auch in der Gegenwart Menschen leben wie jene, die Vorbildliches geschaffen haben. Dabei muss man sich vor Augen halten, dass die gültigen wissenschaftlichen Werke, die man in der Medizin, im Rechtswesen, in der Mathematik und Physik, in der Botanik und Geographie, in der Architektur, der Landwirtschaft und selbst in der Astronomie studierte, aus der Antike stammten. Und in der Philosophie entdeckte man den vollständigen Platon und verstand Aristoteles besser, als ihn die scholastischen Theologen verstanden hatten.

Die großen Entdeckungen und die Erweiterungen des Wissens, die zu Konflikten und einem Umbau der Grundbegriffe unseres Weltbildes führten, standen noch bevor, und das Mittelalter seinerseits war ja nicht nur »finster«, wie es die Humanisten empfanden. Es hatte die Städte mit dem Gewerbefleiß ihrer Zünfte, mit Fernhandel, Banken und bargeldlosem Geldverkehr ebenso geschaffen wie die Kathedralen und die Universitäten.

Aber das Mittelalter hielt das Denken in der Spannung zwischen Gott und der Seele, und den Menschen in hierarchisch gestuften Ordnungen. Die Renaissance ist mit der Formel Michelets, die Jacob Burckhardt zu Recht aufgenommen hat, »die Entdeckung der Welt und des Menschen«[1]. Die Welt wird nicht nur geographisch erweitert und wissenschaftlich erschlossen, sie wird auch Diesseitigkeit nach einem jenseitsbezogenen Mittelalter, sie wird zum Versuch, sich auf dieser Erde heimisch und nicht nur verbannt zu fühlen, und dazu werden die Villen und Landsitze das ihre beitragen. Der Mensch ist in der Anthropologie der Renaissance, wie Pico della Mirandola es in der Schrift von der Würde des Menschen »De dignitate hominis« darlegt, im Gegensatz zu allen anderen Wesen nicht festgelegt, sondern ein bewusster und willentlicher Gestalter seiner selbst in einer Welt, zu deren Betrachtung und Genuss er erschaffen wurde.

Der Übergang vom Mittelalter zur Renaissance vollzog sich in den Städten dadurch, dass man aus einem Gewirr von krummen Gassen gerade Straßen und lichte Plätze zu machen versuchte und sie durch kostspielige Pflasterung wetterfest und reinlich machte. Die Gärten entwickelten sich aus der quadratischen Grundform des Klostergartens im Kreuzgang mit einem Brunnen in der Mitte, des Burg- und des Hofgartens; und diese Form blieb so bestimmend, dass viele der späteren großen Gärten sich noch immer aus solchen Quadraten zusammensetzen, nun mit Fontänen in der Mitte oder als Labyrinth gestaltet, mit einem Laubengang, Treppen oder plattenbelegten Wegen, die sie verbinden. Wo immer die Landschaft es erlaubt, sind diese Gärten ansteigend und möglichst hoch gelegen.

Die italienischen Gärten sind dazu geschaffen, die heißen Sommermonate erträglich zu machen. Vor allem Florenz war schon früh berühmt dafür, dass drei Meilen vor der Stadt die Landsitze begannen. Boccaccio lässt während der großen Pest im Jahre 1348 junge Damen und Herren dem Sterben und der Verwüstung der Stadt entfliehen, um auf einem dieser Landsitze auf einem Hügel zwischen Wiesen und reizenden Gärten mit Brunnen voll kühlem Wasser und mit Schattenplätzen sich reihum die hundert Geschichten des »Decamerone« zu erzählen. Die ersten Anweisungen, wie ein idealer Landsitz auszusehen habe, formuliert Leon Battista Alberti ein Jahrhundert nach Boccaccio in seinem Architekturwerk und in dem Buch vom Hauswesen »Della famiglia«. Dabei schließt er sich noch sehr eng an die antiken Schilderungen und Vorschriften an, wie ein Landhaus zu bauen und auszuschmücken und wie der Garten zu bepflanzen sei.[2]

Alberti war ein allseitig begabter Künstler, und das schloss in der Renaissance die Wissenschaften ein. Er besaß ein tiefes Empfinden für die Schönheiten der Natur. Prächtige Bäume und Erntefelder rührten ihn. Mehrmals, als er krank war, ließ ihn der Anblick einer schönen Landschaft genesen. Die mittelalterliche Stadt war eng, übervölkert, ohne Kanalisation, mit offenen Werkstätten, und da für jede Mahlzeit Feuerung mit oft nicht genügend trockenem Holz nötig war, auch im Sommer von schlechter, rauchiger Luft. So war die reine Luft die erste Anforderung, die auch die Ärzte empfahlen, und kristallklares Quellwasser statt des nicht immer einwandfreien Brunnen- oder gar Flusswassers die nächste. Dann kam die Distanz zu den Geschäften mit rasch wechselnden politischen Ämtern und stetem Parteihader: Müßiggang in Würde. Alberti zitiert den römischen Dichter Martial: »Du möchtest wissen, was ich auf dem Land tu? Ich esse, trinke, singe, spiele, bade, ruhe, und esse wieder, lese oder scherze mit den Musen.«[3]

Wohltätig wirken harmonische Proportionen der Räume und Flächen, Schatten spendende Pergolen und mächtige Bäume, duftende Kräuter, wohlschmeckende Früchte und leuchtende bunte Blüten. Aber dem Schönen soll das Nützliche sich verbinden, der Garten der Villa ist nicht Prachtentfaltung, sondern – wenn auch oft hinter hohen Hecken verborgen – im besten Sinne haushälterisch. Alles was man wirklich braucht, gutes Brot und unverfälschten Wein, Obst und Gemüse, Öl von der Olive, und wenn man Vieh und Weiden besitzt, auch Käse und Fleisch, rein und preiswert zu erzeugen statt sie kaufen zu müssen, war das Ideal eines Hauswesens. Das »ganze Haus« steht dahinter, die Großfamilie in mehreren Linien, wohlhabend und gastfrei, wie es auch die Eltern Albertis waren, ehe sie, wie es seit Dante und Petrarcas Familie so oft im italienischen Parteienhader vorkam, aus Florenz verbannt wurden.

Unter denen, die besaßen und genießen konnten, standen andere, kleine Pächter und Landarbeiter, Hirten, Fuhrknechte und Bediente aller Art, die teils geachtete Hausgenossen, teils unwillige und aufsässige Knechte und Mägde waren. Die bei schlechter Ernte grausame Halbpacht, Mezzadria, die den Arbeitenden nicht genug Nahrung und Saatkorn lässt und in die Verschuldung führt, gab es bis weit ins 20. Jahrhundert, und mancherorts ist die Erinnerung daran noch so stark, dass es sich an den Wahlergebnissen ablesen lässt und man investitionsfreudigen Fremden abrät, einen malerischen Turm als Sommersitz auszubauen, wenn er an feudale Privilegien und Zwingherrschaft erinnert. Ein Leben ohne Dienerschaft und helfende Geister schien lange, als sie noch fast nichts kosteten, bis ins bescheidene Bürgertum hinab völlig unmöglich. Und auch Gärten verwahrlosen ohne die Hand des Gärtners.

Alberti war wegweisend in der Verwendung reiner geometrischer Formen und musikalisch begründeter Maßverhältnisse. Nicht weniger bedeutend ist die Weise, wie er den Landsitz mit der Ethik des Hauses, mit dem Zusammenhalt der Familie über die Generationen hinweg, mit Freundschaft und Gastfreiheit verbindet. Mehr noch als das Stadthaus ist der Landsitz mit der dazugehörigen Garten- und Landwirtschaft der Stammsitz der Familien seit uralten Zeiten und auch die Grundlage für den unzeremoniellen Umgang miteinander, wuchsen doch die Söhne der adligen oder besitzenden Familien mit den Pächterskindern auf und trieben sich auch, Machiavelli beschreibt es in seinen Briefen, reife Männer außerhalb der Amtspflichten bei der Jagd und dem Glücksspiel mit den Bauern herum, ehe sie sich wieder den klassischen Werken des Altertums oder dem Gespräch mit gebildeten Freunden widmeten. Auch glaubte man nicht an die

Unschuld auf dem Lande. Es sei im Gegenteil lehrreich für die Kinder, die Verschlagenheit und die kleinen Listen der Bauern kennen zu lernen. Und wenn man sich einen Landsitz wählen kann, rät Alberti, so schaue man sich die Kinder an, ob sie gesund, frisch und hübsch seien, denn die verstellten sich nicht und reagierten am empfindlichsten auf die Vor- und Nachteile von Klima und Boden und Reinheit des Wassers.

Ein ländlicher Garten, den Alberti entworfen hat, lag westlich von Florenz oberhalb des Weges nach Pistoia. Er gehörte der Kaufmannsfamilie Rucellai, die auch ein Stadthaus mit einem von Loggien umgebenen Garten besaß. Draußen konnte man großzügiger planen, und Giovanni Rucellai machte sich in einer Zeit erzwungener Muße, als 1459 wieder einmal die Pest wütete, ein Vergnügen daraus, diesen Garten in seinem Notizbüchlein zu beschreiben.[4] An Vermögen mangelte es ihm ebenso wenig wie an einem Gefühl der Verantwortung. Er stiftete die auch von Alberti entworfene Fassade aus buntem Marmor in streng geometrischen Formen für die Kirche Santa Maria Novella.

Vom Arno aus führte eine Allee mit hohen Bäumen, zwischen denen wilder Wein rankte, zum Haus, von dessen Saal aus man die Boote auf dem Fluss vorüberziehen sehen konnte. Der eigentliche Garten wird durch Pergolen gegliedert, deren mittlere von immergrünen Eichen, die tonnenförmig geschnitten sind, Schatten spendend überwölbt wird. Die offenen Wege säumt Lattenwerk, woran edler Wein mit weißen Rosen wechselnd rankt. Ein umschlossener Garten mit einer Rasenflache und Blumen und wohlriechenden Kräutern zwischen Buchsbaumhecken schließt sich im Hintergrund an. Der Hauptgarten war noch ein Obstgarten, schön gestaltet und heckenumzäunt, daneben ein Rosengarten, ein Labyrinth aus Rosen und Geißblatt, dazu Lauben und ein bepflanzter Hügel in Kegelform, um den herum ein Weg spiralförmig zum Gipfel führt. Zur Seite des Hauses in einem Wäldchen ein großer Fischteich, von Balustraden umgeben.

Unten an der Straße, nahe dem Fluss, lud ein lichter Hain mit einem Ballspielhäuschen die Passanten zum Verweilen oder Spiel im Schatten ein, wo auch ein Bach mit klarem Wasser, nach dem die Villa hieß (»Quaracchi« ist die italienische Verkürzung von »ad claras aquas«), zum Baden lockte. Alle Schönheiten des Gartens durfte jedermann genießen, und die Einwohner des nächsten Dorfes, San Pier a Quaracchi, beschlossen im Jahre 1480 feierlich, dass zwei aus ihrer Mitte Erwählte den Garten auf Kosten der Bevölkerung in seiner Schönheit und vornehmen Gestalt erhalten sollten. So viel Noblesse und Kultur hatte die Landbevölkerung der Renaissance!

Leider war diesem Beschluss keine lange Dauer vergönnt. An die Stelle des Hauses kam eine Fabrik, die Gärten sind zerstört, das Flüsschen versumpft, die

Tore zerfallen. Die Gartenschöpfung war fast noch mittelalterlich, sie konnte von dem natürlichen Wasserlauf profitieren, baute aber noch keine kostspieligen und vergänglichen Wasserspiele. Ebenso wenig gab es teure Skulpturen, man schnitt sich Riesen, Zentauren, Drachen, Tempel und Galeeren aus Buchsbaum, eine im späten Altertum hoch entwickelte Kunst (opus topiarium), die den Fürsten und Kardinälen bei den späteren Prunkgärten aber nicht mehr edel oder beständig genug erscheinen wird. Dafür spielt sie eine große Rolle in dem Werk, das am Ende des 15. Jahrhunderts alle Gartenphantasien erblühen lässt.

Erträumte Gärten

1499 erscheint bei Aldus Manutius das schönste illustrierte Buch der Renaissance vom Kämpfen um die Liebe in einem Traum, die »Hypnerotomachia Poliphili« des Francesco Colonna. Darin bilden nicht nur antike Formen der Architektur und der Gartengestaltung das Bühnenbild für eine dramatische Handlung – es werden authentische Ruinen in ihrer seit Petrarca entdeckten Würde und Schönheit vorgestellt –, sondern es herrscht auch eine gesteigerte Auffassung, ja geradezu Religion der Liebe. Uns heute mag es verwunderlich erscheinen, dass der Autor ein Mönch war, ein zeitweise entlaufener zwar, aber Sprache und Kenntnis des Altertums, was wir Geisteswissenschaften nennen, war damals und noch bis in die Zeit von Hegel und Hölderlin, vor allem im theologischen Bildungsgang zu erwerben. Konflikte wurden dabei oft genug vorprogrammiert, wenn sich im Laufe der Studien Venus und Bacchus vor die kirchliche Religiosität schoben.

Die Ruinen der klassischen Antike ergänzen sich durch die Pyramiden und Obelisken mit Hieroglypheninschriften, die in der Kaiserzeit nach Rom geholt wurden. Diese ältere Weisheit, von der man glaubte, dass selbst Moses und später Platon sie aus Ägypten geholt habe, faszinierte eine Epoche des bildlichen Denkens. Man erriet viel schönere Geheimnisse aus den noch lange unentzifferten Hieroglyphen, als die später lesbar gewordene ägyptische Literatur sie zu bieten vermochte. Die wissenschaftliche Leistung Champollions nach Napoleons Ägyptenfeldzug konnte, wie so oft im Leben, nur eine furchtbare Enttäuschung bereiten. Die Phantasien des Poliphilo jedoch wurden weit über die Gartengestaltung hinaus zu einer Quelle künstlerischer Inspiration: Berninis Elefant mit dem Obelisken bei Santa Maria sopra Minerva in Rom, Rubens' spielende Putten auf dem Pegasus von »Perseus befreit Andromeda« in Berlin, elegante und grazile Zentralbauten oder der Held einem Drachen gegenüber wie Tamino in Mozarts »Zauberflöte«, um vom Spiel mit Hieroglyphen in der Emblematik ganz zu schweigen. Das und noch mehr findet sich auf

*Poliphilo
flieht vor dem
Drachen.*

den einhundertsiebizg Holzschnittillustrationen dieses Buches. Der Delphin, der sich um einen Anker windet und »Eile mit Weile« (festina lente) symbolisiert, antik, aber nicht ägyptisch, sollte bald zum Verlagssignet des Aldus Manutius werden.

Die Gärten, die zunächst geschildert werden, entsprechen nicht denen der Landsitze in der Toskana oder in Latium, sondern den kleineren, auf flachem Grund gestalteten Gärten auf den Inseln Venedigs. Die riesige Stadtansicht, die Jacopo de' Barbari in dreijähriger Arbeit geschaffen hat, um in bisher unerhörter Vogelschau ein bis in alle Einzelheiten genaues Abbild zu geben, zeigt auf der Giudecca Gärten, wie sie im Poliphilo vorkommen. Aus dem Quadrat entwickelt, mit einer Pergola in der Mitte oder einem Brunnen. Die leidenschaftliche Liebe zur Antike treibt die Phantasie zu kühneren Gestaltungen. Nach mancherlei Irrwegen gelangt Poliphilo zur kreisrunden Insel der Cytherea, einem kunstreichen Gebilde in der vollkommenen Form, die vielfach in konzentrische Kreise und in zwanzig Sektoren gegliedert ist.

Der allegorische Liebesroman, in der Nachfolge des mittelalterlichen Rosenromans, in dem Amor und Venus Figuren der Handlung sind und zahlreiche Nymphen mitwirken, ist ein Buch der Initiation in die Mysterien der ganz heidnisch verstandenen Liebe und zugleich ein Wiedererwecken antiker Schauplätze, deren Maße und Formen auch im Traum mit größter Genauigkeit und mit Sicherheit in der Bestimmung vieler kostbarer Materialien erblickt werden. Mysterien der Liebe und geometrische Exaktheit sind hier keine Widersprüche. Was die Illustrationen als schlichte Linien im Holzschnitt zeigen, wird oft als Skulptur in kostbarem, von feinen Adern durchzogenem Marmor erläutert. Gärten aus Glas oder aus Seide werden durchschritten. An einem Gebilde wird die ganze Metaphysik anschaulich: Auf einem durchscheinenden Würfel aus

*Poliphilo erblickt
die Nymphe.*

Chalzedon erhebt sich ein zylindrischer roter Jaspis, der drei Hieroglyphen trägt, die Sonne göttlicher Allmacht, das Steuerruder unendlicher Weisheit und die Flammenschale der Liebe. Darüber ein schwarzes dreiseitiges Prisma, vor dessen Seiten goldene Gestalten ebensolche Füllhörner halten. Darüber tragen drei Sphingen aus Gold eine dreiseitige goldene Pyramide, auf der die Symbole der drei Zeitextensionen Gegenwart, Vergangenheit und Zukunft als Kreise dargestellt sind und darüber die griechischen Buchstaben, die das Sein bedeuten. Himmlische Harmonie und göttliche Dreieinigkeit des Seins, weiter ist die Metaphysik auch später nicht gekommen.

Zur kreisrunden Insel (eine Meile im Durchmesser), die in konzentrische Ringe und diese in zwanzig Sektoren geteilt sind, bringt ein Boot die Liebenden. An Vielfalt und Kostbarkeit wird alles übertroffen, wovon Bücher und Legenden berichteten. In schönster Ordnung reihen sich Haine der verschiedensten Bäume, Wiesen mit duftenden Kräutern und bunten Blumen zwischen Brunnen und Bächlein, Treppen aus edlem Gestein führen aufwärts zur Mitte. Alles, was an seltenen Früchten unter einem glücklichen Himmel gedeiht, ist hier vereint, in anderen heckenumsäumten Gevierten sanftes Wild, wobei die zoologischen Arten durch mythologische ergänzt werden, durch Satyrn, Faune und Einhörner. Unter den Vögeln in ihrer Farbenpracht und Musikalität fehlt auch der Phönix nicht.

Zwischen köstlich bewachsenen Ufern liegt, in Marmor gefasst und mit nach Moschus duftendem Wasser, ein ebenfalls kreisrunder Kanal, auf dem sich reizende Mädchen mit Jungen kleine Seegefechte liefern, mit den Fischen und Schwänen schwimmen, während andere auf den Wiesen musizieren, dichten und lieben. All das erregt nur die unstillbare Sehnsucht nach der göttlichen

Horst Günther

*Poliphilo am Brunnen
der Venus auf
der Insel Cythera.*

Polia in unserem Poliphilo, der mit ihr zur Mitte der Insel hinaufsteigt, wo in einem herrlichen Amphitheater der Brunnen der Venus liegt. Nach schweren Prüfungen erlangt er sie, im Traum, um unglücklich aufzuwachen. Traum und Deutung sind in diesem Buch so verschlungen, dass es keiner psychologischen Analyse bedarf. Natur und Kunst, Mysterium der Liebe und feinster Sinn der Prachtentfaltung vereinen sich, um ein Ideal zu errichten, das die Gartengestaltung der folgenden Jahrhunderte prägen wird.

Gärten im Wasserrausch

Nicht auf Inseln liegen die großen Gärten der Renaissance, sondern sie krönen, an Hängen gelegen, zauberhafte italienische Landschaften, wie sie bald auch die Landschaftsmalerei im Bild zu bewahren versuchen wird. Diese Gärten, axial, hierarchisch gestuft und in allen Teilen geometrisch geformt, sind zur Begehung geschaffen. Über vielerlei flache Treppen und Rampen steigt man fast unmerklich zwischen den unterschiedlichsten Wasserspielen hinan, bis ein Bauwerk oder eine Kaskade den Weg versperrt, man sich umkehrt und den Blick auf die Gartenschöpfung und darüber hinaus auf die weite Landschaft genießt und zwischen all dem brausenden, spritzenden oder sanft murmelnden Wasser wieder hinunter geht. Es ist ein bewegtes Bild, das keine Photographie abbilden kann. Um eine Übersicht zu gewinnen, entwickelte man, wie es Jacopo de' Barbari im Großen für Venedig getan hatte, eine Art gemaltes Inventar der Anlage aus der Vogelschau, das man aus vielen Einzelskizzen und Messungen entwickeln musste, da es keinen so hoch gelegenen, natürlichen Aussichtspunkt gab. Justus Utens, ein Niederländer, nahm im Auftrag der Medici ihre sämtlichen Landsitze in Lünettenform auf.

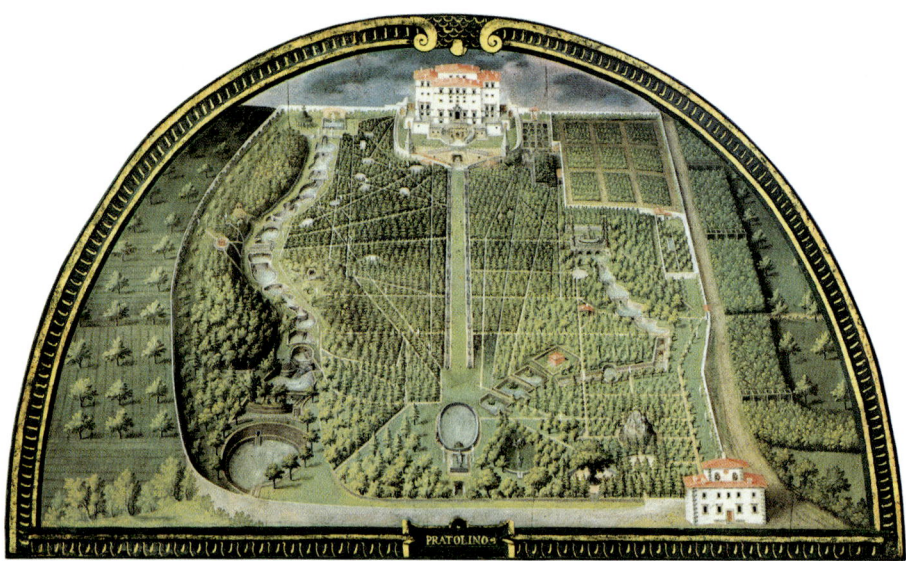

Justus Utens: Villa Medici in Pratolino bei Florenz, um 1600.
Tempera auf Leinwand

Diese Ansichten zeigten das Landhaus oder den Palazzo mit dem Blick über das Dach und die Kamine, das ansteigende Terrain mit den einzelnen Gartenquadraten zu Seiten der Pergolen, den Nutzgärten, Fischteich und Wäldchen daneben und darüber, und vor allem den Verlauf der vielfältig gestauten und sich ergießenden Wasserläufe mit Brücken, Teichen und Kaskaden. Die schlichte Aufsicht, der Gartengrundriss, könnte die Eigentümlichkeit des italienischen Gartens, der sich durch sein Geländeprofil wesentlich vom französischen und durch seine überschaubare Größe auch vom englischen Garten unterscheidet, nicht zur Anschauung bringen. Aber ebenso wenig könnte das ein Längsschnitt durch das Terrain, das der Besucher bewusst durchschritten hat. Durch die vielfältig gegliederten Treppchen und Treppen und Rampen sind die Steigungen zwar für die Füße kaum merklich, erscheinen aber durch das überall fließende, gestaute und in Fontänen hoch spritzende Wasser steiler als in der maßgetreuen graphischen Darstellung.

Im italienischen Garten geht es nicht darum, von einer Szenographie zur nächsten zu gehen und an den Kreuzungen diagonaler Wege auf weite Perspektiven zu stoßen. Die Toskana mit malerischen Tälern und Latium mit den vulkanisch geprägten Bergen und Seen und mit Fernsichten über die Campagna wird durch Blicke von Gartenwegen, Terrassen und Pavillons in den Garten integriert. Das Relief Italiens ist so vielfältig und durch so viel Gebirge geprägt, dass

Horst Günther

neben dem bebaubaren und seit Jahrtausenden bebauten Land oft ohne Übergang schroffe Wildnis liegt. Es sind Gärten für die Haut; sanfte Winde, durch das in tausend Formen bewegte Wasser gekühlt, sollen über die benachbarten Hügel ungehindert in schattige Räume strömen, der Nordwind aber wird durch Wald auf der Hügelspitze abgehalten. Augenerquickende grüne Heckenwände, oft aus Steineichen als Spalier geschnitten, Lorbeer und Myrten, umrankte Pergolen, mächtige Bäume und Loggien oder Pavillons schützen vor der gnadenlosen Sonne des Sommers. Bunte Blüten setzen Farbakzente, Vögel singen und das Wasser wird so geführt, dass es die unterschiedlichsten Klangwirkungen hervorbringt.

Die Wasserkünste sind das Vergänglichste im Garten, denn das Wasser greift die metallenen Röhren und manches Gestein an und löst den Kitt auf, so dass sich kaum etwas, vor allem von den klingenden und sich bewegenden Mechanismen erhalten hat. Richtige Wasserorgeln als Instrumente, Skulpturen, die sich durch Wasserdruck bewegten und in Grotten mythologische Szenen mit Klangeffekten in Gang setzten, Figuren, die nicht nur Wasser spritzten, sondern etwa Pfeile über das Becken schossen, gehörten zu den bewunderten Schaustücken. Diese, für unsere Begriffe unnützen und nicht produktiven Maschinen sollten nur in Erstaunen versetzen, sind aber ein Übungsfeld der Mechanik, die später mit effizienteren Konstruktionen sei es das Leben erleichtern, sei es Handwerker um Brot und Arbeit bringen sollte.

Besonders beliebt wurde in den Gärten der Fürsten und Kardinäle eine perfide Überraschung, durch kaum sichtbare Düsen in Bodenplatten oder Sitzbänken die Gäste von unten her zu durchnässen. Mal geschah es auf den Wink des Herrn durch eine Schlüsseldrehung, mal ausgelöst durch das eigene Gewicht, sobald sich jemand setzte. Die geistlichen Fürsten schienen darin ein ungeheures Vergnügen zu finden. Diese Künste kamen wohl aus dem maurischen Spanien, dem Generalife, dem Sommerpalast der Alhambra in Granada und finden sich in Italien zuerst in Poggio reale, der Schöpfung des spanischen Kronprinzen und späteren Königs Alfonso von Neapel um 1487. Der ließ seine Gäste nach festlichem Mahl gern durch die »Vexierwasser« durchnässen, hielt aber in Garderoben trockene Kleidung bereit, was bei anderen keineswegs stets der Fall war.

Als Montaigne 1580 Italien bereist, nachdem er seine »Essais« noch auf eigene Kosten veröffentlicht hatte, besucht er Pratolino, den Landsitz des Herzogs von Florenz und dann die großen, damals neuen Anlagen nördlich und östlich von Rom. Pratolino erscheint ihm etwas absurd, weil es in eine dafür ziemlich ungeeignete Landschaft gesetzt wurde. Das Wasser und sogar Sand und Kalk mussten meilenweit herangeführt werden, das Wasser mit einem kostspieligen Aquädukt. Hier wird dem Zeitgenossen die gewaltsame Unterwerfung der Natur deutlich, als hätte sich gerade in der Nähe von Florenz kein geeigneteres Terrain finden lassen. Die Zeitgenossen beeindruckte ein elf Meter hoher hockender Riese, bärtig und beschuppt, teils aus dem anstehenden Fels gehauen, teils aufgemauert und verputzt, der den Appenin darstellen soll. Mit einem Arm drückt er den Kopf eines Monsters nieder, aus dem Wasser strömt. Ein Werk des sonst für seine eleganten und eher zarten Figuren berühmten Giambologna.

Besser in die Landschaft fügt sich die Villa Lante bei Bagnaia, durch eine völlig gleichmäßig ansteigende, mit Bäumen und Steinbänken gezierte Straße von Viterbo aus zu erreichen. Sie ist in einen größeren Wildpark am Hang eines der Ciminoberge gebettet. Die Architektur der Pflanzen, viel Buchs in strengen und in verspielten Formen, Schattenbäume, Rosen und Schlingpflanzen, die der vielfältigen Brunnen und die der symmetrisch zur Hauptachse stehenden Zwillingsbauten stehen in einem glücklichen Verhältnis. Alles hat Menschenmaß und erscheint einfach, obwohl auch hier das Wasser durch ein Aquädukt herbeigeführt werden muss und die Unterbauten zur Versorgung all der Wasserspiele umfangreich sind. Der kompositorische Zusammenhang erscheint bei aller Vielfalt einleuchtend und doch überraschend, denn man begreift den Garten nur, wenn man hinauf und wieder hinunter geht und völlig verschiedene Eindrücke davon gewinnt. Dreht man sich um, so erblickt man eine weite Landschaft, und man erzählt, dass Claude Lorrain hier die Augen für sein Lebenswerk lichtdurchfluteter Ideallandschaften geöffnet wurden.

Der Garten entfaltet eine Geometrie aus Quadraten und Kreisen in Variationen. Die Brunnenszenarien wechseln auf jeder Ebene. Unten liegt eine quadratische Wasserfläche mit einer runden Insel, die wiederum Becken und Brunnen enthält, gekrönt von den vier bronzenen Jünglingsgestalten, die das Wappen des Kardinals Montalto tragen, mit einem Stern darüber, aus dem Wasser spritzt. Er war bereits der vierte, der an diesem Wunderwerk baute. Die Wasserfläche wird durch vier Brücken in ebenso viele kleine »Seen« geteilt, jeder mit einer Barke mit Bogenschützen, die mit Wasser schießen. Ganz oben ist der gewaltige Brunnen der Sintflut, der zwischen den beiden eleganten Loggien der Musen wie aus einer Wildnis zu kommen scheint. Unten folgen auf die von kleinen Parterres umgebene quadratische Wasserfläche zwei symmetrische kubische Pavillons mit Türmchen auf dem Dach, zwischen denen ein diagonales Parterre am Hang liegt. Darauf folgt in halbkreisförmigen Stufen, erst konvex und nach oben konkav, der »Brunnen der Lichter«, herrlich umwachsen, den eine halbrunde Balustrade abschließt.

In der Mittelachse folgt danach die zehn Meter lange steinerne Tafel, an der man speisen konnte. Auch durch sie fließt Wasser, worin man den Wein kühlen

*Villa Lante in Bagnaia.
Pegasus-Fontäne,
Pegasus mit einer der
neun Musen*
Foto Jörg Zimmermann

kann, aber offene und versteckte Wasserstrahlen können auch die Gäste ab-
kühlen, wie zahlreiche andere Wasserscherze dieses Gartens. Da versteht man,
welchen Wert die Zeitgenossen darauf legten, dass kristallklares Quellwasser
die Fontänen speiste und nicht das etwas lehmige Flusswasser wie in Tivolis
Villa d'Este. Diese Fläche wird von der breiten Barriere des Brunnens der
Flussgötter abgeschlossen. In der Mitte einer flachen Treppe mit sehr weiten
Stufen stürzt das Wasser von Stufe zu Stufe zwischen Voluten aus Stein, als
Wasserkette, spielend, glitzernd und rauschend. Darüber baut sich auf der
nächsten Ebene als letzter vor dem »Sintflutbrunnen« der achteckige »Brunnen
der Delphine« auf. Das Wasser durchläuft verschiedenste Gestalten, symbo-
lisiert die anderen Elemente und sich selbst. Und das ist noch nicht der ganze
Wasserreichtum. Betritt man seitlich vom Garten den Wildpark, so öffnet sich,
in den Hang geschnitten, ein kreisrundes großes Becken mit dem Pegasus, der
mit dem Huf die Quelle am Helikon aufscharrt, die als gewaltige Fontäne in die
Höhe spritzt, von den Büsten der neun Musen umgeben. Die Planung geht wohl
auf den Architekten Vignola zurück, der um diese Zeit auch auf der anderen
Seite der Ciminoberge für den Kardinal Farnese Caprarola erbaute.

Das ist als Architektur viel gewaltiger, ein festungsartiger, fünfeckiger Bau um einen runden Innenhof mit Loggien, voll großer Säle, die durch eine prachtvolle Wendeltreppe erschlossen werden. An die Bergseiten des Fünfecks schließen sich zwei rechteckige Gärten, sehr geometrisch und architektonisch gestaltet, auch mit Fontänen und einer Wasserkette, aber sehr viel weniger Wasser- und Pflanzenreichtum. Würde und Pracht mehr als verspielte Schönheit, eine mächtig beherrschende Position über dem Dorf und der steil abfallenden und dann weit vor den Augen sich erstreckenden Landschaft.

Die Bauherren waren Freunde und Konkurrenten. Ob sie die großen Summen als Besitz für die Nachwelt gut anlegten oder verschwendeten, steht unserer Zeit zu beurteilen kaum an, in der Gebäude so schlecht gebaut werden und das, was man an den Baukosten spart, als ein Vielfaches für den Unterhalt zu Buche schlägt. Als der später heilig gesprochene Carlo Borromeo den Kardinal Farnese mahnte, ob er das Geld für den Bau von Caprarola nicht den Armen hätte geben sollen, antwortete der als besserer Ökonom, sie bekämen genau das, was ihrer Arbeitsleistung entspreche. Im Zeitalter der steigenden Preise, des teurer werdenden Lebensunterhalts waren es auch Arbeitsbeschaffungen, wobei vor allem die umfangreichen Erdarbeiten viele in Brot setzten.

Der nächste Konkurrent, der am Abhang des hochgelegenen Städtchens Tivoli über die Wassermassen des Teverone verfügte, war der Kardinal d'Este, der von Pirro Ligorio den Garten anlegen lässt, der zur gleichen Zeit die große Villenanlage mit symbolischen Bauten ausgrub, die Kaiser Hadrian nicht weit davon errichtet hatte, die Villa Adriana. So entstehen neben prachtvollen Fassaden für mehrstöckige Brunnenanlagen mit Wasserorgel, Fontänen, Kaskaden und großem, alles spiegelndem Bassin Wassertreppen, Fontänenalleen und eine wasserumspielte römische Ruinenlandschaft und Grotten, während der Palazzo selbst unbedeutend ist. Die steilen Treppen und Hänge, die Stützmauern erforderten, und die gewaltigen architektonischen Fontänen mit der durch den Gebirgsfluss unvergleichlich reichen Wassermenge und die am Hang gebauten Terrassen machen die Villa d'Este einzigartig, in einem wilden und erhabenen Stil, auch wenn man sich in der Villa Lante wohler fühlen mag. Wie Vignola in Caprarola und in Bagnaia baute, so arbeitete auch der Ingenieur der Wasserkünste, Tommaso Ghinucci aus Siena, in Tivoli und in Bagnaia.

Daneben bauten weitere Fürsten und Kardinäle an ihren eigenwilligen Schöpfungen, mit geringeren Mitteln als ihre Freunde. Der Kardinal Madruzzo, der als Gastgeber des Konzils von Trient eine große Karriere vor sich gehabt hätte, zog auf die Bitte seines Freundes, des geheimnisumwobenen Vicino Orsini in sein heimatliches Soriano, wo er nur bescheiden in Brunnenanlagen und Skulpturen investierte. Orsini dagegen, aus einer Nebenlinie des Fürsten-

*Massimo Listri: Villa d'Este in Tivoli. Wasserorgel, Kaskade
und Fischteich*

hauses, legte den Bosco sacro, den heiligen Hain von Bomarzo an, der nach langer Vergessenheit mit dem neu erwachten Interesse am Manierismus nach dem
Zweiten Weltkrieg geradezu in Mode kam und leider auch entstellt und kom-
merzialisiert wurde. Wer ihn noch voller Gestrüpp und mit einer fliehenden
grünen Schlange (wie aus Goethes »Märchen«) erleben konnte, wird ihn kaum
wiedererkennen.

Was er an Wasserkünsten besaß, ist vertrocknet, manches aus der ursprünglichen Anordnung entfernt, aber immer noch eindrucksvoll sind die gelegentlich orientalisch anmutenden monströsen Skulpturen, teils aus dem gewachse-

nen Tuffstein gehauen. Drachen im Kampf mit Löwen, ein Kriegselefant, wie Hannibal ihn nach Italien brachte, das offene Maul eines Wals, eine Riesenschildkröte, Riesen, ein Höllenschlund, den man betreten und worin man tafeln konnte usw. An Architektur ein verwirrend schief stehendes Haus und ein in seiner Formenstrenge wohl doch auf Vignola zurückgehender Tempel, das leere Mausoleum für die früh gestorbene Gattin und einen Vetter, der an seiner Seite im Krieg starb. Orsini selbst verbrachte mehrere Jahre in Gefangenschaft, ohne dass man ihn auslöste. Diese Erfahrungen haben seine Sicht der Welt verändert, die heiter heidnische Gartenspielerei verdüstert sich, und der Tuffstein verführt zu phantastischen Gestaltungen. Aber der Tempel zeigt, wo die Grenze liegt.

Es gibt bei Dante und Ariost, und da Orsini Rabelais gelesen hat, auch dort so viel Phantastisches, dass man sich sinnend zwischen diesen Figuren ergehen kann, ohne nach herbeigezogenen Deutungen zu verlangen. Es wäre viel natürlicher, sie zu ergänzen, zu erweitern. So steht dieses Zauberwäldchen nicht weit von der Villa Lante und bildet die Nachtseite zu deren heiterer Tagesansicht. Wir wissen nicht, was Poliphilo durch den Kopf ging, als er aus seinen Träumen einer endlich in einem vollkommenen Garten erfüllten Liebe erwachte, enttäuscht und unglücklich, und ob ihn nicht das Ausbrüten monströser Gestalten für den heiligen Hain von Bomarzo abgelenkt und für eine Weile angenehm beschäftigt hätte.

Was wir wissen, ist, dass die Gärten der Renaissance der Bevölkerung offen standen und nicht erst einer Revolution bedurften, um Volksparks zu werden, sofern sie sich dafür eigneten. Ihrer Nachwelt, und dazu gehören auch wir noch, haben sie die Augen geöffnet für die Wahrnehmung schöner Landschaften, indem sie in deren Mitte in reinen geometrischen Formen mit Pflanzen, Stein und Wasser als lebendiges Kunstwerk den Inbegriff dessen schufen, was man von dort aus, in die Ferne blickend, gesteigert sieht.

Barock als Banalität:
Linden in der Kulturlandschaft

Hans-Helmut Poppendieck

»Erhalten die Linden an der Großen Straße einen barocken Kastenschnitt? Diese Frage blieb auch nach der jüngsten Sitzung des Ahrensburger Umweltausschusses ungeklärt. Alles deutet darauf hin, dass nun die Bürger über den Formschnitt der Bäume entscheiden werden.« So das Hamburger Abendblatt in seiner Ausgabe vom 24. April 2009. Seit fast einem Jahr polarisiert ein Streit um Kastenlinden die Stadt Ahrensburg. Ausschuss-Sitzungen, Bürgerproteste, Unterschriftenaktionen. Barocker Formschnitt? Oder nur ein sogenannter Revigorationsschnitt, auch als Vitalisierungsschnitt bekannt? Das Verwaltungsgericht soll angerufen werden, ein Bürgerentscheid die endgültige Entscheidung bringen.[1]

Ahrensburg liegt zwanzig Kilometer vor Hamburg und ist berühmt durch ein wunderschönes Renaissanceschloss und eine spätbarocke Stadtanlage von 1763 mit lindengesäumten Alleen. Der Verfasser ist hier aufgewachsen und reibt sich erstaunt die Augen. Was treibt die Ahrensburger Bürger um, dass sie ein exotisches Thema wie den gestalterischen Umgang mit Bäumen zum Gegenstand einer erbitterten lokalpolitischen Kontroverse machen?

Frappierend ist dabei, dass es genau dasselbe Thema war, das 1792 und damit vor etwas mehr als zweihundert Jahren die benachbarte Großstadt Hamburg in ähnlicher Weise erregt hatte: die Frage um die »Vortheile und Nachtheile des Kappens der Bäume auf den Hamburgischen Wällen und Landstraßen«[2]. Damals hatte sich das Naturgefühl des Barock überlebt. Dreißig Jahre nach der Pflanzung der Ahrensburger Alleen konnte oder wollte man in Hamburg die Intentionen der vorherigen Gärtnergeneration nicht mehr nachvollziehen, polemisierte gegen verschnittene Gehölze und pries das Ideal des frei ausgewachsenen, von keiner Gärtnerschere berührten Baumes. Wir werden darauf zurück kommen.

Wie es scheint, lassen sich Kontroversen wie die um die Ahrensburger Kastenlinden nur verstehen, wenn man sie in einem größeren Zusammenhang betrachtet, nämlich vor dem Hintergrund der geschichtlichen Entwicklung der Gartenkunst und des Naturverständnisses in Europa. Es soll in diesem Beitrag nicht darum gehen, den Glanz des Barocks und der barocken Gärten im Lichte ihrer Zeit zu schildern, sondern vielmehr darum, zu prüfen, was davon in unserer heutigen Kulturlandschaft überlebt hat und wie und in welchem Umfang das barocke Naturverständnis noch immer oder schon wieder unsere heutigen Vorstellungen prägt. Wenn bei der nun folgenden Spurensuche von Gärten die Rede sein wird, dann im weiten Sinne der »Natur der Dritten Art«[3] der symbolischen Natur der Gärten, Parks, Alleen und Begrünungen, die alle Ergebnisse von gärtnerischem Kunstfleiß und gärtnerischer Manipulation in sich vereinigt.

Linden in der städtischen Baumpolitik

Am Anfang dieses Beitrags soll eine Bildbetrachtung stehen. Das Photo wurde um das Jahr 1990 in Hamburg-Poppenbüttel gemacht. Es zeigt eine Reihe sorgsam beschnittener Kastenlinden vor einer Tankstelle und entbehrt nicht einer gewissen Komik im aristotelischen Sinne »unschädlicher Ungereimtheit«[4], die sich aus dem Kontrast unterschiedlicher Bedeutungsebenen ergibt: repräsentativ versus trivial, ornamental versus funktional, historisch versus aktuell. Kastenlinden und Tankstellen passen nicht zueinander. Aber wir haben uns an derartige Paradoxien gewöhnt, an den Turmfalken am Bürohochhaus, den Löwenzahn in der Pflasterritze oder die Birke in der Regenrinne und nehmen all dies völlig unironisch als typische Erscheinungsformen von Natur in der Stadt wahr.

Kastenlinden vor einer Tankstelle in Hamburg-Poppenbüttel
Foto Hans-Helmut Poppendieck 1990

Hans-Helmut Poppendieck

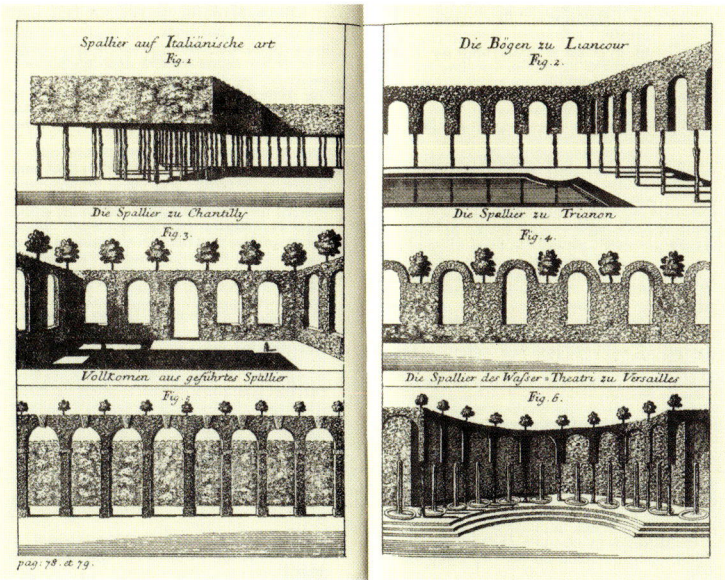

Verschiedene Formen von Lindenspalieren. Aus Le Blond, 1731

Für Natur und Naturschutz in der Stadt gibt es zwei wichtige erkenntnisleitende Fragen: Unter welchen Umständen ist die betreffende Struktur, der betreffende Organismus, die betreffende Lebensgemeinschaft hierher gekommen? Und durch welchen Zufall hat sie sich erhalten? In unserem Fall: Wie kamen die Linden an diese Stelle nach Hamburg-Poppenbüttel und warum stehen sie immer noch hier?

In Reihen gepflanzte, sorgsam gestutzte und in regelmäßige Form gebrachte Linden waren früher in Norddeutschland und Dänemark weit verbreitet, bildeten einen beliebten Schmuck vor den Hauswänden auf dem Land und in der Stadt, haben sich vielfach bis in unsere Zeit erhalten und werden heute noch oder schon wieder an vielen Stellen neu gepflanzt. Man bezeichnet sie als Kastenlinden oder aber als Lindenschirme oder Stammhecken. Dass sie auf barocke Vorbilder zurückzuführen sind, wie sie etwa bei Le Blond[5] abgebildet sind, steht außer Frage. Wann diese Lindenschirme in den Dörfern und Landstädten zuerst erschienen, bliebe aber noch zu klären. Fest steht, dass sie im 18. Jahrhundert existierten, während des ganzen 19. Jahrhunderts gepflanzt wurden und um 1900 im Zusammenhang mit der Heimatstil-Architektur erneut Mode wurden. Fest steht auch, dass es sich um ein Schmuckelement handelt und keineswegs, wie man zuweilen lesen kann, um einen Sonnen- oder Windschutz. Wir können davon ausgehen, dass die Linden auf unserem Bild früher, als Poppenbüttel noch ein Dorf war, ein Bauernhaus als Hausbäume geschmückt haben, dass dieses abgebrochen worden, vielleicht abgebrannt ist, dass an seiner Stelle eine Tankstelle gebaut wurde und die Linden das Einzige sind, was von diesem dörflichen Ensemble überlebt hat. Dass sie überlebt haben, dürfte zumindest indirekt zwei umweltpolitischen Bewegungen zu verdanken sein: der Baumbewegung der unmittelbaren Nachkriegszeit und den Umweltbewegungen der 1980er Jahre.

In der Zeit direkt nach dem Zweiten Weltkrieg machte das bereits in den 1930er Jahren geprägte Schlagwort von der »Versteppung Deutschlands«[6] erneut die Runde. Die Städte waren verwüstet, die Straßenbäume verschwunden, die Bäume in den Parks wurden zu Feuerholz. Aber gerade diese Baumfrevel führten dazu, dass Bäume mit ihrem frischen Grün zu einem Gegenentwurf zur grauen Trümmerlandschaft wurden. Die Schutzgemeinschaft Deutscher Wald wurde gegründet, Schulwälder angelegt. Auch im zerbombten Hamburg wollte man Zeichen setzen. Das Hamburger Gartenamt pflanzte im Frühjahr 1947 in einer großangelegten, damals geradezu verwegenen Aktion mehrere tausend Straßenbäume. Sie hatten in den Pinneberger Baumschulen den Krieg überlebt, waren jetzt zu groß geworden und sehr billig zu haben, da die Quartiere für neue Anzuchten geräumt werden sollten. Die Lindenreihen an der Alsterkrugchaussee, an der Langenhorner Chaussee und an vielen anderen Ausfallstraßen stammen aus dieser Maßnahme. Wie sich der zuständige Baudirektor Werner Hoffmann fünfzig Jahre später erinnerte, wirkten sie in den Trümmerstraßen geradezu unwirklich, fast gespenstisch und riefen zunächst Irritationen hervor: »Weite Strecken Trümmer und dazwischen neue Bäume, als ob es keine anderen Sorgen, nichts anderes zu tun gäbe ... Im Senat war man verunsichert, und ich bekam Vorhaltungen wegen meines instinktlosen Vorgehens. Als es dann im Verlauf des Frühjahres gnadenlos heiß und trocken wurde und die frisch gepflanzten Bäume einzugehen drohten, gossen die in den Trümmern hausenden Bewohner ›ihren‹ Baum liebevoll und unermüdlich.«[7] Dank der Hilfe der Anwohner gab es kaum Ausfälle. Und die verantwortlichen Politiker, allen voran Bürgermeister Max Brauer, stellten mit Erstaunen fest, dass die Straßenbaumpflanzungen inmitten aller Not und Bedrängnis eine sinnvolle, politisch hilfreiche Maßnahme waren, weil sie bei den Menschen Hoffnungen und Vertrauen neu begründeten oder festigten. Das Pflanzen der Bäume als Symbol des Neubeginns, der Rückkehr zur Normalität – das alte Fünfzigpfennigstück mit der pflanzenden Frau auf der Rückseite sollte ein halbes Jahrhundert lang an diesen Geist der Nachkriegszeit erinnern. Und genau in diesem Sinn wurde im folgenden Jahr 1948 die Baumschutzverordnung erlassen: Ausdrücklich verstanden »zur Pflege und zum Wiederaufbau des Stadt- und Landschaftsbildes im Gebiet der Freien und Hansestadt Hamburg« ist es seitdem verboten, »Bäume oder Hecken oder Teile von ihnen zu entfernen, zu beschädigen oder sonstwie in ihrer Wirkung als Zierde und Belebung des Landschaftsbildes zu beeinträchtigen.«[8] Außer Obstbäumen fallen alle Bäume, die einen Stammdurchmesser von mindestens fünfundzwanzig Zentimetern haben, unter die Verordnung. Diese Festlegung mag uns heute willkürlich erscheinen, sie findet eine Erklärung im Brennwert des Holzes. In den Jahren des Wiederaufbaus nach dem Krieg hat die Verordnung segensreich für die Erhaltung und Entwicklung des Baumbestandes gewirkt.

Die hamburgische Baumschutzverordnung war in Deutschland die erste ihrer Art. Heute ist sie umstritten. Beides, die Schaffung der Baumschutzverordnung sowie das Bestreben, sie abzuschaffen, sind Ausdruck des Zeitgeistes. Viele Gemeinden, die dem Hamburger Vorbild gefolgt waren und sich Baumschutzsatzungen gegeben hatten, haben diese in jüngster Zeit wieder abgeschafft, weil sie Bautätigkeit, Straßenausbau oder Gewerbeansiedlung behindern, vor allem aber, weil die Reglementierung viele Bürger verärgert. Ausnahmen von der Baumschutzverordnung werden zwar vielfach gewährt, aber erst nach einem mehr oder weniger aufwendigen und kostenpflichtigen bürokratischen Ritual und meist mit der Auflage, für entsprechende Nachpflanzungen zu sorgen. Viele Gartenbesitzer lassen ihre Bäume daher gar nicht erst die Dicke von fünfundzwanzig Zentimetern erreichen, sondern fällen sie vorher. Sie fühlen sich in ihrer Privatsphäre, der der Garten ja unbedingt zuzurechnen ist, bevormundet, und dies ausgerechnet von einer Behörde, die im öffentlichen Grün scheinbar wahllos und großzügig Bäume fällt. Aber selbst wenn es sich um wohlbegründete Park- und Waldpflege handelt, müssen sich die Grünämter alljährlich vor den Bezirks- oder Gemeindegremien und in den Spalten der Lokalpresse aufwendig rechtfertigen. All dies zeigt, dass wir es beim Schutz der Bäume in der Stadt mit einer sensiblen und hochkomplizierten Materie zu tun haben.

Als vor gut fünfundzwanzig Jahren die Tankstelle in Poppenbüttel errichtet wurde, war der Baumschutzgedanke so stark, dass es diese Verordnung wahrscheinlich gar nicht gebraucht hätte. Die Umweltbewegung begann sich damals zu formieren und nahm sich erneut der Bäume an, als Symbol ihrer Bemühungen. Man berechnete, wie viel Tonnen Sauerstoff eine Buche zu produzieren imstande sei. Ein Schlager aus dem Jahre 1969, gesungen von Alexandra, gelangte mit einer Klage über den Tod vom Freund, dem Baum, in die höchsten Ränge der Hitparade. »Baum ab – nein danke! Das war in den siebziger Jahren häufig der kleinste gemeinsame Nenner im Umweltschutz«,[9] hat der Gartengestalter Jürgen Milchert einmal gespöttelt.

Die Linden wurden also nicht abgeräumt, sondern auf einem kaum meterbreiten Streifen zwischen Asphaltfläche und Gehweg stehen gelassen – und das war es, aber es war nicht optimal. Sie blieben, was sie vom Datum ihrer Pflanzung an waren, Pflegefälle – wie es alle Kopf- und Kastenlinden zeit ihres Lebens sind. In etwa zwei Meter Höhe sich verzweigend, waren sie jahrzehntelang durch häufige Rückschnitte in Form gehalten worden. Die Pflege solcher Baumformen ist aufwendig, in jedem Jahr muss Hand angelegt werden. Unterbleiben diese Eingriffe, und dafür gibt es viele Gründe wie Mangel an Zeit oder Geld, fortgeschrittenes Alter des Besitzers oder die Angst, etwas falsch zu machen, dann wächst die Linde sich aus, aber nicht zur vollendeten Schönheit eines freistehenden Baumes. Sie bildet wenige starke, fast parallel verlaufende und kandelaberartig wirkende Hauptäste mit der Folge, dass mit zunehmendem Alter die Statik immer bedenklicher wird und eine Kappung den einzigen Ausweg zu bilden scheint.

Die Linde verträgt Kappungen und andere Eingriffe in ihre Kronengestalt sehr viel besser als jeder andere heimische Großbaum, und daher ist kein anderer so geeignet, architektonische raumbildende Aufgaben in der Gartenkunst zu übernehmen wie die Linde[10]. Das dürfte vor allem mit ihrer Biologie zusammenhängen. Zum einen ist ihr Holz außergewöhnlich reich an Reservestoffen – vor allem Stärke –, die rasch mobilisiert werden können und das hohe Regenerations- und Ausschlagsvermögen des Baumes erklären. Zum anderen bilden ihre strikt in der Waagrechten ausgerichteten Blätter einen perfekten schattenspendenden Schirm. Diese Kombination macht sie zum Sonderfall unter den einheimischen Großgehölzen und wie kein anderes geeignet, zu beliebigen Formen zurecht gestutzt zu werden: zu Lindenlauben, Laubengängen, Stammhecken oder Kastenlinden.

Sogenannte Kopfbäume hat es zwar schon in der mittelalterlichen Kulturlandschaft gegeben, und auch der Formschnitt der Gehölze, die ars topiaria, hat eine alte Tradition. Aber erst im Barockgarten sollte der Formschnitt der Gehölze eine zentrale gartenphilosophische Rolle einnehmen. Ein wunderbares Zitat des französischen Gartenschriftstellers Jean de la Quintinye aus dem Jahre 1690 macht diese Verbindung zwischen Natur- und Gesellschaftsverständnis deutlich: »Ich weiß nicht, ob ich nicht gar sagen könnte, dass die Schnittregeln bei den Bäumen oft genug fast dasselbe sind wie die Regeln der christlichen Moral beim menschlichen Verhalten. Unsere Bäume sind, so scheint mir, in der Beschränkung, die wir ihnen auferlegen, um sie niedrig zu halten und vielleicht an Mauern zu heften, unzufrieden; man kann sagen, dass sie stets streben, dem Gärtner zu entkommen und ihn zu hintergehen, um zu wachsen, wie er nicht will, und gerade da zu wachsen und Zweige zu bilden, wo er nicht wollte, dass sie sie treiben, ganz wie die verderbte Natur des Menschen sich oft gegen die göttlichen Gesetze und gegen die Vernunft auflehnt und zu den meisten Dingen

neigt, welche die Moral verbietet.«[11] Der Gehölzschnitt wurde also quasi als
etwas gottgewollt Natürliches angesehen. Der Gärtner, der den Baum beschnei-
det, vollendet den Schöpfungsplan und ist durchaus vergleichbar mit dem Bild-
hauer, der aus dem ungefügten Gestein eine Statue schafft.

Nur wenige Jahre später wurde der Formschnitt der Gehölze zum Sinnbild
des naturfremden, auf Verkünstelung zielenden Ancien Régime, und der frei
aufgewachsene, von keiner Gärtnerschere berührte Baum im englischen Landschaftsgarten zum Sinnbild der Aufklärung, dem als gesellschaftliches Ideal der
frei sich entfaltende Mensch entsprach. Und in genau diesem Sinne argumentierten 1792 die Verfasser der Hamburger Denkschrift über die »Vortheile und
Nachtheile des Kappens der Bäume auf den Hamburgischen Wällen und Landstraßen«. Es gebe keinen »wohltätigeren« (sic!) Anblick als »den eines in der
ganzen Kraftfülle seines unverkünstelten Natur=Wuchses emporsteigenden
Baumes, der das treffende Bild ungeschwächter Gesundheit, und fester den
Stürmen des Schicksals trotzender Manneskraft darstellt.« Aber leider: »Bei
weitem der größte Teil dieser herrlichen Bäume ist durch das in Hamburg
seit einem Menschenalter übliche Kappen gesunder Bäume seiner natürlichen
Schönheit beraubt und durch das Beil und die Säge bis auf den Stamm verstüm-
melt. Diese abgehauenen Stämme sind wegen des gestockten Saftes durch
Knollen und Auswüchse entstellt, der freie Wuchs der Äste ist gehemmt; un-
verhältnismäßig schlank sind diese aus dem unförmig starken Stamm, größten-
theils zur Seite seiner abgehauenen Fläche, herausgetrieben und bilden keinen
natürlich schönen Baumschlag mehr. – Durch diese unerhörte Operation ist nun
die ursprüngliche Bestimmung der Bäume unersetzlich vernichtet, und ihre
ganze Existenz und Wirksamkeit auf eine periodische Alternation von Sein
oder Nichtsein herabgebracht.«[12]

Die »trotzende Manneskraft« deutet es an: Es geht hier um mehr als um
einen gärtnerischen Kunstgriff, es geht um ein Menschenbild, ein Gesellschafts-
und Erziehungsideal, das sich bewusst gegen die Vorstellungen der Barockzeit
abgrenzt und das frei aufgewachsene Individuum propagiert. Dies schwingt
auch in den heutigen Diskussionen mit, nicht nur in Ahrensburg, sondern in vielen Städten in jedem Frühjahr, wenn städtische Baumpflegemaßnahmen die
Spalten der Lokalzeitungen füllen.

Ahrensburg und Jersbek – zwei Gartenentwürfe des Spätbarock
Wir haben oben von den raumbildenden Aufgaben in der Gartenkunst gesprochen, die die Linde im barocken Gartenentwurf übernommen hat, und wollen uns diese jetzt am Beispiel zweier spätbarocker Anlagen vor Augen führen:
Jersbek und Ahrensburg. Beide liegen in Holstein vor den Toren Hamburgs,

Lindenallee im Jersbeker Garten
Foto Hans-Helmut Poppendieck 1995

beide stammen aus der Mitte des 18. Jahrhunderts, und ihr Grundriss ist nahezu identisch. In beiden haben die Linden der barocken Alleen zumindest teilweise im Original überlebt, so dass man an ihnen der ursprünglichen Intention der Gestaltung nachspüren kann.

Die Pflanzung von Lindenalleen hatte in norddeutschen Städten bereits eine alte Tradition, die in die Mitte des 17. Jahrhunderts zurückreicht: Die Kirchenallee im Hamburger Vorort St. Georg war 1644 entstanden und die nahe gelegene Große Allee 1652, also noch vor Versailles, die Allee am Jungfernstieg in Hamburg 1665 und die Allee der Palmaille in Altona etwa zur gleichen Zeit. Es waren Anlagen zum Lustwandeln und für Ausritte. Für Kutschfahrten durch die aus privaten Mitteln errichtete Große Allee musste eine Gebühr entrichtet werden.

Sowohl in Jersbek wie in Ahrensburg wurden die Linden in erster Linie als Kastenlinden, als Linden-Stammhecken gepflanzt, was man an zwei Merkmalen erkennen kann: an dem relativ engen Stand und an der Zwieselbildung in Kopfhöhe. Grund dafür war der Wunsch, Alleen zu schaffen, die von außen eine kompakte grüne Masse und innen schattige, fast tunnelartige Gänge bilden. Nach zweihundertfünfzig Jahren haben die vielen Rückschnitte knorrige Stammgestalten mit vorspringenden Wülsten erzeugt, da man die Bäume immer wieder hoch austreiben ließ und dann rigoros köpfte, anstatt sie, wie eigentlich vorgesehen, in regelmäßigem Abstand zu beschneiden.

Der Jersbeker Garten wurde um 1740 von dem aus uraltem Adel entstammenden Benedikt von Ahlefeldt (1678–1757) angelegt. Bis heute erhalten haben

Hans-Helmut Poppendieck

Die Hagener Allee in Ahrensburg mit etwa 250 Jahre altem Baumbestand Foto Hans-Helmut Poppendieck 2009

sich die mehrreihigen Lindenalleen, die zur Einrahmung der Boskette und Parterres gepflanzt wurden, sowie eine als »Zwölf Apostel« bezeichnete Lindenlaube. Ahlefeldt und seine Gärtner konnten auf zahlreiche Vorbilder zurückgreifen, vor allem natürlich auf Le Nôtres für ganz Europa stilbildende Schöpfungen Vaux-le-Vicomte und Versailles. Die streng geometrische Gestaltung des Gartens und vor allem die bis zum Horizont reichende Perspektive mit ihrem absolutistischen Ergreifen der gesamten Landschaft sind kennzeichnende Merkmale aller Barockgärten und lassen sich direkt von diesen Vorbildern herleiten.

Ahrensburg entstand rund fünfundzwanzig Jahre danach. Sein Schöpfer war der vom Kaufmann zum dänischen Lehnsgrafen aufgestiegene Heinrich Carl von Schimmelmann (1724–1782), ein Selfmademan, seinerzeit einer der reichsten Männer Europas. Seine Kinder hatten in die ältesten Familien des Landes eingeheiratet, und er selbst hatte mit Ahrensburg das schönste Adelsschloss Schleswig-Holsteins erworben. Seine Umgestaltung des Bauerndorfes Woldenhorn zu einer Idealstadt war die einzige geplante schleswig-holsteinische Stadtanlage des 18. Jahrhunderts und stellte ihn auf eine Stufe mit dem Dänenkönig Christian IV., der 1617 Glückstadt gründete, und mit dem Gottorfer Herzog Friedrich III., dem Gründer von Friedrichstadt (1620). Schimmelmann schuf damit nicht zuletzt ein Symbol seines gesellschaftlichen Aufstiegs. Ahrensburg mit seinem gärtnerisch überformten Ortsplan spiegelt den barocken Gesellschaftsentwurf wider und nimmt in seinem Grundriss das Gestaltungsmotiv des Jersbeker Gartens auf. Hier wie dort bilden ein- und mehrreihige Lindenalleen das beherrschende raumgliedernde Element. Allerdings ist in Ahrensburg nur noch ein kleiner Teil davon erhalten geblieben.

Ahrensburg war aber im Gegensatz zu Jersbek kein Garten mehr, sondern eine mit gärtnerischen Mitteln gestaltete Ideallandschaft, die imponieren sollte und zur Postkutschenzeit tatsächlich imponierend gewesen sein muss. Es lag an der vielbefahrenen Landstraße von Hamburg nach Lübeck. Am Ortseingang nahmen die Lindenalleen den Reisenden auf, verhießen Wohlstand, Ordnung und Zivilisation. Der Mittelpunkt der Anlage, das Rondeel mit seinen in alle Richtungen ausstrahlenden Perspektiven, machte deutlich, dass hier wie im Märchen vom Gestiefelten Kater alles dem Grafen gehörte. Das saubere, wohlgeordnete und mit Alleen gesäumte Dorf mit Industrie und Handwerk lieferte einen Ausweis der Philanthropie des Gutsherren. Vorbei an der alten Kirche … und das Schloss erscheint, das schönste im ganzen Land! Der Reisende wird auf einem Halbzirkel an ihm vorbeigeführt und kann es gebührend bewundern, bevor die Landstraße ihn wieder aufnimmt und durch bescheidene holsteinische Geestdörfer führen wird mit ihren ärmlichen Katen und den Misthaufen vor den Türen.

Der Begriff der Allee hat in den letzten 300 Jahren einen Bedeutungswandel durchgemacht. Ursprünglich handelte es sich um Spazierwege in Gärten oder in Anlagen. Erst nach und nach drangen sie zunächst in ländliche Bezirke vor. Die berühmten mecklenburgischen Alleen stammen aus der Mitte des 19. Jahrhundert und wurden an den Fahrstraßen im Zuge der »Landschaftsverschönerung« durch Peter Joseph Lenné und seine Schüler und Zeitgenossen angelegt. Am Ende des 19. Jahrhunderts kamen die Alleen wieder in die Städte, und zwar zunächst in die Villengebiete der Gründerzeit, bevor sie allgemein wurden. Die Parkallee in Hamburg entstand um 1880. Heute versteht man unter Allee lediglich eine »mit Bäumen ein- oder mehrreihig bepflanzte Straße«.[13]

Die großen fürstlichen Gartenanlagen und die städtischen Allen haben auf bäuerliche und bürgerliche Anlagen ausgestrahlt. Kastenlinden und Lindenlauben wurden zu einem charakteristischen Merkmal norddeutscher Dörfer und Städte, ihrer Häuser und Gärten. Dies soll ohne viele Worte gegenüber in einem Bilderbogen der Lindenverwendung aus verschiedenen Zeiten und in unterschiedlichen Situationen deutlich gemacht werden.

Barock überlebt

Die Linde hat in den letzten tausend Jahren mannigfache Wandlungen erfahren: vom Waldbaum zum Stadt- und Hausbaum, von der Dorflinde zum lindengesäumten Gartenweg, vom Garten zur Allee in der Landschaft, vom gestutzten zum ausgewachsenen Baum und wieder zurück – ein Schauspieler, der auf ganz

　　　　　　　　　　　　　　　Hans-Helmut Poppendieck

Gestutzte Linden waren früher in Norddeutschland eine häufige Zier der Bauernhäuser (l). Ihre Vorbilder hatten sie in den Schlossgärten des Barocks: Vielfach wird auch ein altholländischer Ursprung für diese Mode angenommen. Sie zielte auf ein harmonisches Größenverhältnis vom Haus zum Hausbaum, um zu verhindern, dass dieses von Bäumen überragt und beschattet wird (r).

Die Heimatstilarchitektur des frühen 20. Jahrhunderts nahm das Kastenlindenmotiv als raumbildendes Element wieder auf (l). Selbst an Kleinsiedlerhäusern der Zwanziger Jahre lässt es sich nachweisen (r).

Die Lindenterrasse beim Restaurant Jacob ist das berühmteste Beispiel, aber in den Hamburger Elbvororten sind beschnittene Linden vor Gasthäusern auch sonst häufig erhalten geblieben (l). Die früher sehr aufwendige Pflege ist heute durch den Einsatz von Hubfahrzeugen relativ einfach geworden (r).
Fotos Hans-Helmut Poppendieck 1987–2009

unterschiedlichen Bühnen zuhause ist, dort brillieren oder versagen kann. Modegehölz und Massenware wurde die Linde im Barock. Was hat davon überlebt?

Zunächst die Baumindividuen. Ob sie aus den barocken Anlagen stammen, uns als Hausbäume von Bauernhäusern überkommen sind oder aus der Zeit des Heimatstils: Sie ragen aus vergangener Zeit in unsere Gegenwart und geben uns Informationen, die wir aus keiner anderen Quelle entnehmen können, weder aus Gartenplänen noch Pamphleten: Alter, Arten- und Sortenzugehörigkeit, Pflanzabstand und Höhe des Erziehungsschnittes etwa. Solche zur mehrhundertjährigen Gartentradition gehörigen Lindenlauben, -hecken, -gänge und -terrassen sind natürlich nicht gemeint, wenn im Titel des Beitrags von »Barock als Banalität« die Rede ist.

Das im Barock entstandene Berufsgärtnertum und das Baumschulwesen haben sich bis in unsere Zeit weiter entwickelt und vervollkommnet, und mit ihnen die Gartenbautechnik. War die Pflanzung von Bäumen um 1800 noch auf Gärten, Parks und neu angelegte Forsten beschränkt, so gibt es in der heutigen Kulturlandschaft kaum noch Bäume, die nicht gepflanzt wurden: an Straßen, an Böschungen, Bahndämmen, Hafenanlagen, vor Industriegebäuden und auf Brachland. Das hat unser Bild vom Baum so nachhaltig geprägt, dass wir uns dessen kaum noch bewusst sind. Aufgefordert, einen Baum zu skizzieren, werden die meisten von uns ein Gebilde mit einem geraden Stamm zeichnen, mit einer annähernd kugelförmigen Krone, deren Umfang die Höhe des freien Stammes nicht wesentlich überschreitet: ein Baumschulgehölz, hervorgegangen aus einem Tilia x vulgaris-Hochstamm 14 bis 16, dreimal verpflanzt, dem man seine Herkunft sein Leben lang ansehen wird. In einer derart durch Baumschulware geprägten Kulturlandschaft gleicht ein Baum dem anderen, ist das unverwechselbare Baumindividuum unvorstellbar.

Überlebt hat auch der manipulative Umgang mit Gehölzen, wenngleich er seine Hoch- und Tiefzeiten durchlebt hat. Geschorene Hecken, Taxus- und Buchsfiguren sind mehrfach in Mode gekommen und mehrfach in Ungnade gefallen. Gegenwärtig sind sie wieder »in«. Stammhecken aus Kastenlinden werden allerorten neu angelegt. An der rückwärtigen Front des Hamburger Universitätsgebäudes nahe des neuen Flügels ist vor kurzem eine solche Linden-Stammhecke gepflanzt worden, der man eine raumbildende Wirkung nicht absprechen kann, selbst wenn sie durch die vorhandenen älteren Linden etwas beeinträchtigt wird. Der Verfasser, seit 1973 an der Universität Hamburg tätig und mit diversen Begrünungsaktionen des Campusgeländes vertraut, ist sich sicher: Dies wäre in den 1980er Jahren beim Aufkommen der Öko- und Naturgartenwelle unmöglich gewesen. Die Frage, ob die Wiederbelebung der barocken Formensprache an dieser Stelle mit einer auf die Stärkung der zentralen Autoritäten zie-

Allee aus Kugelakazien im Hamburger Hafen
Foto Hans-Helmut Poppendieck 2009

lenden Universitätsreform in einem, wenn nicht ursächlichen, so doch gedanklichem Zusammenhang steht, möchte der Verfasser offen lassen.

Überlebt und mächtig entwickelt hat sich vor allem der menschliche Zugriff auf die Landschaft. Die Renaissance hatte sich mit Blicken in den Garten und aus dem Garten heraus begnügt. Das Barock schlug Schneisen, die bis an den Horizont reichten, markierte sie mit uniformen Baumreihen und manifestierte so den absoluten Herrschaftsanspruch über die Natur. Das Aufkommen des englischen Landschaftsgartens brachte zwar eine neue Formensprache, aber der Anspruch auf die Umgestaltung, ja Neuschaffung der gesamten landschaftlichen Umgebung auf mehreren tausend Hektar blieb ungebrochen und damit auch der absolute Herrschaftsanspruch. In der heutigen Zeit, wo die ursprüngliche Natur sorgsam in Reservaten gepflegt und die landwirtschaftlich geprägte Natur von Strukturkrisen geschüttelt wird, wo die Natur der spontanen Stadtwildnis allerorts zurückgedrängt wird, dringt die »Natur der Dritten Art«, die symbolische Natur der Parks und Gärten, in alle Lebensbereiche vor, in die sogenannte freie Landschaft ebenso wie in Verkehrs- und Industriegelände. Aber ihr Symbolwert ist durch den häufigen Gebrauch entwertet, so stark, dass die von ihr erzeugten Paradoxien kaum noch wahrgenommen werden. Die Eichenallee vor der Industriehalle im Hamburger Hafen, die Kugelakazien vor dem Tanklager tragen noch eine Erinnerung an die kühnen Landschaftsentwürfe des Barocks in sich, zeigen heute aber nichts mehr auf, als den zum puren Reflex gewordenen Geschäftsbetrieb des Begrünens und Pflanzens. Sie sind banal geworden, das heißt »im höchsten gewöhnlich, durch häufige Anwendung alltäglich, abgedroschen und daher bedeutungslos.«[14]

Die Entdeckung der Landschaft.
Garten als künstlerisches Medium
einer gesellschaftlichen Epoche

Martina Oldengott

Die Erfindung des englischen Landschaftsgartens

Die Mutter der Landschaftsgartenbewegung des 18. Jahrhunderts ist die englische Aufklärung. An der Wiege standen die 1690 erschienenen erkenntnistheoretischen Schriften und die Theorie des aus dem Naturrecht begründeten Gesellschaftsvertrages John Lockes. Bedeutsam war, dass die Aufklärung ihren Naturbegriff unlösbar mit dem Freiheitsgedanken verband. Wo Freiheit aus dem Naturrecht begründet wurde, konnte umgekehrt Natur selbst zum Freiheitssymbol werden.

Erweitert und korrigiert wurde diese Philosophie durch seinen Schüler Anthony Ashley Cooper, den 3. Earl of Shaftesbury. Der kaum zu überschätzende Einfluss seiner gesammelten Schriften von 1711 »Characteristics of Men, Manners, Opinions, and Times« auf Philosophie, Kunsttheorie und Literatur der Aufklärung in England, Frankreich und Deutschland bereitete dem englischen Gartenstil in Europa den Weg. Shaftesbury interpretierte die Natur primär als sittliche Macht, die sich einerseits in der universellen Harmonie des Kosmos, andererseits in der der Menschennatur eigenen natürlichen Moralität manifestiert. Die Grenzen der neuen Freiheit muss der Mensch in sich selbst finden, sein Verhältnis zur Gesellschaft sollte nicht nur durch Eigeninteresse (self-love), sondern auch durch Sympathie (benevolence) und Gesellschaftsverantwortung (social love) bestimmt sein. Shaftesbury formulierte damit eine liberale Ethik: Nicht aus der Heilsgeschichte, sondern aus der tausendfachen Vielgestaltigkeit der Natur offenbare sich Gott jener ausgeglichenen »schönen Seele«, die Gefühl und Vernunft vollkommen in sich versöhnt habe.

Natur als Medium der Gotteserfahrung, als sittlich-moralische Kraft begründete den ethischen Anspruch der neuen Gartenkunst, der zugleich ein politischer war: Wo die Natur ihrem eigenen Wesen entfremdet schien, wie im barocken Gartenstil, galt sie fortan als Symbol politischer Unterdrückung und Willkür, als Synonym für die despotische Ordnung des Ancien Régime.

Mit Shaftesburys Hymne über die Urnatur (nature in her primitive state) und seinem Spott über die eitlen formalen Spielereien der zeitgenössischen Fürstengärten begann die langanhaltende Kritik an den formal-geometrischen Barockgärten, die schließlich zur Überwindung dieses Stils führte. Die politischen Ereignisse folgten dieser, das Terrain vorbereitenden philosophischen Entwicklung. Die Glorious Revolution von 1688 schuf in England ein bis dahin in Europa unbekanntes politisches Klima der Freiheit und Gleichheit vor dem Gesetz, der Gewaltenteilung, der religiösen Toleranz, der Meinungs- und Pressefreiheit und des Schutzes von Eigentum. Ihr folgten von 1775 bis 1783 der Amerikanische Unabhängigkeitskrieg und 1789 die Französische Revolution.

Die Kritik an den Barockgärten setzte sich über Joseph Addison, einflussreicher Herausgeber des »Spectator«, den Dichter Alexander Pope, der 1731 mit seiner »Epistle to Lord Burlington« ein grundlegendes Programm entworfen hatte, über zahlreiche andere Autoren bis zu dem Schriftsteller, Politiker und Künstler Horace Walpole, 4. Earl of Orford, fort, der 1770 mit seiner Schrift »On modern gardening« die erste Geschichte der neuen Stilrichtung verfasste.

Alexander Pope kritisierte die Beschneidung der Pflanzen in »tote geometrische Gebilde und lächerlich immergrüne Skulpturen«. Für Jean-Jacques Rousseau wurde das Beschneiden zur Metapher falscher Erziehung, der Erzieher selbst zum naturverbundenen Gärtner. Ein »Emblem konstitutioneller Freiheit« war der gewundene Pfad des Landschaftsgartens im Gegensatz zur starren barocken Allee für den Gartentheoretiker William Mason. Landschaftsgärtner Humphrey Repton hielt den englischen Gartenstil für die glückliche Mitte zwischen Wildnis und steifer Formalität, so wie die liberale Verfassung zwischen der Anarchie der Wilden und dem Zwang despotischer Herrschaft stehe. Noch bei Schiller, Stendhal und Schopenhauer findet sich die politische Interpretation des Landschaftsgartens als des »Gartens der Freiheit«. Der Zeit der Aufklärung war sie selbstverständlich gewesen.

Die poetischen Schilderungen der antiken Dichter (Vergil, Horaz und andere) und ihrer modernen englischen Nachfolger von John Milton bis James Thomson, dessen Dichtung »The Seasons« die Textgrundlage von Joseph Haydns Oratorium »Die Jahreszeiten« bildet, prägten das neue Naturideal.

Die Landschaftsmaler des 17. Jahrhunderts wie Nicolas Poussin, Claude Lorrain, Salvatore Rosa oder Jean Antoine Watteau, die die Schönheit und Erhabenheit der Natur idealisiert wiedergaben, schufen die Bildformeln für die antikisierenden Landschaftsbilder ebenso wie Jacob van Ruisdael oder Allaert van Evertingen dies für die nordischen taten. Die auf den klassischen Kavaliersreisen nach Italien erworbenen Kenntnisse und Anschauungen bestätigten, was die Malerei zu sehen gelehrt hatte. So war die Natur im Landschaftsgarten nicht die einfache, unberührte Natur Shaftesburys, sondern die in Dichtung und Malerei gespiegelte Natur, ein Bild, welches im Geist des Wahrnehmenden entstand. Diese Wahrnehmung aber setzte ein geschultes ästhetisches Empfinden und eine umfassende Bildung voraus.

Nachdem der in Rom ausgebildete englische Maler William Kent in den frühen dreißiger und vierziger Jahren des 18. Jahrhunderts nach den Regeln der Landschaftsmaler die ersten Gärten in Chiswick, Rousham, Claremont und Stowe verwirklicht hatte, folgte als erster Professioneller der Gärtnersohn Lancelot Brown, bekannt unter seinem Beinamen Capability, dessen Programm mit den lapidaren Formeln regularity banished – prospects opened – the country called in – nature rescued and inspired – art decently concealing herself under her own perfection charakterisiert wurde. Damit fasste er die wesentlichen Grundzüge der landschaftlichen Gartengestaltung zusammen: Es ging um die Abkehr von der regelmäßigen, geometrischen Gliederung der Flächen und der strengen Einhaltung von Proportionen, wie sie prägend für die architektonischen Gärten des Barocks waren. Die Gärten sollten großzügiger wirken und sich in die Landschaft öffnen, beziehungsweise umgekehrt die umliegende Landschaft in die Gärten und Parks einbezogen werden. Die Gestaltung sollte die Natur respektieren und von ihr inspiriert sein. Die künstlerischen Handgriffe sollten unmerklich vollzogen und in ihrer Ausführung für das menschliche Auge verborgen bleiben. Browns Anspruch war, eine »verbesserte, von ihren Fehlern befreite Natur« zu schaffen.

Damit verbunden war die Auflösung der auf Kennerschaft und Bildung beruhenden assoziativen Verknüpfung von Gartenbild und Bildsinn zugunsten einer Ästhetik des Sensualismus. Ihr Prophet war Edmund Burke, der mit seinem Werk »A Philosophical Enquiry in the Origin of our Ideas of the Sublime and the Beautiful« von 1756 Gefühl und Emotion als Folge der Wahrnehmung in den Mittelpunkt seiner Ästhetik gestellt hatte. Die unmittelbare, ohne Interpretation des Bildsinnes vermittelte sinnliche Wirksamkeit wurde das erklärte Ziel der Gartengestaltung. In den späten achtziger und neunziger Jahren des 18. Jahrhunderts wurde von Uvedale Price und Richard Payne Knight das Malerische (pittoresque) neben das Schöne und Erhabene gesetzt. Pittoresk bezeichnet in diesem Sinn ein bestimmtes ästhetisches System von Kompositionsregeln, Form- und Farbwerten, das heißt physische Qualitäten der Natur im Kontext des »Malerisch-Reizvollen«.

Als letzter großer Gestalter der Landschaftsgartenbewegung des 18. Jahrhunderts war Humphrey Repton dieser Theorie verpflichtet, verwendete sie

Martina Oldengott

aber sehr pragmatisch als Arbeitsweise. Er führte auch erstmals wieder symmetrische formale Gestaltungen in unmittelbarer Nähe des Hauses ein. Durch die Schaffung intimer Räume wurde nicht zuletzt die »Benützbarkeit« des Gartens für verschiedene familiäre und gesellschaftliche Zwecke entscheidend verbessert. Reptons Buch »Observations on the Theory and Practice of Landscape Gardening« erschien 1803.

Sein Siegeszug durch Europa

Der Landschaftsgarten stellt nicht nur eine übergreifende Stilphase der Gartenkunst, sondern bis weit ins 19. Jahrhundert hinein auch eine der führenden künstlerischen Aufgaben seiner Zeit dar. Im Zuge der von kritischem Adel und selbstbewusst gewordenem Bürgertum getragenen Ideen der Aufklärung eroberte er in rasantem Tempo den Kontinent, breitete sich nach Skandinavien, in das Baltikum, nach Russland und Amerika aus und wurde in modifizierter Form auch von Fürsten und Kaisern übernommen, insbesondere dort, wo sich der Absolutismus als aufgeklärt verstand.

In dem alten, seit der Renaissance diskutierten Wettstreit um die Rangfolge der Künste hatte sich im Barock die Architektur, die die Gartengestaltung einschloß, den ersten Platz erobert. Das neue Naturideal forderte eine Autonomie aller Kunstgattungen, die nur den ihrem Wesen gemäßen eigenen Gesetzen folgen sollten. Das führte zu einer immer stärkeren Orientierung an der Malerei, als deren Schwester sich nun die Kunstgärtnerei verstand. Der Landschaftsgarten präsentierte ideale Natur in dreidimensionalen, begehbaren Bildern. Schon 1752 definierte ihn der Dichter Joseph Spence als eine »Gemäldegalerie« unter freiem Himmel. Die Einbildungskraft des empfindsamen Betrachters stärker zu erregen, als dies eine bloß natürliche Gegend vermochte, wie der deutsche Gartentheoretiker Christian Cay Lorenz Hirschfeld schrieb, wurde jetzt zum künstlerischen Hauptziel der Gartenkunst.

Die Entstehung und Entwicklung des Landschaftsgartens war von umfangreichen theoretischen Reflexionen begleitet. Die zeitgenössischen Gartentraktate differenzierten nach vielen Gesichtspunkten: Horace Walpole unterschied 1770 den üblichen Parkgarten (garden park) von der Zierfarm (ornamental farm) und dem freien Wald- und Naturgarten (forest or savage garden). Claude Henri Watelet teilte 1774 Gärten nach Gattungskriterien in malerische, poetische und literarisch-romantische ein. Man ordnete nach Stimmungscharakter wie heroisch, pastoral, heiter, melancholisch und nach Jahres- und Tageszeitenprägung. Franz Hallbaum unterschied 1927 vier aufeinanderfolgende Stilphasen: den naturalistischen, den vorromantisch-sentimentalen, den klassischen und den romantischen Gartenstil.

Diese Entwicklung bedeutete eine kategoriale Verschiebung der Kunstgattungen, die das Verhältnis von Architektur und Gartenkunst innerhalb weniger Jahrzehnte genau umkehrte: Im letzten Drittel des 18. Jahrhunderts war der Garten ein »Übergesamtkunstwerk«, das alle anderen Künste in sich einschloss.

Obwohl die englischen Werke über die neue Gartenkunst sehr rasch ins Französische übersetzt wurden, verlief die Entwicklung in Frankreich, bedingt durch die anders gelagerten gesellschaftlichen und politischen Voraussetzungen der absoluten Monarchie, etwas anders. Gartenkunst war Hofkunst und Bühne für die repräsentative Selbstdarstellung der höfischen Gesellschaft, ohne utopische Aspekte von politischer oder gesellschaftlicher Freiheit. Der durch die neue Gartenkunst gekränkte Nationalstolz der Franzosen führte dazu, dass sie die chinesischen Einflüsse herausstrichen, um das eigenständig Englische herabzusetzen. Sie diffamierten William Kent als Nachahmer der chinesischen Gartenkunst und betrachteten die ersten irregulären Gestaltungsversuche ihres Landsmannes Charles Dufresny als Ursprung des französischen Landschaftsgartens. Diese Sichtweise führte insbesondere nach William Chambers 1772 erschienenen Veröffentlichung seiner »Dissertation on Oriental Gardening« zur Ausbildung des »Jardin anglo-chinois«. Diese Gärten zeichneten sich durch eine gewisse Kleinteiligkeit, vor allem Überladenheit mit Gartenbauwerken (fabriques) insbesondere chinesischer Stilrichtung und dem Weiterbestehen von formalen Gestaltungselementen des Rokokogartens aus. Fast gleichzeitig und in Opposition zu diesem Typ entstanden die Gärten, die der Kunsthistoriker Adrian von Buttlar »nach englischem Vorbild«[1] nennt. Diese neue Perspektive beginnt, das »gewisse Etwas« (je-ne-sais-quoi) jenseits der strengen Regeln, das Wilde, Irreguläre und Nachlässige im Kontrast zum Regelmäßigen, Wohlgeordneten zu entdecken.

Man darf diese gartentheoretischen Tendenzen und Entwicklungen nicht ohne den naturphilosophischen, naturwissenschaftlichen und naturreligiösen Hintergrund sehen, der von England auf das europäische Festland gelangte, an der Person Shaftesburys festgemacht wurde und in Frankreich durch Jean-Jacques Rousseau eine eigenständige Entwicklung nahm. Rousseaus berühmter Roman »Julie ou La nouvelle Héloïse« von 1761, in dem ein Garten geschildert wird, der nach William Mason »echte« Natur täuschend nachahmt, hatte auf die Gestaltung der neuen Gärten Einfluss. Zu diesem Typ gehören insbesondere Ermenonville, der Garten des Marquis de Girardin, und Mereville, der Garten des Generalpächters und Bankiers von Ludwig XVI., Jean Joseph de Laborde. Bei beiden Gärten scheint die Konzeption vom Bauherrn selbst zu stammen. Während die Bauführung in der Verantwortung eines Architekten lag, war die szenische Ausführung dem Maler Hubert Robert anvertraut

Martina Oldengott

worden. Für Mereville hat Hubert Robert die »Gartenbilder« entworfen, indem er eine Reihe großformatiger Gemälde schuf, die man lange für nachträglich entstandene Veduten gehalten hat.[2]

Der erste landschaftliche Garten auf dem europäischen Festland war aber nicht in Frankreich, sondern im anhaltinischen Wörlitz entstanden. Seine früheste Spur findet sich 1764 in einem Entwurf Johann Friedrich Eyserbecks, die eigentliche Entstehungszeit kann erst etwa um 1800 datiert werden, weil mehrere Hochwasser vorher Erreichtes zerstörten. Sie umgreift in der Hauptsache die folgenden drei Jahrzehnte und reicht mit letzten Ergänzungen noch in das zweite Jahrzehnt des 19. Jahrhunderts. Während dieses Zeitraumes hat es nur einen einzigen Bauherrn gegeben, den Fürsten Leopold III. Friedrich Franz von Anhalt-Dessau. Kernstück der Anlage ist der langgestreckte See, der mit vielen Buchten und Armen tief in das Land greift. Das Schloß liegt in einiger Entfernung vom See. Die Hauptzufahrt in den Park, eine leicht geschwungene Allee, führt auf einem Damm am See entlang, schräg gegen das Ende gerader Baumreihen.

Wörlitz liegt am Anfang der Entwicklung des neuen Gartenstils in Deutschland, enthält aber bereits alle Ansätze für die weitere Entwicklung des natürlichen Gartenstils. Die Richtung auf die sentimentalen Gärten um 1800 und romantische Neigungen nach 1820 sind in dem zur selben Zeit ab 1768, schwerpunktmäßig aber zwischen 1791 und 1811 als Sommerresidenz errichteten Fürstenlager der Landgrafen von Hessen-Darmstadt an der Bergstraße in Bensheim-Auerbach oder am Beispiel der Pfaueninsel in Berlin nachvollziehbar. Mit der Ruhe und Monumentalität seiner landschaftlichen Hauptbilder deutet Wörlitz auf den klassischen Landschaftsgarten.

Die Thematisierung von Werten wie Natur, Vernunft und Freiheit in den frühen Landschaftsgärten stellt ein Symptom der Verbürgerlichung der Adelskultur unter dem gemeinsamen Begriff Humanität dar. Darüber hinaus vermochte der Landschaftsgarten metaphysische Erlebnisse einer göttlichen Natur zu vermitteln. Eine Parkanlage, beziehungsweise eine Komposition von Gärten, die ähnlich wie Ermenonville in Frankreich, Wörlitz in Deutschland oder die berühmten englischen Anlagen als beispielhaft für den Wunsch des Bauherren gelten kann, die gesellschaftlichen, naturphilosophischen und ethischen Zielsetzungen der anbrechenden Zeit in der Gartengestaltung widerzuspiegeln, ist die Parkanlage von Canon.

Die Gärten des Schlossparks von Canon

Der Schlosspark von Canon liegt am westlichen Rand der Normandie an der Grenze zur Bretagne. Das Département Calvados mit seiner sanften Hügellandschaft und überwiegend landwirtschaftlichen Nutzung bettet den Park ein.

*Schloss Canon
mit Spiegelteich*
Foto Ludwig Esser
1988

Neben Äckern und Weiden prägen Apfelbäume und Wallhecken (Bocages) das Bild. Auch für Canon bildet nach wie vor die Landwirtschaft eine wesentliche Existenzgrundlage. Noch heute sind der Nutzgarten, die direkt an den Park angrenzenden Apfelbaumwiesen mit weidenden Kühen und die von den Nebengebäuden eingeschlossenen grünen Höfe Bestandteil des Gesamtkonzeptes. Über einen Ausblick durch die ovale Fensteröffnung eines Holzpavillons werden die von Laubwaldforsten eingerahmten Weiden, die sich von Norden an den Landschaftspark anschließen, einbezogen und lassen den historischen Garten fast unendlich groß erscheinen.

Nach Canon gelangt man von Mézidon, auf der Hälfte der Strecke von Lisieux nach Caen gelegen, durch eine nahezu einen Kilometer lange, zunächst doppelreihig mit Rosskastanien und Linden bepflanzte Allee, die beidseitig von Rasenteppichen gesäumt ist. Zwischen den Bäumen leuchtet hell das kleine Gutsschloss aus Kalkstein, der in der Umgebung von Caen gewonnen wird. Einziger Schmuck des rechteckigen Baus sind die hohen Fensterbögen mit Sprossenfenstern, ein Mittelrisalit mit Dreiecksgiebel und eine Balustrade nach italienischer Art, die dem flach geneigten Dach vorgesetzt ist. Wenn die Doppelreihe

Martina Oldengott

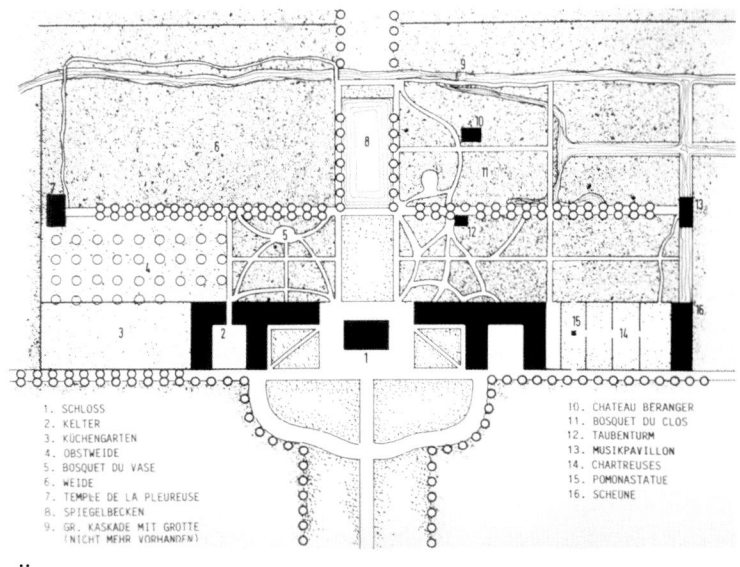

1. SCHLOSS
2. KELTER
3. KÜCHENGARTEN
4. OBSTWEIDE
5. BOSQUET DU VASE
6. WEIDE
7. TEMPLE DE LA PLEUREUSE
8. SPIEGELBECKEN
9. GR. KASKADE MIT GROTTE
   (NICHT MEHR VORHANDEN)

10. CHATEAU BERANGER
11. BOSQUET DU CLOS
12. TAUBENTURM
13. MUSIKPAVILLON
14. CHARTREUSE
15. POMONASTATUE
16. SCHEUNE

Übersichtsplan Zeichnung Ludwig Esser 1988   ➤ N

der Allee sich zu einem einreihigen Bogen öffnet, der durch ein halbmondförmiges Gitter betont wird, das sich in einem schmiedeeisernen Zaun mit Spitzen fortsetzt, werden die Gebäude und der Vorplatz zu beiden Seiten des Schlosses besser sichtbar. Zugleich wird auch die perspektivische Tiefenwirkung erhöht. Etwa 150 Meter vor dem Ziel mündet die Allee in Wege, die symmetrisch in Viertelbögen den Schlossvorplatz umgeben und an ihrer äußeren Seite mit einer Lindenallee versehen sind. Sie verbinden den Haupteingang mit rechtwinklig dazu geführten Nebeneingängen, die ebenfalls als Alleen angelegt sind. Zu beiden Seiten des Schlosses, wiederum symmetrisch angeordnet, rahmen Seitenflügel die südliche und nördliche Seite des Ehrenhofes. Außer dem nördlichen Gebäudetrakt, der unter einem Dach den Saal der Bonnes Gens (Ältestenrat), die Kapelle und den Theatersaal beherbergt, dessen Einrichtungen verschwunden sind, werden sie landwirtschaftlich genutzt.

Die Geschichte des Parks von Canon lässt sich bis ins 17. Jahrhundert zurückverfolgen. Die Gesamtanlage besteht aus mehreren, ganz unterschiedlichen Einzelgärten, die teilweise in sich geschlossen sind, teilweise ineinander übergehen. Besonders wichtig für das Verständnis ist der durch historische Quellen[3] belegte Hinweis, dass der Bauherr Elie de Beaumont gleichzeitig und miteinander verflochten, einen geometrischen Garten und einen landschaftlichen Park anlegen ließ. Diese Absicht verfolgte er unabhängig von den wenigen, bereits bei der Übernahme des Anwesens vorhandenen, geometrischen Gartenelementen.

1610 hatte der Herrensitz von Canon, der heute mitten im Park gelegene Renaissancebau Château Béranger, seinen Besitzer gewechselt. 1727 gab Sieur de la Roque es als Ruine auf und errichtete in der Folgezeit die Basis des neuen Schlosses als eingeschossigen Bau aus behauenem Bruchsteinmauerwerk mit einem schiefergedeckten Mansardendach und legte einen dem Schloss zugeordneten geometrischen Garten an. Wichtigste Elemente waren die rechtwinklig geführten Zufahrtsalleen, die 1732 und 1738 mit 90 Ulmen bepflanzt und 1775 durch Linden ersetzt wurden. Das Spiegelbecken (Le miroir d'eau) westlich des Schlosses misst 36 Toises in der Länge, 14 Toises in der Breite und eine Toise in der Tiefe (1 Toise sind 1,949 Meter). Es wurde 1748 mit 92 Linden umpflanzt, die mit Lattenwerk einen Laubengang bildeten und geschnitten wurden.

1768 gingen aufgrund eines Erbrechtsverfahrens Schloss und Park in den Besitz von Elie de Beaumont (1732–1786) über, einem Anwalt im Parlament von Paris und späterem Finanzverwalter des Grafen von Artois. Er hatte während eines Englandaufenthaltes zusammen mit seinem Freund Horace Walpole die von William Chambers geschaffenen Landschaftsparks in Kew, Stowe und Windsor besucht und war, wie aus seinen Briefen[4] hervorgeht, so nachhaltig beeindruckt, dass er anschließend die landschaftlichen Partien in Canon anlegte.

1770 und 1771 fand zunächst der Umbau der Gebäude statt. Das Schloss wurde um ein Geschoss aufgestockt. Dafür wurde derselbe helle Kalkstein aus Quilly verwendet, aus dem das Erdgeschoss errichtet worden war. Mit dem Dach à l'italienne – ein sehr flach geneigtes Walmdach, das hinter einer von steinernen Blumentöpfen mit Früchten überragten Balustrade verborgen ist – sollte eine Dachterrasse vorgetäuscht werden, wie sie in den Mittelmeerländern üblich ist. Die Nebengebäude wurden durch die symmetrisch angeordneten Seitenflügel ersetzt. Die Ideen des Landschaftsgartens verfolgend, ließ Elie de Beaumont 1781 das verfallene Château Béranger als Parkarchitektur teilweise wieder aufbauen – wobei ungeklärt ist, welche Elemente damals noch vorhanden waren und welche hinzugefügt wurden – und weitere Gebäude im Park errichten. Als Erinnerung an die 1783 verstorbene Madame de Beaumont entstand an der südlichen Grenze des Parks der Temple de la Pleureuse (Tempel der Weinenden). Am nördlichen Ende einer durch den ganzen Park führenden und mit Linden bepflanzten Achse wurde ein aus den Beständen des Schlosses von Ternes erworbener Kiosque Chinois (ein rot angestrichener hölzerner Musikpavillon) aufgestellt. Der aus der Renaissance stammende Pigeonnier (Taubenturm) musste teilweise abgetragen werden, um Platz für die Lindenallee zu schaffen, und erhielt eine der Allee zugewandte frühklassizistische Fassade.

66

Château Béranger
Foto Ludwig Esser
1988

Der heutige Besucher gelangt in den Park durch einen Hof, der von den südlich gelegenen Wirtschaftsgebäuden und der Kelter umschlossen ist. Der Wirtschaftsgarten, der sich von dort bis an die südliche Grundstücksgrenze erstreckt, ist für die Öffentlichkeit nicht zugänglich. Der Besucher wird von der Kelter Richtung Westen, vorbei an einer mit Apfelbäumen bestandenen Weide, im rechten Winkel auf die Lindenallee geführt, die den Tempel der Weinenden und den Musikpavillon verbindet. Auf dem Weg passiert oder durchquert er das Bosquet du Vase: Es trägt seinen Namen aufgrund der in Form einer Vase angepflanzten Gebüsche, die von einem Wegekreuz durchschnitten und von Wegen umgeben sind. Das Innere der Gebüsche besteht aus immergrünen Gehölzen: Eibe, Buchsbaum, Stechpalme und Mäusedorn. Sie sind eingefasst mit einer Kragenpflanzung aus Schneebeere und Pfeifenstrauch und in den Eckpunkten jeweils durch eine Hainbuche betont. An den um das Bosquet herumführenden Weg grenzen dichte Strauchpflanzungen aus Eibe und Stechpalme. In der Krautschicht gedeihen Efeu, Immergrün und Waldgräser, im Frühjahr bereichert durch Frühjahrsblüher wie Aronstab, Buschwindröschen, Duftendes Veilchen, Osterglocke, Dichternarzisse, Goldnessel, Himmelschlüsselchen,

Scharbockskraut, Gartentulpen, Kaiserkrone und Wilde Hyazinthe. Teilweise wachsen diese Pflanzen im Park und seiner Umgebung wild, teilweise sind sie gepflanzt worden und verwildert. Unter diesen verwilderten und eingebürgerten Zierpflanzen fällt in den Parkforsten der Normandie besonders die Waldhyazinthe auf, die Anfang Mai blau blühende dichte Rasen und riesige Flächen bildet. Blickt man vom Temple de la Pleureuse durch die Lindenallee, deren Baumkronen sich oben zu einem spitzen Bogen schließen, sieht man am anderen Ende die filigrane Struktur des Musikpavillons.

Man folgt nun einem schmalen Pfad parallel zu der den Park südlich begrenzenden Mauer und gelangt über eine kleine geländerlose Brücke auf den das Flüsschen Laizon begleitenden Weg. Der Laizon fließt am westlichen Parkrand von Süden nach Norden durch die landschaftlich gestaltete Anlage, führt zum Spiegelbecken auf der Gartenseite des Schlosses und verknüpft den geometrischen Garten und den Landschaftsgarten. Kurz bevor man aus dem Garten heraustritt, erinnert eine Tafel an eines der ursprünglich drei Badehäuser. Es war so konstruiert, dass der Badende durch die tiefe Lage von Becken und Fenstern meinte, im Fluss zu liegen und von dort den Kühen bei der Tränke zuzuschauen. »Bäche, ein kleiner See, eine Quelle, immense orientalische Platanen sowie Efeu, Lorbeer und Aucuba bilden ein unregelmäßiges Ensemble in anglochinesischem Geschmack.«[5]

Nachdem der Laizon wieder überquert worden ist, steht man auf der westlichen Seite des Spiegelbeckens zwei Schlössern gegenüber: Bei Windstille

Das natürlich mäandrierende Flüsschen Laizon
Foto Ludwig Esser 1988

Martina Oldengott

spiegelt sich Château Canon sehr plastisch in der unbewegten, rechteckigen Wasserfläche. Am westlichen Beckenrand sind Marmorbüsten der Figuren der Comédie Italienne aufgereiht. In Verlängerung der Achse vom Schloss zu den Wasserbecken pflanzte Elie de Beaumont zwei parallel sich den Hügel hinaufziehende Baumreihen, eine Technik, die Le Nôtre bereits am Ende des Parks von Chantilly angewendet hatte, um die Anlage größer erscheinen zu lassen. Von den bereits beschriebenen Lindenberceaux, die einst die Längsseiten des Spiegelbeckens flankierten, sind leider nur noch Reihen mit flaschenbürstenartig geschnittenen Kronen übrig. Zwischen den Becken und dem Schloss sind in einem Rasenparterre weitere Marmorbüsten aufgestellt.

Nördlich dieser barocken Gartenpartie schließt sich über die gesamte Ost-West-Ausdehnung des Parks ein von Wasserarmen des Laizon und unregelmäßig geführten Pfaden durchzogenes Waldstück an, in dem ein übergeordnetes rechtwinkliges Wegenetz erhalten ist. Der nördliche Parkabschluss ist ein künstlicher Kanal, der von der Scheune im Nordosten rechtwinklig in den Laizon führt. Häufig erwähnte Elie de Beaumont in seinen Arbeitsanweisungen den Wunsch, unsichtbare Begrenzungen zu schaffen, um jegliche optische Einengung des insgesamt zwölf Hektar umfassenden Parks zu vermeiden.

Nicht weit vom Spiegelbecken entfernt, teilt sich der Laizon an einer Stelle, wo sich am westlichen Ufer eine feudale Grotte an einer heute noch erhaltenen Kaskade befand. Zwischen dieser Stelle und dem Nordflügel des Schlosses liegen auf einer Linie in fast gleich großen Abständen das Château Béranger, von dem heute nur noch der Pavillon vorhanden ist, da weite Teile aus wirtschaftlichen Gründen 1819 abgerissen worden sind, und der Pigeonnier. Die beiden Gebäude sind durch das Bosquet du Clos getrennt, das der mit de Beaumont befreundete Anwalt Target gestaltet hat.

Von dem im Todesjahr Elie de Beaumonts fertig gestellten Musikpavillon ist es nicht mehr weit bis zu den am Nordrand des Parks gelegenen Chartreuses (Kartäusergärten), einer außergewöhnlich schönen Überraschung am Ende des Spazierganges. Der Entwurf dafür stammt von Elie de Beaumont. Eine von einer Mauer umgebene Fläche von 86 mal 36 Metern wird durch eine mittig verlaufende Längsachse erschlossen. Quer zu dieser immer wieder durch Torbögen überspannten Flucht trennen Mauern die Gesamtfläche in 13 Kammern, die zusätzlich durch Maueröffnungen in den östlichen Wänden zu betreten sind. Die Quermauern sind unterschiedlich hoch: die ersten zwei jeweils drei Meter, die dritte vier Meter, die vierte fünf Meter und die fünfte wieder vier Meter. Ursprünglich waren sie ohne Bewuchs und aus hellem Kalkstein. Hierdurch entstand in den einzelnen Kammern ein geschütztes Klima, das den Anbau Wärme liebender Pflanzen erlaubte. In erster Linie dienten sie der Kultur von Spalierobst entlang der Mauern; de Beaumont nannte sie seine Fruitiers (Obstkammern). Ein Teil der früher vornehmlich kultivierten Obstsorten – genannt sind in den Aufzeichnungen Pfirsiche, Birnen, Mandeln, Feigen, Weinreben – sind heute noch vertreten: Beerensträucher (Himbeeren, Johannisbeeren und Brombeeren), Pfirsiche, Pflaumen, Aprikosen, Kirschen und Birnen an Rankgerüsten oder liegend Kiwi und Melone.

Spalierobst wird heute nicht mehr gezogen. Lediglich die Maueröffnungen in der Mittelachse sind weinberankt, die Mauern sonst dicht mit Efeu bewachsen. Die einzelnen Kammern sind als Blumengärten aus Stauden und Sommerblumen gestaltet. Entweder steht die Beetform im Vordergrund, die häufig nur mit einer Pflanzenart bewachsen ist, wie zum Beispiel ein Garten mit barocken Elementen aus Kapuzinerkresse, oder aber die Farben sind das übergeordnete Thema für aus vielen Arten bestehende Beete. So überwiegen im frühen Frühjahr gelbe Töne, Ende des Frühjahrs Hellblau, Rosé und Rot, im Frühsommer Blau und Violett und im Hochsommer bis in den Herbst Gelb-, Rot- und Brauntöne. Die Pflanzenliste vermittelt einen Eindruck von der Arten- und Strukturvielfalt der Gärten.

Zentraler Blickpunkt am südlichen Ende der Längsachse ist die Pomona-Statue aus weißem Marmor, die zu Beginn des 19. Jahrhunderts von Charles du Paty, einem Schüler Davids, geschaffen wurde. Den nördlichen Abschluss des Gartens bildet die Mauer der Scheune. Elie de Beaumont hatte sie von Jean Louis de Caen mit einem Trompe-l'œil-Gemälde kaschieren lassen, auf dem eine Perspektive mit Bäumen dargestellt war.

Die Chartreuses sind der ruhige Gegenpol zur übrigen Gartenanlage, in der sehr bewegte Partien mit regelmäßigen und fast schon starren Elementen wechseln. Die Abgeschiedenheit der hinter Steinmauern gelegenen Gartenkammern verleiht ihnen einen eigentümlichen Reiz. Sie waren bevorzugter Rückzugsort ihres Schöpfers Elie de Beaumont. Die Bezeichnung Chartreuses wird zum ersten Mal 1801, nach seinem Tode, verwendet, Fruitiers hingegen gar nicht mehr. Es mag sein, dass die Umbenennung auf die Anlehnung an das Kartäuserkloster nahe dem Jardin du Luxembourg in Paris zurückzuführen ist, woher ein großer Teil der Obstbäume für Canon bezogen wurde. Auch wohlhabende Pariser Bürger, die sich in der Umgebung der Stadt solche Gartenkammern anlegten, nannten sie Kartausen. Der Besucher verlässt diesen Gartenteil durch ein Tor an der südlichen Mauer und befindet sich am nördlichen Rand des Ehrenhofes vor dem Schloss, dem Ausgangspunkt des Rundganges.

Die Eigenart, wenn nicht Einzigartigkeit des Parks, liegt im Vorgehen de Beaumonts bei der Umgestaltung. Er verstärkte die der bestehenden Anlage zugrundeliegende Gestaltungsidee des Barockensembles, indem er die Mit-

Martina Oldengott

*Mittelachse mit
Pomona-Statue in den
Chartreuses*
Foto Ludwig Esser 1988

telpunktfunktion des Wohngebäudes durch die Anlage der symmetrisch angeordneten, aber vom Haupthaus getrennten Seitenflügel unterstützte und
die zentrale Gartenachse so scheinbar ins Unendliche fortsetzte. Durch die
Ost-West-Achse, das rechtwinklige Wegesystem im Nordwesten und die
Nord-Süd-Achse zwischen dem Tempel der Weinenden und dem Musikpavillon dehnte er die Barockanlage zu einer Zeit aus, als dieser Gartenstil
bereits aus der Mode gekommen war. Er tat dies völlig gleichgewichtig neben
der Entwicklung des Landschaftsgartens, von dessen philosophischen und
gesellschaftspolitischen Ideen er begeistert war. Dadurch konnten die Park-
bereiche im englischen Stil mit geometrischen Elementen bereits in der Planung verknüpft werden und nicht erst im Nachhinein. Entsprechend dem
sentimentalen Gedankengut dieser Epoche ist die Anlage reich an Parkarchi-
tekturen.

Als drittes Gartenelement erscheinen die Kartausen in ihrer Abgeschlos-
senheit zunächst als Fremdkörper im Park. Die Blickführung über die Mittelachse zum – nicht mehr erhaltenen – Trompe-l'œil-Gemälde verband sie jedoch mit der Gesamtanlage.

Orangerie mit
Arbeitsgerät
Foto Ludwig Esser
1988

Das Besondere an dieser Anlage ist auch die Einbeziehung der Alltagsarbeit in den Garten. Gleich einem landwirtschaftlichen Mustergut wird das Schöne mit dem Nützlichen verbunden. Scheune, Orangerie, Obstgärten und der eigenwillig gestaltete Park bilden eine Einheit.

Seinen gesellschaftlichen Überzeugungen entsprechend, richtete Elie de Beaumont einen Ältestenrat ein, die Bonnes Gens, mit denen er sich über Entscheidungen der dörflichen Entwicklung beriet. Von 1775 bis 1785 fanden im Nordflügel des Schlosses die »Fêtes des Bonnes Gens« statt, bei denen er jährlich zwei Personen dreier umliegender Gemeinden auszeichnete, die ihm aufgrund ihrer besonderen sozialen beziehungsweise beruflichen Leistungen empfohlen worden waren. So schuf Elie de Beaumont in Mézidon eine kleinräumliche, auf seinen Einflussbereich begrenzte demokratische Struktur, etliche Jahre vor der Französischen Revolution.

Viele Jahrzehnte hat Canon die Besucher mit seiner Verwunschenheit bezaubert – womit sonst gerne die mangelnde Pflege eines Gartens umschrieben wird. In diesem Fall war es anders. Die Anlage war gepflegt, in Schlossnähe und in den Kartäusergärten intensiver, in den Waldpartien, die den Laizon beglei-

Martina Oldengott

ten, extensiver. Alte, manuelle Pflege war in allen Teilen des Parks zu sehen und zu spüren. Bei der Pflege zuzuschauen, die alten Gartengeräte in Betrieb beziehungsweise mit frischen Gebrauchsspuren in der Orangerie aufgereiht stehen und liegen zu sehen, war ein wohltuender Blick in die Vergangenheit. Auch ermessen zu können, was das kontinuierliche behutsame Arbeiten in den Pflanzenbeständen, am Gewässerrand und auf den Wegen zu erreichen vermag. Canon strahlte die Authentizität eines funktionierenden, nicht eines musealen Gutsparkes aus. Heute ist Canon ein exklusives Schlosshotel. Der Garten besitzt immer noch einen großen Reiz, weil die Gestaltung so besonders und schön ist. Die Stimmung jedoch, die dem Besucher das Gefühl vermittelte, mit der Vergangenheit Kontakt aufnehmen und den Atem von Elie de Beaumont im Park spüren zu können, ist verloren gegangen.

Gärten der Revolution –
die Revolution im Garten

Horst Günther

Versucht man, sich in Deutschland über die Französische Revolution zu verständigen, so muss man von einigen, auch von Historikern gestrickten Legenden Abschied nehmen. Diese Revolution war keineswegs, mit dem Sturm auf die Bastille am 14. Juli 1789, eine wilde Randale, die bald zur blutigen Terreur unter der Guillotine verkam, um schließlich von Napoleon gebändigt und in eine europäische Eroberungspolitik überführt zu werden. Sie war vielmehr eines der am besten begründeten, auf Fehlentwicklungen seit drei Jahrhunderten beruhenden und in ihren Wirkungen für die Moderne folgenreichsten Ereignisse der Geschichte.

Das Missverhältnis zwischen aufklärendem Denken und einer sklerotischen Politik, zwischen dem Elend vieler, die arbeiteten, und dem maßlosen Luxus weniger, die nicht arbeiteten, wurde unübersehbar. Als der Herr von Halem aus Oldenburg in Frankreich die Revolution 1790 besichtigte, ließ er sich in Lyon die Seidenwebereien zeigen, die mit Jacquard-Webstühlen mit Lochkarten raffinierte Seidenbrokate herstellten, und erfuhr, dass die Arbeiterinnen und Arbeiter einen Tageslohn von fünf bis sechs Sous erhielten. Sechs Sous war die Summe, die man für eine Tasse Kaffee bezahlte. Wenn Diderot ins Palais Royal gegangen war, um in den Cafés den besten Schachspielern zuzuschauen, so hatte seine Frau ihm aus der schmalen Haushaltskasse sechs Sous abgezählt. Eine Droschkenfahrt in Paris, wo die Straßen von den Zugtieren und den Nachttöpfen, in Ermangelung einer Kanalisation, schmutzig waren und die Pariser mit ihren weißen Seidenstrümpfen von Trittstein zu Trittstein hüpften, was sie an Geschick und Beweglichkeit ihren deutschen Zeitgenossen überlegen machte, die mit ihren Stiefeln durch den Schmutz ihrer Straßen stapften, kostete 24 Sous und war für viele Bürger unerschwinglich.

Der Tageslohn reichte bei Arbeitern oft gerade buchstäblich für das tägliche Brot. Schon das Feuerholz musste oft gestohlen werden, wenn man nicht erfrieren wollte. Bei Missernten erhöhten sich die Getreidepreise, gerade auch da, wo die Ernte ausreichend gewesen wäre, so dass Kleinbauern und Landarbeiter

nicht einmal das Brot hatten und sich von Rinde und Grünzeug ernähren mussten, wie es Arthur Young bei seinen Reisen durch das Frankreich zu Beginn der
Revolution dokumentierte. Auf trockene Jahre folgten oft Überschwemmungen,
und die Wasserstände, die etwa an der Loire-Brücke in Tours markiert sind,
bezeichnen auch die Jahre von Aufständen, Revolten und Revolutionen.

Wer wenig verdiente, wurde von den Steuereinnehmern noch geschröpft,
und der riesige Grundbesitz der Kirche war von Steuern frei. Um das gewaltige
Defizit, das einer der Gründe für den Ausbruch der Revolution gewesen ist, zu
beseitigen, hätte es genügt, wenn Geistlichkeit und hoher Adel ihren Beitrag
geleistet, das Holz aus ihren Waldungen, die Feldfrüchte, die ihre Pächter ab-
liefern mussten, auf dem Altar des Vaterlandes dargebracht hätten. Sie wollten
nicht, obwohl die Missstände jedermann vor Augen lagen.

Die Französische Revolution begann in Versailles, mit der Einberufung der
Generalstände im Mai und mit dem Schwur des Dritten Standes, nicht eher auseinander zu gehen, bis man Frankreich eine Verfassung gegeben habe. Versailles
ist, mit Schloss und Park, das Symbol für eine tyrannische Herrschaft, für Maitres-
senwirtschaft und die Despotie von Ministern, die keinem Parlament verantwortlich sind. Versailles steht für den maßlosen Prunkbau, der die Staatsfinanzen rui-
nierte und bei den kleinen Tyrannen unter den Fürsten Europas zur Nachahmung
verlockte. Das Schloss öffnet sich auf einen Park, der mit ungeheuren Opfern,
auch an Menschenleben, in einem malariaverseuchten sumpfigen Gelände aufge-
schüttet und angelegt werden musste. Ein Kanal bildet die Mittelachse, große
Bassins wurden mit vergoldeten Gondeln aus Venedig befahren. Schnurgerade
Wege zwischen glatten grünen Heckenwänden, die sich diagonal kreuzen, öffnen
sich auf immer neue Szenerien. Bewegung kam durch Fontänen und Wasserspiele
aller Art zustande, deren Versorgung große technische Probleme verursachte.

Versailles liegt auf einer Hochebene, und das Wasser musste aus der Seine,
unterhalb von Paris, bei Marly-le-Roi, mit Dampfmaschinen hinaufgepumpt
werden. Die Technologie war noch sehr unvollkommen, das Wassersystem
funktionierte nie zur völligen Zufriedenheit, und Ludwig XIV. verfasste selbst
einen kleinen Führer, wie der Park zu besichtigen sei, das heißt, wie man, ohne
dass der hohe Gast es merkt, die einen Fontänen wieder abstellt, ehe man die
nächsten in Gang setzt. Schon der vermeintlich ganz schlichte Titel hat den
Rhythmus eines Alexandriners: »Manière de montrer les jardins de Versailles«.
Man wandelt durch Lustwäldchen in eine mythologische Götterwelt, von einer
Szenerie zur nächsten, vom Becken Apolls auf seinem vierspännigen Streit-
wagen zu dem Neptuns, vom Labyrinth durch den Ballsaal zum Bad der Nymphen, zum Becken Saturns, Ceres' und Bacchus' zu Amor und Flora, und jeweils
Wasserspiele in anderen Gestalten …

Rivalität im Garten

Als im Lauf des 18. Jahrhunderts in England Landschaftsgärten angelegt wurden, gerieten sie bald in den Bereich der englisch-französischen Rivalität, und so, wie der herrschaftliche Lustgarten, auch wenn er viel kleiner und bescheidener als Versailles ist, Symbol der Tyrannis sein soll, glaubt man im englischen Landschaftsgarten etwas gegenüber dem Künstlichen Natürliches und gegenüber dem Zwang, den man beschnittenen Pflanzen antut, Freiheitliches zu erblicken. Nun beginnt aber der englische Garten mit der Nachahmung des französischen. Der Idealplan Stephen Switzers (1718) folgt mit der Zentralachse und dem Querbassin, den diagonal sich schneidenden geraden Wegen, die am Rande vorsichtig von verschlungenen Wegen gekreuzt werden, dem Vorbild Versailles.

Gefährlich wird es, wenn man moderne politische Begriffe in die Vergangenheit projiziert. Wenn verdienstvolle Gartenhistoriker den englischen Garten als Symbol eines liberalen Weltentwurfs bezeichnen, so macht das für das 18. Jahrhundert beträchtliche Schwierigkeiten. Politische Begriffe ändern sich. So gab es eine Zeit, als bei uns nahezu alle demokratischen Parteien liberal sein wollten. In Raum und Zeit des englischen Gartens gab es Whigs und Tories, benannt nach Räubern und Rebellen. Die Regierungen wechselten, ursprünglich hielten die Tories noch zu den Stuarts, die Whigs zu Wilhelm von Oranien und später zu den Hannoveranern, den drei Georgs. Das änderte sich. Robert Walpole, der 21 Jahre lang das Ministerium leitete, begann als Whig und galt später als Tory. Der sozialen Zuordnung nach waren die Tories kleinere, Weizen anbauende Grundbesitzer in Südengland, die Whigs Großgrundbesitzer, die offen waren für Export und Fabrikwesen, eher freigeistig und in dem Sinne liberal. Beide waren Plutokraten, und in einem sehr brutalen Sinn ist der englische Landschaftspark eine liberale Schöpfung.

Der englische Großgrundbesitz ist eine Folge der Vertreibung der kleinen Bauern, die schon Thomas Morus in der »Utopia« (1516) beklagt. Um die wertvolle englische Wolle zu produzieren, »fressen die Schafe die Menschen auf«[1], werden große Flächen dem Anbau entzogen und als »enclosures« zu Weidegebieten. Diese entvölkerten Landstriche, »rotten boroughs«, aber behalten das Recht, Abgeordnete ins Unterhaus zu senden, so dass man sich mit einem Landgut auch gleich einen sicheren Sitz im Parlament kaufen konnte – bis zur Parlamentsreform 1832. Und selbst in gut bevölkerten Wahlkreisen sollte man sich das Procedere nicht allzu allgemein, gleich und geheim vorstellen. Da saß etwa ein Sheriff mit gut befeuchteter Kehle und rief die vor ihm Stehenden nach Würde bzw. Steueraufkommen auf, ihre Stimme abzugeben. Hatte er die feinen Leute notiert, fühlte sich müde, oder kam gar ein Regen, so schloss er die Wahl ab.

Sowohl der englische wie der französische Garten beziehen sich weit stärker, als man es wahrhaben mochte, auf den italienischen Garten der Renaissance. Zieht der französische Garten die Geometrie, die Wasserkünste und die geschnittenen Hecken ins Weite, so folgt der englische Garten den italienischen Landschaften und besonders den römischen Eindrücken, wo die Gartenanlagen der Renaissance großzügig verwildert waren. Die Baumskulpturen, Tempel und Fernsichten auf den Gemälden von Claude Lorrain und die Bauten Palladios bleiben das Ideal.

Beide Gartenkulturen haben sich die Tempel und die antike Götterwelt aus Italien geholt; Gestalten, die man ohne kirchliche Zensur darstellen kann, eine Mythologie, an die keiner glauben muss, und ein Hauch von arkadischer Freiheit. Alles, was die Welt seit den Religionskriegen spaltete, war darin überwunden, die Konfessionen, die Nationen und die Stände, die sich bekämpften. Was den guten Geschmack betrifft, so ist manches im französischen Garten gekünstelt, ohne dass etwa die Bauten in englischen Gärten darum der Natur stets näher kommen. Das Gothic Revival mit eigens errichteten schaurigen Ruinen, falschen Altertümern und sakral kaschierten Wirtschaftsgebäuden ist ästhetisch fast stets eine Katastrophe und weit entfernt von wirklicher gotischer Architektur. Die tugendhaften Bekundungen der grollenden Whig-Opposition in Sir Richard Temple's Garten in Stowe etwa sind allenfalls kurios. Ein Tempel der Ancient Virtue zeigt rührende Antikenverehrung, der der British Worthies bestärkt wirr nationale Identität, und mag die Figur ohne Kopf die Modern Virtue Sir Robert Walpole's verhöhnen – die erstrebte »majestic simplicity« ist das nicht.

Solche Akzente in herrlichen Landschaften entpuppen sich als Marotten reicher Privatiers, die Ludwig XIV. sich nie gestattet hätte, schon aus Sorge, sich lächerlich zu machen. Auch bei späteren Gartenschöpfungen im englischen Stil, wie Fürst Pücklers Muskau, wirken die Versuche, aus blühenden Pflanzen Ornamente zu schaffen, deplaziert gegenüber der Landschaftsgestaltung und den großartigen Baumskulpturen. Die klassischen französischen Broderien haben Stil, und symbolische Gestaltungen, wie sie nach Mustern der Renaissance noch heute in Villandry gepflegt werden, stehen auf ganz anderem Niveau. Die ideologische Entgegensetzung einer natürlichen Schönheit gegen den Zwang des Erkünstelten trägt nicht weit.

Die erträumten und gemalten Parks sind schon bei Watteaus galanten Festen und der »Einschiffung nach Cythera« natürliche Landschaften, allenfalls mit Spuren verfallener Architektur. Fragonard malt Parks von tropischer Dschungelhaftigkeit mit wuchernder, alles verschlingender Vegetation, und selbst im Jahrhundert zuvor waren Lorrains ideale Landschaften ja zunächst für ein französisches Publikum bestimmt, ehe sie den englischen Geschmack beeinflussten. Der Prince de Ligne, selbst ein Gartenkenner und -schöpfer, der sich mehr gesunden Menschenverstand in den englischen und weniger Ordnung in den französischen Parks wünschte, versöhnt die Gegensätze und richtet den Blick auf fernere Ahnen. Horaz habe uns einen »englischen« Garten geschildert:

> Quo pinus ingens albaque populus
> Umbram hospitalem consociare amant
> Ramis? Quid obliquo laborat
> Lympha fugax trepidare rivo?[2]

> Für wen entbeut gastfreundlicher Föhre Dach,
> Mit schlanker Pappel Flüstergezweig verschränkt,
> Verschwiegnen Schatten, da vom Hang die
> Flut, die geschäftige talwärts eifert?[3]

Dass die Elemente einer Landschaft, in der wir uns bewegen, nicht nur unsere Empfindungen, sondern auch die Gedanken prägt, machte Diderot schon 1747 zum Thema im »Spaziergang des Skeptikers«: »Wir saßen am Gestade eines Teiches, als sich ein Blatt von einem Baum löste, das der sanfte Wind auf das Wasser trug, dessen kristallene Klarheit es trübte, und er sprach zu mir von der Unbeständigkeit unserer Neigungen, der Zerbrechlichkeit unserer Tugenden, der Gewalt der Leidenschaften, der Unruhe unserer Seele ... Als wir auf eine Anhöhe gelangten, welche die Felder und das Land umher beherrschte, flößte er mir Verachtung ein für alles, was den Menschen erhebt, ohne ihn besser zu machen, er verwies mich darauf, dass über meinem Haupte tausendmal mehr Raum ist, als ich unter den Füßen habe, und er machte mich bescheiden durch das schwindende Verhältnis des Punktes, den ich einnahm, zu der wunderbaren Weite, die sich meinem Blick bot. Wieder auf dem Talboden, betrachtete er das Elend der menschlichen Existenz und ermahnte mich, es ohne Sorge zu erwarten und ohne Schwachheit zu erdulden ...«[4]

Hier ist »eine Art ortsbezogener Philosophie« geschaffen, eine Landschaft ist belebt und sprechend, und das alte Buch der Natur lässt sich mit der neuen sensualistischen Wahrnehmung lesen. Sehr viel verbreiteter war die Schilderung eines naturgemäßen Gartens, der die Hand des Gärtners nicht verriet, in Rousseaus Briefroman »Julie ou La nouvelle Héloïse«, im 11. Brief des Vierten Teils. Ein grünender, blühender, von Wasser durchzogener und von Vögeln belebter umschlossener Garten, dessen Mauern und Pforte aber völlig von Pflan-

Horst Günther

zen verdeckt sind. Auch dies ist keine englische Erfindung, so schöne Bauern- und Pfarrgärten es dort gegeben hat, sondern kam durch Rousseau nach England und als »Flower garden« gelegentlich wieder zurück auf den Kontinent. So werden auch die in den Park integrierten Musterhöfe, die in Deutschland als »ornamented farm« eingeführt wurden, in England und in der dortigen Gartenliteratur bis heute als »ferme ornementée« bezeichnet.

Beide Gartenformen wurden in Deutschland mit entsprechendem Zeitabstand als Moden nachgeahmt und entsprechend verspottet. Justus Möser lässt in seinen »Patriotischen Phantasien«[5] 1773 eine junge Anglomanin ihrer Großmutter begeistert schildern, wie mit großem Aufwand alles Nützliche zerstört wird (Obstgarten, Kohlgarten, Bleiche), um mit einigen tausend Fuhren Sand und Steinen mit wildem Buschwerk bewachsene Hügel zwischen geschlängelten Tälchen anzulegen, die mit Chinoiserien und einem gotischen Kapellchen geziert werden. Goethe dichtet, »so toll, und grob als möglich«, den »Triumph der Empfindsamkeit« (ca. 1777), um den ländlichen Verschönerungswahn zu verspotten. Er scheut sich nicht, »Park« auf »Quark« zu reimen und gibt die Rezepte preis:

So verstecken wir zum Exempel
Einen Schweinstall hinter einen Tempel;
Und wieder ein Stall, versteht mich schon,
Wird geradeswegs ein Pantheon ...[6],

während die Hundehütte des Höllenhundes Cerberus zur Kapelle gestaltet wird.

Die Feste der Revolution und ihre Symbolik
Die Französische Revolution, die sich Missernten und einem Staatsbankrott gegenüber sah, hatte gewiss andere Aufgaben, als Landschaftsgärten anzulegen. Die Ereignisse, die man am Anfang noch lenken zu können glaubte, gerieten in eine Eigendynamik, die den Beobachtern bald den Atem verschlug. So bekannt die Missstände waren und so bereitwillig man vorher undenkbare Maßnahmen ergriff, etwa den protestantischen Schweizer Bankier Necker an die Spitze der französischen Finanzverwaltung zu setzen, ohne dass dieser das Defizit beseitigen konnte, und die Generalstände nach Versailles zu berufen, die über die Klagen der Bevölkerung beraten und Abhilfe schaffen sollten – niemand dachte an den Ausbruch einer Revolution. Gerade weil man eine Unzahl von Spitzeln besoldete, blieb man ahnungslos. Auch galt der Londoner »Mob« als sehr viel gefährlicher und gewalttätiger als die Unterschichten im kultivierten Paris.

Was dann geschah, nannte der deutsche Beobachter Georg Forster den »schnellen Umschwung des Revolutionsrades«[7] (1794), und der ebenfalls aus Paris berichtende Konrad Engelbert Oelsner sah das antike Modell des Kreislaufs der Verfassungen und Herrschaftsformen in gedrängter Folge sich vollziehen. Er prognostizierte bereits 1795 »die Willkür eines Soldaten«, aber auch die könne nicht dauern in einem Lande, das diesen Kreislauf »in fünf Jahren vollendete, fünf allerdings entsetzliche Jahre!«[8] Aus königstreuen Untertanen wurden revolutionäre Demokraten, Soldaten, die ihre neuen Rechte und den kleinen Landbesitz aus ehemaligen Kirchengütern verteidigten, um unter Napoleon Europa zu erobern und Republiken und Königreiche zu gründen, bis auch diese Gewaltherrschaft im Orkus der Geschichte wieder verschwindet.

Was nach dem Sturm auf die Bastille so positiv begann mit der Abschaffung der Feudalrechte, mit der Verwirklichung von Glück und Freiheit des Volkes, das wieder in seine natürlichen Rechte einzutreten schien, wozu »alle aufgeklärten Weltbürger der großen Nation Glück wünschen«, wie der Göttinger Publizist Schlözer in seinen »Staats-Anzeigen« schrieb und auch Verständnis für die »Exzesse« bekundete (»Krebsschäden heilt man nicht mit Rosenwasser«)[9], nahm seinen Lauf. Das Volk von Paris, wer immer das im einzelnen war, die Fischweiber vorne dran, zieht nach Versailles, um den König und die Nationalversammlung nach Paris zu holen. 1683 hatte Ludwig XIV. zur großen Empörung der Pariser, die nahe an einer Revolution waren, seine Residenz und die Regierung nach Versailles verlegt. Die Revolution fand in Paris statt, und da sollte sie auch, von dem immer noch sehr königstreuen Volk begleitet, zu einem guten Ende gebracht werden.

Auf den zeitgenössischen Kupferstichen, die bald in Europa die Runde machten, sieht man die Poissardes, die Fischweiber, in Holzpantinen jubelnd und tanzend, mit Blumenkränzen geschmückt und Orangenzweige mit reifen Früchten schwenkend. Die können nur aus der königlichen Orangerie stammen, die gleich auf der Gartenseite des Schlosses links von der großen Terrasse in Kübeln standen und im Winter unter der Terrasse in einem Warmhaus untergebracht wurden, wie es auch heute noch der Fall ist. Sie rufen »Vive le Roi! Vive la Nation!«, holen sich »ihren« König mit seiner Familie und zugleich die Früchte der Hesperiden, die goldenen, symbolträchtigen Orangen aus seinem Garten, die ihnen sonst unzugänglich und unerschwinglich sind. Die Orange ist ein aristokratisches Gewächs, das im Norden beheizte Orangerien erfordert. Mit der seit dem Sommer 1789 beginnenden Flucht des Adels (mit allem verfügbaren Metallgeld, was das Drucken von Assignaten notwendig macht), stehen viele Palais und Schlösser im Lande leer. Ein genialer Gartenkünstler kommt auf den Gedanken, die Orangenbäume aus den »nationalisierten« Parks vor der Natio-

Georg Melchior Kraus:
Zug der Pariser
Fischweiber nach
Versailles, 1789.
Kolorierter Kupferstich

nalversammlung als Hain aufzustellen, um den Abgeordneten Wohlgeruch und
Schatten zu bereiten. Wie ganz anders hätte sich die Revolution im Duft und
Schatten der Orangen wohl entwickelt? Aber die Luftverbesserung war auch so
eine Aufgabe revolutionärer Verwaltung, zunächst durch den Abriss der viel-
stöckigen Aufbauten auf den Seinebrücken, die die Luftzirkulation verhinder-
ten, und andere dringend nötige hygienische Maßnahmen.

Im Jahr 1790 beschloss man, am Jahrestag des Sturms auf die Bastille, die
man abgerissen hatte, an deren Stelle ein »Fest der Föderation« zur Stärkung
der Einheit der Nation zu feiern. Hier sah man die Stände vereint, adlige Damen
und Herren mit Hacke und Schubkarren und den König, der mehr Geschick
zu Handwerken als zum Regieren hatte, mit der Axt am Gerüst für eine luf-
tige, pflanzengeschmückte Dekoration zimmern, die dem Grundriss der Bastille entsprach.

1791 wird der Frieden schon brüchig. Mirabeau, der vielleicht noch eine kon-
stitutionelle Monarchie hätte durchsetzen können, stirbt überraschend im April,
und im Juni ergreift die königliche Familie die Flucht, der König als Lakai ver-
kleidet, mit einem Öfchen, um die Suppe wärmen zu können. Bei Varennes werden sie erkannt, zurückgebracht, und der König wird sogar wieder eingesetzt. Er

Thomas-Charles Naudet: »Fest des Höchsten Wesens« auf dem Mars-feld. 20. Prairial Jahr II, 1794. Aquarellierte Zeichnung, 40,8 x 73 cm

bestätigt auch die Verfassung, die im September verabschiedet wird. Das Jahr 1792 bringt neue Versorgungsschwierigkeiten, den äußeren Krieg gegen Österreich, den Sturm auf den Tuilerienpalast und Sturz der Monarchie; im September die Kanonade von Valmy, bei der Goethe erlebt, wie die gut geübten Truppen Preußens und Österreichs vor den Verteidigern der Republik zurückweichen.

Das Jahr 1793 bringt durch die Hinrichtung des Königs den Umschwung der öffentlichen Meinung in Europa gegen die Revolution, den Aufstand in der Vendée, neue Kriege und die beginnende Terreur. Der revolutionäre Kalender wird eingeführt, der mit dem 22. September 1792, dem Tag nach Abschaffung der Monarchie beginnt. Auch die Terreur beginnt im Herbst 1793 mit den Hinrichtungen durch die Guillotine. Das einzelne und immer wiederholte Töten erregt Ekel, und man hofft auf ein Ende des Grauens. Zugleich versucht Robespierre, einen neuen Kultus zu begründen, der das Volk mit der Revolution trotz aller Opfer und Schrecken feierlich versöhnen soll. Man bereitet das Fest des »Höchsten Wesens« vor (20. Prairial Jahr II, 8. Juni 1794), das auch Robespierres letzte Manifestation sein sollte.

Es war das schönste Wetter, die Guillotine war verschwunden, ganz Paris war ein Meer von Blumen, Rosen vor allem, die man von 20 Meilen im Umkreis

»Fest des Höchsten Wesens« auf dem Marsfeld. Links vorn der Wagen
der Landwirtschaft. Kupferstich (anonym)

herbeibrachte. Das Fest, das alle Menschen einer Gemeinschaft, einer Stadt vereint, war auch ein Wunschtraum Rousseaus, der allerdings an kleinere Stadtgemeinden dachte, die einer noch mit seiner natürlichen Stimme ansprechen konnte, während wir durch die Massenaufmärsche der Diktaturen die Freude daran verloren haben. Der Schmuck war angeordnet, die Fenster mit Girlanden und Fahnen geziert und alle Menschen geputzt, die Mütter mit Rosensträußen, die Töchter mit Blumenkörben, die Väter und Söhne mit Eichenlaub, die Greise mit Weinranken, in der Mitte des Festzugs ein Wagen der Landwirtschaft, den acht Stiere zogen.

Diese Ströme von Menschen zogen zunächst zu den Tuilerien, wo der versammelte Nationalkonvent sie auf einer Tribüne erwartete. Von einem erhöhten Platz, der manchen thronähnlich erschien, sollte Robespierre sprechen, aber wer konnte in dieser Menschenmenge unter freiem Himmel ein Wort davon verstehen? Die einen erwarteten ein Ende der revolutionären Blutgerichtsbarkeit, andere einen Akt der Machtergreifung. Beide fanden sich enttäuscht, als Robespierre in einem der Bassins das Monstrum des Atheismus (wohl aus Papiermaché) in Brand setzte. Dann zogen alle auf die andere Seite der Seine zum Marsfeld, das jetzt Champ de Réunion hieß.

Dort war ein gewaltiger Berg errichtet, mit ausgehöhlten Gängen, die auf verschiedene Ebenen oder Hänge führten. Dort, wo auf goldenen Dreifüßen Opferfeuer loderten, versammelten sich die Mitglieder des Konvents, die Musiker, Trompeter vor allem und eine Unzahl von Sängern, welche die Hymne auf das »Höchste Wesen« intonierten, während die Blumen zum Himmel flogen, die Böllerschüsse ertönten, die Mütter ihre Kleinen emporhoben und die Väter ihre Söhne segneten, die die Säbel gezogen hatten. Ganz oben stand ein Freiheitsbaum, und dort befand sich auch Robespierre, dem man, als die allgemeine Begeisterung abflaute, diese Selbstvergottung übel zu nehmen begann.

Neben diesem Berg, auf Naudets Aquarell dahinter und deshalb kaum sichtbar, erhob sich eine enorme Säule mit der Statue des gallischen Herkules, der seit der Renaissance das französische Volk symbolisiert. Ähnliche Berge, meist kleiner, aber doch ansehnlich, errichtete man in mehreren Kirchen und Kathedralen, die zu Tempeln der Vernunft geweiht waren, und auch auf öffentlichen Plätzen. Was hat es mit diesen seltsamen Gebilden, die mühsam zu errichten und noch schwerer zu bepflanzen und zu gießen waren, ohne dass alles durchnässte oder die Erde wieder herunterrutschte, auf sich? Die Revolutionshistoriker und auch die Kunsthistoriker, die sich mit politischer Ikonologie befassen, stehen ziemlich hilflos vor diesem Berge und versuchen ihn so rasch wie möglich wieder loszuwerden, wie es auch die Regierung des Directoire tat, die damit die Erinnerung an die Jacobinerherrschaft und an Robespierre beseitigen wollte.

Der schlichte Gleichklang der Sitzplätze der Jakobiner oben auf der Tribüne der Nationalversammlung, der Berg, die Montagne, erklärt nicht die komplizierte Konstruktion. Da fühlten sie sich auch nicht dem höchsten Wesen näher. Wenn unten am Berg auf zwei Gesetzestafeln die Menschenrechte aufgezeichnet sind, wird man an den Sinai und Moses' Gesetzgebung denken. Mal krönt den Berg der Freiheitsbaum, mal (im Innenraum, so in Notre Dame in Paris beim »Fest der Vernunft« am 10. November 1794) die Statue der Freiheit, mal (im Straßburger Münster) Statuen der Natur und der Freiheit mit Genien, die Szepter zerbrechen, mal besteigt die Göttin der Vernunft den Berg und verkündet das goldene Zeitalter der Liebe und des Friedens. Gelegentlich (wenn die Konstruktion es aushält), steht oben ein kleiner Rundtempel (Tholos) wie auf Lorrains Gemälden und in Landschaftsgärten.

Immer jedoch geht es um den Aufstieg nach oben, aus Niederungen zu Höherem, gar dem Höchsten, wie Herkules am Scheidewege den Verlockungen des Lasters widerstehend und den schmalen, steilen Pfad der Tugend wählend, der durch Widerständiges zur Verklärung, zu göttlicher Vernunft und Freiheit führt. Das hat etwas vom Initiationsritus, wie ihn die Freimaurer vollziehen, ist aber viel älter, denn die Freimaurer (und nicht sie allein) haben sich eine

Urgeschichte erfunden, und weist auf einen damals den Schulkindern vertrauten Text, die »Tabula Cebetis«. Diese Tafel des Kebes oder, lateinisch, Cebes ist ein spätantiker moralischer Traktat, der die Allegorie eines Bergaufstiegs durchspielt. Er ist seit der Renaissance bekannt und wurde nicht nur als eine Art Fibel für den Sprachunterricht benutzt, sondern auch vielfach illustriert, von Holbein, von Merian und vielen anderen.

Die eigentümliche Form des durchbrochenen Felsens, die nicht aus der Ikonographie der Cebes-Tafel stammt, hat eine eigene Geschichte im Bereich der Landschaftsgärtnerei. Durchbrochene und ausgehöhlte Felsen sind die Leidenschaft der chinesischen Gärtner und Landschaftsmaler. Der niederländische Gesandte van Nieuhof veröffentlichte 1669 in London den Bericht über seine Reise zum chinesischen Kaiser, worin eine ganze Landschaft mit solchen Felsen abgebildet ist. Der Architekt und Theoretiker Fischer von Erlach nahm es, schöner und klarer strukturiert, 1721 in seinen »Entwurf einer historischen Architektur« auf mit der Bezeichnung »Sinesische durch Kunst gemachte Lustberge und Höhlen mit Zimmern, Stiegen, Teichen etc.«.[10] Dort wird es der für die Bauten der Revolutionsfeste verantwortliche Architekt Hubert, ein Schwager des Malers Jacques-Louis David, gefunden haben.

Darin scheinen sich die privaten Tugend-Tempel englischer Gärten mit den nationalen Allegorien der Französischen Revolution fast ein wenig zu versöhnen. Aber die Revolution ist und leistet mehr. Das, was sie so rasch erreichen wollte, brauchte ein Jahrhundert zu seiner Verwirklichung, die Verfassung, die Trennung von Staat und Kirche, die Menschenrechte, die sozialen Grunderfordernisse, und das bleibt, wie überall, stets bedroht und muss immer wieder erkämpft werden. Im Bereich der Gärten öffnete sie Parks des Königs und des Adels und machte sie zu Stadt- und Volksparks. Sie bemühte sich schon früh um öffentliche Hygiene, Luftzirkulation durch breite Straßen in den großen Städten, Bäume zur Verbesserung der Luft, öffentliche Schwimmbäder, Verbannung der Friedhöfe, die um die Kirchen herum lagen, aus dem Wohnbereich. Vieles, was die Philosophen und die Physiokraten im 18. Jahrhundert ausgearbeitet und vorgeschlagen hatten, wird von einer besseren Verwaltung durchgeführt.

Zu den Problemen des Ancien Régime gehörte nicht nur die absurd ungleiche Vermögensverteilung, die auch heutzutage noch zu Finanzkrisen führt, sondern die Tatsache, dass keine drei Menschen gelernt hatten, miteinander administrativ zu arbeiten, weil alles von oben nach unten hierarchisiert war. Während in England über dem Gewinn aus der sogenannten Industriellen Revolution und der Bereicherung weniger durch Kolonien und Seehandel die Lage der arbeitenden Klassen außerhalb der Grenzen weiter Landschaftsparks übersehen wurde, modernisierte sich Frankreich weniger und langsamer. Ein neuer

Finlay's Apollo-Tempel
über dem Tempelteich:
»TO APOLLO,
HIS MUSIC,
HIS MISSILES,
HIS MUSES«.
Foto Udo Weilacher

Stand kleiner Landbesitzer breitete sich auf den ehemaligen Kirchengütern aus, und die Lieferanten der adligen Küchen brachten, als der Adel geflohen war, alle Köstlichkeiten von Land und Meer bis in die kleinbürgerlichen Haushalte. All das ließ sich der französische Bürger und der französische Landwirt nicht wieder nehmen, und wenn es nötig schien, so tat man einiges, zunächst 1848, um die noch nicht vollendete Revolution weiterzubringen.

Dass die Französische Revolution in anderen Ländern nicht nur Furcht und Schrecken auslöst, sondern zur Gartengestaltung inspirieren kann, hat der schottische Dichter und Gartenkünstler Ian Hamilton Finlay bewiesen. Dabei beschränkte er sich nicht nur auf Anspielungen in seinem eigenen Garten »Little Sparta« in Stonypath am Rande der Pentland Hills im schottischen Tiefland, wo er sich genötigt sehen sollte, einen kleinen Tempel, der für Ausstellungen diente, mit Freunden gegen die Eingriffe der örtlichen Finanzbehörde zu verteidigen, die ihn als kommerzielle Galerie besteuern wollte. Er schuf im Skulpturenpark des Kröller-Müller-Museums bei Otterlo in den Niederlanden einen »Heiligen Hain«, der an die Französische Revolution erinnert. Vor einige große Bäume in einem Teil des Parks setzte er steinerne Säulenbasen, die ein weiteres

Horst Günther

Wachstum erlauben, den lebenden Baum aber als Säule erscheinen lassen. Auf die Plinthen der Basen ließ er die Namen ihrer Helden einmeißeln: Lykurg, ihr spartanischer Vorläufer, Rousseau, ihr inspirierender Denker, Michelet, ihr leidenschaftlicher Historiker, Robespierre, ihr glühender Verteidiger und Corot, ihr neoklassizistischer Erbe.

Überraschend wird Geschichte von der Natur umfangen, und es bildet sich, über alle Parteinahme hinaus, ein würdevoller Ort der Erinnerung an ein Ereignis, das wie kaum ein anderes die europäische Moderne geprägt hat.

Vom formalen Garten zur Stadtlandschaft

Hartmut Frank

Am 4. November 1909 trat Fritz Schumacher sein neues Amt als Leiter des Hamburger Hochbauamtes an. Es war sein 40. Geburtstag und ein ungewöhnlicher Schritt, denn er gab für diese Stelle seine Professur an der Technischen Hochschule Dresden auf. Ausgewählt aus 14 in die engere Auswahl genommenen Mitbewerbern, musste er auf den Vorwurf zu geringer praktischer Erfahrungen gefasst sein. Gebaut hatte er bis zu diesem Zeitpunkt wenig: Grab- und Denkmäler, einige Villen, aber keine größeren repräsentativen Staatsbauten. Seinen Namen hatte er sich eher als Theoretiker erworben, erst als Entwerfer von mehrfach ausgestellten Architekturphantasien, dann als Verfasser einer Reihe von Aufsätzen und Vorträgen. Er war Organisator von zwei großen Dresdner Ausstellungen gewesen, der »Ersten Deutschen Städteausstellung« 1903 und der »Dritten Deutschen Kunstgewerbeausstellung« 1906, aus der ein Jahr später der »Deutsche Werkbund« hervorgegangen war, bei dessen Gründung er in München die Programmrede gehalten hatte. Weder hatte er bis dahin reale Stadtplanungsaufgaben eigenverantwortlich bearbeitet, noch hatte er Verwaltungserfahrung. Aber seit einer Rede auf der Städteausstellung von 1903 hatte er sich mehrfach programmatisch zu Fragen der Großstadtreform und des Städtebaus geäußert, was er in seinem Bewerbungsschreiben für Hamburg auch entsprechend hervorgehoben hatte. Schon 1903 war er so weit gegangen, Hamburg als die moderne Großstadt in Deutschland zu bezeichnen, deren Architektur neben den großen Werken der Technik einen besonders schwachen Eindruck mache und dringend des Wirkens eines entschlossenen Gestalters bedürfe.[1] Ob dies Vorahnung oder Zufall war, sei dahingestellt. Er nannte damals jedenfalls nicht sich selbst, sondern Theodor Fischer und Bruno Schmitz als die hierfür geeigneten Künstler. Dennoch wird diese Aufgabe sechs Jahre später ihm übertragen, und er macht sich mit einer unerhörten Arbeitswut daran, sie in seinem Sinne zu lösen.

Schumacher kam bestens vorbereitet an seine neue Wirkungsstätte. Fest entschlossen, eine klare künstlerische Gestaltungslinie vorzugeben und zugleich jeder Kritik an seiner Person von vorn herein die Spitze zu nehmen, hatte er seinen Amtsantritt um acht Monate hinausgeschoben, um mit seinen Dresdner Mitarbeitern ein ganzes Paket bereits beschlossener Hamburger Staatsbauten entwerfen und baureif ausarbeiten zu können: Schulen, Feuerwachen, Krankenhäuser und dergleichen. Das größte und spektakulärste Projekt betraf den neuen Hamburger Stadtpark, keinen Hochbau, sondern eine komplexe Planung, die eigentlich in den Aufgabenbereich des für Städtebaufragen zuständigen Tiefbauamtes unter seinem Konkurrenten, dem Oberingenieur Fritz Sperber, fiel, der zwei Jahr vor ihm berufen worden war. Schumachers Überraschungsschlag gelang. Seine Autorität in architektonischen und künstlerischen Fragen wird in Hamburg für die nächsten Jahrzehnte kaum einmal ernsthaft infrage gestellt werden, obwohl der Konflikt mit Sperber nicht auf sich warten ließ. Die Wirkung seiner Schauzeichnungen in Fachveröffentlichungen und auf diversen Ausstellungen sowie die wachsende Zahl seiner schriftlichen Äußerungen, Artikel und Bücher sorgten dafür, dass er schnell auch außerhalb der Stadt Anerkennung fand.

Landschaftsgarten oder architektonischer Park
Die Annahme des Schumacherschen Stadtpark-Entwurfes war alles andere als selbstverständlich, denn dieses Projekt hatte bereits einen Vorlauf von fast zwei Jahrzehnten. Es war gründlich festgefahren in den ideologischen Auseinandersetzungen zwischen den traditionsverbundenen Verfechtern des englischen Gartens und den reformbeflissenen des architektonischen Parks. Die Forderung nach einem Park in der Nähe der schnell gewachsenen und dicht bevölkerten Wohngebiete im Nordosten Hamburgs reichten weit in die 90er Jahre zurück. 1902 hatte die Stadt schließlich in Winterhude das erforderliche Gelände erworben und von Sperbers Amtsvorgänger Vermehren einen ersten Vorentwurf anfertigen lassen. Dieser Entwurf, ein »jardin anglais«, ganz im Geschmack der populären Parks Adolphe Alphands, die das unter Baron Haussmann spektakulär umgebaute Paris schmückten, traf auf den entschiedenen Widerstand einer Reihe reformerischer Kulturpolitiker, die sich seit Jahren dafür eingesetzt hatten, die von der englischen Arts-and-Crafts-Bewegung entwickelten Konzepte der Gartengestaltung und die vom »Park Movement« entwickelten neuartigen Nutzungsvorstellungen für Parkanlagen in den amerikanischen Großstädten stärker zu beachten. Sie wollten mehr als eine Verschönerung der Stadt durch gepflegte Grünflächen, artige Spazierwege, Blumenrabatten und exotische Bäume. Sie wollten nicht nur den besseren Kreisen und ihrem Müßiggang eine Promenade verschaffen, sondern erklärtermaßen mithilfe eines »Volksparks« auch die Lebensbedingungen der ärmeren Bevölkerungsteile der übervölkerten großen Stadt verbessern. Mit

dem als soziales Gesamtkunstwerk verstandenen Park wollten sie die gesamte Gesellschaft auf ein höheres kulturelles Niveau befördern.

Insbesondere der Direktor der Hamburger Kunsthalle Alfred Lichtwark hatte schon vor seinem Amtsantritt im Jahre 1886 und auch danach mit Nachdruck in Schriften und Vorträgen auf diese Tendenzen in Großbritannien und Nordamerika aufmerksam gemacht und analoge Entwicklungen für Deutschland eingefordert. Als Mitglied der 1904 eingesetzten Stadtparkkommission des Hamburger Senats suchte er diese Ideen in die Programmdiskussion einzubringen, wobei er vom Direktor des Museums für Kunst und Gewerbe Justus Brinckmann und vom Direktor des Ohlsdorfer Friedhofs Wilhelm Cordes unterstützt wurde.

Lichtwark polemisierte immer von neuem wirkungsvoll gegen die Pseudonatur des englischen Gartens, die Nutzlosigkeit seiner »Brezelwege« und der Rasenflächen, deren Betreten verboten sei. Er forderte neue, für die Bedürfnisse des modernen Großstadtbewohners gestaltete Freiräume. Der Mangel an Licht, Luft und Sonne sei unübersehbar geworden und erfordere Orte für zeitgemäße Freizeitaktivitäten wie Spiel und Sport, aber Orte, die zugleich Identität stiften und so Heimat für die entwurzelten Proletarier schaffen könnten. Bereits 1885 hatte Lichtwark in der Zeitschrift »Die Gegenwart« geschrieben: »Auf keinem Gebiet hat unsere Zeit soviel nachzuholen, wie auf dem des Gartenbaus in seiner künstlerischen Ausbildung. Nirgends haben sich Principien, die in ihrer einseitigen Übertreibung durchaus falsche genannt werden müssen, so festgesetzt ... Bis in die jüngste Zeit wurde ausnahmslos der sogenannte freie englische oder der landschaftliche Garten als Ideal jeglicher Anlage angesehen, mochte es sich um einen Park oder einen elenden, von Häusern umschlossenen Hof handeln ... In England, dem europäischen Vaterlande des landschaftlichen Gartens, hat man das architectonische Princip längst wieder aufgenommen ... Bei uns ist es bis jetzt in keiner großen Anlage zur Geltung gekommen ... ein schlimmer Zustand, denn ... (die öffentlichen Anlagen) spielen im Leben des modernen Großstädters eine so hervorragende Rolle, daß alle Mittel aufgeboten werden sollten, um ihnen künstlerische Weihe zu geben.«[2]

1892 propagierte er in einer populären Schrift mit dem Titel »Makartbouquet und Blumenstrauss« und später mehrmals in Aufsätzen in der richtungweisenden deutschen Kulturzeitschrift »Pan« eine an japanischen Vorbildern geschulte Blumenkunst, die Wiederentdeckung heimischer Wildblumen und Obstbäume und empfahl als ersten Schritt zur Überwindung des unnatürlichen englischen Landschaftsgartens das Studium der nützlichen Schönheit niederdeutscher Bauerngärten und Heckenlandschaften, wie es in den Folgejahren auch die immer stärker werdende Heimatschutzbewegung tun wird. Er beließ es nicht bei dem Verweis auf die auswärtigen und die ländlichen Vorbilder. Auch die großbürgerlichen Gärten in Hamburg und die herrschaftlichen Parks des 18. Jahrhunderts in der Umgebung dienten ihm als Vorbilder für eine veränderte künstlerische Auffassung und rationale Gestaltung des Gartenraumes und als Gegenmodell zum herrschenden romantischen Raumgefühl des 19. Jahrhunderts und dessen Bestreben, an ungeeigneter Stelle Natürlichkeit und Unendlichkeit zu simulieren.[3] In dieser Argumentation ist Lichtwark wie seine Zeitgenossen Ferdinand Avenarius, Hermann Muthesius oder Paul Schultze-Naumburg unbezweifelbar stark beeinflusst von der etwas früher einsetzenden englischen Debatte um den Garten als Teil eines als Gesamtkunstwerk verstandenen Lebensraumes. Ganz im Sinne der Arts-and-Crafts-Bewegung in ihrem Bemühen um eine künstlerische Veredelung aller Bestandteile des täglichen Lebens und letztlich der Verschmelzung der Grenzen von Hochkultur und Alltagskultur wird auch der Garten zum integralen Bestandteil des Kunstwerkes Haus und schließlich der öffentliche Park zu einem konstituierenden Element des Kunstwerkes Stadt.

In ihrer bis heute nicht übertroffenen »Geschichte der Gartenkunst« weist Marie Luise Gothein der kleinen Schrift von Reginald Blomfield »The Formal Garden in England« von 1892 eine zentrale Rolle in dem Prozess der beschleunigten Abwendung von den Prinzipien des Landschaftsgartens im Mutterland des englischen Gartens zu. Vermutlich zu recht. Blomfield polemisiert in dieser gründlich recherchierten und mit sachlichen Zeichnungen von F. Inigo Thomas illustrierten Abhandlung zu Gärten und Parks der Renaissance und des Barocks in England ganz ähnlich wie sein deutscher Zeitgenosse Lichtwark gegen die Pseudonatur des Landschaftsgartens, bricht mehrere Lanzen für die Schönheit der englischen Fauna und der fruchttragenden Kulturpflanzen der Bauerngärten und fordert Gärten, die bewusst künstlerisch als begrenzte und geschlossene Räume gestaltet sind. Seine historische Studie war nicht Selbstzweck, sondern diente erklärtermaßen der Forderung nach einer Wiedergewinnung der raumkünstlerischen Dimension der Gartengestaltung gegenüber einer überwiegend botanisch verstandenen Gartenkunst. In der Einleitung erklärte er: »No attempt has been made to deal with horticulture ... but the question of design, of the treatment of the grounds as a whole as well as in detail, is an entirely distinct one, which has been confused with that of horticulture, and finally superseded by it. Horticulture stands to garden design much as building does to architecture; the two are connected, but very far from being identical.«[4] Und er beendete sein Buch nicht, ohne mit unverhohlener pädagogischer Absicht auf die Einfachheit und Rationalität der dargestellten, zu Unrecht als nur »formal« geschmähten, Gärten hinzuweisen, deren beschnittene

Hecken, klare Raumaufteilungen, ruhige Rasenflächen und nützliche architektonische Zutaten einer Ideologie der Landschaftsgärtnerei geopfert worden seien, »based on much the same principle as that which distinguishes a gentleman by his incapacity to do any useful work«[5], und die gewissermaßen eine zweckfreie, höhere Natur schaffen wolle.

Die Verfechter des traditionellen Landschaftsgartens wehrten sich vehement gegen die Bestrebungen, Garten und Park wieder als architektonisches Raumkunstwerk zu interpretieren. Sie sahen darin einen Rückfall in barocke Willkür, die sich insbesondere an der Vorliebe für geometrische Grundrisse und für naturwidrigen Baumverschnitt und Heckenpflanzung festmachen lasse. Mit diesem Historismus-Vorwurf verkannten sie völlig die reformerischen Intentionen der Anhänger des formalen Gartens, deren Bestreben, diesen als rational und praktisch zu interpretieren und als besonders geeignet für die dicht bebaute, naturferne moderne Großstadt und die gegenüber Adel und Großbürgertum gründlich veränderten Lebensbedürfnisse ihrer Bewohner. Die Trennungslinie zwischen den unversöhnlichen Positionen verlief nicht, wie man voreilig vermuten könnte, zwischen Gärtnern und Architekten, sondern eher zwischen Reformern und Traditionalisten beider Disziplinen. Hier sei nur auf die erfolgreiche Zusammenarbeit der großen Gartenplanerin und Blumenspezialistin Gertrude Jeckyll mit dem von der Arts-and-Crafts-Bewegung geprägten Architekten Edwin Lutyens bei der Planung und Anlage großer Privatgärten in den 90er Jahren verwiesen, die weit über England hinaus Beachtung fanden. In den deutschen Wettbewerben für neue Parkanlagen um die Jahrhundertwende finden sich unter den Protagonisten des architektonischen Parks zahlreiche Architekten als Entwerfer von Landschaftsgärten und zugleich zum Gärtner ausgebildete Landschaftsplaner wie Leberecht Migge oder Fritz Encke, die architektonische Gärten entwarfen.

Der Hamburger Stadtpark
Vermehrens Vorentwurf für den neuen Stadtpark stand in krassem Gegensatz zu den Auffassungen einiger Mitglieder der Parkkommission. Entsprechend zog sich die Programmdiskussion in die Länge. Eine weitere Verzögerung entstand durch die Suche nach neuen Amtsleitern sowohl für den Hochbau wie für das Ingenieurwesen, da sowohl Vermehren als auch der Leiter des Hochbauamtes Zimmermann kurz vor ihrer Pensionierung standen. So wurde noch vor dem beabsichtigten öffentlichen Wettbewerb für den Park im Oktober 1906 ein anderer, rein architektonischer, für drei neue Wassertürme in der Stadt ausgeschrieben, von denen einer auf dem höchsten Punkt des künftigen Parkgeländes errichtet werden sollte. Diese als moderne Großstadtmonumente und neue

Wahrzeichen der Stadt gedachten Türme fanden in der deutschen Architektenschaft höchste Aufmerksamkeit, und entsprechend groß war die Beteiligung am Wettbewerb. Unter den 184 Einsendungen waren Entwürfe so bedeutender Reformarchitekten wie Josef Maria Olbrich und Hans Poelzig, die allerdings nicht prämiert wurden. Für den Standort Winterhude wurde der Entwurf Oskar Menzels aus Dresden zur Realisierung bestimmt. Mit dieser Entscheidung war eine bedeutende bauliche Determinante des Parkprogramms festgelegt, bevor schließlich im Februar 1908 der Stadtpark-Wettbewerb ausgeschrieben und im Juli desselben Jahres entschieden wurde.

Neben dem monumentalen Wasserturm gehen weitere Besonderheiten des ausgewählten Geländes in die Programmdiskussion ein. Man wünscht von Anfang an, das um diesen Turm herum gelegene sogenannte Sierich'sche Wäldchen zu erhalten, im Zentrum des neuen Parks eine große, öffentlich zugängliche Spielwiese, nach dem Vorbild der Hamburger Moorweide und der immer wieder zitierten englischen und amerikanischen Anlagen, und am tiefsten Punkt des Geländes einen künstlichen See mit Anschluss an das Kanalsystem der Alster zu schaffen. Dazu kamen im Laufe der Debatte neue Elemente, die in dieser Fülle bisher nur selten in deutschen Stadtparks zu finden waren: Sportanlagen verschiedenster Art, eine Festhalle, mehrere Gasthäuser, eine Milchwirtschaft, eine Trinkhalle, ein

Central Park New York von Frederick Law Olmsted sen., Luftaufnahme 1925

großes Planschbecken, Sprunggarten, Spielplätze, Luftbad u. a. m. Ein Blick auf den New Yorker Central Park und die großen Chicagoer Volksparks macht schnell deutlich, dass die Vorbilder für ein derartiges Raumprogramm auf der anderen Seite des Atlantiks zu suchen sind. In dem von Frederick Law Olmsted Senior von 1853 bis 1895 angelegten Prototyp aller modernen Großstadtparks in New York gibt es bereits vieles davon: die großen Wiesen, die Wasserflächen, Wäldchen und Hügel, den Kinderberg, die Milchwirtschaft, Sportanlagen, Reitwege, Fahrstraßen und zahlreiche Nutzbauten. Eigentlich fehlt in der wesentlich kleineren Hamburger Anlage nur ein Metropolitan Museum. Aber Lichtwark hatte bereits sein Museum an einem attraktiven Standort an der Binnenalster und wünschte deshalb eher eine große Halle für Wechselausstellungen, die allerdings nicht ins Programm eingeht.

Die in den Protokollen der Stadtparkkommission erhaltenen Handskizzen Lichtwarks und Cordes' bezeugen nachdrücklich, wie sehr neben den neuen Funktionselementen des Parks um deren räumliche Anordnung gerungen wurde. Beide suchten die zahlreichen heterogenen Anforderungen in ein einheitliches, kohärentes Raumkonzept einzuordnen, indem sie ausgehend von der relativ einfachen Topographie des Geländes über eine axiale Anlage mit dem Wasserturm an der höchsten und dem See an der tiefsten Stelle nachdachten. Cordes' Skizze von 1904 zeigt eine grandiose Gartenplanung mit Haupt- und Nebenachsen, durchaus in Anlehnung an Le Nôtres Vaux-le-Vicomte oder Versailles, was seitens anderer Kommissionsmitglieder nicht ganz unberechtigt Barock- und Absolutismusvorwürfe provozierte. Lichtwarks etwas linkische, ein Jahr später entstandene Skizze dagegen ist schematischer und versteht sich offensichtlich nicht als Entwurf. Auch er versuchte, sich an einer axial organisierten Raumfolge. Aber während es bei Cordes die angedeuteten Pflanzenensembles und großen Promenaden sind, die den Park in eine Reihe jeweils etwa gleich große, von diagonalen Wegen durchschnittene Rechteckfelder aufteilen, sind es bei Lichtwark Andeutungen von Gebäuden und Plätzen unterschiedlicher Form, von einem geometrisch geformten Wasserbecken, von Querwegen und an Baufluchten erinnernde Pflanzkanten, die dem Park unübersehbar eine architektonisch definierte Raumstruktur geben sollen.

Die Entscheidung über die eingereichten Entwürfe zum Hamburger Stadtpark im Juli 1908 bescherte Lichtwark eine herbe Enttäuschung. In Abwesenheit seines wichtigsten Mitstreiters in der Parkfrage, Justus Brinckmann, wurden bei der Jurysitzung unter dem maßgeblichen Einfluss Fritz Sperbers und mit Unterstützung der Gartenplaner Rudolf Jürgens aus Hamburg und Carl Heinecke aus Frankfurt am Main ausschließlich traditionelle Landschaftsparks prämiert. Es wurden keine ersten, sondern drei zweite und drei dritte Preise vergeben.

　　　　　　　　　　　　　　　　　　　　　　　Hartmut Frank

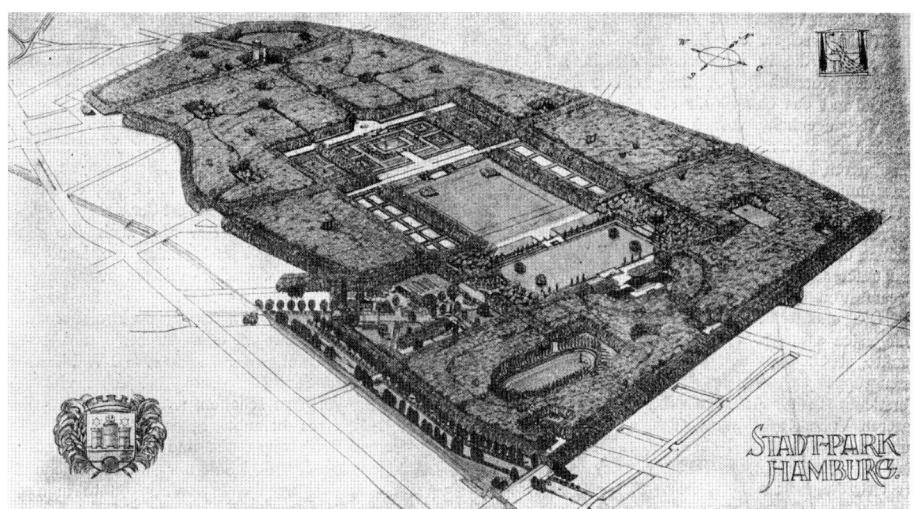

Schaubild zum Wettbewerbsentwurf für den Hamburger Stadtpark
von Max Läuger, 1908

Unter den drei Ankäufen fand sich eine einzige Arbeit, die Lichtwarks volle
Zustimmung fand, ein Entwurf Max Läugers, für dessen Realisierung er sich sofort einsetzte. Während die Verfasser der prämierten Entwürfe in ihrer Mehrzahl längst in Vergessenheit geraten sind, ist Max Läuger mit seinem bedeutenden Werk als Keramiker, als einflussreicher Lehrer der Karlsruher Technischen
Hochschule und Mitbegründer des »Deutschen Werkbundes« bis heute in Erinnerung geblieben. Sein garten- und stadtplanerisches Werk hatte unter den
Zeitgenossen der Jahre vor dem Ersten Weltkrieg größte Beachtung gefunden,
vor allem dank der von ihm 1907 organisierten Gartenbauausstellung in Mannheim, einer der wohl wichtigsten Manifestationen der neuen gartenkünstlerischen Tendenzen im Deutschland vor dem Ersten Weltkrieg[6].

Noch im Jahr des Wettbewerbs veröffentlichte Lichtwark seinen Aufsatz
»Das Problem des Hamburger Stadtparks«. Wortreich kritisiert er hierin erneut den Landschaftsgarten und entwickelt als Gegenmodell seine Vorstellung
vom künftigen Hamburger Stadtpark als einem idealen architektonischen Garten. Angesichts der realistischen Präzision seiner Vorschläge muss er betonen,
dass es sich hierbei »nicht um ein Projekt zur Ausführung handelt, sondern um
eine Untersuchung der praktischen und künstlerischen Probleme«[7]. Lichtwarks
Schrift entstand wohl noch während der Laufzeit des Wettbewerbs, doch einige
Passagen des Einführungsteils deuten auf eine Überarbeitung unter dem Eindruck des Juryentscheids hin. Streckenweise mutet der Aufsatz wie eine Be-

schreibung des Läugerschen Entwurfes an, sie kann aber durchaus auch als Anregung für diesen gedient haben, falls Läuger sie schon während der Bearbeitungszeit zu Gesicht bekommen hat.

Lichtwark schreibt, die überwiegende Mehrzahl der Landschaftsgärtner und Ingenieure habe vom künftigen Hamburger Stadtpark »die klare festumrissene Vorstellung von einer niedlich angelegten Landschaft zum Spazierengehen, mit den kleinen Hügeln und Tälern, den Rasenabhängen, dem Gebüsch, der überraschend ausgebuchteten Teichfläche, den kleinen Inseln und kleinen Brücken, den Schlängelwegen, den Schlängelstrassen und der großen bequem gelegenen Bierwirtschaft. So werden seit Menschengedenken Parks und Grünplätze hergestellt, so gefällt es heute, so meint man, wird es immer gefallen müssen.«[8] Er aber forderte statt künstlicher Natürlichkeit ein Kunstwerk, das als solches erkennbar bleibt und die Hand des gestaltenden Künstlers nicht verbirgt. Sein Park sollte ganzjährig, bei jedem Wetter und zu jeder Tageszeit nutzbar sein, den Besucher durch seine Ordnung und Monumentalität erbauen und mit seinen Raumgebilden »bei aller Schlichtheit und Ruhe ... wie Traum und Märchen wirken ...«[9] Zentrale Bedeutung für diese Wirkung hatte für ihn die Ausbildung des großen Teiches, der nicht allein dekorative Wasserfläche sein sollte, aber auch mehr als ein Badeteich mit angrenzendem Luftbad. Er sah ihn als dekoratives Kunstwerk, nicht von Naturformen, sondern von Kunstformen umgeben, vergleichbar dem indischen Tempelteich auf der franko-britischen Ausstellung in London 1908 oder den Teichen »der grossen amerikanischen Ausstellungen«[10], womit er wohl auf die Weltausstellungen in Chicago 1893 und in St. Louis 1904 anspielte.

Durchdrungen von den Idealen des »Deutschen Werkbundes«, an dessen Gründung er sich ein Jahr zuvor zusammen mit Läuger, Schumacher, Muthesius und anderen aktiv beteiligt hatte, schrieb er jetzt: »Ein Hamburger Park, der täglich ... benutzt wird, den alle Schichten der Bevölkerung lieben gelernt haben, den sie als eines der köstlichsten Besitztümer jedes einzelnen und den Stolz der Stadt empfinden, wird uns helfen, ein neues, gesundes Geschlecht zu bilden, das mit dem Auge geniessen lernt und in allen Gesellschaftsschichten freudig am Ausbau des großen Kunstwerkes mitarbeitet. Das im neunzehnten Jahrhundert zerstörte Raumgefühl ist wieder erwacht ... Vom neuen Park kann eine Gesundung aller Baukunst und Gartenkunst in Hamburg ausgehen, weil alles, was er Gutes hat, unmittelbar auf die Ausbildung des neuen Gefühls wirken wird.«[11]

Die Hamburger Wettbewerbsentscheidung wurde nicht widerspruchslos hingenommen. Vor allem aus Werkbundkreisen hagelte es Protestschreiben an die für das weitere Vorgehen zuständigen Senatoren, unter anderen von Theodor

Hartmut Frank

Fischer, Hermann Muthesius und Ferdinand Avenarius. Als weitere Reaktion erschien 1909 aus der Feder des damals in Hamburg tätigen jungen Gartenkünstlers Leberecht Migge eine kleine Schrift, die, illustriert mit sieben Schaubildern des Läugerschen Entwurfes, den polemischen Untertitel trug: »Die heutigen öffentlichen Gärten – dienen sie in Wahrheit dem Volke?« Während Lichtwark die Ideologie des Landschaftsgartens aus einer allgemeinen kulturkritischen Perspektive angegriffen hatte und seine Vorschläge zu Fragen der Gartenkunst nie seine zwar engagierte, aber doch grundsätzlich dilettantische Position verbergen konnten, meldete sich mit Migge ein anerkannter Gartenbau-Fachmann zu Wort, der nicht wie viele Protagonisten des formalen Gartens Künstler, Architekt oder Kunsthistoriker war. Wie Lichtwark lehnte er den idealistischen Naturbegriff der Landschaftsgärtner ab, weil er nicht für die Lebenserfordernisse der modernen Großstädter tauge. Dann forderte er ein zeitgemäßes neues Raumverständnis unter Berücksichtigung der Tatsache, dass ganz Europa seit Jahrtausenden Kulturland und jede Vorstellung von Feld, Wald oder eben auch Stadtpark als »Natur« ein romantischer Irrtum sei. Statt eine künstliche Natürlichkeit anzustreben, sei es notwendig, die Künstlichkeit der realen Vegetation in Stadt und Land im Park künstlerisch zu steigern. Hierfür biete die hoch entwickelte moderne Pflanzenzucht ungeahnte Möglichkeiten, die für eine zeitgemäße Gartenkultur erst noch zu entdecken und zu entwickeln seien.

Migges Kampfschrift gipfelte in einem Kapitel mit der Überschrift »primus contra ultimus«, in dem er den für eine Realisierung vorgeschlagenen prämierten Entwurf der Bonner Gartenplaner Gebrüder Roethe und W. Bungarten dem dritten Ankauf gegenüberstellte, der Arbeit Max Läugers. Er beschreibt den einen als die Karikatur eines englischen Garten mit all den seit nahezu zwei Jahrzehnten von der beißenden Kritik der Reformer angeprangerten Merkmalen, den ins Nichts führenden Schlangenwegen, den Gebüschen, weichen Pflanzkanten und dem nierenförmigen Teich, und bewundert den Läugerschen: »Im wesentlichen zeigt uns Läugers Lösung eine große, grüne, architektonisch gegliederte und umrandete Lichtung, reich geschmückt, um die sich rings ein mehr oder minder gelockerter Waldstreifen legt ... Restaurant und Teich, Spielwiesen und Schmuckgarten, Alleen, Kaskaden und Wasserturm – dieser ganze waldumschlossene Aufbau ist von einem elementaren inneren Pathos erfüllt, in vollendeten Proportionen der Teile ausgewogen.«[12]

Die vorgeschlagene Anlage aus regelmäßigen rechteckigen Flächen in einem orthogonalen Achsen- und Wegesystem, das sich an der Sichtachse zwischen Wasserturm und Hauptrestaurant beim See orientierte, wirkt aus heutiger Sicht fast zu pathetisch und monumental, traf aber genau den Gestaltungswunsch der jungen Reformer der Jahre vor dem Ersten Weltkrieg. Die pathetische Anmutung wurde positiv als Ausdruck eines hohen kulturellen und künstlerischen Anspruches gesehen und die formale Strenge als das geeignete Gestaltungsmittel, die gewünschte Monumentalisierung des Großstadtraumes zu erreichen. Die Mehrzahl der Raum- und Strukturvorschläge, die in Cordes' und Lichtwarks Skizzen überliefert sind, fanden sich hier wieder. Aber sie sind übersetzt in das großartige Bild eines regelmäßigen Parks, mit einer großen Festwiese und einem feierlichen Teich in seinem Zentrum, bei dem sich das Hauptrestaurant in der zentralen und das Café in der Nebenachse befanden. Beidseitig wurde die große Wiese von regelmäßigen Blumenbeeten flankiert und im Westen von einem querliegenden formalen Garten abgeschlossen. Der Wasserturm stand in einer tiefen, von einer Kaskadenfolge belebten Schneise als ferner Blickpunkt. Eine wie im New Yorker Central Park versenkte Straße mit mehreren Fußgängerbrücken sollte den Park in einen westlichen und einen östlichen Teil teilen. Ein waldartiges Gehölz umschloss die Kernanlage und barg in zahlreichen Lichtungen die vom Programm erwünschten Sport- und Freizeiteinrichtungen. Läuger, der bis zu diesem Zeitpunkt außer seiner Mannheimer Ausstellung nur eine kleine Parkanlage in Baden-Baden hatte realisieren können, entwarf für Hamburg einen Park, der ohne Zweifel bei seiner Realisierung zum Flaggschiff der deutschen Parkreformbewegung geworden wäre. Migge schloss mit dem Ausruf: »Und dennoch nur ein Ankauf? N a c h solchen Konkurrenten?! Armselige Zeit. Glücklicher Künstler. Es wäre nichtssagend gewesen hier zu siegen!«

Da man sich schon nicht durchringen könne, das Votum der Jury zu verwerfen und Läugers Entwurf zu realisieren, schlug Migge vor, einen weiteren Wettbewerb mit eingeladenen Künstlern und anderer Jury durchzuführen. Hierfür aber war es nach zehnjährigem Vorlauf zu spät. Angesichts der Kritik am Ergebnis erwies sich letztlich auch der Erfolg der Traditionalisten beim Wettbewerbsentscheid als Pyrrhus-Sieg. Man sah die Notwendigkeit einer Überarbeitung der Wettbewerbsergebnisse und beauftragte damit das zuständige Amt unter Sperber. Das Ergebnis war eine verdünnte Zusammenfassung der grundsätzlichen Gegenpositionen in zwei als Alternative präsentierten Projekten, einem Landschaftspark als Weiterentwicklung des Bonner Projektes und einem architektonischen Park mit einer entfernten Ähnlichkeit mit Läugers Entwurf. Während beim Landschaftspark versucht wurde, eine Reihe von Kritikpunkten zu korrigieren, vor allem das Fehlen zahlreicher baulicher und sportlicher Einrichtungen, war der vorgeschlagene architektonische Park eine lieblose Reduktion, die sich als wesentlich teurer erwies und damit für die Realisierung ungeeignet, was angesichts Sperbers bereits öffentlich gemachter Vorlieben niemand verwundern konnte.

Hartmut Frank

*Schaubild zum Entwurf eines Haupteinganges für den Hamburger
Stadtpark von Fritz Schumacher, 1909*

Parksystem und Stadtlandschaft
Diesen Planungsstand fand Schumacher im Frühjahr 1909 vor. Er konnte gerade
noch die zahlreichen, im Stadtpark notwendigen Hochbauten für sein Ressort
reklamieren und in seinem Dresdner Büro die entsprechenden Entwürfe ausarbeiten. Er interpretierte die Aufgabe erheblich weiter und entwarf gleich
einen kompletten Park, den er bei Amtsantritt zusammen mit den anderen in
Dresden bearbeiteten Projekten vorstellte. Die Überrumpelung gelang, nicht
zuletzt wohl auch dank der 14 brillanten Präsentationszeichnungen; im April
1910 wurde er tatsächlich mit der Ausführungsplanung des Parks beauftragt,
allerdings in erzwungener Kooperation mit dem nach wie vor dafür zuständigen
Kollegen Fritz Sperber. Schumacher hatte das bisherige Nutzungsprogramm
präzisiert und erweitert, aus beiden vorliegenden Entwürfen einige Aspekte
übernommen und zusammen mit den baureifen Entwürfen für die zahlreichen
Einzelgebäude des Parks ein neues Gesamtkonzept entwickelt. Mit diesen Bauten, die in Naturstein geplant waren, und die er erst später, nach der Kritik durch
die Hamburger Heimatschutzbewegung für die Ausführung in rotem Backstein detaillierte, gab er ebenso wie mit den übrigen Projekten für Hamburger
Staatsbauten, die er mitbrachte, eine entscheidende formale Vorgabe für den in
den folgenden zwei Jahrzehnten eingeschlagenen Hamburger Sonderweg in die
Moderne. Mit dem Park wagte er einen ersten Schritt in die Stadtplanung, die
ihm erst Jahre später offiziell übertragen wurde.

Der Plan des Parks selbst aber erschien als Kompromiss zwischen den kontroversen Forderungen nach Landschaftsgarten und architektonischem Park. Formale Elemente wie harte Pflanzkanten und orthogonale Wegeführung waren in der entscheidenden Vogelschau des Entwurfs nur vorsichtig angedeutet, wogegen die landschaftlich anmutenden Baum- und Sträuchergruppen weich und pittoresk erscheinen. Schumacher übernahm von Läuger die zentrale Achse zwischen Wasserturm und Hauptrestaurant, jetzt Stadthalle genannt, aber er rahmte die große zentrale Wiese nicht mit geometrisch angelegten Gärten, sondern mit Baumpflanzungen, die er später als doppelte Baumreihe realisierte. Wie Läuger legte er die heterogenen Elemente der Spiel- und Sportanlagen in einen Waldgürtel, der die zentralen Einrichtungen von außen umschloss. Der See wird bei ihm oval statt rechteckig, bleibt aber flankiert von Stadtcafé und Stadthalle. Neu dazu kommt eine an Böcklins Toteninsel oder Rousseaus Ermenonville erinnernde Insel und eine kleine vom See getrennte Hafenanlage beim Haupteingang des Parks. Aus Läugers Kaskaden beim Wasserturm wird ein eigenes Kaskadengebäude am See in der Blickachse von der Stadthalle zum Turm.

Aber anders als Läuger versteht Schumacher den Park nicht in seiner Gesamtheit als architektonischen Park. Sein Entwurf enthielt bewusst auch landschaftliche Elemente, allerdings nur dort, wo sie ihm nützlich erschienen, und nicht im Sinne eines reinen Landschaftsparks, wie er Sperber nach wie vor vor-

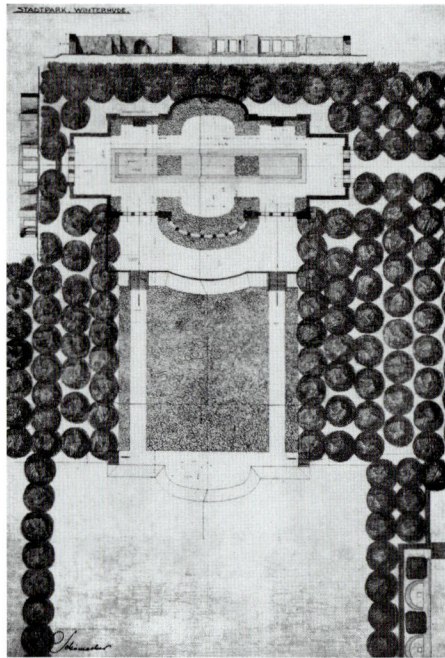

Entwurf zum Heckengarten im Hamburger Stadtpark von Fritz Schumacher, undatiert

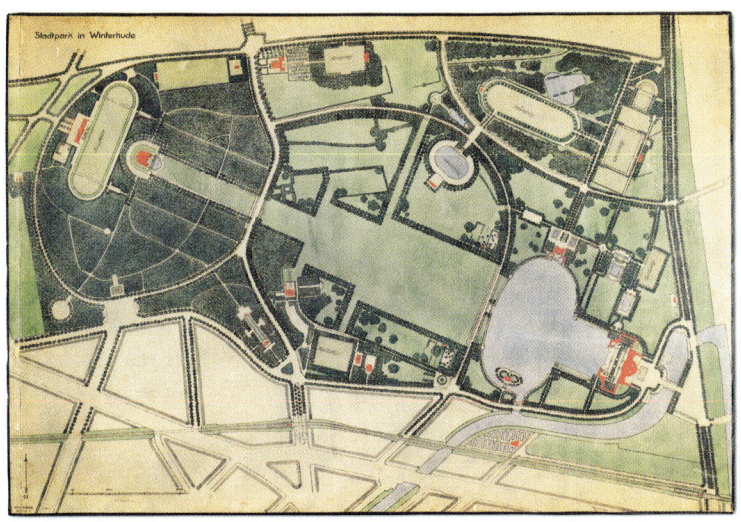

Plan des Ausführungsprojektes zum Hamburger Stadtpark von Fritz Schumacher, 1924

schwebte. Er reduzierte Läugers Konzept auf eine größere Zahl insgesamt land-schaftlich gerahmter architektonischer Gärten. Um die Anlage dieser Teilräume des Parks wird er in den folgenden Jahren mit Sperber viele Kämpfe ausfechten müssen, bis dieser schließlich aufgibt und seine Rolle beim Bau des Parks dem neu berufenen Gartendirektor Otto Linne überlassen muss. Schumacher sieht die Anlage als ein Raumkunstwerk in der Stadt und nicht länger als isolier-tes ideales Gartenkunstwerk im Sinne eines Paradiesgartens oder eines Land-schaftsgartens.

Zur großen Enttäuschung Lichtwarks, der sich von Schumacher eine ent-schiedene Verstärkung seiner eigenen Position im Stadtparkstreit versprochen hatte, schien der jetzt beschlossene Entwurf eine verwässerte Kompromiss-lösung zu sein, der anfänglich sogar Sperber zustimmen konnte. Lichtwark, der im Januar 1914 stirbt, wird nicht erleben, wie beharrlich Schumacher in der Folge die Gestaltung des Parks im Sinne der Reformideen seiner Werkbund-Freunde betreiben, wie er an einer Vielzahl von Teilplänen und Plastilinmodellen alle Pflanzungen und Baulichkeiten des Parks auf ihre räumliche Wirkung über-prüfen wird, und wie er hier die Planungstechnik des »modellmäßigen Entwer-fens« erstmals erprobt, mit der er in den Folgejahren in Kooperation mit den je-weils beteiligten Architekten und Freiraumplanern zahlreiche neue Quartiere Hamburgs gestalten wird. Der Plan des schließlich 1924 in seinen Hauptteilen fertig gestellten Parks wird nur noch wenig mit jenem taktisch verstandenen Plan von 1909 gemein haben und deutlich machen, wie genau Schumacher die

Vorschläge von Lichtwark, Läuger und Migge studiert und in sein Konzept integriert hatte. Er selbst wird ihn 1928 stolz, nicht als formalen Garten im Sinne der vor allem künstlerisch argumentierenden Reformbewegung der Vorkriegszeit, sondern als einen exemplarischen modernen Volkspark vorstellen, als ein soziales Monument in einer modernen Großstadt, allerdings nicht, ohne Sperber noch immer als Mitverfasser zu nennen.[13]

Schumacher hatte 1912, noch vor Beginn der Detailplanungen für den Hamburger Stadtpark, in Begleitung seines Mitarbeiters Karl Brunke eine Englandreise zum Studium neuer und alter englischer Gartenanlagen unternommen, die aber zwiespältige Eindrücke bei ihm hinterlassen hatte. Er sah den hohen Stand der Gartenkunst sehr wohl, aber er erkannte den Luxuscharakter dieser Anlagen des englischen Adels und verwies auf die bedenkliche Kehrseite in den sozialen Verhältnissen der großen Städte, die er besuchte. Die englischen Großstadtparks sah er nur als großartige Pflanzenanhäufungen, »die noch nicht berührt sind vom Hauch neuerwachter Erkenntnis, daß die Gartenanlage der Großstadt nichts anderes ist als ein Stück ihrer baulichen Struktur, und daß ihr Ziel sein muß, organisch den Rhythmus der baulichen Linien weiterzuspinnen in der Sprache des lebendigen Wachstums.«[14] Die Vorbilder dieser »neuerwachten Erkenntnis« aber sind nicht länger in England zu suchen, sondern jenseits des Atlantiks. Dies war der deutschen Fachwelt der Stadt- und Gartenplaner schlagartig 1910 in der »Allgemeinen Berliner Städtebauausstellung« klar geworden, deren Besuch alle Rekorde einschlägiger Veranstaltungen gebrochen hatte.

Lichtwark berichtete am 17. Juni seiner »Kommission für die Verwaltung der Kunsthalle« in einem Brief über seinen Besuch dieser Ausstellung: »March hat sie angeregt ... Aber als treibende Kraft steckt hinter dem Erfolg sein Neffe Dr. Hegemann. Ich kannte ihn noch nicht persönlich. Er ist jung, war mit Frau und Kind auf einer Reise um die Welt begriffen, hatte in Nordamerika Park und Garten studiert, war mit den führenden Leuten, namentlich den Söhnen Olmsteds, in Berührung gekommen, hatte in Boston eine Städtebauausstellung mit geleitet ... und als dann sein Onkel die Städteausstellung in Berlin einrichten wollte, war er herübergekommen, sie in Angriff zu nehmen. Er hat das amerikanische Material und die amerikanischen Ideen mitgebracht ... Es ist eine gute Sache. Hätten wir in Hamburg Räume, müßten wir sie auch machen. Uns täte sie vor allem Noth, um mit all der thörichten Romantik und Kleinbürgerlichkeit aufzuräumen, die bei uns im Städtebau bisher regiert hat. Guter Wille und menschenfreundliche Absichten thuns nicht allein. Auch Kunst thut es nicht. Es muß von bewußtem Studium der Bedürfnisse ausgegangen werden ...

Hartmut Frank

Planschbecken im Hamburger Stadtpark von Fritz Schumacher
Foto Otto Reich, um 1927

Die Berliner Städtebauausstellung ist gegen den Widerspruch der Ingenieure zustande gekommen, die behauptet hatten, sie könnten nichts daraus lernen. In Amerika ist es anders. Dort haben Privatleute sehr grossen Antheil an der Entwicklung, die vom alten Olmstead (sic!), dem Schöpfer des Central Park in New York, ausgegangen ist. Die Bewegung hat einen wesentlich praktischen Zug. Das Großartigste ist der Plan der künstlerischen Umgestaltung von Chicago ... Es ist wundervoll, daß so viele Hamburger die Ausstellung studiert haben. Wir werden in der Lage sein, ganz neue Anforderungen an den Bebauungsplan zu stellen, der bisher ›mit ohne‹ Anwendung der eroberten Erkenntniß und ohne Einfluß der großen amerikanischen Vorbilder ausgelegt worden ist ... Ich bin sehr glücklich, daß ich das erlebt habe. Es rechtfertigt, was ich seit Jahren fordere – auch in Park- und Anlagengestaltung, es erfüllt, was ich nur ahnen und wünschen konnte, und was Oberingenieur Sperber in den Bürgerversammlungen, in denen er für seine Auffassungen des Parkproblems Anhänger warb, zu verspotten versuchte. Das schlimmste dürfte nun in Hamburg nicht mehr möglich sein. Die Ausstellung kommt gerade noch zur rechten Zeit.«[15]

Der eigentliche Anlass für die beiden von Werner Hegemann organisierten Städtebau-Ausstellungen erst in Berlin und dann in Düsseldorf war die Vorstellung der Ergebnisse des an sich schon spektakulären Groß-Berlin Wettbewerbs, zur eigentlichen Sensation für die Fachwelt aber wurden die ausländischen Sektionen. Der Blick der deutschen Architekten, der bisher nach Paris und nach London gerichtet war, wurde auf die amerikanischen Großstadtplanungen gelenkt und erstmals mit umfangreichem Plan- und Photomaterial hier-

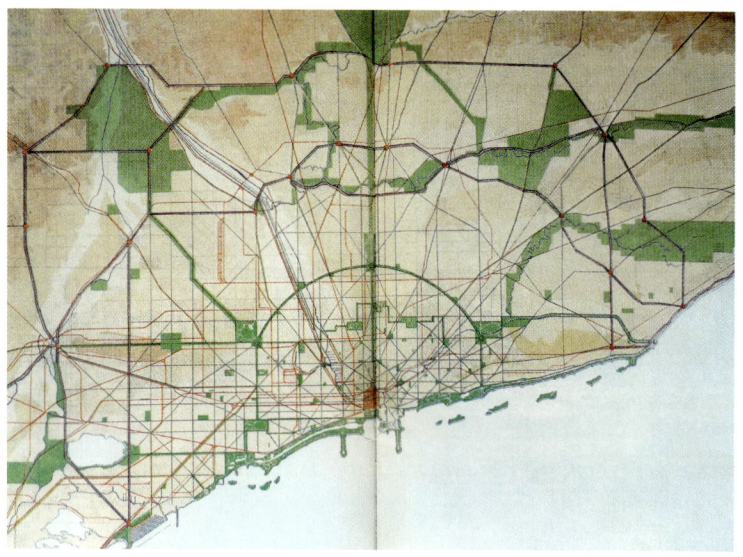

*Parksystem und Verkehrsstruktur zum »Chicago Plan«
von Burnham & Bennet, 1908*

zu konfrontiert. Hegemann hatte in den USA mit dem Landschaftsarchitekten Elbert Peets zusammengearbeitet und in Boston ebenfalls eine Städtebauausstellung vorbereitet, bevor er mit der Berliner Ausstellung beauftragt worden war. Aufgrund längerer Auslandsaufenthalte war er mit den europäischen Planungsverhältnissen ebenso vertraut wie mit den amerikanischen. Wenn überhaupt, ließ sich das amerikanische Stadtwachstum der Jahre nach dem Bürgerkrieg nur noch mit dem in Deutschland nach der Reichsgründung 1871 vergleichen, und entsprechend aufmerksam und interessiert wurden die Materialien wahrgenommen, die Hegemann hier zusammengetragen hatte – so über das amerikanische »Park Movement«, das bereits seit den 70er Jahren mit spektakulären Ergebnissen in New York, Boston, Chicago, Kansas und andernorts aktiv war, und das »City Beautiful Movement«, das von der großen »World's Columbian Exhibition« in Chicago 1893 seinen Ausgang genommen und monumentale »Civic Centers« und Universitätsanlagen geschaffen hatte. Sensationell war, wie Lichtwark zu Recht berichtet hatte, die erste europäische Präsentation des neuen Bebauungsplans für Chicago, den Daniel H. Burnham und Edward H. Bennett für den Chicagoer »Commercial Club« erarbeitet und gerade erst in Chicago vorgestellt hatten.

Auch Schumachers Schaubilder für den Hamburger Stadtpark waren in Berlin und Düsseldorf zu sehen, der Gesamtplan allerdings in einer von Sperbers Amt überarbeiteten Version, gegen die Schumacher wegen der aufgelockerten

Hartmut Frank

Gestalt der großen Wiese intern vehement protestiert hatte. Im Kontext der Ausstellung jedoch fiel diese Marginalie niemandem auf, denn auch die zahlreichen amerikanischen Parks folgten keiner reinen Lehre, sondern waren sehr pragmatische Mischungen von formalen und landschaftlichen Anlagen, in die jeweils Sportanlagen, Restaurants, Versammlungsstätten und dergleichen leicht zugänglich und benutzbar eingefügt waren. Insbesondere bei den innerstädtischen Spielplätzen stand die Gartenkunst ganz offensichtlich weit hinter der Nützlichkeit. Hatten schon Lichtwark und Brinckmann ihre Vorschläge für das Programm des Hamburger Stadtparks aus amerikanischen Beispielen bezogen, wird jetzt an Schumachers Plan die geistige Verwandtschaft überdeutlich, nicht zuletzt auch die seiner Stadthalle mit den »Fieldhouses« von Burnham in den Chicagoer Parks.

Schumacher hatte während der Bauzeit des Central Park seine Jugendjahre in New York verbracht. Obwohl er später keine Reisen in die USA unternommen hatte, war er stets über die amerikanische Entwicklung informiert. So konnte er seinem Schüler und Mitarbeiter Hugo Koch gute Kontakte vermitteln, als dieser offiziell vom Dienst beurlaubt zu Recherchen für sein Buch »Gartenkunst im Städtebau« in die USA reiste.[16] Kochs Buch wurde neben den Veröffentlichungen Hegemanns eine der wichtigsten Informationsquellen über die moderne amerikanische Gartenkunst und ihre Wirkung auf den Städtebau. Hegemann hatte die Ergebnisse seiner Ausstellungen in einem zweibändigen Werk »Der Städtebau«[17] zusammengefasst, die sich vor allem durch die Fülle unveröffentlichten Materials und die Einbindung der Parkproblematik von den bisherigen, eher handbuchartigen deutschen Veröffentlichungen zum Städtebau unterschied. Zum Burnham-Plan von Chicago, der in die beiden Bände noch nicht Eingang gefunden hatte, veröffentliche er eine eigene kleine Schrift.[18] Die Hamburger Gartenbaufirma Jacob Ochs, deren künstlerischer Leiter Leberecht Migge war, finanzierte eine weitere Schrift Hegemanns, die eine Wanderausstellung über amerikanische Parkanlagen durch Deutschland begleitete.[19]

Diese Serie von Ausstellungen und Veröffentlichungen veränderte die deutsche Debatte über die Gestalt großstädtischer Parks radikal. An die Stelle des Zierparks trat endgültig der Volkspark, für den die zuvor so belastenden ideologischen Auseinandersetzungen über die Gestaltung nur noch eine nachgeordnete Rolle spielten. Das bedeutendere Ergebnis war aber vermutlich das Phänomen der Verallgemeinerung der Parkproblematik für die große Stadt und ihre Agglomeration. Der Park eroberte gewissermaßen die gesamte Stadt. In der Folge wurde die Stadt in Deutschland als ein Park mit Gebäuden verstanden, als ein über seine Ufer getretener architektonischer Park. Das Konzept der durchgrünten aufgelockerten Großstadt hatte bereits die siegreichen Entwürfe des

Groß-Berlin Wettbewerbs bestimmt, die Planungen von Jansen, von Eberstadt, Möhring, Petersen und einigen anderen. Während der Burnham-Plan für die Frage einer monumentalen Hauptstadtgestaltung in Berlin bis in die 40er Jahre von Bedeutung blieb, war es für die anderen deutschen Großstädte eher das Beispiel der für Chicago, Boston oder Kansas City entwickelten Park-Systeme. Mit diesen Grünsystemen ließen sich die heterogenen Elemente eines Stadtkörpers harmonisch zusammenfügen, und sie erwiesen sich, wenn man sie mit den Konzepten der Wohnungs- und Sozialreform verknüpfte, als eine bessere Ausgangsbasis für die Planung einer gesünderen und sozial befriedeten modernen Großstadt, als die zuvor dominierenden Utopien der Gartenstadt, die längst zu einem sinnentleerten Werbemittel für die an den Peripherien der Städte wuchernden Villen- und Landhauskolonien geworden waren.

Schumachers Stadtpark wurde nicht nur zum Prototyp einer ganzen Reihe neuer Großstadtparks in Deutschland, er wurde für Hamburg auch zum Versuchsfeld einer neuen Art von Stadtgestaltung. Die in ihm erprobten Raumkonzepte wurden die Dispositive der reformierten Bebauungspläne und der neuen Siedlungen in Hamburg. Die aus Hecken und Baumreihen gebildeten Raumkanten des architektonischen Parks ließen sich ohne große Mühen in Baufluchten neuer Quartiere umdenken. Aus dem Spiel von engeren und weiteren Räumen im Park mit ihren unterschiedlichen Nutzungen konnten die Sequenzen geschlossener Stadträume entwickelt werden, Strassen, Plätze, Vorgärten, Gartenkolonien, halböffentliche Innenhöfe, Alleen, Spielplätze, Parks und anderes mehr.

Lichtwark ließ sich durch den Stadtpark und die Freiflächen entlang der kanalisierten Alster noch im Jahr der Berliner Ausstellung zu Überlegungen für eine »Alsterstadt« anregen, die jedoch nicht zuletzt auf Grund des Kompetenzgerangels zwischen den Hamburger Ämtern für Hochbau und für Ingenieurwesen keine Realisierungschance hatte. Schumacher aber bekommt nach dem Ende des Ersten Weltkriegs überraschend die Möglichkeit, Köln als eine komplette moderne Großstadt, als die neue Metropole des Rheinlandes, zu planen, und kann hier vieles von dem anwenden, was konzeptionell schon im Hamburger Stadtpark angelegt war, dieser Bildungsanstalt für den modernen Großstadtbewohner zur Sensibilisierung für die raumkünstlerische Dimension der neuen Stadt. Mit seinem Generalplan für Köln schafft Schumacher den Sprung vom Park zur Stadtlandschaft, der ihm in Hamburg aufgrund der ungünstigen politisch-administrativen Rahmenbedingungen versagt bleiben wird.[20]

Hartmut Frank

Tomaten in menschlicher Gesellschaft

Bernd Horneburg

Von tomatl zu Tomate

Tomaten haben eine erst sehr zögerliche und dann rasante Karriere in Mitteleuropa hinter sich. Grund genug, genauer anzuschauen, welche Einflüsse den Weg dieser und anderer Kulturpflanzen mit uns Menschen bestimmt haben!

Die in der Sprache der Nahua in Mexiko »tomatl« genannten Pflanzen gelangten mit dem Beutegut der blutigen Unterjochung Mittelamerikas bereits im 16. Jahrhundert nach Europa. Der botanische griechische Taufname *Lycopersicon* heißt übersetzt »Wolfspfirsich«. Dieser Ausdruck zeigt bereits die Ambivalenz der Menschen in Europa gegenüber der Pflanze: Während man sie z. B. in Italien schnell in ihren kulinarischen Qualitäten wahrgenommen und in die mediterrane Küche integriert hat, wurden Tomaten in West- und Mitteleuropa noch über Jahrhunderte überwiegend als seltene Zauber-, Heil-, Zier- oder Giftpflanzen, allenfalls als Gewürz, angebaut. Rot- und gelbfrüchtige Typen waren bekannt. Wenig schmeichelhafte Namen wie das amerikanische »cancer apple« und der Hinweis auf den »widerlichen«, den »starken, stinkenden Geruch« zeigen die Vorbehalte in Europa und Nordamerika gegen die neue Kulturpflanze. Selbst der für meine Ohren sympathisch klingende österreichische Name »Paradeiser« geht wohl auf den Glauben zurück, Tomaten erregten »Liebeswahnsinn«. Der alte plattdeutsche Name »Liebesappel« dürfte der gleichen Quelle entstammen. J. Metzger schrieb 1841: »Man benutzt die Früchte hauptsächlich zu Saucen, zum Einmachen und bei der Zuckerbäckerei, wozu sie besonders dem Italiener unentbehrlich sind. In Deutschland dagegen ist ihr Gebrauch fast gänzlich unbekannt.«[1] Nur schrittweise hat sich das geändert. In Johannes Böttners »Tomatenbuch«, der ersten Monografie zu Tomaten in Deutschland, berichtet der Autor 1922 davon, wie der Gartenbauverein in Frankfurt/Oder ab 1903 »in den Dienst der Tomaten-Propaganda« gestellt wurde. »Es war ... allseitige Klage, daß der Verbrauch der Tomate trotz aller Empfehlungen beim großen Publikum nicht zunehmen will und daß die Gärtner meist ihre Tomaten für den Komposthaufen bauen.«[2] Abhilfe schafften unter anderem Tomatenfeste mit Verzehrgutscheinen, die im Eintrittspreis enthalten waren. Während beider Weltkriege nahm der Anbau von Gemüse in bedeutendem Umfang zu, bedingt durch den Mangel an Nahrungsmitteln. Offenbar wuchs aus der Not auch die Akzeptanz für neue Kulturpflanzen. Seit dieser Zeit ist die Tomate zu einem festen Bestandteil unserer Ernährung geworden.

Zwischen den Weltkriegen war die Kreuzungszüchtung von Kulturpflanzen weiter entwickelt worden. Die Bedeutung der Variation innerhalb der Arten als Basis der Züchtung war erkannt worden. In den Worten Michael Flitners: »… das Sammeln von Pflanzen in aller Welt … entpuppt sich bei genauer Analyse als brisante Auseinandersetzung um den Rohstoff der Pflanzenzüchtung.«[3] Deshalb sei an dieser Stelle ein allgemeiner Exkurs erlaubt. Im Zweiten Weltkrieg folgten in mehreren Fällen teilweise nur Wochen hinter Reichswehr und SS die Sammelkommandos. Sie hatten die Aufgabe, Kulturpflanzen und ihre Verwandten für die »Nahrungsfreiheit« bzw. den »Reichsnährstand« zu sichern. Geschehen ist das insbesondere auf dem Balkan 1941/42 und später im Gefolge des Russlandfeldzuges. Ganze Sortimente wurden nach Westen transportiert und in der deutschen Pflanzenzüchtung genutzt.[4] Hier traten Eroberung und Raub an die Stelle von internationalem Austausch. Auch für den neuen »Lebensraum im Osten«, der durch Mord und planmäßige Vertreibung geschaffen werden sollte, mussten geeignete neue Sorten gezüchtet werden. Ernährungssicherung in völkisch pervertierter Form. Am »All-Union Institute of Plant Industry« in Leningrad lagerte während der Belagerung der Stadt durch deutsche Truppen die damals weltweit größte Sammlung von Kulturpflanzen. Sie enthielt circa

Von klein nach groß: Rote Murmel, Golden Currant, Celsior, Resi, Cerise rot, Cerise gelb, Matina, Rote Zora, De Berao, Paprikaförmige
Foto Bernd Horneburg

Bernd Horneburg

200.000 Akzessionen von Kulturpflanzen und ihren verwandten Arten. Darunter waren viele direkt essbare Samen wie Getreide und Hülsenfrüchte. Die wertvolle Sammlung wurde von den Mitarbeiterinnen und Mitarbeitern des Institutes bewacht und überstand so den Krieg, obwohl viele Menschen in der Nachbarschaft und auch im Institut verhungerten.[5] Deswegen können wir aus der heute »Vavilov Research Institute of Plant Industry« genannten Genbank auch jetzt noch schöpfen. Die Sammlung ist auf etwa 350.000 Akzessionen angewachsen, darunter circa 3.300 Tomaten.

Die Tomaten-Anbaufläche im Deutschen Reich war in der Zwischenkriegszeit auf 2.500 bis 3.500 Hektar angewachsen. Zwischen 1960 und 1990 wurden auf 1.500 bis 2.500 Hektar erwerbsmäßig Tomaten in DDR und BRD produziert. In der DDR war erfolgreich daran gearbeitet worden, einen hohen Selbstversorgungsgrad aus dem eigenen Land zu erreichen. Der größte Teil der Produktion fand mit entsprechend gezüchteten Sorten im Freiland statt. Nachdem 1989 nur das kapitalistische Wirtschaftsmodell übriggeblieben war, brach die Produktion zusammen und der Bedarf wurde durch Importe gedeckt. Seit 1992 werden Tomaten in Deutschland auf unter 500 Hektar kommerziell produziert; die Inlandproduktion deckt etwa sieben Prozent des Bedarfes. Die erhebliche private Produktion ist in den Statistiken allerdings nicht enthalten; darauf wird weiter unten einzugehen sein.

Seit Ende der 1990er Jahre werden Tomaten erwerbsmäßig kaum noch im Freiland angebaut. Ein Hauptgrund dafür waren und sind die zunehmenden Infektionen durch die Kraut- und Braunfäule. Der wissenschaftliche Name des pilzlichen Erregers ist Programm: *Phytophthora* ist aus den griechischen Worten *phyton* = Pflanze und *phthora* = verderben gebildet. Desaströs können die Schäden an den beiden Wirtspflanzen Kartoffel und Tomate werden, wenn die Organe der Pflanzen bei moderaten Temperaturen lange feucht sind. Die erste traurige Berühmtheit und weltweite Bekanntheit erlangte die Krankheit in den 1840er Jahren. Durch feuchte Witterung in der Vegetationsperiode der Kartoffeln bestanden in Irland in mehreren aufeinander folgenden Jahren günstige Infektionsbedingungen bereits früh im Jahr. Die wenigen angebauten Sorten waren anfällig für die aus Amerika eingeschleppten Erreger und die Kulturen wurden weitgehend vernichtet. Katastrophale und für viele Menschen tödliche Folgen hatten diese Missernten, da die breite arme Schicht zum weitgehenden Anbau von Kartoffeln gezwungen war, um auf knappen Flächen überhaupt genügend Kalorien ernten zu können. Eine riskante Monokultur, durch soziale Missstände entstanden. Auch während der Großen Hungersnot wurden von Gutsbesitzern Nahrungsmittel nach England exportiert. Gleichzeitig starb oder emigrierte ein Viertel der Irländer und Irländerinnen. In Deutschland wurde bereits im ersten Drittel des 20. Jahrhunderts Kupfer als Fungizid in Kartoffeln verwendet, um die Erträge sicherer zu machen. Im Anbau von Tomaten scheint das nicht nötig gewesen zu sein; die Älteren unter uns werden sich erinnern, dass Tomaten ganz selbstverständlich ohne Dach oder Fungizideinsatz angebaut wurden. Diese Möglichkeit ist nach und nach geschwunden. Neben den Beobachtungen aus der Praxis konnte wissenschaftlich nachgewiesen werden, dass die Populationen von *Phytophthora* sich seit den 1970er Jahren verändert haben.[6] Bei der Evolution des Pilzes sind aggressivere Rassen entstanden, ohne dass gleichzeitig eine Resistenzzüchtung durchgeführt worden wäre. Unterstützt wurde die Entwicklung hin zum Anbau unter Glas und Folie durch die Mechanismen des Marktes: Die höchsten Preise für frische Tomaten werden winternah am Beginn und Ende der Saison erzielt. Die Massenware für die verarbeitende Industrie wird ohnehin in klimatisch günstigeren Ländern mit billigeren Arbeitskräften produziert. Die Intensivierung des Anbaus wird durch zunehmenden Einsatz von Material (Folientunnel, Gewächshäuser, Bewässerung, Steuerungstechnik) und Energie erkauft. Auch der erdelose Anbau, bei dem die Pflanzen auf einem Substrat, wie z. B. Steinwolle, in einer Nährlösung wachsen, nimmt seit den 1980er Jahren zu.

Die weltweit ersten gentechnisch manipulierten Nahrungspflanzen, die offiziell auf den Markt gebracht wurden, waren Tomaten. Im Jahr 1994 wurde in den USA die Sorte Flavr Savr durch die »Food and Drug Administration« für den menschlichen Verzehr zugelassen. Mit einem gentechnischen Ansatz war sie auf Verarbeitungseigenschaften – festeres Mark bzw. Passata – gezüchtet worden. Nach Aussagen des Gen-ethischen Netzwerkes haben sich die Produkte am amerikanischen Markt nicht etabliert; anscheinend fiel der angeblich bewahrte Geschmack durch. Auch in England wurde die Vermarktung versucht, ebenfalls erfolglos. Die Bereitschaft, ein gentechnisch verändertes Nahrungsmittel zu kaufen, war zu gering. Pikant ist, dass eine eng verwandte Zuchtlinie doch noch eine weite Verbreitung erfahren und damit zu einem Genbank-Skandal geführt hat. Im Dezember 2003 gab die Universität von Kalifornien, Davis, bekannt, dass versehentlich Saatgut der besagten gentechnisch manipulierten Zuchtlinie statt der bestellten nicht-manipulierten Linie in verschiedene Erdteile verschickt worden sei. Der Versand erfolgte durch das »Charles M. Rick Tomato Genetics Resource Center«, eine der weltweit größten Sammlungen von Wild- und Kultur-Tomaten. Das unrühmliche Comeback des Flavr Savr Gen-Konstruktes wurde durch die »Petoseed Company« verursacht: Die Firma, inzwischen durch »Seminis Vegetable Seeds« aufgekauft, hatte der Genbank eine falsch etikettierte Partie Saatgut geschickt. Der Fehler wurde erst nach sieben Jahren durch einen Zufall in Davis entdeckt. Natürlich ist nach Aussage von »Seminis« ein ähnlicher Störfall »durch heutige Kontrollmechanismen und technischen Fortschritt sehr unwahrscheinlich«[7]. Über 30 Forschungsprojekte und öffentliche Gärten hatten Saatgut erhalten. Es ist meines Wissens nicht bekannt, ob bzw. wie versucht wurde, die Weiterverbreitung des Gen-Konstruktes einzudämmen. Besucherinnen und Besucher, die schon mal eine Frucht für den eigenen Nachbau mitgehen lassen, und auch Hummeln sind schwer zu kontrollieren; daher müssten massive Schutzmaßnahmen eingeleitet worden sein. Leider und logischerweise ist die unerwünschte Verbreitung von genetisch manipulierten Organismen kein Einzelfall geblieben.

Saat gut?
Die Saatgutgewinnung von Tomaten haben viele Menschen schon einmal erprobt. Stark verbreitet sind insbesondere zwei Verfahren. Die technisierte Methode: Man fischt einige Samen, die in den flüssigen Resten einer Schüssel Tomatensalat schwimmen, weil die Früchte bei der Zubereitung zerkleinert werden. Der archaische Ansatz: Durch herzhaften Zubiss platzt die Frucht auf, und die Samen müssen nur noch von der Kleidung gesammelt werden. In der gärtnerischen Praxis können kleine Mengen wie folgt aufbereitet werden: Die Tomatensamen werden abgetupft und auf einem Holzbrett oder Papier zum schnellen Trocknen ausgebreitet. Störend bleiben die klebrigen Gewebereste. Eleganter und für große Mengen unabdingbar ist die zweite Methode: Samen werden aus halbierten Früchten in ein hohes, transparentes Gefäß gedrückt. Die Früchte werden quer geschnitten, damit alle Kammern geöffnet sind. Die Flüs-

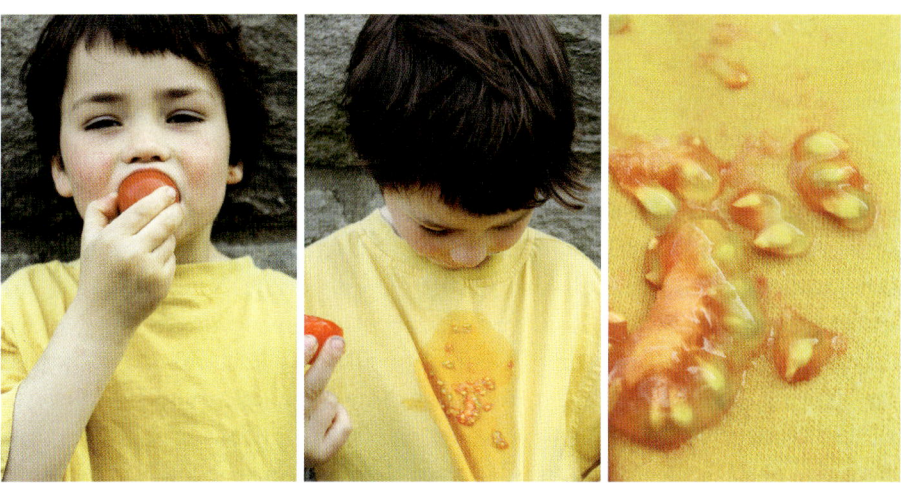

Saatgutgewinnung: der archaische Ansatz Fotos Bernd Horneburg

sigkeit – ggf. etwas Wasser zugeben – wird mehrmals täglich umgerührt, bis die Gallerte um die Samen nach wenigen Tagen zersetzt ist. Die Samen werden in einem Sieb sauber gespült und bei Temperaturen bis 35°C schnellstmöglich gründlich durchgetrocknet. Der GAU sind Samen, die bei zu langsamer Trocknung zu keimen beginnen. Sie sterben bei der Trocknung vollständig ab, ohne dass dies äußerlich sichtbar wäre.

Der Weg käuflich erworbenen Saatgutes ist dagegen in der Regel etwas komplizierter gewesen: Die Neuzüchtung von Tomatensorten beschränkt sich zur Zeit in Deutschland auf wenige engagierte, ökologisch arbeitende Gärtnereien. Die traditionellen, konventionell arbeitenden Zuchtstationen wurden geschlossen oder haben die Züchtung von Tomaten aufgegeben. Neue Sorten werden zur Zeit meist in Südeuropa oder Nordamerika entwickelt. Die Produktion von Handelssaatgut findet irgendwo auf der Welt statt, wo die aufwändige Handarbeit bei der Produktion des Hybridsaatgutes billig und das Klima günstig ist. Häufig sind das Orte in Ostasien, Südeuropa oder Südamerika. Das Saatgut geht hier zu Preisen von 20 Cent bis über einen EUR pro Same (!) über die Ladentheke, an der Registrierkasse des Baumarktes vorbei oder an den Erwerbsgartenbau. Globalisierung pur und ein langer Weg für die Samen bis in unsere Hände.

Seit etwa Ende der 1970er Jahre tragen viele Neuzüchtungen den Zusatz »F_1« oder »F_1-Hybride«. Die im Hausgarten immer noch beliebte DDR-Sorte Harzfeuer F_1 stammt schon aus den 60ern. In der Hybridzüchtung, die bei vielen Arten angewendet wird, werden stark ingezüchtete und damit homozygote – reinerbige – Inzuchtlinien entwickelt. Werden zwei Inzuchtlinien gekreuzt, sind die Nachkommen dieser Kreuzung – die 1. Filial-Generation, kurz F_1-Generation – genetisch identisch und heterozygot. Die besten der Kreuzungen zwischen zwei Inzuchtlinien werden als neue Sorten angemeldet. Aus Sicht der Züchtungsunternehmen bietet diese Methode der Züchtung zwei Vorteile: Erstens soll der sogenannte Heterosiseffekt genutzt werden. Heterosis bedeutet stärkere Wüchsigkeit und höhere Erträge durch die oben beschriebene genetische Struktur der F_1-Hybriden. Das Ausmaß der Heterosis ist von Art zu Art verschieden; bei Tomaten wird sie eher gering geschätzt. Der zweite Vorteil der Hybridsorten ist die eingebaute Nachbausperre, der erzwungene jährlich neue Kauf von Saatgut: Gewinnen wir Saatgut von F_1-Pflanzen, erhalten wir in der F_2-Generation alle möglichen Merkmalskombinationen der Elternlinien. In der Regel sind diese Pflanzen zu uneinheitlich und zu wenig leistungsfähig für die Produktion. Die Hybridzüchtung bringt aus Sicht von uns Gärtnerinnen und Gärtnern allerdings erhebliche Nachteile mit sich. Bereits angesprochen wurde der hohe Preis für das Saatgut. Tomaten-

Hybridsaatgut wird manuell gekreuzt, Blüte für Blüte bzw. Knospe für Knospe. Diese Produktion ist teuer, obwohl sie weitgehend in Billiglohnländern durchgeführt wird. Außerdem ist der eigene Nachbau von Sorten ein interessantes Lernfeld, um den ganzen Entwicklungszyklus der Pflanze zu erleben. Schmale Geldbeutel können etwas entlastet werden. Wer Erfahrung in der Saatgutgewinnung hat, kann nach spontanen Kreuzungen oder Mutationen neue Typen finden und züchterisch weiterentwickeln. Durch die Hybridtechnik wird dieser Nachbau bedauerlicherweise erheblich eingeschränkt: Da Hybriden nicht sortenrein nachgebaut werden können, werden sie in Gärtnereien und von privat nur in sehr geringem Umfang erhalten. Zusätzlich bedrohlich ist, dass die Erhaltung in Genbanken aus dem gleichen Grund unmöglich ist. Wenn das ökonomische Interesse der Firma, die die Sorte »besitzt«, erlischt, stirbt die Sorte. Vor diesem Hintergrund ist es als dramatische Entwicklung anzusehen, dass bei vielen Gemüsen – z. B. Kohl, Kürbis, Zucchini, Mais und Möhre – aus den konventionellen Züchtungsunternehmen und -konzernen mittlerweile ausschließlich Hybridsorten auf den Markt kommen. Wer Interesse an der Selektion hat, sollte sich allerdings nicht abschrecken lassen: Es kann sehr interessant sein, ab der F_2-Generation eigene Typen auszulesen! Der Zusatz »F_1« zum Sortennamen wurde über viele Jahre in Katalogen und auf Samentüten auffällig gedruckt, quasi als Beleg für Leistungsfähigkeit. In den Köpfen vieler Gärtnerinnen und Gärtner hat sich die angebliche Überlegenheit der Hybridsorten über nachbaufähige Sorten festgesetzt. Neue nachbaufähige Sorten der vielen betroffenen Arten kommen heute (fast?) ausschließlich aus der Züchtungsarbeit im ökologischen Landbau. Besonders aktiv ist der »Kultursaat e. V.«. In der letzten Zeit scheint ein Umdenken stattzufinden – wohl nicht zuletzt durch die Erfolge der ökologischen Züchtung bei verschiedenen Gemüsearten – und die oben geschilderten Nachteile der Hybridzüchtung werden stärker wahrgenommen und hoffentlich auch zunehmend in Sortenwahl und Kaufentscheidungen einbezogen. Im vergangenen Frühjahr habe ich bei Portionstüten mir als Hybriden bekannter Sorten längere Zeit vergeblich gesucht, bis ich ein kleines »F_1« gefunden habe.

Weitere erhebliche Hemmschuhe für Erhaltung und Entwicklung von Kulturpflanzen sind rechtliche Beschränkungen, die weiter unten angesprochen werden. Die Einführung von Sorten mit Terminator-Technologie (suicide seed) konnte bisher erfolgreich verhindert werden. Diese Art der Gentechnik wurde insbesondere von dem Konzern Monsanto vorangetrieben. Sollte sie erfolgreich angewendet werden, würden nur sterile Samen geerntet werden, wenn die Mutterpflanzen nicht einer bestimmten chemischen Behandlung unterzogen werden. In benachbarte Felder könnte diese Eigenschaft durch Wind oder Insekten einkreuzen. Eine ganz andere Entwicklung ist machbar: Die Autorinnen und Autoren des »Manifest zur Zukunft des Saatguts« führten den Begriff des »Open Source-Saatgut« ein. Sie bezeichnen damit »Saatgut von samenfesten Sorten, die alle Jahre wieder vermehrt werden können. Von Generation zu Generation kann Saatgut gewonnen und wieder angebaut werden. Das Wissen über die Information, die ein Samenkorn enthält, ist per Definitionem keine Erfindung, sondern das Ergebnis eines kollektiv-kumulativen Entdeckungsprozesses, dem immer noch weitere Entdeckungen folgen können. Dieses Wissen darf nichts kosten und sollte allen Interessierten frei zugänglich sein. Die Entwicklung von Saatgut, das durch BäuerInnen und GärtnerInnen nicht mehr selbst weiter vermehrt und entwickelt werden kann, sollte nicht mehr fortgesetzt werden. Der optimale Nutzen wird für alle erreicht, wenn Forschung und Entwicklung sich auf Saatgut konzentrieren, das frei reproduziert werden kann. Öffentliche Förderungen sollte es nur zur Entwicklung von Saatgut geben, das alle notwendigen genetischen Informationen für seine Reproduktion in sich trägt.«[8] Mir gefällt an dieser Zukunftsvision – die ja in vielen Bereichen bereits modellhaft und konkret machbar ist –, dass sie die langfristige kreative Rolle der Menschen in Gärten und Landwirtschaften betont, ohne die Bedeutung der gesellschaftlichen Ausrichtung zu vernachlässigen.

Aus dem Garten frisch auf den Tisch?

Viele von uns schätzen die vollreife, süße, frisch gepflückte Tomatenfrucht als Obst. Oder sind Tomaten – zu Salat, Suppe und Soße verarbeitet – doch eher als Gemüse zu betrachten? Mein eigener Gaumen sagt, beides trifft zu. Schon in der Frühzeit der Tomate als Handelspflanze gab es andere Meinungen: Das Oberste Gericht der USA entschied 1893, dass der Import von Tomaten aus der Karibik zollpflichtig sei. In diesem Urteil wurden Tomaten als Gemüse definiert – nicht ganz unpraktisch für das Staatssäckel, da Einfuhrzoll damals auf Gemüse, nicht aber auf Obst erhoben wurde.[9] Inzwischen ist die Tomate zu einer der wichtigsten Welthandelspflanzen geworden und auch global das Gemüse Nummer eins. Besonders skurrile Auswüchse dieses Handels sind die Ferntransporte. So werden im 21. Jahrhundert z. B. verarbeitete Tomaten aus China in das europäische Mutterland der Tomatenkultur, Italien, exportiert und auch nach Westafrika. Mir liegen keine Berichte vor, unter welchen Bedingungen Tomaten in China produziert und verarbeitet werden. Aus der subventionierten europäischen Produktion mit den Hauptanbauländern Italien und Spanien wiederum werden verarbeitete Tomaten ausgeführt. Diese Exporte werden zusätzlich subventioniert; sie gefährden durch starke ökonomische Konkurrenz regionale Märkte wie z. B. in Ghana. Die Tomatenproduktion,

Ghana: Frische Ware aus der Region – Pasta aus Europa und Fernost
Fotos Ulrich Doering

die dort in den wasserreicheren Gegenden eigentlich klimatisch begünstigt ist, wird durch stark rückläufigen Absatz bedroht.[10] An dieser Stelle darf nicht vergessen werden, dass die europäische Massen-Produktion ihre Existenz nicht nur der Zollpolitik und den Subventionen verdankt, sondern in hohem Maß auch auf dem Einsatz von Arbeitskräften im Billig- und Billigstlohnbereich basiert. Der menschenunwürdige Einsatz osteuropäischer Arbeiter auf Tomatenfeldern in Italien wurde in dem Film »Sklaverei auf Italienisch« dokumentiert. In Spanien hat die Gegend um El Ejido, Andalusien, besondere Bedeutung. Dort befindet sich die mit 35.000 Hektar weltweit größte Konzentration von Gemüse- und Obstbau unter Plastik. Im Jahr 2000 erlangte der Ort traurige Berühmtheit, weil in pogromartigen Ausschreitungen ausländische Arbeitskräfte, überwiegend aus Marokko, angegriffen wurden. Seitdem sind die behelfsmäßigen Unterkünfte von Tausenden von Tagelöhnerinnen und Tagelöhnern noch weiter aus der Sicht der »normalen« Bevölkerung gerückt. Die meisten Unterkünfte haben keine sanitären Anlagen; ein Teil ist aus Plastikabfällen und Chemikalienkanistern gebaut. Das Lohnniveau sinkt, da verschiedenen Gruppen – Menschen aus Nordafrika, Lateinamerika, Osteuropa, legal im Land befindliche und Illegalisierte – gegeneinander ausgespielt werden. Der Arbeitsschutz bei dem üblichen intensiven Einsatz von Agro-Chemikalien ist unzureichend und Erkrankungen sind an der Tagesordnung.[11] Der Teufelskreis läuft weiter: Wandel der Agrarstrukturen – Aufgabe der Produktion vor Ort – Armut – Landflucht und Migration – und so weiter.

Um lange Handelswege zu überstehen, müssen die Früchte unreif geerntet werden. Der alte Witz von der Markfrau, die den Tomaten kaufenden Kunden fragt: »Normal oder mit Geschmack?« ist sicher nicht zufällig entstanden. Züchtung auf »shelf life«, langes Liegen in der Gemüsetheke und davor im LKW und harte, transportfähige Schale und Fruchtfleisch gehen zu Lasten der Qualität. In der konventionellen Züchtung wird viel Aufwand zur Erhöhung des Ertrages und der Resistenz gegen Krankheiten und Schädlinge im Intensivanbau unter Glas und Folie getrieben. Diese Ausrichtung geht selbstverständlich zu Lasten anderer Eigenschaften. Auch die Maximierung des Ertrages im Gemüsebau durch starken (Mineral-)Düngereinsatz, Pestizide und Bewässerung sowie der Anbau in der dunklen Jahreszeit senken die Nahrungsqualität.

Aber bitte!
An Frische und Vollreife unübertroffen ist die direkt vor dem Verzehr selbst geerntete Frucht. Die sinnlichen Erlebnisse der Geräusche und Gerüche, der Beobachtung des Wachsens und Vergehens, der eigenen Gestaltungsmöglichkeiten und des Pflückens gibt es als Zugabe. Nach Angaben des Bundesministeriums für Landwirtschaft, Ernährung und Verbraucherschutz nutzt etwa jeder zweite Haushalt in Deutschland einen Garten. Viele Millionen Menschen jeden Alters haben Topf- und Kübelpflanzen in Balkonien und auf Fensterbrettern. Wir haben am Beispiel der Tomate versucht zu berechnen, welche Bedeutung der Anbau von Gemüse als Hobby hat. Hobby hatte für uns dabei auch den Beigeschmack des etwas Niedlichen, des Bausatzes aus dem Baumarkt, des Unprofessionellen. Die Untersuchung von Magdalena Siebold[12] spricht eine andere Sprache: Aus Statistiken lässt sich ziemlich zuverlässig errechnen, dass im Erwerbsgemüsebau jährlich etwa 10 Millionen Tomatenpflanzen angebaut werden. Die Bedeutung der Selbstversorgung wird statistisch üblicherweise nicht erfasst; vorsichtige Schätzungen ergaben etwa 30 Millionen Pflanzen pro Jahr. So werden im Hobbyanbau etwa genauso viele Tomaten geerntet wie in Gärtnereien. Seit dieser Erkenntnis steht »Hobbyanbau« in Gänsefüßen, und wir bevorzugen den Ausdruck Amateuranbau, der die Liebhaberei betont, und Selbstversorgung. Bei Veranstaltungen wird immer wieder deutlich, auf welch hohem Niveau erfahrene Amateur-Gärtnerinnen und -Gärtner mit Sortenwahl und Anbautechnik umgehen. Diese Kenntnisse zu würdigen, war das Anliegen des letzten Absatzes.

Im Jahr 2003 begann in der Zusammenarbeit der Universität Göttingen mit dem »Dreschflegel e.V.«, der die Erhaltung und Verbreitung der Vielfalt von Kulturpflanzenarten und -sorten fördert, das bundesweite Projekt zur Verbesserung der Anbaumöglichkeiten im Freiland. Aus praktischen Erfahrungen wussten wir, dass in Sortenvergleichen Sorten gefunden werden können, die an

Tomaten im Öko-Zuchtgarten der Uni Göttingen
Foto Bernd Horneburg

Robustheit, Feldresistenz gegen *Phytophthora* und Qualitätseigenschaften die zur Zeit gehandelten Sorten übertreffen können. Auf der Basis von 3.500 Sorten wurden bundesweit die besten gesucht und zum Anbau empfohlen. Dabei wurde deutlich, dass etwa 90 Prozent der besten Sorten aus nicht-kommerziellen Quellen stammten, namentlich von Initiativen, Genbanken und aus privater Erhaltung. Die meisten der Initiativen und Privatleute erhalten Tomaten im ökologischen Gartenbau. Die unschätzbare Bedeutung einer breiten Basis zur Erhaltung der Kulturpflanzenvielfalt wurde an dieser Stelle plastisch erfahrbar. Zur weiteren Verbesserung wurden Kreuzungen durchgeführt. Die ökologische Züchtung neuer Sorten unter den harten Bedingungen im Freiland zeigt inzwischen erste Erfolge. Sie wird einen weiteren Beitrag leisten, den eigenen Bedarf mit frischen Tomaten zu decken: Die etwa sieben Kilogramm unverarbeitete Tomaten, die pro Jahr und Nase in Deutschland verzehrt werden, können von wenigen gut gepflegten Pflanzen – auch auf dem Balkon – selbst geerntet werden. Die wichtigsten Tipps: Die Tomaten sollen möglichst sonnig und gut durchlüftet stehen. Die Nähe zu Kartoffeln ist zu vermeiden, um *Phytophthora*-Infektionen zu reduzieren.

Die Umsetzung unserer Sortenempfehlungen in den Anbau unterliegt leider immer noch erheblichen rechtlichen Einschränkungen. In Deutschland regeln im Wesentlichen zwei Gesetze den Umgang mit Saatgut. Das Saatgutverkehrsgesetz gilt für fast alle bedeutenden Gemüse- und landwirtschaftlichen Arten. Saatgut von Sorten dieser Arten darf nur in Verkehr gebracht werden, wenn sie im Gemeinsamen Sortenkatalog[13] der meisten europäischen Staaten gelistet sind. Voraussetzung dafür ist die Sortenzulassung in einem der Mitgliedsländer; in Deutschland ist das Bundessortenamt zuständig. Das Zulassungsverfahren ist kostspielig und auch nach einer Zulassung fallen jährlich Gebühren zur Überwachung der Erhaltungszucht an. Dadurch wird eine ökonomische Schwelle gesetzt, durch die die Verbreitung interessanter Nischensorten verhindert wird. Selbst Jungpflanzen dieser Sorten dürfen nicht in Verkehr gebracht werden. Außerdem werden im Zulassungsverfahren die Kriterien Unterscheidbarkeit, Uniformität und Beständigkeit geprüft. Manche Hof- oder Regionalsorten können und sollen diese Kriterien nicht erfüllen und werden so von der Verbreitung ausgeschlossen. Wenn eine ältere Sorte wie die Kartoffel Linda die Sortenzulassung verliert, wird sie weitgehend aussterben, wenn wir nicht Maßnahmen ergreifen. Auf die zusätzliche Problematik des »Landeskulturellen Wertes« landwirtschaftlicher Kulturen soll an dieser Stelle nicht eingegangen werden. Das Sortenschutzgesetz erlaubt analog zum Patentrecht exklusive Nutzungsrechte für Sorten. Seit 1961 war das sogenannte Landwirteprivileg rechtlich verankert, das den Nachbau auch von geschützten Sorten für den eigenen Bedarf ohne Einschränkung gestattet. Dieses seit Beginn der Landwirtschaft bestehende Gewohnheitsrecht wurde 1991 ausgehebelt, als die Bundesrepublik Deutschland den entsprechenden Vertrag der »Internationalen Vereinigung zum Schutz von Pflanzenzüchtungen« (UPOV) unterzeichnete. Seit 1997 streiten engagierte Landwirte und Landwirtinnen und die »Interessengemeinschaft gegen die Nachbaugesetze und Nachbaugebühren« für das Landwirteprivileg und gegen die erzwungene Weitergabe betrieblicher Daten.

Nach jahrelangem Einsatz vieler Einzelpersonen und Initiativen für einen angemessenen freieren Umgang mit bisher nicht zugelassenen Sorten wurden inzwischen die entsprechenden EU-Richtlinien geändert. Für Gemüse besteht nun bereits seit mehreren Jahren die Situation, dass Neuregelungen zwar vorgeschrieben sind, aber noch keine Durchführungsbestimmungen vereinbart werden konnten. Daher bleibt bis auf unbestimmte Zeit alles beim unbefriedigenden Alten. Die versprochenen neuen Kategorien der »Erhaltungssorten« und »Amateursorten« bestehen bisher nur auf dem EU-Papier. Sollte sich dieser hemmende Zustand endlich einmal ändern, bleibt darauf zu achten, dass für die neuen Saatgut-Kategorien nicht neue finanzielle oder bürokratische Schwellen aufgebaut werden!

Zur Anbauweise von Tomaten laufen seit einigen Jahren Untersuchungen im Versuchsbetrieb »Ökologischer Gemüsebau der Bayerischen Landesanstalt für Wein- und Gartenbau«, die möglicherweise einen dritten Weg zwischen Freilandanbau und Produktion in technisierten Anlagen zeigen. In Entwicklung befindet sich der überdachte Anbau im Freiland: Dabei werden Niederschläge von den Tomaten abgehalten, um Kraut- und Braunfäule zu reduzieren. Spezielle Krankheiten und Schädlinge der Gewächshauskultur werden nicht zum Problem, da der Boden im Winter durchfriert und das Dach nach mehreren Jahren im Sinne einer Fruchtfolge versetzt werden kann. Setzt sich diese Methode in der Praxis durch, könnten wieder sehr viel mehr Sorten auch erwerbsmäßig angebaut werden, die für die aktuelle Gewächshausproduktion nicht geeignet sind. Ganz neu für die mitteleuropäische Gartenkultur haben wir den Anbau von Wildtomaten entwickelt. Auch diese Tomaten sind sicher durch viele menschliche Hände gegangen, also nicht »wild« im Sinn von »unberührter Natur«. Der Begriff soll verdeutlichen, dass sie im üblichen eintriebigen Anbau ihr Potenzial nicht entfalten können. Wildtomaten zeichnen sich durch sehr starke Seitentriebbildung und sehr kleine Früchte aus. Bei optimaler Sortenwahl benötigen die Pflanzen weniger Dünger als übliche Sorten und sind in vielfacher Hinsicht robust. Wir haben schon über tausend Früchte pro Pflanze der Sorten Rote Murmel und Golden Currant ernten können! Voraussetzung ist, dass die Pflanzen genügend Standraum haben und mehrtriebig wachsen können. Sie können auf deutlich mehr als einem Quadratmeter Zäune begrünen oder an Bambusgestellen in verschiedenen Formen zur kulinarischen Gartengestaltung

Urbane Wildtomaten:
Golden Currant und
Rote Murmel
Foto Bernd Horneburg

verwendet werden. Interessant ist, dass wir dabei unwissentlich eine Anbauweise weiterentwickelt haben, wie sie Josef Barfuß[14] 1896 für den feldmäßigen Tomatenanbau beschrieben hat. Er empfahl, die Tomaten im Abstand von 1,80 mal 1,80 Meter zu pflanzen. Mit fortschreitender Entwicklung wurden auch die Seitentriebe angehäufelt, die sich bewurzeln und so die Pflanzen stärken. Schwache Seitentriebe konnten zur besseren Besonnung entfernt werden. Pro Pflanze wurden 17 bis 30 Liter Tomaten geerntet. Um die Fläche vor der Ausbreitung der Hauptkultur gut zu nutzen, wurden zwischen den Tomatenreihen je zwei Reihen Frühkartoffeln angebaut. Heute nehmen wir dazu wegen der oben angesprochenen Problematik andere früh erntereife Zwischenkulturen wie Radieschen, Salat oder Kohlrabi.

Die Beziehung von Mensch und Tomate hat in unserem Umfeld bereits einen weiten Spannungsbogen durchlaufen: Fremdeln, Ausprobieren und Entdecken aus der Not, Schätzen lernen als vielseitiges Nahrungsmittel, Technisierung, Spezialisierung, Masse statt Klasse, Wasser in Rot, Billigimporte, krankheitsbedingter Zusammenbruch des Anbaus im Freiland, Macht- und Monopolstreben, neues Qualitätsbewusstsein, starker Anbau im Amateurbereich bis hin zu neuen Formen des Anbaus. Viele dieser Aspekte gelten entsprechend auch für andere unserer Kulturpflanzen. Verschiedene Handlungsoptionen liegen vor uns!

Die vorletzten Worte gehören Nicolai Ivanovic Vavilov, dem großen Pionier der Kulturpflanzenforschung. Sie wurden 1927 gesprochen, in einer Zeit, in der nationale Machtinteressen pflanzengenetische Ressourcen zu entdecken begannen: »Leider befinden sich die ursprünglichen Genzentren der Kulturpflanzen in schwer überschreitbaren Gebirgsgegenden, in Regionen, die den Mittelpunkt verschiedenartigster politischer Interessen einzelner Länder bilden. Nur durch Herstellung internationaler Gemeinschaft und Freundschaft, durch Begründung einer wirklich internationalen Organisation für wissenschaftliche Untersuchungen kann man an die Erforschung dieser so überaus interessanten und wichtigen Genzentren schreiten.«[15] Die Zeit ist reif für eine ökologisch und sozial ausgerichtete Pflanzenzüchtung, Erhaltung und Vermehrung. Die Zeit ist reif, Macht- und Profitgelüste zugunsten von transparenter Produktion, freiem Wissensaustausch und freiem Zugang zu Saaten und Sorten im Sinne der Ernährungssouveränität einzudämmen! Hoffnung sprießt mit jedem Tomatensämling – vielleicht sogar aus selbst gewonnenem Saatgut –, der sich im Februar oder März wie ein Hufeisen aus der Anzuchterde schiebt und dann seine zwei länglich zugespitzten Keimblätter zum Licht hin öffnet.

Bernd Horneburg

Oasen in der Steinwüste – Der deutsche Kleingarten zwischen pädagogischer Provinz, ökonomischer Nische und privatem Paradies

Hartwig Stein

Der Kleingarten war ein Garten der Reform, brachte aber keine Reform des Gartens. Gartenkünstlerisch und gartenbautechnisch zeigt die Geschichte der Kleingärten keine innovativen Impulse – jedenfalls keine, die stilbildend gewirkt hätten. In dieser Hinsicht blieben die Kleingärten durchweg mehr oder minder gelungene Miniaturen der verschiedenen gartenkünstlerischen Strömungen. Als Mittel einer volkswohlfahrtlichen Reformpolitik etablierten sich die Kolonien dagegen – so paradox das klingen mag – als quasi revolutionäres Reforminstrument mit revolutionsprophylaktischer Zielsetzung.

*Urbane Massenbewegung im Spannungsfeld staatlicher Fremd-
und privater Selbsthilfe*

Am Anfang der organisierten deutschen Kleingartenbestrebungen stand nicht der unbekannte Kleingärtner oder gar eine anonyme Laubenkolonistin, sondern »Vater Staat« in Gestalt des Landgrafen Karl von Hessen-Kassel, der als Statthalter Friedrichs VI. die seit 1779 mit der dänischen Krone in Personalunion verbundenen Herzogtümer Schleswig und Holstein regierte. Anlass seiner Initiative war eine am Ende der französischen Revolutionskriege ausbrechende Agrarkrise, die einen Massenbankrott feudaler Güter bewirkte und damit ein starkes Anwachsen der ländlichen Arbeitslosigkeit hervorrief. Die in ihrem Gefolge auftretende Armutsmobilität führte zu einem ersten, wenn auch bescheidenen Verstädterungsschub, der die herkömmliche Armenfürsorge innerhalb weniger Jahre überlastete. Um die Jahreswende 1821/1822 verpflichtete der Landgraf daher die am meisten betroffenen Städte, den Zuwanderern Gartenparzellen zur Verfügung zu stellen. In zwanzig Städten, unter ihnen Apenrade, Heiligenhafen, Oldesloe und Tönning, wurden daraufhin öffentliche Grundstücke an Hilfsbedürftige vergeben, um den Betroffenen die Möglichkeit zu bieten, sich mit Hilfe dieser Armengärten selbst zu versorgen.

Leitmotiv der Unterstützung war das Prinzip »Hilfe zur Selbsthilfe«, da Almosen nach Meinung der damaligen Philanthropen in der Regel vertan, womöglich vertrunken wurden und das Selbstwertgefühl der Empfänger nicht stärkten, sondern schwächten. Auf diesem Wege sollte die Armenfürsorge entlastet, der Landesausbau gefördert und die Unzufriedenheit der Unterschichten gemildert werden. Die Vergabe der Parzellen lag damit nicht zuletzt im wohlverstandenen Eigeninteresse der Oberschichten in Stadt und Land, die seit der französischen Revolution in ihrer Legitimation bedroht waren und nichts so sehr fürchteten wie ein Wiederaufflackern des Un-Geistes von 1789.

Der Begriff Armengarten zeichnet insofern ein viel zu prosaisches Bild. Wer hier eine Parzelle erhielt, betrat kein beliebiges Stück Ödland, sondern eine durch vielfältige Vorschriften regulierte pädagogische Provinz. Wer in dieser »Pflanzschule« arbeitete, sollte nicht nur den Boden, sondern zugleich sich selbst kultivieren. Der Altonaer Medizinalprofessor Adolph Friedrich Lüders sah in den Gärten denn auch zu Recht ein »Radicalmittel« gegen Armut und Aufruhr: »Die Ausgabe ... für das Land wird sich reichlich verzinsen an dem erwachenden Fleiße, an der beginnenden Ordnung im Hauswesen des Armen, an seiner größeren Sittlichkeit, die dem Fleiße und der Ordnung sich immer bald zugesellt und die schon durch das moralische Selbstgefühl, ... dass er sich aus seiner Dürftigkeit durch vermehrte Anstrengung herausarbeiten kann, ... erwachen wird.«[1]

Im Zeichen dieser sozialintegrativen Konzeption entstanden in der Folgezeit in vielen Staaten des Deutschen Bundes Armen-, Arbeiter- und Familiengartenprojekte. Ihre Initiatoren waren teils städtische Magistrate wie in Königsberg, Frankfurt am Main und Leipzig, teils Großunternehmen der aufkommenden Montanindustrie wie in Oberschlesien und dem Ruhrgebiet, wo die Friedrich Krupp A.G. in Essen einen der Vorreiter bildete, teils Eisenbahnverwaltungen wie der Fiskus der preußisch-hessischen Staatsbahnen, einer Keimzelle der heutigen Bundesbahnlandwirtschaft, teils gemeinnützige Verbände wie das Rote Kreuz oder die Vaterländischen Frauenvereine.

Alle diese Aktivitäten waren freilich fürsorgliche, weitgehend fremd bestimmte und nicht zuletzt räumlich begrenzte Einzelinitiativen, die den machtvollen, von der politisch-industriellen Doppelrevolution der Moderne hervorgerufenen Trend zur demokratischen Selbstbestimmung weder erfüllen konnten noch sollten. Die wachsenden, zunehmend selbstbewusster werdenden Unterschichten des 19. Jahrhunderts, mit dem Industrieproletariat als Kern, wollten aber nicht »von oben« beglückt werden, sondern ihre Interessen »von unten auf« organisieren und selbst in die Hand nehmen.

Die massenwirksamen Kristallisationskerne der deutschen Kleingärtnerbewegung entstanden infolgedessen nicht als Produkt obrigkeitsstaatlicher Hilfs-

Hartwig Stein

Patriarchalisches Kleingartenidyll im »Heimgartenbund Altona«, 1912

maßnahmen, sondern als anarchische Selbsthilfe einer durch die industrielle Revolution mobilisierten, in die entstehenden Großstädte abwandernden und dort unter menschenunwürdigen Lebensbedingungen zusammengewürfelten Volksmenge. Sinn- und Schreckbild dieser Entwicklung war die preußische Residenz Berlin, die nach ihrer Erhebung zur Reichshauptstadt im Jahre 1871 zur größten Mietskasernenstadt der Welt wurde.

Wie eng das aufkommende Kleingartenwesen mit Industrialisierung und Urbanisierung verbunden war, machte ihre erste reichsweite Erfassung deutlich, die 1912 von der »Zentralstelle für Volkswohlfahrt« durchgeführt wurde. Ihr zufolge lagen die Haupteinzugsgebiete der Laubenkolonisation in den damaligen Bundesstaaten bzw. preußischen Provinzen Brandenburg, den Hansestädten mit Ausnahme Lübecks, den beiden Sachsen, also dem Königreich und der Provinz, Schleswig-Holstein, Hannover und Hessen-Nassau. Die Schwerpunkte dieser Regionen bildeten überall die Großstädte: an ihrer Spitze die »Laubenkolonialmetropole« Berlin, gefolgt von der »Schreberstadt« Leipzig, Bremen, Erfurt, Frankfurt a. M. und Hamburg. Im Regelfall konzentrierte sich das Kleingartenwesen damit auf die klassischen Pionierräume der deutschen Industrialisierung im Gebiet zwischen Rhein, Main und Elbe, das Berliner, das sächsische und das oberschlesische Industrierevier.

Die Hauptursache für den Aufschwung des Kleingartenbaus stellte freilich nicht die Großstadtbildung als solche dar, sondern der seinerzeit sprichwörtliche »Schwammeffekt« der innerstädtischen Verdichtung, der aus der arbeits-

und lebensräumlichen Zusammenballung großer Massen ländlicher Nah- und Fernwanderer erwuchs. Neben den gesundheitlich fragwürdigen, überwiegend ausbeuterischen Arbeitsverhältnissen waren es vor allem die räumlich beengten, sanitär unzureichenden Wohnverhältnisse, die die kleinen Leute aus den feuchten und finsteren Gängevierteln, den Mietskasernen und Hinterhöfen hinaus ins Freie lockten.

In der Tat bildeten Mietskaserne und Laubenkolonie, Kleinwohnung mit Etagenklo und Kleingarten mit Plumpsklo, von Beginn an zwei Seiten desselben Pfennigs. Das Berufsprofil der Mitglieder des 1921 gegründeten »Reichsverbands der Kleingartenvereine Deutschlands« spiegelte diesen Zusammenhang wider: Von den rund 400.000 organisierten Parzellenbesitzern der Weimarer Republik waren 57 Prozent Arbeiter, 15 Prozent Unterbeamte, 11 Prozent Angestellte und 8 Prozent kleine Gewerbetreibende. Wie ernst die Lage vieler Kolonisten war, zeigten Stichproben zur Lebenssituation der Kleingärtner, die selbst in den vermeintlich Goldenen Zwanziger Jahren je nach Landesverband zwischen 9 und 19 Prozent Arbeitslose und 11 und 25 Prozent Kurzarbeiter zählten. Zu ihnen kam ein relativ konstanter Sockel von etwa 7 Prozent Klein- und Sozialrentnern.

Für diese wirtschaftlich schwachen, in ihrer Existenz vielfach bedrohten Menschen besaß der Kleingarten mehrere elementare Funktionen. Sozialpsychologisch bildete die Parzelle zunächst einen begrenzten Freiraum, in dem die großstädtische Arbeits- und Lebenswelt zeitweise aufgehoben schien. Insbesondere für die Masse der ländlichen Zuwanderer stellte der Garten geradezu ein Stück Heimat in der Fremde dar, das ihnen die Möglichkeit bot, den mit dem Umzug verbundenen Kulturschock leichter zu bewältigen. So wie der Auswanderer eine Handvoll Heimaterde mit in die Fremde nahm, pachteten diese Binnenwanderer einen Stadtgarten. Für viele Laubenpieper erfüllte die Kolonie damit die gleichen Schutzfunktionen wie das städtische Wohnghetto für ethnische oder religiöse Minderheiten. Diese Form der Großstadtbewältigung nutzten freilich auch viele Einheimische, denen die rapide Veränderung ihrer Arbeits- und Lebensverhältnisse ähnliche Anpassungsleistungen abverlangte wie ihren zugewanderten Mitbürgern.

Im Rahmen dieser Schutzfunktion sollte der Kleingarten zugleich dazu beitragen, die durch die Urbanisierung beschleunigte Entfremdung des modernen Menschen von der Natur und seine durch die Industrialisierung bewirkte Entfremdung von der Berufsarbeit zu mildern und zeitweilig aufzuheben. Karl von Mangold, der Generalsekretär des »Deutschen Vereins für Wohnungsreform«, hat diesen Zusammenhang 1906 im Hinblick auf »die weniger bemittelten Klassen« folgendermaßen umrissen: »Der tägliche Anblick von der Natur, den diese

Märchenhafte Individuallaube der Weimarer Republik

letzteren haben, beschränkt sich auf die paar kümmerlichen und verzärtelten Bäume und Sträucher in den öffentlichen Anlagen, in seltenen Fällen auf den eines geringen Gartens. Kein dampfender Erdgeruch erquickt sie, kein Baum und kein Strauch blüht als ihr Eigen. Der Wechsel der Jahreszeiten bedeutet nicht mehr den erhabnen Kreislauf des Lebens, sondern seine Bedeutung erschöpft sich beinahe darin, daß im Winter mehr Geld für Feuerung und Kleidung ausgegeben werden muß! Arme Kinder, die so aufwachsen! Ihre Wohnung ist der Zellenkäfig der Mietskaserne, ihr Boden das Pflaster, ihr Tummelplatz die Straße.«[2]

Wie fremd den Großstadtkindern die Natur, aber auch die Kulturlandschaft geworden war, belegte eine 1912 durchgeführte Umfrage unter den ABC-Schützen einer Berliner Volksschule. Ihr zufolge hatten 60 Prozent keine Vorstellung vom Sonnenauf- beziehungsweise -untergang, 76 Prozent kannten keinen Tau, 82 Prozent hatten nie eine Lerche gehört, 49 Prozent nie einen Frosch gesehen, 53 Prozent keine Schnecke, 87 Prozent keine Birke, 59 Prozent kein Getreidefeld, 60 Prozent kein Dorf, 67 Prozent keinen Berg. Mehrere Schüler wollten immerhin einen See gesehen haben – als man nachfragte, ergab sich freilich, dass sie einen Fischbehälter auf dem Marktplatz gemeint hatten.

Diese besondere Notsituation der Großstadtkinder verknüpfte die Kleingartenbewegung mit den von Leipzig ausgehenden Kinder- und Jugendpflegebestrebungen des Arztes und Volkspädagogen Daniel Gottlob Moritz Schreber. Obwohl Schreber sich nie mit Fragen des Stadtgrüns oder den in Leipzig seit

1832 nachweisbaren Armengärten befasst hat, gebührt ihm ein wichtiger Platz in der Geschichte des modernen Kleingartenwesens. Schrebers Bedeutung beruht auf seiner grundsätzlichen, von Rousseau angeregten Zivilisationskritik, die die beginnende Großstadtbildung und die aus ihr entspringenden hygienischen, medizinischen und sozialpolitischen Probleme schon früh erkannte und offensiv thematisierte. Luft-, Licht- und Bewegungsmangel, billige, feuchte Massenquartiere, fragwürdige Ernährung, Alkohol- und Tabakkonsum, beengte Kleidung, einseitige und monotone Arbeitsbelastung waren für Schreber Indizien eines dekadenten Lebensstils, der die Volksgesundheit auf Dauer untergraben musste. Seine daraus abgeleiteten heilgymnastischen und sportpolitischen Bestrebungen verbanden ihn denn auch schon bald mit der von Friedrich Ludwig Jahn ins Leben gerufenen Turnbewegung und der von Vinzenz Prießnitz und Johannes Schroth begründeten Naturheilkunde. Man kann Schreber insofern als frühen Vorläufer der Lebensreformbewegung einstufen, der fast alle Elemente der um die Jahrhundertwende auftretenden Massenbewegung gedanklich vorwegnahm.

Schrebers besonderes Augenmerk galt dabei den Kindern und Jugendlichen. Das publizistische Hauptanliegen seiner letzten Lebensjahre bestand darin, Freiräume für die sich selbst überlassenen Stadtkinder zu fordern, in denen sie ihren natürlichen Bewegungsdrang ungefährdet und pädagogisch betreut ausleben konnten. Der erste, 1864 von Ernst Innocenz Hauschild gegründete Schreberverein war daher kein Gartenverein, sondern eine schulische Spielplatzinitiative, die sich nach der Reichsgründung mit den auch in Leipzig rasant expandierenden Kleingartenbestrebungen verband. Diese spontane Verknüpfung errang in der Folgezeit eine beträchtliche Popularität, die im Idealfall dazu führte, dass neue Kleingartenkolonien gemeinsam mit Kinderspielplätzen angelegt und unterhalten wurden.

Am laubenkolonialen »Busen der Natur« sollten freilich nicht nur der Bewegungsmangel und die Wohnungskrankheiten der Großstadtkinder, sondern auch Arbeitsstreß und Berufskrankheiten der Erwachsenen kuriert werden. Im Endeffekt sollte der industriekapitalistische Teilarbeiter auf diese Weise neu zusammengesetzt, mit frischer Luft beatmet und aus der Entfremdung des Werktagslebens zu sich selbst zurückgeführt werden. Adolf Damaschke, der Vorsitzende des »Bundes deutscher Bodenreformer«, hat diesen Gedanken auf dem 5. Reichskleingärtnertag 1927 folgendermaßen ausgedrückt: »Es bedeutet etwas Großes, wenn müde gearbeitete Menschen erklären: Und wenn wir eine Stunde gehen sollten, wir wollen ein Stückchen Erde gewinnen, ein Stückchen Vaterland. Dort wollen wir gestalten, nicht aus übermächtigen, kaum gekannten Gesetzen irgend eines Großbetriebs, da wollen wir gestalten nach unserem

Willen, da soll es still um uns sein. Nicht Maschinen sollen um uns lärmen – leises organisches Wachstum ... soll uns umgeben. Da kann in Harmonie sich lösen, was verzerrt und verkümmert war im mechanisierenden Betriebe. Da können wir die ... Spannkraft an Leib und Seele wiedergewinnen, die ein Mensch braucht, wenn er eine Persönlichkeit werden und bleiben will.«[3]

Evasion, Glück im Winkel und Entpolitisierung
Im Idealfall hob der Kleingarten allerdings nicht nur die doppelte Entfremdung des Großstädters von der Natur und der Fabrikarbeit auf, sondern auch die Entfremdung der »vaterlandslosen Gesellen« in den Arbeiterparteien von der herrschenden Gesellschaftsordnung. Karl Georg Rosenbaum, der liberale Leiter der Hamburger Kleingartendienststelle der Weimarer Republik, hat diesen Funktionszusammenhang wie folgt formuliert: »Der licht- und luftentwöhnte Großstädter findet in seinem Garten das notwendige Gegengewicht gegen die Fabrik- und Kontorarbeit. Er ist in seiner Freizeit dem Wirtshaus, der Agitation entzogen. Er schafft über die vorgeschriebenen acht Stunden hinaus nützliche Arbeit. Er hat einen ›Besitz‹ und hierdurch Achtung vor dem Besitz des Nächsten. Er kommt zurück zur Scholle, und das abhanden gekommene Heimatgefühl lebt wieder auf. Er sieht das Werden und Vergehen der Natur, und sein Sinn wird höheren Dingen zugewandt. Das Zusammenwirken der verschiedenen Ständen angehörigen Kleingärtner bahnt eine Annäherung der sich heute schroff befehdenden Berufsgruppen an, dadurch eine Milderung des Klassengegensatzes und Rückkehr zur Erkenntnis der Nächstenliebe zeitigend.«[4]

Dieses antisozialistische Ziel verfolgte auch die Schreberpädagogik, die sich neben Spiel und Sport, Wanderungen und Badeausflügen der arbeitspädagogischen Kindererziehung widmete und konsequent für die Vermittlung bürgerlicher Sekundärtugenden sorgte. Der linksliberale »Hamburger Anzeiger« hat diese Zielsetzung 1926 eindringlich beschrieben: »Die Stadtkinder! Als ihnen erlaubt wurde, Kartoffeln auszunehmen, sammelten einige die grünen Beeren und meinten, die Kartoffeln seien doch wohl noch zu klein und zu grün ... Ist es ein Wunder, wenn eine solche Großstadtjugend später glaubt, sie könne die Welt verbessern, wenn sie mit Sowjetsymbolen und roten Fahnen durch die Straßen lärmt? Es fehlt ihr auch später jede richtige Anschauung von den Grundlagen des Lebens ... daß eine Erstürmung von Speichern und Läden ihre Lage nicht verbessern kann, ... daß ein Spatenstich wertvoller ist als eine Straßendemonstration.«[5]

In der Tat waren die Klagen der Arbeiterparteien über die entpolitisierende Wirkung der Kleingärtnerei Legion. Namentlich im Sommer verödeten Aufmärsche, Kundgebungen, Parteiversammlungen und sozialdemokratische Frauenabende, weil Genossinnen und Genossen das schöne Wetter höher schätzten als die schönsten Reden der Funktionäre. Selbst ein unpolitisches Dienstleistungsunternehmen wie die 1912 von Gewerkschaften und Genossenschaften gegründete Lebensversicherung »Volksfürsorge« sah sich angesichts dieser Auswanderung auf Zeit dazu gezwungen, ihre Kassierer von den Wohnvierteln in die Laubenkolonien umzudirigieren. Bei vielen Kolonisten lief ihr »Utöpchen« daher der sozialistischen Utopie den Rang ab, machte das Kleingartenparadies dem sozialdemokratischen »Zukunftsstaat« ebenso erfolgreich Konkurrenz wie dem kommunistischen »Arbeiter- und Bauernparadies«.

Diese sozialistischen Vorbehalte blieben freilich nicht unwidersprochen. Die seinerzeit populäre Schauspielerin und Kabarettistin Claire Waldoff, die sich vor Ausbruch des Ersten Weltkriegs eine Laube in der Berliner Kolonie »Schmargendorfer Alpen« gepachtet hatte, hat das kleingärtnerische Glücksverlangen in einem wesentlich liebenswürdigeren Licht gesehen:

Wat braucht der Berliner, um jlücklich zu sein? –
'ne Laube, 'n Zaun und 'n Beet!
Wat braucht der Berliner 'nen heurigen Wein,
Wenn vor ihm sein Weißbierglas steht? –
'ne dicke Zijarre mang de Lippen jeklemmt,
Zwee Mann zum Skat im frisch jewaschnen Hemd,
Dazu een Kümmel un's nötige Schwein,
Det braucht der Berliner, um jlücklich zu sein.

Sechsmal spuckste in de Hände,
Aber danach ruhste aus
Und marschierst zum Wochenende
Quietschvergnügt nach Treptow raus.
Haste noch so viele Sorjen,
Darf dir nie verjehn der Witz.
Mensch, denk an den Sonntagmorjen
Und an deinen Grundbesitz.[6]

Das Glück, das sich hier ausspricht, lacht den Menschen einfach zu. Es ist weder von gestern noch von morgen; es stammt aus dem Hier und Heute und lässt sich mit minimalem Aufwand ergreifen. Ob es groß oder klein ist, von

Hartwig Stein

kurzer oder längerer Dauer, in der Villa oder der Laube aufscheint, spielt für den Glücklichen keine Rolle. Das real existierende Kleingartenheim bildete insofern ein Gegenmodell zum idealen Wolkenkuckucksheim der großen Politik. In der Praxis lief dieser kleingärtnerische »Pursuit of Happiness« damit allerdings auf eine »Declaration of Independence« hinaus, die das Erstgeburtsrecht auf Glück gegen seine wie auch immer motivierte Vertagung auf den St. Marxtag verteidigte.

Dieses kleingärtnerische Unabhängigkeitsstreben irritierte und erbitterte allerdings auch bürgerliche Philanthropen und christliche Moralapostel. Weit entfernt, dem Tugendkanon von Ruhe und Ordnung, Arbeitsfleiß, familiärer Beschaulichkeit und Vaterlandsliebe zu huldigen, frönten die meisten Kolonisten einem eher feucht-fröhlichen Lebensstil, den selbst Verbandsfunktionäre indigniert mit Schlagworten wie »Budenzauber und Wildwest«[7] beschrieben. Der Alkohol floss oft in Strömen, alle paar Tage war irgendein Fest, ein Kindergrün oder ein Umzug, und einzelne radikale »Lichtfreunde« gärtnerten sogar im Adams- oder Evaskostüm. Mit einem Wort: Auch im Kleingartenparadies war der Sündenfall an der Tagesordnung.

Stabilität besaß dieses Glück im Winkel allerdings nur bei politischen Schönwetterlagen. Bereits in der Weimarer Republik waren die Kleingartenvereine politisch genauso fragmentiert wie der Staat und die Gesellschaft. Wie die europäischen Großmächte beim Wettlauf um die Kolonien, wetteiferten die deutschen Parteien damals um Geländegewinne in den Laubenkolonien. Folgte die Flagge dort dem Handel, entfaltete sie sich hier im Gefolge der parteipolitischen Händel. Im Extremfall wurde der Gartenzaun damit zur Staatsgrenze im Kleinen, die das symbolisch befreite Gebiet eines winzigen Sowjetdeutschland vom gegenüber liegenden Dritten Liliput-Reich ebenso rigoros abgrenzte wie vom Duodez-Zukunftsstaat des benachbarten SPD-Mitglieds. Am Ende erwies sich die Gartenpforte als viel zu schwach, um die »braunen Horden« auch nur einen Augenblick lang aufzuhalten.

Alternative Nischenökonomie

Neben diesen sozialpsychologischen und sozialpolitischen Funktionen besaß das Kleingartenwesen aber auch eine handfeste sozialökonomische Massenwirksamkeit. Überragende Bedeutung erlangten vor allem zwei Elemente: der ernährungswirtschaftliche Zuerwerb in Gestalt des Kleingartenbaus und die wohnwirtschaftliche Zuflucht in Gestalt der Wohnlaube. Beide waren typische Kriegs- und Krisenerscheinungen, deren Aufschwünge sich immer in gesamtwirtschaftlichen Abschwüngen entfalteten. Die erste Expansion erfolgte im Ersten Weltkrieg und der sich anschließenden Nachkriegskrise, die zweite in der Weltwirtschaftskrise, die dritte im Zweiten Weltkrieg und der ihm folgenden Reichsmarkzeit. Die ihnen korrespondierenden Rezessionen entfalteten sich in den sogenannten Goldenen Zwanziger Jahren, den vermeintlich »guten Nazijahren« der rüstungswirtschaftlichen Scheinblüte vor der Entfesselung des Zweiten Weltkriegs und in der Zeit des westdeutschen Wirtschaftswunders.

Im Prinzip zeigten die Wechsellagen der Kleingartenkonjunktur damit die antizyklische Verlaufsform einer alternativ-ökonomischen Nische: Wer mit seinem Lebensschiff in den Wellentälern der Konjunktur Schiffbruch erlitt, rettete sich in die Laubenkolonien, um sein Leben – wie ein moderner Robinson – aus eigener Kraft zu fristen. Wenn das Konjunkturbarometer wieder stieg, machte er sein Lebensschiff wieder flott und stach erneut in See. Die Kleingärten wirkten insofern auch als flexibler volkswirtschaftlicher Entlastungsraum, der nicht nur Teile der erwerbstätigen Bevölkerung je nach Bedarf band oder freisetzte, sondern darüber hinaus Frührentnern, vor allem aber Arbeitslosen und Kurzarbeitern eine sinnvolle Beschäftigung jenseits der normalen Wirtschaftstätigkeit ermöglichte.

Inwieweit der Kleingartenbau seinen Betreibern mehr bot als bloße Beschäftigungstherapie, stand freilich auf einem anderen Blatt. Trotz der vielfach bezeugten Pionierfunktion ländlicher Zuwanderer war das Kleingartenwesen spätestens im Ersten Weltkrieg eine Bewegung von großstädtischen Laiengärtnern. Selbst wenn man den Arbeitsaufwand nicht berücksichtigt und alle Gedanken an einen Reinertrag vergisst, waren die Roherträge des Kriegsgemüsebaus meistens bescheiden. Neben der Unfähigkeit vieler Kolonisten und Stadtverwaltungen war es vor allem die durch die britische Fernblockade bedingte Mangelwirtschaft, die den Kriegsgemüsebau nachhaltig schwächte. Bereits 1915 fehlte es überall an Saatgut, Düngemitteln und Pflanzenschutzpräparaten.

Blinder Eifer tat ein Übriges, um die Ergebnisse der vom Staat ins Leben gerufenen »Garten- und Feldoffensive« weiter zu schmälern. In den Augen vieler Fachleute war der Kleingartenbau daher zumindest eine zweischneidige Angelegenheit. So warnte die »Königliche Landwirtschaftsschule Berlin« noch 1917 dringend davor, »daß nicht etwa, wie im vorigen Jahr, an Eisenbahndämmen, in städtischen Parkanlagen und Sandgruben, auf neu umgebrochenen Heideländereien, Spiel-, Exerzier- und anderen Tummelplätzen stadträtlicher Produktionsphantasien kostbares Saatgut und Dünger wahllos und sinnlos vergeudet werden.«[8] Auch der Altonaer Gartenbaudirektor Ferdinand Tutenberg sah sich noch 1918 zu der entmutigenden Feststellung veranlaßt: »Schlechtes Saatgut, schlechtes Land, schnell und ungenügend umgegrabenes Ödland, kein Dünger und eine anhaltende Dürre waren Hindernisse, welche oft kaum 2-fache Erträge der gepflanzten Saatkartoffeln ergaben.«[9]

Hartwig Stein

Sächsische Kleingärten der Reichsbahnlandwirtschaft im »Kohlrübenwinter« – Hans Baluschek: Kriegswinter, 1917. Ölgemälde, 141,5 x 91 cm

Diese fragwürdige Ernährungsbilanz kennzeichnete auch die Ergebnisse des Kriegsgemüsebaus im Zweiten Weltkrieg. Obwohl die Nationalsozialisten das Kleingartenwesen nach seiner Selbst-Gleichschaltung im Jahre 1933 in ihre kriegswirtschaftlichen Autarkiebestrebungen einbanden, Organisationsgrad und Wohlverhalten der Kolonisten mit Hilfe des »Führerprinzips« drastisch erhöhten und nicht zuletzt die Fachberatung erheblich verbesserten, blieb die Durchschnittsparzelle in der Regel weit vom Selbstversorgungsideal national-sozialistischer »Nahrungsfreiheit« entfernt. Am Ende des Zweiten Weltkriegs war daher der Hunger wieder einmal der beste Koch, und selbst die kleingärt-nerischen Verbandszeitungen empfahlen die jungen Triebe der großen Brenn-nessel als Spinat-, die grünen Knospen der Sumpfdotterblume als Kapern- und gedörrte Eicheln als Kaffee-Ersatz.

Dieser antizyklische Konjunkturverlauf trifft auch auf das laubenkolo-niale Dauerwohnen zu. Bereits im Ersten Weltkrieg wurde das bis dahin gel-tende Wohnverbot nach und nach gelockert und zwischen 1920 und 1924 ganz aufgehoben. Das kriegsbedingte Erliegen des Wohnungsbaus trug dazu eben-so bei wie die gesteigerte Nachfrage nach Wohnraum durch demobilisierte Soldaten, Flüchtlinge aus abgetrennten Reichsteilen oder der Nachholbedarf an Eheschließungen. Dieser Boom wurde nach der Währungskonsolidierung 1923 zwar wieder gebrochen und in den Goldenen Zwanzigern auf ein vergleichsweise niedriges Niveau gesenkt, erneuerte sich aber im Zuge der 1929 beginnenden Weltwirtschaftskrise mit atemberaubender Geschwindigkeit: Ein beträchtlicher Teil der Erwerbslosen gab nun seine Stadtwohnung auf, um sich im Kleingarten häuslich einzurichten.

Im Gefolge dieser Stadtrandbewegung entstand in Analogie zum Typ des »Kriegsgemüsegärtners« die Figur des »Erwerbslosengärtners«, der vom Staat nicht nur wohl oder übel geduldet, sondern im Rahmen von Notverordnungen sogar mit Reichsmitteln mehr schlecht als recht gefördert wurde. Wie groß der Budenzauber seinerzeit war, läßt sich heute nur noch vermuten, da die Bewegung weitgehend spontan verlief, teils auf privatem, teils auf öffentlichem Grund siedelte, bald wild, bald organisiert war, hier Neuland erschloss, dort alte Kolonien umnutzte. Eine 1940 durchgeführte Inspektion der Wohnlaubengebiete Groß-Hamburgs ergab freilich immer noch die beachtliche Zahl von rund 5.000 winterfesten Lauben, in denen sich etwa drei Mal so viele Bewohner niedergelassen hatten. Man mag daran ermessen, wie groß die Not zehn Jahre zuvor allein in diesem Ballungsraum gewesen sein mag, und welche kläglichen Resultate der nationalsozialistische Wohnungsbau in der Zwischenzeit erzielt hatte: Das angebliche »Volk ohne Raum« war in Wirklichkeit ein Volk ohne Wohnraum.

Seinen absoluten Höhepunkt erreichte der Behelfsheimboom im Zweiten Weltkrieg, als der von den Nazis provozierte alliierte Bombenkrieg und die nachfolgenden Erdkämpfe große Teile der deutschen Städte zerstörten. Wer nicht zwangsevakuiert wurde, freiwillig ins Umland zog oder bei Verwandten, Freunden und Bekannten Obdach fand, zog oft für viele Jahre in die Kleingartenkolonien, wo er in bestehenden Lauben oder eigens errichteten Notunterkünften Unterschlupf fand. Allein in Hamburg ermittelte die Volkszählung von 1950 noch gut 85.000 »Behelfsheimer«, die sich auf fast 27.500 Gebäude verteilten. Das waren 5,3 Prozent der damaligen Wohnbevölkerung und damit mehr Menschen als Göttingen oder Neumünster an Einwohnern zählten.

Kontinuität und Wandel zwischen Teilung und Wieder-Vereinigung
Die nach dem Zweiten Weltkrieg erfolgende Teilung Deutschlands spaltete auch die deutsche Kleingärtnerbewegung. Dieser Bruch zeitigte allerdings schon in den 1950er Jahren die paradoxe Folge, dass das Kleingartenwesen in der vermeintlich revolutionären DDR eine viel höhere Kontinuität bewahrte als in der angeblich restaurativen BRD. Dieser Fortbestand klassischer Funktionen kennzeichnete die DDR bis zu ihrem Untergang. Ob als scheinbar un-

Hartwig Stein

Hamburger Steinwüste mit Oase, 1974

politischer Rückzugsraum wie für »Die neuen Leiden des jungen W.«[10] in der Lichtenberger Kolonie Paradies II, ob als unfreiwilliges Ausweichquartier eines zwangsbewirtschafteten Staatstourismus oder als wohn- und ernährungswirtschaftlicher Ergänzungsraum einer notorisch ineffizienten Nationalökonomie – das angebliche »Arbeiter und Bauernparadies« war in Wahrheit ein riesiges Kleingärtner-Eden.

Ein- und überholen konnte die DDR die BRD nur auf dem – pikanterweise privaten – Sektor des Kleingartenbaus. Die oben geschilderten antizyklischen Boomphasen der Laubenkolonisation entwickelten sich in der DDR folglich zu einer anhaltenden, krisenfesten Wachstumskurve, die spätestens 1965 alle kommunistischen Vorbehalte gegen das kleinbürgerliche Privatisieren verstummen ließ. Walter Ulbrichts leutseliges Lob »Gut so, ihr Laubenpieper!«[11] kam in dieser Hinsicht einer offiziellen Anerkennung gleich. 1987/1988, knapp zwei Jahre vor Wende und Ende, produzierten die gut 1,5 Millionen DDR-Kolonisten jeder Couleur auf rund 850.000 Parzellen mit Hilfe staatlicher Abnahmegarantien circa 12 Prozent des Aufkommens bei Gemüse und 20 Prozent bei Obst, jedes dritte Ei, das gesamte Kaninchenfleisch und fast allen Bienenhonig. Dazu kamen 8.800 Tonnen Gänsefleisch, mehr als 270.000 Nutria- und nahezu 67.000 Nerzfelle.

In der BRD gingen diese Hilfsfunktionen dagegen im Laufe des einsetzenden Wirtschaftswunders rapide zurück. Die entwickelte Wohlstandsgesellschaft mit ihren bis dahin nicht gekannten Freizeitmöglichkeiten und ihrer beispiellosen Automobilität ließ Opas Schrebergarten gewissermaßen links und rechts am Straßenrand zurück. Der verbleibende westdeutsche Kleingartenbestand, der bei der Vereinigung grob geschätzt 600.000 Parzellen betrug, erlebte parallel dazu eine beispiellose Modernisierung, die aus den selbstgebauten Speck- und Eierkistenlauben der Vergangenheit Typenlauben mit hohem Komfort machte. Aus der ursprünglich anarchischen, zumindest unkonventionellen, in vieler Hinsicht quer zu den politischen Strömungen liegenden Kleingärtnerbewegung war damit ein arrivierter Kleingärtnerstand geworden, der in tendenziell kinderfreien Rentnerkolonien mit hohem Ausstattungsstandard, erschwertem Zugang für sozial Schwache und mangelnder Attraktivität für jüngere Bevölkerungsgruppen selbstgenügsam vor sich hin lebte.

Trotz dieser gravierenden Unterschiede besaßen die Kleingärtner in BRD und DDR bei der Wende eine fundamentale Gemeinsamkeit, die für das Kleingartenwesen von Beginn an konstitutiv war und bis in die Gegenwart blieb: den elementaren Zusammenhang von Großstadt und Kleingärten, Massenwohnungsbau und kleinen Leuten. Noch bei der ersten gesamtdeutschen Erhebung des Bundesbauministeriums im Jahre 1998 lebten etwa 75 Prozent der Kleingärtner in den alten und rund 92 Prozent der Kleingärtner in den neuen Ländern als Mieter in Mehrgeschossbauten mit erheblichen Gründefiziten, deren Wohnungsgrößen deutlich unter den Durchschnittswerten lagen.

Diese vergleichbaren Lebens- und Erfahrungswelten, die deutschlandweit eine Fülle spontaner Freundschafts- und Partnerschaftsverträge auf Vereinsebene hervorriefen, trugen erheblich dazu bei, dass die Vereinigung der deutschen Kleingärtner weitaus erfolgreicher ablief als Zusammenschlüsse in anderen gesellschaftlichen Bereichen. Diese Erfolgsbilanz beruhte allerdings auch darauf, dass die Kleingärtner in Ost und West seit den 1980er Jahren mit Herausforderungen konfrontiert waren, die ein gemeinsames Handeln zwingend erforderlich machten.

An erster Stelle stand die fortschreitende Überalterung der Vereine, die angesichts der allgemein steigenden Lebenserwartung bei gleichzeitig sinkender Altersmobilität nicht nur den Generationswechsel verlängerte, sondern allenthalben ein konservatives Besitzstandsdenken förderte, dessen hortikulturelle Ordnungsvorstellungen jüngere und sozial schwache Interessenten abschreckten. Das Durchschnittsalter der Kleingärtner erreichte denn auch 1997 einen historischen Höchststand von 56 Jahren und wies mit rund 50 Prozent Rentnern und Pensionären zugleich einen Tiefstand im Beschäftigungsprofil auf. Dieser

Business as usual: Vertreibung aus dem Kleingarten. »Heimgartenbund Altona« Foto Manfred Stern 2001

Trend wurde allerdings mit der Jahrhundertwende gebrochen und entwickelte seitdem einen Umkehrschub, der den Altersdurchschnitt zwischenzeitlich auf 47 Jahre gesenkt und eine neue »Generation Garten«[12] hervorgebracht hat, die nicht nur relativ jung ist und in der Regel ein bis zwei Kinder hat, sondern oft auch akademisch gebildet und obendrein ökologisch engagiert ist.

Ein wichtiges Ferment der Verjüngung bildeten aber auch die ausländischen Arbeitsimmigranten, die den Kleingarten in dieser Zeit verstärkt entdeckten und wie die deutschen Binnenwanderer des 19. Jahrhunderts als willkommenes Hilfsmittel zur Integration nutzten. Ihr Anteil an der Kleingärtnerschaft entspricht heute in etwa ihrem Anteil an der Gesamtbevölkerung, auch wenn ihre Verteilung auf Grund der größeren Attraktivität der west-deutschen Großstädte deutliche Disparitäten zu Lasten der neuen Bundesländer aufweist.

Diese Regeneration eröffnete dem Kleingartenwesen im Verein mit dem ökologischen Umbau der Kolonien und ihrer fortschreitenden Integration in die städtischen Freiraumverbundsysteme bei weiterhin hohem Bestandsschutz und niedrigen Pachtpreisen eine sichere Entwicklungsperspektive für die absehbare Zukunft. Ob die alternativ-ökonomischen Funktionsverluste, die sich nach der Vereinigung auch in den neuen Bundesländern einstellten, im Zuge der globalen Finanzkrise wieder kompensiert werden können, bleibe dahingestellt. Tatsache ist, dass der letzte, mit dem Ende des Kalten Krieges einsetzende Globalisie-

C-Waffeneinsatz
an der Heimatfront während
des Kalten Krieges, 1955

rungsschub eine weltweite Renaissance der Garten- und Kleinlandwirtschaft hervorgerufen hat, mit der sich die Unterschichten rund um den Globus kleine, selbstbestimmte und möglichst multi-funktionale Über-Lebensräume eröffneten, um die inhumanen Folgen des hemmungslosen Kasino-Kapitalismus zu mildern. Die Ära der Globalisierung und Metropolbildung könnte daher einen ähnlichen Kleingartenboom hervorrufen wie die Epoche der Industrialisierung und Großstadtbildung.

Leberecht Migge und der Reformgarten – Von der Raumkunst im Freien zum Garten der Hunderttausend

Britta Olényi von Husen

In der Zeit um 1900 erfuhr der Hausgarten eine erhöhte Aufmerksamkeit. Man versuchte, an den traditionell regelmäßig gestalteten Hausgarten anzuknüpfen, nachdem das Vordringen des malerischen Landschaftsstils in den großen europäischen Gärten und Parks des 18. Jahrhunderts in Hausgärten Einzug gehalten und dort zu missförmigen Miniaturlandschaften mit sogenannten Brezelwegen geführt hatte. 1892 schilderte der Direktor der Hamburger Kunsthalle Alfred Lichtwark in seiner Schrift »Makartbouquet und Blumenstrauss« einen Bauerngarten in der hamburgischen Marsch mit charakteristischen geraden Wegen, regelmäßigen, reich bestellten Blumen- und Gemüsebeeten, beschnittenen Hecken und einer würfelförmigen Laube: »Was für eine Perspektive eröffnet dieser Rest ältester Kunstübung für die Wiederbelebung einer Gartenbaukunst, die ihren Namen verdient.«[1]

Der Entwicklungsprozess, der nun einsetzte, lässt sich an den Gartenschöpfungen des 1881 in Danzig geborenen Leberecht Migge zeigen. Seine Entwürfe belegen den kulturhistorisch bedingten funktionalen und formalen Wandel, den die Gartengestaltung, basierend auf allgemeinen reformpolitischen Überlegungen der Zeit, in den Jahren zwischen 1900 und 1920 in Deutschland nahm. Zugleich spiegeln sie die sozial- und gesellschaftspolitischen sowie die städtebaulichen und wohnungspolitischen Entwicklungen dieser vielschichtigen und umwälzenden Periode. Migges Werk umfasst alle wichtigen Aufgaben im Bereich des privaten, gemeinschaftlichen und öffentlichen Gartens.

Nach der Gartenbaulehre trat Migge in das renommierte Gartenunternehmen Jacob Ochs in Hamburg ein, wo er als künstlerischer Leiter ab 1904 eine Vielzahl von Haus- und Villengärten im Sinne des Gesamtkunstwerks schuf. Aber auch die Gestaltung des Grüns in Gartenstädten und öffentlichen Parks waren Gegenstand seiner Tätigkeit, wobei die Referenzlisten zeigen, dass die private Gartengestaltung deutlich dominierte. 1913 überwarf sich der streitbare

Leberecht Migge:
»Der Garten bietet … etwas Seltenes und
Unersetzliches: er ist lebendig.«

Leberecht Migge mit Jakob Ochs und machte sich selbständig. Vor dem Hintergrund des Ersten Weltkrieges und der damit verbundenen wirtschaftlichen Schwierigkeiten wandte Migge sich vom Hausgarten als »Raumkunst im Freien« und von der Gartenstadt mit ihrem »Garten für Jedermann« ab und widmete sich ausschließlich der Selbstversorgung, den »Gärten der Hunderttausend«.[2]

Gartenkunst für Wohlhabende
Alfred Lichtwark warb nicht nur in seinen Schriften für die Reform des Hausgartens, er war auch Hamburgs bedeutendster Laiengärtner, wie man fachfremde Personen nannte, die Gärten entwarfen. In dieser Funktion war der Direktor der Kunsthalle an der Gestaltung des Gartens von Max Liebermann am Wannsee beteiligt, aber auch an der des weniger bekannten Gartens des ebenfalls eng mit Lichtwark befreundeten Malers Leopold Graf Kalckreuth, der sich 1906 vor den Toren Hamburgs niederließ. Seinen Landhausgarten in Eddelsen kennen wir von seinem Gemälde mit dem schlichten Titel »Garten« (1908/10). Das Bild zeigt drei Frauen mit Strohhüten im Frühling bei der Gartenarbeit. Den Mittelpunkt bildet ein rundes Wasserbecken. Von hier aus gehen symmetrisch vier von Blumenrabatten gesäumte Sandwege ab, auf denen die jungen Frauen knien und die Beete bepflanzen. In der regelmäßigen Gestaltung des Gartens und den blumenreichen Rabatten zeigt sich die Rückbesinnung auf die Tradition des norddeutschen Bauerngartens.

Neben Lichtwark waren es zunächst vorwiegend Künstler, insbesondere Architekten, die sich mit Gartenanlagen beschäftigen. Ihre Ideen präsentierten

Britta Olényi von Husen

sie im Rahmen der großen Kunstausstellungen der Zeit, die eine ungeheure Aufmerksamkeit erregten und damit die Bewegung vorantrieben: die Große Gartenbauausstellung in Düsseldorf im Jahre 1904 mit einer Anlage von Peter Behrens, die Allgemeine Gartenbauausstellung Darmstadt 1905 mit drei Sondergärten von Joseph Maria Olbrich und die Große Gartenbauausstellung in Mannheim von 1907 mit Gärten von Peter Behrens, Max Läuger u. a. Neben weiteren wichtigen Initiatoren wie Hermann Muthesius und Paul Schultze-Naumburg beschleunigten neu gegründete Interessenverbände wie die Deutsche Gartenstadtgesellschaft (1902), der Deutsche Werkbund (1907) und der Bund deutscher Gartenarchitekten (1913) die Realisierung vieler Ideen der Reformbewegung.

Die Ausstellungsgärten galten als ihre ersten praktischen Erfolge und zeichneten sich als Ausdruck des Strebens nach Sachlichkeit durch eine neue strenge Ordnung aus. Im Gegensatz zu den Bauerngärten spielten Pflanzen eine nebensächliche Rolle. Sie hatten sich baulichen Elementen wie dem häufig verwendeten weißen Spalierwerk unterzuordnen und wurden vor allem in ihrer ästhetischen Qualität als Teil des Gesamtkunstwerks wahrgenommen. Die Blumen für Olbrichs Farbengärten beispielsweise wurden vorgetrieben, da der gewählte Standort zu dunkel war – eine von den Gärtnern heftig kritisierte Vorgehensweise.

Im Rahmen der Idee des Gesamtkunstwerks erklärten Architekten wie Hermann Muthesius Haus und Garten als unzertrennlich und den grünen Freiraum als einen zusätzlichen Wohnraum, den es zu gestalten galt. Die Ernsthaftigkeit, mit der architektonische und raumkünstlerische Inszenierungen an die Hoffnung geknüpft wurden, gesellschaftsverändernd zu wirken, darf heute erstaunen: »Das Kunstgewerbe hat das Ziel, die heutigen Gesellschaftsklassen zur Gediegenheit, Wahrhaftigkeit und bürgerlichen Einfachheit zurückzuziehen ... Es wird nicht nur die deutsche Wohnung und das deutsche Haus verändern, sondern es wird direkt auf den Charakter der Generation einwirken, denn auch die Erziehung zur anständigen Gestaltung der Räume, in denen wir wohnen, kann im Grunde nur eine Charaktererziehung sein«,[3] schrieb Muthesius 1907.

Das Gesamtkunstwerk erwies sich jedoch nicht als Lebensraum, der breiteren Bevölkerungsschichten offen stand. Die Entwürfe waren aufgrund ihrer Erlesenheit in Form, Auffassung und Material nur einem künstlerisch aufgeschlossenen und wohlhabenden Kreis zugänglich wie das Landhaus Dr. Max Emden in der Jenischstraße in Hamburg-Klein-Flottbek zeigt.

Der Bauherr war ein engagierter Architekturkritiker der Reformbewegung, der ein Modell für ein Ensemble von Haus und Garten schaffen wollte. 1909

Landhausgarten Dr. Max Emden in Hamburg. Blick vom Speisesaal über die Hauptachse zum Lindenhain, der den Garten nach Osten begrenzt, 1909/1910

wurde es in der Zeitschrift »Deutsche Kunst und Dekoration« vorgestellt. Der Architekt des 1906 errichteten Hauses war Wilhelm Fränkel. Den Garten, der noch heute wesentliche Grundzüge seiner Anlage besitzt, gestaltete Leberecht Migge: Kernstück und zugleich Mittelachse des großzügigen, mehr als 5.000 Quadratmeter umfassenden Teilbereichs der Gesamtanlage ist eine in Backstein gefasste Kaskade, die das den Garten dominierende Rasenparterre in zwei gleichmäßige Partien teilt. Lindenlaubengänge begrenzen das Parterre zu beiden Seiten, ein auf der Anhöhe gelegener beschnittener Lindenhain markiert die Grenze des Gartens. Der Blick vom Speisesaal in den Garten zeigt den Rosenvorhof mit einem runden Springbrunnen und einen kleinen Rosengarten mit imposantem Bogen. Insbesondere die aus weißem Lattenwerk gebildeten Laubengänge und Bögen rekurrieren auf die Ausstellungsgärten.

Eine kleinere, von Migge ebenfalls souverän gestaltete Anlage ist der 1907 entstandene Stadthausgarten Jolasse in der Heilwigstraße in Hamburg-Eppendorf. Das gestreckte, eingefriedete und an seiner Schmalseite an die Alster grenzende Terrain besteht aus einem Rasenparterre, das von Blumenrabatten gesäumt ist. So einfach der Grundriss des Gartens ist, so reichhaltig sind seine Ausstattung und Wohnlichkeit. Horizontale Gliederungselemente sind grad-

Britta Olényi von Husen

linige Wege, Terrasse, Rasenparterre und Rabatten; vertikale Elemente sind Hecken, ein Lindenlaubengang und Silberpappeln. Bei aller Berücksichtigung ästhetischer Gesichtspunkte stand für Migge die Nutzbarkeit für die Familie des Auftraggebers im Vordergrund.

Die Gartenstädte

Mit der Industrialisierung hatte eine Landflucht eingesetzt, die viele Städte innerhalb kurzer Zeit zu Großstädten anwachsen ließ. Wohnungsmangel, Umweltverschmutzung und hohe Lebenshaltungskosten beeinträchtigten das Leben der überwiegenden Menge der Menschen und führten zu großen sozialen Problemen. Andererseits lösten enorme Wertsteigerungen von Grund und Boden ein Spekulationsfieber aus, das durch die politischen Machtverhältnisse und insbesondere das Wahlsystem begünstigt wurde. Entscheidungsträger an den wichtigen Stellen der Regierungen waren zumeist Grundeigentümer, deren Interesse sich auf Besitzstandswahrung bzw. -vermehrung richtete. Warnungen bezüglich der Fehlentwicklungen in der Frage der Arbeiterwohnungen hatte es zwar schon frühzeitig gegeben, die Vorschläge zur Reform des Wohnungs- und Städtebaus waren jedoch weitgehend ignoriert worden.

Zunehmend beunruhigten die drängenden sozialen Fragen und das Anwachsen der sozialen Missstände jedoch auch die höheren Schichten der Bevölkerung. Man empfand die Zustände als massive Bedrohung für die innere Stabilität des Landes und den eigenen Besitzstand. Im Rahmen der Ideen der Lebensreform initiierte das Bürgertum Arbeiter-, Frauen-, Jugend- und Kulturbewegungen. Natur und Freiraum gewannen an Bedeutung. Man lehnte die Verhältnisse der Großstadt ab und forderte Flächen für Spiel und Sport, aber auch Kleingärten.

In vielfacher Hinsicht war England Anlass und Grundlage der reformerischen Erneuerungen auf dem Kontinent. In England hatte die industrielle Entwicklung ein halbes Jahrhundert früher eingesetzt und entsprechend früher hatte man versucht, den fatalen Auswirkungen der Industrialisierung mit Reformen entgegenzuwirken. Dazu gehörten die Landhausbewegung, für die William Morris' »Red House« ein berühmtes Beispiel ist, und die zeitkritische Gartenstadtbewegung. Künstler, Sozialreformer und auch Unternehmer entwarfen Utopien gegen die industriell-kapitalistische Gesellschaft und versuchten, sie in Modellsiedlungen und -gemeinschaften zu verwirklichen.

1898 veröffentlichte der englische Gerichts- und Parlamentsstenograph Ebenezer Howard sein grundlegendes Werk »To-morrow«. Die zweite Auflage erschien 1902 unter dem Titel »Garden-cities of To-morrow«. Howard proklamierte darin den Neubau von Städten mit nicht mehr als 32.000 Einwohnern, wobei die Nachteile des Großstadt- und des Landlebens vermieden und die Vorteile vereinigt werden sollten. Auf vier Kerngedanken sollte sich die neue Gartenstadt gründen: freie Assoziation und Selbstbestimmung der Bewohner, Liebe für die Gesellschaft, Liebe zur Natur sowie Gemeinschaftseigentum an Grund und Boden. Vorgesehen war eine runde Grundform, die durch radiale Boulevards und konzentrische Straßen zu erschließen war. Die Gartenstadt sollte alles in einem sein: Wohn-, Arbeits-, Konsum- und Erholungsort, und alle in möglichst großer Nähe vereinen. Die Stadt sollte mit ausreichend kommunalen Einrichtungen ausgestattet sein. Eine niedrige Baudichte mit vielen Spiel- und Erholungsplätzen und ein Grüngürtel, der landwirtschaftlich und gartenbaulich genutzt werden konnte, sollten das Erscheinungsbild der Stadt prägen.

Howards Ideen wurden in Deutschland schnell aufgegriffen. 1902 entstand die Deutsche Gartenstadtgesellschaft (DGG). 1904/05 erschien »Das englische Landhaus« von Hermann Muthesius, der von 1886 bis 1903 der deutschen Botschaft in England attachiert gewesen war, um die englische Wohnkultur zu studieren. 1907 folgte sein Buch »Landhaus und Garten«. Leberecht Migge sollte seine erste Englandreise 1910 antreten.

Ideal und Wirklichkeit des Howardschen Modells lagen jedoch recht weit auseinander, denn weder in Deutschland noch anderswo wurde sein Modell in seiner ganzen Komplexität übernommen. Es wurden lediglich Einzelaspekte herausgegriffen und nach Belieben verändert bzw. den jeweiligen Gegebenheiten des vorhandenen Baulands und den Wünschen der Bauherrn unterworfen.

Die erste deutsche Gartenstadt entstand 1910 auf den flachen Hügeln der Dresdner Heide. Den Bebauungsplan für Hellerau entwarf der Kunstgewerbler und Architekt Richard Riemerschied, der auch zahlreiche Wohnhäuser und die Fabrikgebäude der Deutschen Werkstätten schuf, wo u. a. sein zukunftsweisendes Programm einfacher und zerlegbarer Maschinenmöbel gefertigt wurde. Für fünf von Hermann Muthesius entworfene Kleinhäuser gestaltete Migge die Gärten. Ein Blick auf die Grundrisse zeigt, dass auch bei diesen Entwürfen die Schaffung unterschiedlicher Räume wie Terrasse, Rasenparterre, Gesellschaftsplatz, Kinderspielplatz oder Nutz- und Blumengarten im Vordergrund stand. Ihre Anordnung variierte Migge entsprechend der jeweiligen Geländesituation und den unterschiedlichen Bedürfnissen der Bewohner. Die Gestaltungsregeln des Familiengartens behielten auch bei den in Größe und Ausstattung reduzierten Kleingärten ihre Gültigkeit. Der Anspruch sozialer Durchmischung innerhalb der Siedlungen realisierte sich jedoch nicht, da die Miete für ein Haus mit Garten für den Großteil der Bevölkerung nicht bezahlbar war. Obwohl die Häuser an Angehörige der oberen Bevölkerungsschichten wie mittelständische Beamte und Geschäftsleute vermietet wurden,

Britta Olényi von Husen

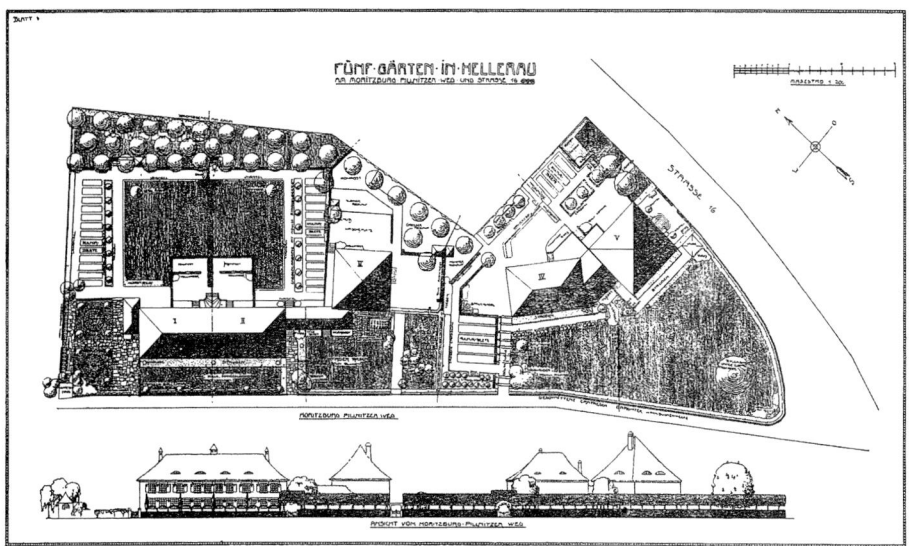

*Gartenstadt Dresden Hellerau, fünf von Leberecht Migge
entworfene Gärten für Häuser von Hermann Muthesius,
Zeichnung von Leberecht Migge, 1911*

gilt Hellerau bis heute als Vorreiter für ein geglücktes Beispiel einer Gartenstadt in Deutschland. Migge dagegen kritisierte bereits 1910 in der »Gartenkunst«, dass die ursprüngliche soziale Intention der Gartenstadt verloren gegangen sei und eine soziale Durchmischung nicht stattfinde. Die Idee diene
lediglich der Rechtfertigung zum Bau von Villenkolonien: »Unsere Gartenstädte sind noch im wesentlichen Attribute von besitzenden Einzelnen, von
Philantropen, Geschmacks- und Wellenmenschen ...«[4] Migges »Gartenstadt
als Stadt der Gärten« blieb eine Wunschvorstellung. Sie wurde weder zum
Wohnort breiter Bevölkerungsschichten, noch gelang es, den Garten zu einem
zentralen Aspekt zu machen. Spätestens bei der Ausführung der Baupläne ran-
gierte er als letztes Glied in der Kette.

Ein anderes Modell einer Gartenstadt ist die Margarethenhöhe in Essen, die
dadurch gekennzeichnet ist, dass die Gärten vom Arbeitgeber instrumentalisiert
wurden. Benannt nach der Industriellengattin Margarethe Krupp, ist sie wohl
das berühmteste, gut erhaltene Beispiel einer vom Arbeitgeber geschaffenen
Gartenvorstadt. Da es bis 1914 fast keinen sozialen Wohnungsbau von staatlicher
Seite gab, etablierte sich der paternalistische Werkswohnungsbau, der viele neue
Abhängigkeiten vom Arbeitgeber schuf. In Essen setzte man mit dem Bau von
Arbeiterkolonien einen in Deutschland sonst kaum erreichten städtebaulichen

Standard. Manche dieser Siedlungen wurden als Gartenstädte oder zumindest in Anlehnung an gartenstädtische Prinzipien errichtet. Den Werkswohnungen wurden Gärten zugeteilt, die z. T. der Selbstversorgung dienten, vor allem aber die Bewohner zu sittlichen Werten erziehen sollten. Die Firma Krupp baute bis 1912 fast 10.000 Werkswohnungen an unterschiedlichen Orten in Essen. Der Gedanke der Selbstversorgung wurde in den Krupp'schen Siedlungen besonders verfolgt. Er war Anlass für Lohneinsparungen.

Im Zuge der Stadterweiterung entstand im Norden von Hamburg seit der Jahrhundertwende eine grüne Vorstadt aus Einzelhäusern für junge Familien. Der gut mit öffentlichen Verkehrsmitteln an die Stadt angebundene Vorort Fuhlsbüttel wurde auch die Heimat des Künstlers Ernst Eitner und seiner jungen Familie. Welches Glück ein eigener Garten spenden kann, vermittelt das Mitglied des Hamburger Künstlerclubs in seinem »Frühlingsbild« von 1901, auf dem er sich mit Frau und Kind am Kaffeetisch in den Mittelpunkt stellt. Alfred Lichtwark erwarb das Gemälde für die Hamburger Kunsthalle.

Da sich Städtebauer, Architekten und Politiker zunehmend der Bedeutung von öffentlichem Grün bewusst wurden, sollte neben den Privatgärten auch ein öffentlicher Park im Stadtteil entstehen. Das überrascht insofern, als Fuhlsbüttel nicht zu den Arbeitervierteln gehörte, die Parks als Ausgleich für die schweren Arbeits- und Lebensbedingungen am dringendsten brauchten.

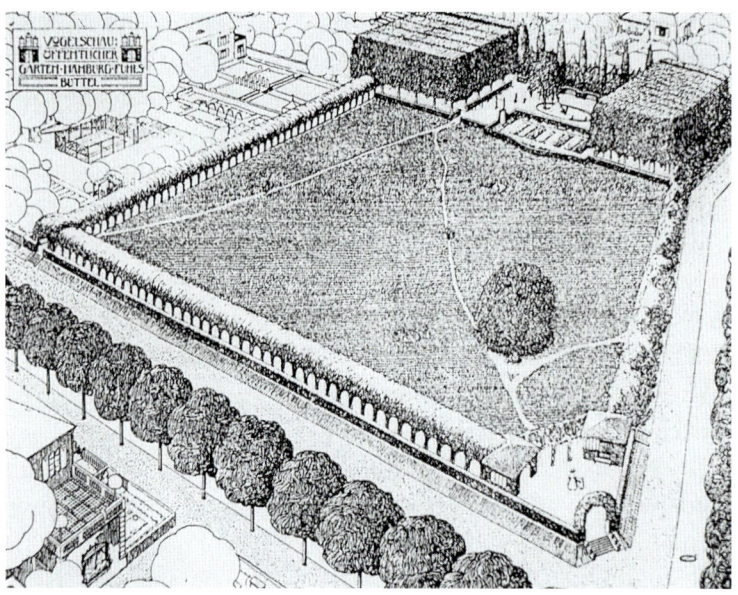

Wacholderpark in Hamburg-Fuhlsbüttel, Zeichnung von Leberecht Migge, 1909

Britta Olényi von Husen

1909 erhielt Migge den Auftrag zur Gestaltung des Wacholderparks, der zu seinen wenigen weitgehend erhaltenen Gartenschöpfungen gehört. Für Migge war der Park ein »erweiterter Garten« zur Freude seiner Benutzer: »Der praktische Zweck eines Parks, sein wirtschaftlicher Nutzwert ist Lustwandeln und Tummeln, ist Sonne und Schatten, gute Luft ... Der schönere Sinn des Parkes ... sein idealer Zweck ist Genuss der Vegetation, ist Freude am Leben, ist Wachsen, ist Schönheit.«[5] Der Wacholderweg, der dem Park seinen Namen gab, war mit bürgerlichen Einzelhäusern im Jugendstil und im neuen Reformstil bebaut. Das Herzstück der rechteckigen Parkanlage ist die durch wie zufällig wirkende Wege erschlossene Festspiel- und Versammlungswiese. Zwei der Längsseiten sind durch Lindenlaubengänge geschlossen. Die Eingangsgestaltung ist einem Parkplatz gewichen, während der Spielplatz mit den Hainen weitgehend erhalten ist. So gibt der Wacholderpark noch heute eine Vorstellung von einem Entwurf, der sich durch Einfachheit und Wirtschaftlichkeit auszeichnet. Bei geschlossener Wirkung bietet er Gartenräume für verschiedene Zwecke und stellt damit die Benutzbarkeit und den Erholungswert in den Vordergrund. Vier Jahre nach dem Bau beschrieb Migge den Wacholderpark in seiner bekanntesten Schrift »Die Gartenkultur des 20. Jahrhunderts«. Auch wenn dieser Park als Beweis für eine verständige und vorausschauende Gartenpolitik gelten könne, gebe es insgesamt noch keine ausreichende Versorgung mit öffentlichem Grün in den Städten, kritisierte er. Migges Buch ist die erste systematische und umfassende Analyse der städtischen Grün- und Freiflächen, die sich mit ihrer Lage im Stadtgebiet, ihrer Funktion und ihren Nutzungsmöglichkeiten beschäftigt. Von einer systematischen Grünflächenpolitik im Städtebau kann erst ab den Zwanziger Jahren gesprochen werden, da die Reformbestrebungen während des Ersten Weltkriegs stagnierten.

Selbstversorgergärten
Die wirtschaftliche Situation in Deutschland war nach dem Ersten Weltkrieg desolat. Es fehlten Rohstoffe, Nahrungsmittel und das Kapital, um die Grundversorgung der Bevölkerung und einen Wiederaufbau der Wirtschaft zu ermöglichen. Für die Wohnungswirtschaft kam erschwerend hinzu, dass es nur wenige zahlungsfähige Mieter gab, da die Lebenshaltungskosten von 1914 bis 1920 um das Fünfzehnfache, der Arbeitslohn dagegen nur um das Siebenfache gestiegen war. Angesichts von Hunger und Arbeitslosigkeit wandte sich Migge ganz dem Bau von Nutzgärten und dem Thema Selbstversorgung zu. 1919 erschien sein viel beachtetes Buch »Jedermann Selbstversorger. Eine Lösung der Siedlungsfrage durch neuen Gartenbau«. Darin stellte er eine Anbau-

methode vor, die hohe Erträge versprach. Er erwarb den »Sonnenhof« und zog 1920 von Hamburg-Blankenese aufs Land in die Künstlerkolonie Worpswede, wo er das 1.000 Quadratmeter große Grundstück nach seinen gartenbaulichen Vorstellungen anlegte und bewirtschaftete. In Zusammenarbeit mit verschiedenen bedeutenden Architekten des »Neuen Bauens« wie Bruno Taut, Martin Wagner oder Otto Haesler gestaltete Migge eine Reihe von Selbstversorgeranlagen.

Bei vielen Siedlungen der Zwanziger Jahre, insbesondere bei denen des »Neuen Bauens«, wurde mit unterschiedlichen Bauformen, Grundrissen und Produktionsmethoden experimentiert. Der Funktionalismus wurde von den Architekten der Avantgarde und deren Auftraggebern als Ausdruck eines neuen, die Gleichheit betonenden Gesellschaftsverhältnisses verstanden und sollte das Bewusstsein einer solidarischen Gesellschaft fördern. Besonders die Bemühungen um Typisierung und Rationalisierung als Maßnahmen zur Verbilligung des Wohnungsbaus sind wesentliches Merkmal für den Siedlungsbau der Zwanziger Jahre. Den Gärten wurde trotz sorgfältiger Planung in der Ausführung häufig aus finanziellen Gründen zu wenig Gewicht beigemessen, als dass sie als Selbstversorgergärten hätten funktionieren können.

Für einen von Otto Haesler entworfenen Zeilenbau in Celle schuf Migge 1927 die Pachtgärten. Der »Georgsgarten« sollte nach Migges Wünschen das »Ideal moderner Wohnungsanlagen« für Arbeiter werden. Die Gärten lagen im Süden der Siedlung und waren gut erreichbar. Die Typisierung sorgte nicht nur dafür, die Baukosten zu reduzieren, sondern auch ein einheitliches Bild zu schaffen. Zur Steigerung des Ertrags stattete Migge die Kleingärten mit Fruchtmauern, Beregnungs- und Kompostieranlagen aus. Den Siedlern stand eine Anzuchtgärtnerei und eine Zeit lang sogar ein Siedlungswart zur Verfügung. Trotzdem konnten nur wenige Gärten verpachtet werden. Erst als nach zwei Jahren die Pacht um ein Drittel auf 40 Reichsmark gesenkt wurde, fanden bis 1930 alle Gärten Pächter. Doch schon 1932, also in einer Zeit, von der man annimmt, dass Menschen auf solche Gärten angewiesen seien, kündigten verschiedene Pächter ihre Gärten, weil sie aus ihnen keinen Beitrag zum Lebensunterhalt erwirtschaften konnten. Ein Garten von 350 bis 400 Quadratmeter Größe sollte dem Siedler nach Abzug aller Kosten einen Reinertrag von 100 Reichsmark bringen. Die hohe Pacht überstieg jedoch in der Realität die Einnahmen. Schon 1921 hatte ein Zeitgenosse festgestellt: »Der Boden trägt nur reiche Ernte bei harter rastloser Arbeit, die der in einem anderen Berufe Stehende gar nicht aufbringen kann.«[6] Erschwerend kam hinzu, dass nach der Währungsreform der heimische Obst- und Gemüsemarkt durch die billigere Konkurrenz aus dem Ausland geschwächt wurde. Migge hatte die Schwierig-

Britta Olényi von Husen

Siedlung Georgsgarten in Celle, Südseite mit Hintergärten von Leberecht Migge entworfen, 1927

keiten der Landbebauung mit im Idealfall geschulten Laien unterschätzt. Den staatlichen und kommunalen Stellen gelang es nicht, Familien anzusiedeln, die die Gärten als wirtschaftliche Basis dringend gebraucht hätten. Die Mieterschaft setzte sich zu einem Drittel aus Beschäftigten im öffentlichen Dienst oder in der Verwaltung und zu einem weiteren Drittel aus Kaufleuten und Angehörigen des unteren Mittelstandes zusammen.

Mit der Weltwirtschaftskrise brach der Wohnungsbau in Deutschland zusammen. Man war zu keinerlei sozialpolitischen Zugeständnissen mehr bereit und verwarf das gesamte System des Reformwohnungsbaus mit seinen gesellschaftlichen Ansprüchen und Utopien und seiner modernen Architektur, die für steigende staatliche Interventionen und ein Absinken der privaten Rentabilität stand. Aus den städtebaulichen Reformideen wurde für die unteren, häufig arbeitslosen Bevölkerungsschichten die Suche nach der »Wohnung für das Existenzminimum«, zurück zu Kleinstwohnungen einfachster Art: Beschränkung der Wohnfläche auf wenige Quadratmeter, keine Dusche, keinerlei Gemeinschaftseinrichtungen.

Unter diesen neuen Bedingungen wurde die Idee der ländlichen Siedlung wieder aufgegriffen, Selbstversorgergärten sollten nun vor allem der Bekämpfung der Arbeitslosigkeit dienen. Das Stadtrandsiedlungsprogramm mit Einfachstsiedlungen mit Minimalstandards ohne Kanalisation und Heizung im Eigenbau wurde ins Leben gerufen, Konzepte für Gärtnersiedlungen gewannen an Bedeutung.

1932, auf dem Höhepunkt der Weltwirtschaftskrise mit über sechs Millionen Arbeitslosen in Deutschland, begann Migge zusammen mit seinem Mitarbeiter Max Schemmel ein Gutachten für die Stadt Berlin zu erstellen, in dem sie den Umbau der Großstadt zu einer modernen Gartenstadt konzipierten. Das gigantische Projekt kam über die Entwurfsphase jedoch nicht hinaus. Den Nationalsozialisten waren Migges Ideen und Überzeugungen unerwünscht. Sein 1926 eingerichtetes Berliner »Büro für öffentliche Siedlungsfragen« wurde im Jahr der Machtergreifung geschlossen. Migge zog sich auf den »Sonnenhof« zurück, wo er 1935 starb.

Britta Olényi von Husen

Vom Gartenkind zum Weltbürger – Natur als éducation politique

Brita Reimers

Der Garten ist der Ort, an dem der Mensch die Natur kultiviert. Seit der Aufklärung denken Pädagogen verstärkt über Erziehung im Garten nach, während die Kinder selbst am liebsten im Dickicht verschwinden, um zu spielen und zu träumen. Ich möchte mich im Folgenden auf das Leben und Werk einer einzigen Frau beschränken, da ihre Bücher und Schriften die Chance bieten, genau zu benennen, was Natur und Garten zur Entwicklung eines emanzipierten Staats- und Weltbürgers beitragen können. Ich spreche von Alma de l'Aigle, Pädagogin und Schriftstellerin, nach eigener Aussage »Sozialistin und konservative Revolutionärin«[1], geboren 1889 in Hamburg und damit zu der Generation gehörig, die bei Beginn des Ersten Weltkriegs 25 Jahre alt war.

Die Familie de l'Aigle-Valois hatte 1792 ihren Besitz bei Sédan verlassen und war vor der Französischen Revolution in das damals dänische Schleswig-Holstein geflohen, wo der Ururgroßvater Alma de l'Aigles auf Schloss Ahrensburg Reisebegleiter des Grafen Schimmelmann wurde. Vielleicht gärte in seinem Sohn bereits etwas Revolutionäres, räsonierte Alma de l'Aigle. Jedenfalls lief er davon, erlernte das Uhrmacherhandwerk und heiratete eine Bauerntochter. Sein Enkel Alexander war Almas Vater, Jurist im hamburgischen Staatsdienst. Des Stadtlebens müde, ergriff er bei einer Justizreform die Gelegenheit, sich mit halbem Gehalt pensionieren zu lassen. In der Gemarkung Lokstedt, damals außerhalb der hamburgischen Landesgrenze, kaufte er 8.000 Quadratmeter Ackerland und legte einen großen Garten um ein kleines Haus an: »Der ländliche Besitz der Urväter in Frankreich und die bäuerliche Natur der holsteinischen Großmutter hatten sich wohl wieder geltend gemacht.«[2] Er kultivierte Blumen, Früchte, Gemüse und sogar Wein und hielt Bienenvölker. Seine Arbeit war professionell und von hoher Qualität. Auch Alexander de l'Aigle hatte eine Frau aus dem ländlichen Schleswig-Holstein geheiratet, Christine Wolters, die spanischer oder maurischer Abstammung war. Mit der Geburt der Schwestern Claudine und Anita war die Familie, in der auch die Großmutter mütterlicherseits lebte, komplett.

Bodenspekulation

Bevor ich mich Alma de l'Aigle widme, möchte ich die politische Geschichte des Gartens erzählen. Über den Kauf des Grundstücks im Jahre 1888 schreibt sie: »Das war Ende des 19. Jahrhunderts gewesen, zu jener Zeit, als geruhsame Bürgerlichkeit sich in den Städten unmerklich wandelte in geschäftige und geschäftliche Regsamkeit, die sich noch wiegte in der vollkommenen Sicherheit und Gleichmäßigkeit der wirtschaftlichen und politischen Lage. Damals begann die Bodenspekulation den Grund zu legen zum Wohnungselend in den Großstädten. Der Bauer Sottorf wollte dem Vater gern den ganzen Streifen Acker bis hinunter an die Collau verkaufen; der Rest, weit größer als der eigentliche Garten, sollte nur zweitausend Mark kosten. Wenn das Gebiet erschlossen würde, meinte der kluge Bauer, würde das einträgliche Bauplätze ergeben. Aber solche Gedankengänge lagen dem Vater fern. Sein Hanseatengeist war preußisch gefärbt; die Herkunft aus altem französischen Adel wirkte auch wohl nach. Nie hätte er die Hand zum Geschäftemachen geboten.«[3]

Nach dem Tod des Vaters pflegten die drei Töchter seinem letzten Willen entsprechend den Garten unverändert weiter. Laut Testament von 1985 sollte er den Hamburgern vermacht werden. Alma war damals über 25 Jahre tot, aber ein solches Vermächtnis an die Allgemeinheit entsprach den Überzeugungen, die sie nach dem Ersten Weltkrieg vertreten hatte. In ihrem Artikel »Deutsches Erbrecht« kommt sie nach sorgfältiger Erörterung der Sachlage zu dem Schluss, dass eine erfolgreiche Änderung des Erbrechts eine innere Wandlung des Eigentumsbegriffs voraussetze. Dazu müsse das Zusammengehörigkeitsgefühl des Einzelnen mit dem Volk und die Verantwortung ihm gegenüber wieder lebendig werden: »Was Eigentum war, wird Lehen, mit freier Verfügungsgewalt, jedoch als Geliehenes mit Verantwortungspflicht gegenüber dem Lehensherrn, der Gemeinschaft, dem Volk; Generalismus und Sozialismus beide in starker Ausprägung.«[4] Sie plädiert für die Einführung der Erbpacht, da sie das von der Familie kulturell durchdrungene Eigentum respektiert und den Zusammenhang der Geschlechter garantiert, gleichzeitig aber persönliches Gewinnstreben und Spekulation unterbindet. Die Frage: »Wem gehört die Welt?«[5] wird heute in Hinblick auf die dramatische Verknappung unserer natürlichen Ressourcen erneut diskutiert.

Durch Änderung des Testaments kurz vor dem Tod der letzten de l'Aigle Tochter Anita ging der Garten überraschend in private Hand über. Der Erbe bemühte sich um eine Unterschutzstellung der Gesamtanlage beim Amt für Denkmalschutz, da auch für ihn das Vermächtnis an die Verpflichtung geknüpft war, den Garten im »Familiensinn« zu erhalten. Die Behörde lehnte ab. Die Kunsthistorikerin Dr. Ilse Rüttgerodt-Riechmann sagte mir, das Anwesen sei faszinierend und anrührend gewesen, ein verwunschener Ort, aber kein Denkmal, da die Gestaltung nicht mehr erkennbar gewesen sei. Eine andere Meinung vertrat später die Landschaftsarchitektin und amtliche Gartendenkmalpflegerin der ehemaligen Umweltbehörde Dr. Martina Oldengott (damals Nath-Esser). Sie hielt den Garten für schützenswert als das seltene Dokument eines Privatgartens, der alle Merkmale eines Naturgartens aufgewiesen hatte, wie ihn die Lebensreformbewegung mit Leberecht Migge erst 20 Jahre nach Alexander de l'Aigle propagierte. In ihrem Gutachten urteilte sie: »Auf den ersten Blick wirkt der Garten heute zwar sehr verwildert. Die wertbestimmenden Gartenstrukturen und Pflanzenbestände sind jedoch nicht verloren gegangen.«[6] Eine große Hilfe bei der Deutung der Strukturen war das Buch »Ein Garten«, das Alma de l'Aigle angesichts der Zerstörungen des Zweiten Weltkriegs über ihren Elternhausgarten schrieb.

Als Martina Oldengott 1991 durch Zufall von dem Garten erfuhr, war das inzwischen in einem teuren Stadtteil gelegene Grundstück an eine Investmentfirma mit Sitz in Amsterdam verkauft. Die vollständige Überbauung mit Eigentumswohnungen sollte in den nächsten Tagen genehmigt werden. Im »Familiensinn« war das sicherlich nicht. Für die Familie de l'Aigle, deren Wurzeln in einem ländlichen Stammsitz lagen, war die zu den Grundzügen französischen Wesens gehörende Kultivierung des Bodens und seiner Gewächse nicht nur eine ökonomische Angelegenheit, eine rationale Produktionsform, sondern verwachsen mit Mensch und Seele. Ausbeutung durch Bodenspekulation oder Gifte hatte da keinen Platz. Das Düngemittel des alten de l'Aigle war der Goldeimer gewesen.

Das Gutachten von Martina Oldengott bewirkte eine vorläufige Sicherstellung des Grundstücks durch den Umweltsenator. Dadurch wurde Zeit gewonnen, um in Senat und Bürgerschaft die Schutzwürdigkeit und Möglichkeiten der Gartenerhaltung zu erörtern. Nach drei Senats- und Bürgerschaftsentscheidungen war ein Kompromiss erzielt.[7] Der neue Eigentümer trat ein Viertel des Grundstücks an den Nachbarn, die Stiftung Anscharhöhe ab, die es als Naturdenkmal und Reminiszenz an die Familiengeschichte für die Öffentlichkeit zugänglich hält. Die seltenen und vom Aussterben bedrohten Kulturpflanzen wurden gerettet. Die »Stiftung Denkmalpflege Hamburg« übernahm den Unterhalt und die Pflege. Um einen Garten als schützenswert unter ihre Fittiche nehmen zu können, musste die Stiftung Satzung und Namen ändern. Ein Bewusstsein für Gärten als mögliche kulturgeschichtliche Denkmäler ist erst spät entstanden.

Heute ist es stark gefährdet, wie die am hohen Elbufer aufgebaute Nachbildung von drei Sondergärten des Liebermannschen Gartens am Wannsee zeigt.

Mangelndes Geschichtsbewusstsein, warnt der Berliner Architekturkritiker Jürgen Tietz mit Blick auf die heutigen Rekonstruktionslösungen, werde bedenkliche Auswirkungen auf die aufwendigere Restaurationspraxis haben.

Ein Garten als lebensleitende Erfahrung

Alma de l'Aigle verfasste ihre Bücher und Schriften aus der täglichen Erfahrung als Antwort auf eine bestimmte aktuelle Lage in der Verantwortung für den Menschen.

Als es keine gescheiten Kinderbücher gab, schrieb die »Schriftstellerin wider Willen«[8] selber welche. Die ersten entstanden aus der Gartenwelt. »Häsi und andres geliebtes Getier« lasen zehntausende Mädchen und Jungen. 1944 ließ sie sich aus der Schule in eine pädagogische Bücherei versetzen, weil sie das lange vorbereitete Erziehungsbuch nicht weiter aufschieben konnte, ein Buch für Mütter, »aus der Angst um die Kinder … die Hitlers Erziehungsgrundsätzen mehr und mehr ausgeliefert wurden«[9]. Weil das Volk »sich innerlich fortgelebt hatte von allem Echten, natürlich Gewachsenen; weil es nicht mehr empfand, daß alles aufgehen muß, alles sich entsprechen muß …«, durchschaute es »die aufgetürmte Propaganda, die Unechtheit, die Versprechungen einer Schar von Va-Banque-Spielern nicht … Zum allerursprünglichsten Geschehen müßte unser Geist zurückkehren … etwa zum Wachstum der Pflanze.«[10] Mit dieser Empfehlung erinnert die Autorin an das Reich der unverrückbaren Gesetzlichkeit und des Instinkts. Die »ursprüngliche Begabung der Mutter zur Einfühlung in das Kind«[11] möchte sie durch ihr Buch mit dem »feierlichen« Titel »Die ewigen Ordnungen in der Erziehung« aufrufen. Wissenschaftliche Forschung, mit der sie sich an anderer Stelle kenntnisreich auseinandersetzt, zieht sie nur am Rande und so einfach und natürlich wie möglich hinzu. Sie geht von konkreten Beispielen aus und findet einen Ton, der ganz junge Menschen dankbar schreiben lässt: »So hat noch niemand zu mir gesprochen, wie dieses Buch.«[12] Mir erzählte vor einiger Zeit eine junge Lehrerin, dass sie und ihre Geschwister mit dem Buch erzogen worden seien, aber eigentlich seien sie gar nicht erzogen worden, sondern aufgewachsen. Neben dem Beruf und anderen Pflichten, unterbrochen von Krankheiten, in einer Wohnung ohne Fensterglas und Heizung rang Alma de l'Aigle sich den fünfhundertseitigen Text ab, den sie auf und ab rennend, ihrer in Federbetten gehüllten Schreibhilfe diktierte. »… und daneben, zur Entspannung, das Buch ›Ein Garten‹, das … so daher plaudert, als wenn die Verfasserin es in den heitersten Lebensumständen geschrieben hätte.«[13]

Der Garten als tiefste Grundlage ihres Lebensgefühls ist Alma de l'Aigle so gegenwärtig, dass es ihr mühelos gelingt, innere Bilder herbeizurufen und sie in Sprache, in Literatur zu verwandeln. Sie beschreibt keine Gemütsstimmungen

und poetisiert nicht im Nachhinein, sondern stellt die ursprünglich gegebene Erlebniswirklichkeit und ihre eigentümliche Beglückung wieder her. Da alles Sinnliche in ein seelisches Fluidum getaucht ist, gibt sie den Dingen ihren Bedeutungsgehalt zurück. Dabei bleibt die Beziehung zum großen Ganzen der Natur immer spürbar, so dass das Buch an keiner Stelle zu idyllischer Kleinmalerei gerät. Es vermittelt eine Fülle vergessenen Gärtnerwissens, vor allem aber öffnet es den durch bewusstes und zielgerichtetes Denken und Handeln eingeengten und verarmten Sinn des modernen Lesers, der Dimensionen vernachlässigt, die für unser Lebensgefühl von großer Bedeutung sind. Ein sanftes Lehrbuch also, als Ergänzung zum großen Erziehungsbuch, in dem Natur und Garten fast nicht vorkommen.

Ihrer Erlebnisweise entsprechend, schreibt Alma de l'Aigle das Gartenbuch aus der Ewigkeitsperspektive heraus. Mit nur zwei kleinen Szenen veranschaulicht sie das Ganze des Kosmos und die Entwicklungsgeschichte der Menschheit, die nach ihrer Überzeugung jeder einzelne Mensch noch einmal durchlebt. Das Buch beginnt mit der kleinen Alma, die aus dem quasi vorgeburtlichen passiven Zustand ohne Verantwortung, in diesem Fall aus der Gemüsegrube mit ihren erdigen Düften, in die Helligkeit der aktiven Welt der Gestaltung und Eingliederung in die menschliche Gemeinschaft, den Garten, klettert. In Augenhöhe mit dem Rasen verweilend, träumt das Kind sich als Kameradin von Pflanzen und Käfern, um dann mit einem kleinen Ausruf dem Vater entgegen zu stürmen. Und an eben diesem Ort endet auch das Buch. Allerdings befindet sich jetzt hier ein schützender Bunker, aus dem die erwachsene Alma nach einem Bombenangriff emporklimmt und ihre Augen erhebt »zur Kuppel des unendlichen Himmels, wo die Sterne ihre ewige Bahn ziehen, gehorsam und unbeirrt.«[14]

Das Buch ist dem Garten mit seinen »natürlichen Ansprüchen, Forderungen und Beglückungen« gewidmet. Es beschreibt den Kreislauf eines Jahres, organisch verwoben mit der Entwicklung der Kinder des Gartens zu jungen Mädchen, ganz anders als der deutsche Bildungsroman, in dem ein junger Mann durch die Mechanik sozialer Formen zum angepassten Mitglied der Gesellschaft erzogen wird. Das Buch beginnt im Frühling, mit dem Erwachen der Natur, und endet mit der Herstellung der Bienenwachskerzen für den Weihnachtsbaum. In diesem autobiographischen Text sind weniger die Menschen die Protagonisten als der Garten, seine Pflanzen und Bäume, seine Blüten und Früchte, seine Tiere – die ewige Ordnung der Natur oder der Schöpfung, die sich nach eigenen, ihr innewohnenden Gesetzen entfaltet und in die die Menschen sich tätig einfügen. In dieser Welt, lange noch ohne fließendes Wasser und elektrisches Licht, regiert nicht die mit Kalender und Uhr unterteilte lineare Zeit der industriellen Arbeits- und Lebenswelt, die sich in der Informationsgesellschaft zur Herrschaft der digital gemessenen Sekunde entwickelt hat. Der Garten ist aber auch nicht Erholungsraum mit kompensatorischer Funktion zur Regeneration der Arbeitskraft.

Das arbeitsreiche Leben ist geprägt vom Rhythmus der Natur, von der Wiederkehr der Jahreszeiten, dem Zufall des Wetters, von Tag und Nacht in ihrer wechselnden Länge, von den langen Rhythmen von Saat und Ernte und den wiederkehrenden Festen wie Geburtstag, Ostern und Weihnachten. Die organische Wiederholung, die auch die seelische Wirklichkeit einschließt und sich damit von der Stereotypie identischer Wiederholung grundlegend unterscheidet, ist ein wesentliches Merkmal menschlichen Lebens. »Rhythmus«, schreibt Alma de l'Aigle, »ist mehr als Ordnung, Rhythmus enthält den Sinn des Lebendigen. Rhythmus ist Ordnung aus dem Ewigen heraus. Die ordentlichste Hausfrau kann gänzlich ohne Rhythmus in ihrer Arbeit und ihrem Wesen sein.«[15]

Neben einer Erfahrung der Zeit, die nicht dem sozialen, sondern dem Naturwesen Mensch entspricht, bietet der Garten eine natürliche Erfahrung des Raums. Der Körper korrespondiert mit dem organisch gewachsenen Gelände und erfährt sich in Relation zu ihm. Die Maßeinheit ist die der Ausdehnung von Boden und Pflanzen und des eigenen Körpers, der eigenen Bewegung, des Schritts, der erlaubt, die Welt unmittelbar, in einem unserem Gehirn angemes-

Brita Reimers

senen Tempo wahrzunehmen. Anders als die niedrige eckige und glatte Zimmerdecke hält der vom Himmel überwölbte Garten mit seinen Wolken und Sternen eine Erlebnisfülle bereit, aus der belebende seelische Erfahrungen erwachsen. Eine Untersuchung hat gezeigt, dass ein Drittel unserer Kinder seinen Schulweg als gerade Linie zeichnet. Im Auto hört man die Amsel, sieht das Scharbockskraut am Wegesrand nicht.

Nicht an Geld und Gewinn, sondern am Leben orientiert, war es ein äußerlich bescheidenes, aber innerlich reiches Leben schöpferischen Erlebens und Gestaltens, das die Familie de l'Aigle führte. Im stillen Garten lernte das Kind das stille Beobachten. In den naiven, klaren Beobachtungsgrundlagen, die in der Kindheit gewonnen wurden, erkennt Alma de l'Aigle die Wurzeln für ein Wissen um die Dinge, das anders als das Wissen von den Dingen die wahre Bildung ausmacht. Die Phantasie des Kindes wurde von dem schöpferischen Leben der Natur, dem Wandel von Formen, Farben und Düften im Hausgarten ebenso angeregt wie durch das Wäldchen: »... ich weiß noch, daß wir es jedes Jahr unserer Mutter von neuem verdachten, daß sie auch im ›Wald‹ das Laub zusammenharken ließ. Der Wald war doch unsere Zuflucht vor aller Bürgerlichkeit, auf die wir nicht nur als Kinder, sondern auch als junge Mädchen leise und lauter pochten.«[16] Im Zusammenleben lernte das Kind Pflanzen und Tiere als selbständige, beseelte Wesen zu erkennen, zu achten und zu lieben, aber auch Verantwortung zu übernehmen. Als die kleine Alma eines Tages die Schönheit des »sonnenhaften« Löwenzahns entdeckte, grub sie ihn sorgfältig aus und pflanzte ihn auf ihr Kinderbeet. Was die spottende Familie vorausgesagt hatte, traf ein: Er verwelkte. Der Löwenzahn lehrte das Kind: »Das Sonnenhafte, das man liebt, darf man nicht besitzen wollen; man muß ihm seinen ihm eigenen Platz gönnen, zu ihm hingehen und sich dort von seiner Schönheit beschenken lassen.«[17]

Auch ein Generationen übergreifender Gemeinsinn vermittelte sich im Garten als gemeinsamem Lebens-, Arbeits- und Erfahrungsraum leicht und selbstverständlich. Von Anfang an wurden die Kinder zu kleinen Hilfsarbeiten herangezogen. Doch lieber als mit Mutter und Großmutter im Hause die Früchte zuzubereiten, waren die Mädchen mit dem Vater im Garten. Er war der eigentliche Erzieher, er verwirklichte zwei wesentliche Grundsätze, die seine Tochter später in ihrem Erziehungsbuch benennen sollte. Sie lauteten: Kinder brauchen Impulse und: das Aus-Sich-Heraus-Tun, das Gestalten und Handeln, ist für Kinder ebenso wichtig wie das Empfangen und Aufnehmen. Auch in dieser Hinsicht kann man sich für Kinder kaum einen geeigneteren Ort als den Garten und die Natur denken. Unter Anleitung des Vaters lernten die Kinder die einzelnen Apfel- und Birnensorten, ihr Aussehen, ihren Duft und ihren Geschmack, ihre Pflück- und Essreife und ihre Lagerung genau kennen. Als ein Junge mit seinen

Eltern zu Besuch kam und unter Esperens Herrenbirne artig fragte: »Da greift ihr Euch wohl jedes Mal eine reife Birne herunter, wenn ihr hier vorbei geht«, dachten die Mädchen, die selbstverständlich wussten, das diese Birne unreif gepflückt wird: »So blöde kann doch nur ein Städter reden.«[18] Auch angebissene Früchte wegzuwerfen oder Obst und Gemüse großzügig zu schälen, empörte die Schwestern. Der Garten hatte sie gelehrt, dass Geerntetes kein simples Produkt ist, sondern etwas Lebendiges, dem Achtung gebührt.

Auch Spiele regte der Vater an. Daran wird sich die erwachsene Alma erinnern, als sie Zerstörungswut bei Jugendlichen beobachtet und von Selbstmorden in der Zeitung liest. Im »Hamburger Elternblatt« fordert sie Bauspielplätze: »Es fehlt dem Einzelnen ein Platz in der Welt, wo er sich nicht nur geduldet, sondern beheimatet fühlt, und dazu ein Betätigungsfeld, wo er rechtmäßig hingehört und nicht dauernd das Gefühl hat, gegen die Ordnung der Gesellschaft zu verstoßen. Von diesen Gedankengängen her, und meiner eigenen Kindheit eingedenk, wo wir Hütten und Höhlen und Lehmherde bauten und Bänke und Börter mit unseres Vaters Hilfe fertigbrachten, habe ich seit Jahren die Forderung nach Bauspielplätzen erhoben. Es geht ja um mehr als den Heranwachsenden Unterhaltung und Beschäftigung zu geben. Es geht darum, ob ihr Betätigungsdrang planlos abirrt und die erschreckend vielen sinnlosen, brutalen zerstörerischen Handlungen Jugendlicher hervorruft, oder ob dieser gesunde Drang sich positiv betätigen kann und die Grundlage schafft zu späteren Leistungen, zu einem fest in sich ruhenden Charakter, zu einer fruchtbaren Teilnahme an den Aufgaben der Gemeinschaft.«[19]

Das Gartenbuch legt wunderbares Zeugnis ab von einer voll ausgelebten Kindheit in einem Garten, der den Charakter des Kindes für den Beruf und die Verantwortung formte, die Alma de l'Aigle in einer schwierigen Zeit übernahm.

Das junge Mädchen verlässt den elterlichen Garten. Die väterliche Lebensauffassung, die die scheinbar heile Welt der 60er und 70er Jahre des 19. Jahrhunderts zurückholen und alles Technische verbannen wollte, und die falsche bürgerliche Welt der Mutter reichten nicht, um die Krise der Moderne zu bewältigen.

Von Natur aus Künstlerin, wäre Alma de l'Aigle mit ihren im Garten ausgebildeten Sinnen gerne Malerin geworden, beugte sich aber dem Wunsch des Vaters, der auch ein Medizinstudium für Frauen ablehnte, und ging aufs Lehrerinnenseminar. Von 1905 bis 1909 absolvierte sie eine Ausbildung für mittlere und höhere Mädchenschulen, konnte sich aber zunächst nicht entschließen, sich in den engen Lehrbetrieb der Schule einzwängen zu lassen. Sie lernte kochen und schneidern, wurde Erzieherin und gab Privatstunden, um dann doch in einer staatlichen Hilfsschule zu landen, die sie wegen des gelockerten Pensums und

»Aber wie reich war unser Leben durch den engen Zusammenhang mit der lebendigen Welt von Pflanze und Tier.« – Alma de l'Aigle im elterlichen Garten, um 1910

der Werkarbeit gewählt hatte. Nachdem sie den Rohrstock ihres Vorgängers im Kachelofen verbrannt hatte, konnte sie die Kinder um den Finger wickeln. Sie begann, sich für Kinderpsychologie zu interessieren und belegte an der Staatlichen Kunstgewerbeschule Kurse in Tischlern, Holzbildhauerei und Malerei. Das Leben des stillen Gartenkindes wurde reich an Freundschaften.

Mit Ausbruch des Krieges, als insbesondere auch Künstler in Schwierigkeiten gerieten, da die Aufträge ausblieben, organisierte sie unter Aufbietung ihrer Freizeit und eines Teils ihres Gehalts den »Kriegsmittagstisch Lichtwark-Gedächtnis«. Anders als in den ungemütlichen und lauten Kriegsküchen gab es bei ihr weiß gedeckte, blumengeschmückte Tische, selbst gekochte Nachtische, Kaffee und Bücher für die, die bleiben wollten oder mussten: Garten- und Lesekultur in Kriegszeiten!

Nach dem Krieg, mit dem Zusammenbruch der Monarchie und der Einführung des Frauenwahlrechts, erwachte Alma de l'Aigle zu politischem Bewusstsein. Sie suchte Anschluss an die um 1900 entstandene Jugendbewegung, in die sich junge Menschen zunächst ohne politische Absichten vor der Autorität von Elternhaus und Schule mit ihrer toten Wissensvermittlung und der zunehmenden Verstädterung gerettet hatten. »Jeder erfülle den Sinn seiner selbst; jeder

»Hier ging es freilich bacchantischer zu als bei der Polonaise der geruhsamen Bürgerlichkeit zehn Jahre vorher.« – Alma de l'Aigle beim Volkstanzfest im Garten, vor 1914

gehorche dem Gesetz seiner selbst«,[20] lautete das Motto. Gemeinsames Wandern, Landschulheim, Lagerfeuer, hin zur Natur, zu einer natürlichen Ethik junger Gemeinschaften standen im Mittelpunkt. Während die meisten unpolitisch blieben und von einem schwärmerischen Naturgefühl erfüllt, später leicht für die Zwecke der Nationalsozialisten zu gewinnen waren, begannen andere, politisch zu denken. Alma de l'Aigle nahm bei den Jungsozialisten schnell eine maßgebende Rolle ein.

Eine Fülle von Reden, Aufsätzen, Briefen und Flugblättern entstanden, in denen die Tochter eines Juristen mit großer Klarheit über Staatsrecht nachdenkt, um zur Meinungsbildung der politischen Jugendbewegung beizutragen. Sie warnt vor der Inanspruchnahme der Masseninstinkte und fordert eine Politik lebendiger Sachlichkeit, wobei sie es für grundlegend erachtet, dass der Politiker die Gesetze des Lebens möglichst vieler Arten von Menschenleben kennt und in sich lebendig hält, damit seine Politik nicht in der Luft schwebt. Gründlich spricht sie politische Konzeptionen durch und erwägt auch ihre psychologischen Wirkungen. Auf der Tagung der Jungsozialisten in Hofgeismar im Jahre 1923 hält sie einen großen Vortrag über »Volk und Staat«. Dabei gibt sie keine Begriffsdefinitionen, sondern entwickelt aus der Perspektive einer leben-

Brita Reimers

dig erfahrenen Unendlichkeit, wo Liebe und Freiheit sich verbinden, ihr politisch weltanschauliches Bekenntnis: »Die Gestaltwerdung der Idee des Volkes im Volk und durch das Volk vermittels seiner Funktion Staat, das heisst uns Demokratie.«[21] Um als Stellvertreter des empirischen Volkes der Verwirklichung einer wahren Volksgemeinschaft dienen zu können, fordert sie Staatsmänner, die Erzieher, Gestalter und Durchsetzer sind und persönliche Verantwortung übernehmen.

Ein Volk zu sein, könne man wie die seelische Beziehung einer Ehe nicht begreifen, sondern nur erleben. In einer wirklichen Gemeinschaft bestehe »ein wunderbarer, fast unbegreiflicher Zusammenhang zwischen der Idee der Gemeinschaft und der Idee einer jeden der Einzelpersönlichkeiten, die ihre Glieder bilden.«[22] Sich ergänzende Vielfalt, schreibt sie an anderer Stelle, Biodiversität also, führe zu einem harmonischen Ganzen des Volkes, der Nation, in der weniger das einzelne Individuum im Mittelpunkt steht als seine jeweiligen besonderen Kräfte im Dienste einer harmonischen Gemeinschaft. Diese Vorstellung geht bis in die Privatsphäre hinein, wo Alma de l'Aigle zumindest für sich die Gesellschaft einer kleinen Gruppe sich ergänzender Persönlichkeiten einer Zweierbeziehung vorzieht – ein gemäßigter, natürlicher Begriff von Persönlichkeit also, keine Selektion, keine Hybridzüchtung oder Stutzung. Er macht allerdings auch nicht vor der Forderung Halt, notfalls sich und andere für eine Sache zu opfern. Ihre Anstellung riskierend, weigerte sie sich 1919 den von allen Beamten geforderten Eid auf die Verfassung zu schwören. Vor Gericht argumentierte sie, dass sie mit dem Treueschwur eine Bindung einginge, deren Tragweite sie nicht übersehen könne für den vorläufig hypothetischen Fall, eine notfalls auch gewaltsame Änderung der Verfassung für erstrebenswert zu halten.

Im Bereich der Wirtschaft folgte die Jungsozialistin Wichard von Moellendorf, dem Vater der Deutschen Gemeinwirtschaft, der an den verpflichtenden Charakter von Eigentum erinnerte. Statt einer Wirtschaft durchsetzungsfähiger Einzelner, die durch Erzeugung von Bedürfnissen ein hypertrophes Wachstum anstreben, forderte er eine Vermögensverteilung an die Arbeiter und eine Bedarfswirtschaft, in der die notwendigen Güter möglichst schnell produziert werden und zusätzlich gesellschaftliche Dienstarbeit gegen Bezahlung geleistet werden muss. Der Lohn richtet sich nicht nach der Arbeitsleistung, sondern nach dem Bedarf. Einen Teil der Schriften dieses konservativen Sozialisten, der in Vergessenheit geraten war, als man Anfang der Dreißiger Jahre über Planwirtschaft nachdachte, gab Alma de l'Aigle unter enormem Kraftaufwand und größten menschlichen Schwierigkeiten auf Moellendorfs Bitte heraus. Sie sind 1932 auf ihren Wunsch ohne Nennung ihres Namens erschienen. Neben der Reproduktionsverpflichtung sollte jeder sein Leben nach eigenen Vorstellungen gestalten können, ohne sich jedoch bezahlter Mitarbeiter zu bedienen. Mit der sozialen Herrschaft hat die Entfremdung von der Natur begonnen, die durch die virtuellen Welten einen qualitativen Sprung mit unabsehbaren Folgen gemacht hat.

Alma de l'Aigles politische und soziale Überzeugungen gründen in einem unerschütterlichen Glauben an Erziehung und Aufklärung, der diese charismatische Lehrerin nie verlassen hat. Mit dem Stillerwerden der Jugendbewegung fand sie ihre eigentliche Aufgabe in pädagogischer und kultureller Arbeit.

Die Hamburger Lehrerschaft hatte schon lange eine starke Schulreform gefordert, nach dem Krieg wurde sie zur Revolution. In großen Versammlungen verlangte man, Versuchsschulen zu gründen und Bildung wie Kunst und Wissenschaft auf innere Selbständigkeit zu stellen. Zehn Jahre nach der Einführung der Reformschulen zog Alma de l'Aigle 1929 folgende Bilanz: »Nur eins würde uns berechtigen und verpflichten, das schulpädagogische Handeln unter die Voraussetzung der zweckbestimmten Nutzhaftigkeit zu stellen: wenn nämlich der Lebenskreis des Kindes in Haus und Familie und täglicher Umgebung so beschaffen wäre, daß die Schule nicht mehr nötig hat, dem Kinde die Stätte kindgemäßer Entwicklung für seine Sinne, seinen Geist und seinen Charakter zu sein, die das Haus ihm nicht bietet oder bieten kann. Ich wäre die letzte, die der Schule pädagogische Kompetenzen erhalten möchte, die weit naturgemäßer dem Hause und dem natürlichen Lebenskreis des Kindes zukommen. Die Schule ist und bleibt ein künstlicher Lebenskreis, und ihre Erziehungsarbeit ist größtenteils Notstandsarbeit – an Kindern und an Eltern –, bitter notwendige Notstandsarbeit.«[23]

Nach einer Sonderausbildung in Nadelarbeit, die ihr ermöglicht worden war, weil die Reformpädagogik den Schwerpunkt auf eine Kunsterziehung legte, die kindliches Gestalten ernst nimmt, richtete Alma de l'Aigle 1926 an einer Versuchsschule eine Werkstatt ein und erteilte Schülern, Müttern und Lehrerinnen Fachunterricht. »Kultur ist die Beseelung der Dinge«[24], hatte die Jungsozialistin formuliert. Und so zeichnete, stickte und nähte sie mit ihren kleinen und großen Schülerinnen, um den ins bürgerlich-kitschige oder rein nützliche abgeglittenen Handarbeiten neues Leben einzuhauchen. Ihre erste Veröffentlichung aus dem Jahre 1920 trägt den Titel »Beschaffenheitsmarken für alle Waren, als Grundlage für eine freiwillige Rückkehr zur Qualitätsware«. Ihre Schülerinnen wird die Klassenlehrerin ins »Museum für Kunst und Gewerbe« führen und in ihre Wohnung einladen, wo sie ihnen die kostbare französische Uhr der Großmutter und handbemalte Porzellantassen anvertraut, damit diese Kinder aus ärmsten Verhältnissen eine Formenwelt erleben, die anders als die perfekte Industrieware die leichten Unregelmäßigkeiten des Kunsthandwerks trägt, und eine Wohnkultur, die gewachsene Traditionen und kulturelle Bindungen pflegt.

»Das Kunstlicht wußte in jenem Jahr – 1936 – bereits die Augen mit Erfolg zu blenden.« – Alma de l'Aigle mit ihren Schülerinnen

Als Alma de l'Aigle eine eigene Schulklasse bekam, waren die Nationalsozialisten bereits an der Macht: »Für diejenigen, die klar die Mächte der Finsternis durchschauten, ergab sich die Pflicht, entweder zu kämpfen oder hinüberzuretten.«[25] Der Widerstand der Lehrerin war ein beharrlicher, täglich zu leistender: »Die Kinder in ihrer Echtheit zu bewahren, das war mein stärkstes Anliegen … Immer mehr nahm der totale Krieg auch das Schulleben in Anspruch. Und trotzdem, oft wie auf einer Insel, erlebten wir ewige Werte, die trotz Hitler Bestand hatten.«[26] Vor allem durch ihre eigene Haltung vermittelte sie Respekt vor dem Menschen und den menschlichen Werten. Mit Hingabe und Achtung vor den Kleinen übte sie ihren Beruf bis an die Grenzen ihrer Kräfte aus.

Der Oberschulrat, der 1944 durch die Beurlaubung das Erziehungsbuch ermöglichte, regte gleichzeitig ein Buch über ihre Klasse an: 42 kleine Mädchen, die 1936 eingeschult wurden und 1943 die Volksschule verließen. Das unveröffentlichte Manuskript »Eine Schulklasse erlebt Zeit und Ewigkeit« zeigt, wie die Lehrerin dem Unterricht eine natürliche Atmosphäre einhauchte und den Kindern aus der ärmsten Bevölkerungsschicht so viel Freude verschaffte, wie irgend möglich. Wenn die Sonne in das dunkle Schulzimmer schien, klappten die Mädchen geschwind ihre Tischplatten hoch und begrüßten die Sonne mit dem schönen O. Bald gehörte es zum Lernstoff, sich untereinander Briefe zu schreiben. Man wurde mit klassischer Literatur vertraut und las Lessings »Nathan der Weise«, als es offiziell verboten war. Um den Großstadtkindern naturkundliches Wissen zu vermitteln, vor allen Dingen aber, um ihre Sinne für alles Lebendige um sie herum zu öffnen, bekam jedes Kind am Samstag eine Sonntagsblume. Und abends suchte es an den Fenstern der Mietskaserne die Sterne, die die Lehrerin gezeigt hatte. Alma de l'Aigle nahm es auf sich, 42 kleine Mädchen regelmäßig durch die verkehrsreichen Straßen in einen öffentlichen Park zu führen, um den Kreislauf des Jahres zu erleben. Unterwegs schloss man Baumfreundschaften, sammelte Blätter und presste sie als Lesezeichen. In Blumengeschäften bewunderte man kostenlos die schönen Blumen. Um in den Kindern früh ein Geschichtsbewusstsein zu entwickeln und sie in das Kulturleben ihrer Vaterstadt einzuführen, besuchte die Klasse Kirchen, Museen und kleine Konzerte. Auf dem Friedhof verstanden die Kinder, dass es eine andere Wirklichkeit vor ihnen gegeben hatte und eine andere nach ihnen geben würde. Vor Weihnachten bastelten die Armen für die Ärmsten und erfuhren so die Freude des Schenkens. In der Wohnung der Lehrerin durften sie bei einer gemeinsamen Weihnachtsfeier den Baum mit Kugeln aus Meißner Porzellan schmücken. Die jährliche Klassenfahrt ans Meer oder ins Gebirge mit selbst genähtem Wimpel mit eingesticktem Pentagramm zur Abwehr böser Geister und mit selbst gedichtetem Klassenlied öffnete den Kindern die Augen für Fremdes und stärkte das Gemeinschaftsgefühl. Der Rhythmus des Tages vom Aufstehen und Waschen über gesunde, schmackhafte Mahlzeiten, Entdecken und Lernen, freies Spiel und abendliches Singen war sorgfältig vorbereitet: »Manchmal kam ich mir vor wie eine große Glucke, die ihre Küchlein im stillen Frieden ihrer Flügel zusammenhält, aber selber mit scharfem Auge den Raubvogel beobachtet, der am Himmel immer engere Kreise über ihr zieht.«[27] Tiere und Pflanzen waren für Alma de l'Aigles Schulkinder kein abfragbarer abstrakter Lernstoff oder eine Ware, die man vorgezogen kauft und wegwirft oder weiter gibt, wenn sie verblüht ist oder unbequem wird. Sie waren erlebtes Wissen. Die Schule war Lebens- und Kulturmittelpunkt, eine Gemeinschaft, in die sich die Eltern eingebunden fühlten.

Nach den verheerenden Bombenangriffen im Juli 1943, die den Stadtteil der Kinder besonders trafen, suchte die Lehrerin tagelang ihre Schülerinnen zusammen. In sieben Wochen bereitete sie sie in ihrer Wohnung auf den so wichtigen Abschluss vor, den man mit einem großen Fest feierte und dabei auch der toten Kameradinnen gedachte. Der persönliche Kontakt endete für die meisten erst mit Alma de l'Aigles Tod im Jahre 1959. Als Klassengemeinschaft trifft man sich heute noch: »Wir sind nicht auf einer Volksschule gewesen«, sagte mir Renate, »wir waren auf einem Gymnasium.« Ruth erzählte: »In meinen Gedanken ist sie sehr, sehr viel gewesen. Sie hat uns Selbstachtung und Menschenliebe beigebracht. Durch sie und meine Mutter hatte ich immer das Bedürfnis, anderen Menschen zu helfen.« Und Ida: »Man zehrt das ganze Leben davon.«

»Ja, Kinder und Gärten sind es, um die es sich lohnt zu leben.« – Alma de l'Aigle, um 1950

Neben dem stillen Widerstand in der Schule nahm Alma de l'Aigle regelmäßig an illegalen Versammlungen eines Erzieherkreises teil und sammelte für politische Gefangene. Ein dreistündiges Verhör vor der Gestapo endete 1938 mit Freilassung. Am gefährlichsten war ihre vielleicht innigste Freundschaft zu einem Kameraden aus der Jugendbewegung. Theodor Haubach, der ihr bereits 1935 nach seiner ersten Entlassung aus der Haft anvertraut hatte: »Nur eins will ich Dir sagen: alles, was man Furchtbares erzählt von den Konzentrationslagern ist wahr – alles!«[28] wurde 1945 als Mitglied des Kreisauer Kreises hingerichtet. Mit dem Buch »Meine Briefe von Theo Haubach« setzte sie ihm ein Denkmal, wobei sie sehr private Briefe veröffentlichte. Sie wollte dazu beizutragen, dass die Männer des 20. Juli nicht zu Helden erstarren, sondern in ihren Ängsten und Nöten verstanden werden. Diese Veröffentlichung gehörte lange Zeit zu den wenigen Dokumenten des Widerstandes, an den die Bundesrepublik sich nicht erinnern wollte.

Am Ende des Krieges war Alma de l'Aigle 56 Jahre alt und nicht mehr gesund. Kein Hinderungsgrund, sich in vielfältiger Weise aktiv am Aufbau der Bundesrepublik zu beteiligen. Da sie ihre Verfassungsideen von 1923 für immer noch aktuell hielt, schickte sie einen knappen Entwurf an den Verfassungsgebenden Rat und zahlreiche einflussreiche Einzelpersonen. Bei der Aufgabe, die pädagogische Bücherei zu entnazifizieren und Entnazifizierungskurse für Lehrer zu halten, bemühte sie sich, differenziert zu urteilen. Sie war aktiv in der Friedensbewegung, war Gründungsmitglied des Deutschen Kinderschutzbundes und ließ sich in eine Kommission gegen jugendgefährdende Schriften wäh-

»Der Duft hat die Lieblichkeit der Tee-rose, die Kraft des Lilienduftes und doch diese schwebende Leichtigkeit.« – Alma de l'Aigle: Die Rose Maréchal Niel

len. Sie kämpfte um den Erhalt alter Bäume und rief in ihrem Rosenbuch zur Gründung des »Bundes Der Heimlichen Rosenpflanzer« auf. »Man könnte sie die erste Grüne nennen«, sagte der Rosengärtner Klaus Jürgen Strobel aus Pinneberg.

Im Nachkriegsdeutschland hatte man von Natur nichts wissen wollen. Auch reformpädagogische Bestrebungen, deren vor allem aus der Jugendbewegung stammende Vertreter selten auf festem Boden gestanden hatten, lehnte man ab. In ihrem Buch »Begegnung mit Rosen« übt Alma de l'Aigle 1957 Kritik an der Lehrerausbildung: »Da hat man kürzlich an sechs pädagogischen Hochschulen in der Bundesrepublik Untersuchungen angestellt bei den jungen Menschen, die sich auf den Lehrerberuf vorbereiten. Über die Hälfte der Befragten kannte keine Kohlmeise, zwei Drittel wußten nichts vom Star und vier Fünftel erkannten weder Buchfink noch Nachtigall. Da kann man nur sagen: die armen Kinder, die durch diese Lehrkräfte später ihre Bildung empfangen! Viel mögen sie an Wissensstoff und Fertigkeiten bei solchen Lehrern erlangen, aber das eine wird ihnen nicht geschenkt werden, die wahre Bildung, die Bildung des ganzen Menschen, der nicht nur ein Gehirn und Hände, sondern auch Sinne und Seele und die Fähigkeit zur Freude, zum Wundern und zum Lobpreis hat.«[29]

Anlass für das Buch waren die neuesten Rosenzüchtungen, die Alma de l'Aigle 1951 auf einer Gartenbauausstellung in Hannover gesehen hatte und die ihr als eine von der Technik und nicht mehr vom Menschlichen bestimmte Entwicklung erschienen. Flatterig, wie sie waren, fehlte ihnen die Mitte und duftlos die Seele. Sich an die Rosen ihrer allerfrühesten Kindheit erinnernd,

Brita Reimers

beobachtete sie an verschiedenen Orten Rosen und prüfte ihren Duft. So wie die Lehrerin jedes einzelne ihrer Klassenkinder wahrnahm, so sah sie auch jede Rose in ihrer Besonderheit und als Teil einer Gemeinschaft. Jahr für Jahr wachsend, entstand ein Buch mit Anregungen und Aufgaben für Gärtner und Züchter. Vor allem aber ist es eine Schule der Sinne, insbesondere des Duftsinns, der am innigsten mit dem Inneren des Menschen verbunden ist. Wie dicht die vier zentralen Bereiche ihres Lebens – Gartenliebhaberin, Erzieherin, Schriftstellerin und Politikerin – miteinander verwoben sind, zeigt ein Satz gegen Ende des Rosenbuches: »Es gilt, bei Menschen wie bei der Rose, nicht, die Aristokratie durch die Masse zu ersetzen, sondern es gilt die Einzelnen der Masse zu aristokratisieren. Das erst ist echte Demokratie.«[30] Als der Verleger immer neue Änderungen und Kürzungen forderte, entschloss sie sich, das Buch im Selbstverlag herauszugeben: »Man ist doch kein Schneider, der nach der Figur des Verlages den Anzug enger oder weiter macht! Ein Buch ist doch etwas gewachsenes und nichts geschneidertes.«[31] Sie machte erhebliche Schulden, weil sie auf die wundervollen Farbphotos von vier Meilland Rosen aus der Provence nicht verzichten wollte.

Die Weltbürgerin, die den Nationalstaat im Zusammenhang der Völkergemeinschaft dachte und Briefkontakte in der ganzen Welt pflegte, beschließt ihr letztes Buch mit der Erinnerung an die internationale Zusammenkunft der Universal Rose Selection 1952 in Antibes, an der zum erstenmal wieder ein Deutscher teilnahm. Ihr Glaube, die Macht der gewaltlosen Schönheit, in deren Reich die Rose gehört, werde den Weltfrieden garantieren, stellt eine unendliche Aufgabe an den Leser, dessen ästhetisches Vermögen sie mit ihren Büchern gebildet hat. Es war der englische Philosoph und Aufklärer Shaftesbury, der einen dynamischen Begriff des Schönen als produktive Energie gebrauchte und seine Ethik aus der Naturästhetik begründete. Die Schönheit der Welt erkennt er in dem Gesamtbegriff kontrastierender Gegensätze, die erst zusammen eine allgemeine Harmonie bilden. Nicht das Fertige, sondern ein lebendig Werdendes ist dem Menschen aufgegeben. Um sich und die Welt zur Schönheit zu erheben, muss der Mensch sich erziehen und bilden.

Gärten in modernen Zeiten

Brigitte Wormbs

Wo von Gärten in modernen Zeiten die Rede ist, liegt die Frage nahe: Was heißt hier modern? Eine Frage, die sich wohl kaum kurz und bündig beantworten lässt. Zunächst nur so viel: Das Wort modern sieht jedenfalls schon ziemlich alt aus. Spätlateinischer Sprache entstammend, ist es erstmals im 5. Jahrhundert belegt und seither zur Charakterisierung von Gegenwärtigem, Zeitgemäßem, Neuem gegenüber Vorherigem, Altem, als veraltet Begriffenem in Gebrauch. So wurde es auch im Italien des Cinquecento auf Kunstwerke angewandt, die einem antiklassischen Impuls entsprangen.

In jener krisenreichen Zeit des Manierismus ist nach Ansicht des Historikers und Soziologen Arnold Hauser der Ursprung der modernen Kunst und Kultur zu suchen. »Denn«, so meinte er, »erst seit die Werte, die die Renaissance zum Teil geschaffen, zum Teil weitergebildet hat, die Werte des Rationalismus, Naturalismus, Objektivismus und Individualismus, anfingen, problematisch zu werden, und nicht etwa seit ihrer Entdeckung und Anerkennung, deren Ursprung übrigens kaum zu ermitteln ist, kann von einer modernen Kultur die Rede sein.«[1] Seit jener Zeit also, in der ein so berühmter Garten wie der Sacro Bosco von Bomarzo entstand, den Gustav René Hocke einen »Quell des Modernen«[2] nennt. Zu einer Art Ikone der Gartenkunst des 20. Jahrhunderts wurde er allerdings erst, nachdem die Postmoderne ausgerufen worden war.

Ich möchte nun den Blick vor allem auf die Mitte dieses jüngst vergangenen Jahrhunderts richten, das mit den Projekten und Visionen einer modernen Bewegung begann und mit einer facettenreichen Revision der Moderne ausklang. Dazwischen trat etwas in Erscheinung, das heute im Rückblick mit einem eigentlich paradoxen Wortpaar als klassische Moderne bezeichnet und damit zu einem vollendeten Kapitel der Geschichte erklärt wird.

Als Wegbegleiter moderner Formgebung spielen Gärten in der Geschichte der Moderne eine ambivalente Rolle. Welche Hoffnungen wurden nicht in sie gesetzt, welche Wünsche nicht von ihnen erfüllt, welche Absichten nicht hinter ihnen versteckt, welche Unzufriedenheiten nicht mit ihnen zu beschwichtigen, welche Enttäuschungen schließlich nicht in ihnen zu vergessen gesucht. »Der

Ein Quell des Modernen –
der Sacro Bosco von
Bomarzo aus dem 16. Jahr-
hundert
Foto Heinz Spielmann
1958

Wahrheiten müde loben wir wieder die Gärten«,[3] schrieb Nicolas Born 1966 in einem seiner Gedichte zur »Marktlage«. Klingt das nicht wie eine Anspielung auf die melancholische Sehnsucht nach jenem mythischen Ort, wo der Griff nach den Früchten vom Baum der Erkenntnis tabu ist, das Leben also unbehelligt bleibt von jenen »Wirklichkeiten, die uns nicht mehr erquicken«, uns aber bekanntlich in die »wirklichen Gärten«[4] begleiten.

Was war das für eine Zeit um die Mitte der sechziger Jahre, in der ein Gespräch über Bäume – das Brecht in den »finsteren Zeiten«, denen wir entronnen waren, »fast ein Verbrechen«[5] genannt hatte – als ein solches Gesprächsthema unter veränderten politischen und wirtschaftlichen Umständen in ein ganz anderes Licht zu rücken begann? Damals sprachen Politiker hierzulande vom Ende der Nachkriegszeit. Der Aufbau der Bundesrepublik Deutschland war unter Dach und Fach gebracht. Die westdeutsche Industrie hatte ihre größte Ausdehnung innerhalb der Wirtschaftssektoren erreicht; das Waren produzierende Gewerbe insgesamt beschäftigte neunundvierzig Prozent aller Erwerbstätigen im Land. Zugleich zeichnete sich das Ende des wirtschaftlichen Booms ab, der hauptsächlich vom Wiederaufbau getragen worden war. Hinzu kam die bauliche Entwicklung an den Stadträndern. Um die industriellen Ballungszentren herum breiteten sich neue Wohnsiedlungen aus, lauter Häuser im Grünen, umgeben von Gärten, die für den grauen Alltag am Arbeitsplatz und die damals in Sprache und Sache aufkommende Umweltverschmutzung entschädigen sollten.

Als »Ratgeber zur Anlage und Ausgestaltung, zur Pflege und zum Genießen köstlicher, wohnlicher Gärten …, Quell der Erholung und Besinnlichkeit und eines glücklichen Lebens in der Unrast unserer Tage«[6] hatte sich seit 1957 das Buch »Neue Gärten« des Gartenarchitekten Otto Valentien angeboten; 1959 war die deutsche Ausgabe der englischen Publikation von Peter Shepheard über »Modern Gardens« erschienen, die der Architekt Erich Kühn hierzulande mit deutschen Beispielen angereichert vorstellte.

»Das Wort ›modern‹, auf Architektur angewendet, ist – obwohl gebräuchlich – bereits ein wenig verdächtig geworden. Auf Gärten bezogen, erscheint es noch unpassender«, schreibt Shepheard, »indessen können selbst die strengsten Kritiker nicht leugnen, daß ein großer Teil der Architektur unseres Jahrhunderts als Teil jener Bewegung zu betrachten ist, die wir die Moderne nennen … Dieses Buch will Beispiele von Landschaftsarchitektur zeigen, die in die gleiche Kategorie gehören.«[7]

Was charakterisierte nun diese Kategorie moderner Gärten im Unterschied zu früherer Gartenkunst? Wohin führte die »Spur zeitgenössischen Geistes«, die Shepheard in den abgebildeten Anlagen sah? Bei allen Unterschieden, die die Auswahl »neuer Gärten aus neun Ländern« diesseits und jenseits des Atlantiks zeigt, fällt auf den ersten Blick auf, dass auch hier das »ungezwungene, natürliche Pflanzenbild« dominiert, das für den – ebenfalls mit seinen Werken in diesem Buch vorgestellten – Gartenarchitekten Otto Valentien »der gegebene Partner des neuen Hauses«[8] war. Die Bildunterschriften heben wesentliche Elemente der Gestaltung hervor: unter anderem lockere Bepflanzung, hainartigen Baumbestand, am Ort vorgefundene oder angesammelte Steine – Flusskiesel oder eiszeitliche Felsbrocken –, weich modellierte Rasenflächen, zu kleinen Teichen erweiterte Bachläufe, geschwungene Wege durch »zwanglos malerische Landschaften«, meist in jenem komplementären Verhältnis gelagerter und aufragender Bestandteile angelegt, das der Kunsthistoriker Max Imdahl in den idealen Kompositionen der Landschaftsmalerei bemerkte.

Entsprachen diese »modernen Gärten« tatsächlich jener »Bewegung«, in der »unsere Zeit auf einem Gebiet zum Bewußtsein ihrer selbst gelangt ist: auf dem der Architektur«[9] nämlich, wie es Sigfried Giedion in seinem 1964 in deutscher Übersetzung erschienenen Buch »Raum, Zeit, Architektur« zu zeigen versuchte? Auch Peter Shepheard betonte, »daß der Garten unserer Zeit von den Gegebenheiten dieser Zeit angeregt sein sollte«[10]; zugleich zog er aber Vergangenheit als Ideenquelle selektiv in Betracht: »Blickt man zurück auf Vorbilder, sollte man sie nicht im europäischen Renaissance-Garten suchen, in dem sich Prinzen und Könige dadurch verherrlichten, daß sie die Natur in eine symmetrische Anlage preßten, sondern man sollte diejenigen Gärten betrachten, in denen sich der Mensch ... mit der Natur verständigte und sie zum Mitarbeiter an seiner eigenen Welt heranzog.«[11]

Mit dem Feudalismus assoziierte Raum-Muster hatte selbstverständlich auch die von Shepheard zum Vergleich der Entwicklungen in Bau- und Gartenwesen herangezogene Architekten-Avantgarde der Zwanziger Jahre, der Zeit der Weimarer Republik hierzulande, abgelehnt. Zur Eröffnung des Bauhauses 1926 in Dessau schrieb Walter Gropius: »der typische bau der renaissance, des barock zeigt die symmetrische fassade, auf deren mittelachse der zuweg führt ... ein aus dem heutigen geist entstandener bau wendet sich von der repräsentativen erscheinungsform der symmetriefassade ab.«[12]

Natur als Gegenbild und Leitidee

Von architektonischen Traditionen – historischen wie historistischen – ostentativ fort- und der Zukunft dynamisch zustrebend, setzte sich modernes Bauen im Bunde mit avancierter Technik in Beziehung zu einem Außenraum, der nicht auf gleicher Linie mit dem technischen Fortschritt lag, aber gerade deshalb als notwendige Ergänzung dazu betrachtet wurde. Den von Gropius entworfenen Meisterhäusern in einem Kiefernwäldchen nahe beim Bauhaus bescheinigte die Kritikerin Fannina W. Halle seinerzeit »eine Wohnmaschinensachlichkeit, in deren kalt uniformiertes Sein jedoch als künstlerische Komponente das bewegte Licht- und Schattenspiel der ringsum noch nicht gerodeten Baumgruppen wohltuend miteinbezogen ist«.[13]

Rationales und funktionales Bauen profilierte sich im Kontrast zu den vegetabilen Formen ausgesuchter oder angelegter Umgebungen, zu dem also, was so ganz anders war als die weißen Würfel und Kuben. In seiner scheinbar naturbelassenen Urwüchsigkeit kam dieses Andere den unterschiedlichen Ansprüchen der klassischen Moderne entgegen. Auch Gropius' Kollege und Nachfolger Hannes Meyer plädierte für die Öffnung des Blicks in die Natur: »im walde tritt das leben in eine primäre erscheinung«, so meinte er, »die gesetze der städtischen ökonomie sind hier verwandelt«.[14]

Die Wertschätzung von Natur als Gegenbild zum »erdachten menschenwerk« und seiner Marktlage war unter anderem maßgeblich für Meyers politisch motiviertes Konzept der Bundesschule für den Gewerkschaftsbund in Bernau, wo Fenstergröße und damals noch »ungewohnt niedrige« Fensterbrüs-

Im Kontrast zu den bewegten Formen der Vegetation –
Meisterhäuser in einem Kiefernwäldchen beim Bauhaus Dessau
Foto Andrea Haase 2009

tungen den »physischen eindruck des aufenthalts ›in der natur‹ beim zumeist städtischen kursteilnehmer verstärken«[15] sollten.

Der Kontrast zwischen Architektur und diesem Bild von Natur bestimmte aber auch die vorwiegend visuell-ästhetisch orientierten Innenraum-Außenraum-Konstellationen von Bauten wie Mies van der Rohes Haus Lange in Krefeld, Frank Lloyd Wrights Villa Fallingwater in Pennsylvania, Le Corbusiers Villa Savoye in der Seine-Niederung oder Richard Neutras Haus Kaufmann am Fuß der Berge von San Jacinto in der Colorado-Wüste und auch das in die Waldlandschaft von Sussex hineingebaute Haus von Serge Chermayeff, das Peter Shepheard in seinem Buch als »Musterbeispiel für die richtige Beziehung zwischen moderner Architektur und englischer Landschaft«[16] vor Augen führt. Als »richtig« gilt hier nach Ansicht des Autors vor allem, dass der Charakter der »Landschaft in ihrem ursprünglichen, wilden Zustand ... mit großer Sorgfalt erhalten und ... nahe an das Haus herangeführt«[17] worden sei. Während die Architekten-Avantgarde der klassischen Moderne zum großen Teil die quasinatürliche Umrahmung ihrer Kompositionen kaum als künstlich gestaltete thematisierte, ist das, was sich auch um Chermayeffs Haus herum wie reine Natur gebärdet, hier erklärtermaßen das Werk des Gartenarchitekten Christopher Tunnard.

Im »Mutterland der modernen europäischen Gartenkunst«, wie der Klappentext von Shepheards Buch England nennt, hat die Fertigkeit, jeden Kunstgriff, der die Szenerie verändert, zu verbergen, damit »das Ganze so scheine, als sei es Hervorbringung alleine der Natur«[18] eben schon eine sehr lange, wenn auch nicht ungebrochene Tradition. So mutet das Wort modern, auf quasi-natürlich gestaltete Gärten des 20. Jahrhunderts angewandt, vielleicht etwas fragwürdig an. Wobei sich allerdings zunächst wiederum die Frage stellt, was unter Moderne zu verstehen und wie sie zeitlich zu begrenzen ist. Gibt es wohl auch keine präzise datierende Antwort darauf, so ist doch die Herausbildung teils bis heute wirksamer Ideen und Prinzipien in den sozialen, politischen und ökonomischen Veränderungen im Lauf des 18. Jahrhunderts zu erkennen. Lässt sich im Cinquecento gewissermaßen die Konzeption der Moderne entdecken, so kann im 18. Jahrhundert so etwas wie die Einleitung ihrer Geburt gesehen werden.

Augenfällig trat jedenfalls damals der Bruch mit traditioneller Gartenkunst im neuen »Geschmack an Natur« zutage, wie er in England von Addisons und Popes Plädoyers für ungeschnittene, frei wachsende Bäume eingeleitet und auf dem Kontinent vor allem von Rousseau in seinem Roman »Julie oder Die neue Héloïse« gegen die bis dahin unbestrittene Herrschaft geometrischer Formen propagiert wurde: »Was wird der Mann von Geschmack tun, … der die wahren, einfachen Freuden sucht und einen Spazierweg vor der Tür seines Hauses anlegen will?« So fragt Julies Mann, Herr von Wolmar, im Roman und antwortet: »Er wird ihn so bequem und anmutig einrichten, daß es ihm dort zu allen Stunden des Tages gefallen kann; zugleich aber so einfach und natürlich, daß es so aussieht, als sei nichts daran gearbeitet worden … Er wird jegliche Symmetrie vermeiden; sie ist eine Feindin der Natur und der Mannigfaltigkeit.«[19]

Begeistert äußerten sich auch andere Schriftsteller und Dichter seinerzeit über den neuen »natürlichen« Gartenstil. Horace Walpole feierte ihn in seinem Essay »On Modern Gardening« als Befreiung von förmlicher Regelmäßigkeit. Emphatisch begrüßte auch Jacques Delille das revolutionäre Gestaltungsprinzip in seinen Versen:

Reiche Vielfalt, Wonne fürs Auge,
Komm herbei und durchbrich die geistlose Ebnung.
Zerstör den traurigen Winkel, der Richtschnur
langweil'ge Macht.[20]

Der Vorwurf der Langweiligkeit sollte mit der Geometrie und Symmetrie des französischen Gartens den höfischen Lebensstil insgesamt treffen. Langeweile im 18. Jahrhundert zu einem Wort zusammengerückt – wurde aus bürgerlicher Sicht vor allem von der höfischen Etikette als einem System zeremonieller Handlungen und Verhaltensabläufe erzeugt, das der Erhaltung absolutistischer Macht diente. Um so mehr war bürgerliche Opposition auf Abwechslung als Ausdruck der Unabhängigkeit von herrschendem Reglement aus.

Als William Hogarth, der Erfinder der für die neue »natürliche« Gartenkunst maßgeblichen Schönheitslinie, bemerkte, »daß man sich reizender Bewegungen in Schlangenlinien nur bei Gelegenheit und mehr bei müßigen Stunden bedient«[21], traf das seinerzeit zwar auch im Landschaftsgarten noch vorwiegend auf aristokratische Anhänger des neuen Stils zu. Aber Natur, als Leitidee und Kampfbegriff des aufstrebenden Bürgertums gegen das Ancien Régime ins Feld geführt, war nicht nur ästhetisches und ethisches Vorbild, sondern spielte als Grundlage und Garant von Freiheit und Gleichheit auch eine dezidiert politische Rolle. Die höchsten Werte wurden aus ihr abgeleitet: »La vertu, la raison, la vérité sont les filles de la nature«,[22] heißt es im Schlusskapitel zu Holbachs 1770 erschienenem »Système de la nature ou des lois du monde physique et du monde moral«, einem »Hauptbuch« jener Epoche, worin Natur als Material und Natur als Ideal noch vereint auftraten, bevor sie mit der Etablierung der bürgerlichen Gesellschaft und im Zuge des industriellen Fortschritts immer mehr in Widerspruch zueinander gerieten.

Mit der Idee des Natürlichen und daraus resultierender Ablehnung von Symmetrie und geometrischer Regelmäßigkeit übte damals modern gewordene Gartenkunst zwar primär Kritik am französischen Garten als einem »Denkmal der Eitelkeit« absolutistischer Potentaten; aber zugleich opponierte sie auch schon gegen aufkommende Regeln und Zwänge einer neuen Herrschaft, die sich mit zunehmender Industrialisierung mehr und mehr der Stunden des Tages zu bemächtigen begann. Die Moderne, sieht man sie markiert durch Französische und industrielle Revolution, kennzeichnet vor allem ein neues Verhältnis zur Zeit.

Zwiespältiger Umgang mit der Zeit
Mit der Durchsetzung des abstrakten quantitativen Zeitbegriffs der klassischen Mechanik und dem sich ausbreitenden Gebrauch von Uhren, die vor allem als Taschenuhren zunehmend ortsunabhängig machten, verloren traditionale, an konkreten Naturqualitäten und -prozessen und ihrer zyklischen Wiederkehr orientierte Zeitangaben im Lauf des 18. Jahrhunderts nach und nach ihre allgemeine Verbindlichkeit und Anwendbarkeit. Zeit wurde zum theoretischen und praktischen Problem, erörtert in vielen philosophischen, naturwissenschaftlichen und literarischen Publikationen jener Epoche.

In Linnés Blumenuhr überlagerten sich ganz verschiedene, aber in Analogie zueinander gebrachte Zeitgestalten. Diese Uhr, »deren Räder die Sonne und Erde, und deren Zeiger Blumen sind, wovon immer eine später erwacht und aufbricht als die andere«, gab Jean Paul, wie er in seinem Roman »Siebenkäs« schreibt, »die geheime Veranlassung, daß ich auf meine Menschen-Uhr verfiel. Ich wohnte sonst in Scheerau, mitten auf dem Markt, in zwei Zimmern; in mein vorderes schauete der ganze Marktplatz und die fürstlichen Gebäude hinein, in mein hinteres der botanische Garten. Wer jetzo in beiden wohnt, hat eine herrliche vorherbestimmte Harmonie zwischen der Blumenuhr im Garten und der Menschenuhr auf dem Markt«[23], wo die Bewohner des Orts ihren je nach Stand und Beruf verschiedenen Pflichten und Neigungen pünktlich und zeitgleich mit dem Öffnen und Schließen bestimmter Blüten nachgehen.

Naturale und soziale Zeit, von Jean Paul ironisch synchronisiert unter dem Eindruck zunehmender Diskrepanz, trennten sich auf dem Weg in die Zukunft, die Dimension des damals sich anbahnenden und auch so genannten Fortschritts. Industrielle Produktion, kapitalistischer Warenverkehr, Arbeitsteilung und Mechanisierung beschleunigten seinen Lauf und führten zur Unterwerfung immer weiterer Lebensbereiche unter die lineare, gleichförmige und ortsunabhängige Zeit aus zweimal zwölf, später vierundzwanzig durchgezählten Stunden der fortlaufend datierten Tage, Monate und Jahre. Seither ist eine Stunde eine Stunde, ganz gleich, ob sie morgens, mittags, abends oder nachts, ob sie im Frühling, im Sommer, im Herbst oder im Winter gemessen wird. Aber die Stunden im Garten sind anders.

Die Zeit stand im englischen Garten des 18. Jahrhunderts allerdings keineswegs still. Auch hier wurde ja die Statik des hierarchisch und übersichtlich geordneten barocken Raum-Musters abgelöst von der Dynamik szenischer Bilderfolgen, wahrnehmbar im Verlauf von Spaziergängen. Addisons »wandering rill« und Hogarth' »line of beauty« setzten gewissermaßen den Raum in Bewegung. Geschlängelte Wege, Abschweifungen von der Geraden als kürzester Verbindung zwischen zwei unumgänglichen Punkten, eröffneten überraschende, abwechslungsreiche Ausblicke und entbanden zugleich von der fortschreitenden Zwangsläufigkeit alltäglicher Zeitdisziplin.

Überdies fand Zeit auch als Dimension der damals neu entdeckten Geschichtlichkeit der Zivilisation im Landschaftsgarten ambivalenten Ausdruck. Angesichts bedeutungsträchtiger Bauten und Szenerien schweiften die Gedanken der Spaziergänger umher, unternahmen hoffnungsvoll oder melancholisch stimmende Zeitreisen. Letztere folgten, zumal unter dem Eindruck irreversibler Verluste, zunehmend der »Ruinenfaszination«, die von pittoresken Arrangements aus bearbeitetem Stein und scheinbar unberührt wuchernder Wildnis aus-

*Geschlängelte Wege entbanden auch von fortschreitender Zwangs-
läufigkeit alltäglicher Zeitdisziplin. – »Der Englische Garten bey
München«, Stich von J. Carl Schleich, 1806*

ging. »Ruinen erwecken in mir erhabene Ideen«, schrieb Diderot beim Anblick
von Bildern des Malers Hubert Robert. »Alles wird zunichte, alles verfällt, alles
vergeht. Nur die Welt bleibt bestehen. Nur die Zeit dauert fort.«[24]

Aber sie blieb eben nicht das, was sie in der vorindustriellen Welt war.

Aufgrund der Kontrastidee Natur und einer damit verbundenen anderen
Zeiterfahrung erfüllen Gärten und Parks eine kompensatorische und kritische
Funktion zugleich seit jener Epoche, in der die Bilder – nach dem Innehalten der
historischen Betrachtung auf der Schwelle zur Moderne – im Landschaftsgarten sozusagen laufen lernten.

In seinen Bemerkungen zu Chaplins Film »Modern Times« schrieb der Regisseur Jean Renoir 1936: »An einem schönen Frühlingsmorgen waren mehrere
Mitarbeiter und ich um einen Montagetisch in der Fabrik von Léopold Maurice
in Gennevilliers versammelt. Wir hatten die ganze Nacht an einer Arbeit gebas-
telt … Fast unmerklich bahnte sich das Tageslicht einen Weg durch die große
Fensterwand, und plötzlich erkannten wir deutlich die Bäume im Garten, darunter einen großen, blühenden Apfelbaum … Die Blüten schienen förmlich um
Platz zu kämpfen. Wieder und wieder gerieten wir außer uns über ihre Größe,
Fülle und Lebenskraft. Das bläuliche Frühlicht überzog sie mit einer zarten
Tönung. Dann gingen wir, wie man es vom Film her gewohnt ist, vom Detail
zum Ensemble über und sahen zu, wie der ganze Garten erwachte …

Und jenseits von dieser Oase, im Hintergrund, konnte man lepröse Häuser und drohend rauchende Fabriken sehen, alles, was den klassischen Rahmen der Pariser Vorstadt ausmacht, dieser einstmals schönsten Landschaft der Welt, die jetzt wegen der Geldgier und Dummheit der Industriellen und Grundbesitzer verwüstet, verschmutzt und verunstaltet ist. Das alles gibt es in ›Charlies‹ Film.«[25]

Zu den modernen Zeiten gehören also mindestens zwei: die Zeit der Gärten als dehnbare Dimension des Aufenthalts und der Wahrnehmung zwischen Erinnerung und Erwartung, seit rund zweihundert Jahren mit den Bildern damals neu gesehener Natur verbunden, und die Zeit der Fabriken als messbare Quantität, eingespannt in den präzisen Takt von Maschinen, ebenso lange schon dem technischen Fortschritt und der Steigerung industrieller Produktivität verschrieben. Erscheint die eine als Oase wie gewachsen für emotionale und ästhetische Bedürfnisse, so zeigt sich die andere wie gemacht für rationale Maßnahmen zum Umsatz von Zeit in Geld.

Die »Trennung von Gefühl und Denken«[26], die Sigfried Giedion feststellte, verschärft der zwiespältige Umgang mit der Zeit. Wird sie in Gestalt von Naturvorgängen entspannt genossen, so sieht man sie als Äquivalent von Geld knapp bemessen. »wir schreiben alles klein, denn wir sparen damit zeit«, stand auf den Briefbögen des Bauhauses; andererseits gab es dort die Hoffnung auf den »aufenthalt ›in der natur‹«, in der die »gesetze der städtischen ökonomie verwandelt« sind. In Amerika wollte Richard Neutra durch den Kontakt seiner Architektur mit Natur »Seelenankerplätze« schaffen, weil das Glück nach seiner Ansicht nur an einem Ort erfahren werden könne, der »eine Portion Ewig-

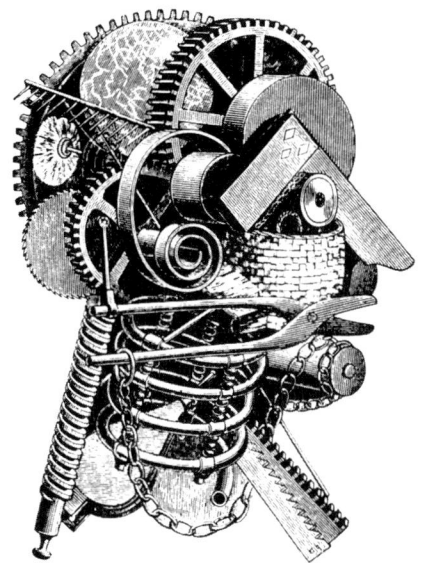

Uhrwerk im Kopf –
»Der Erfinder«,
Zeichnung von A. Poyet,
um 1880

keit in sich«[27] habe; zugleich wurde das von ihm entwickelte Stahlskelett für ein Haus in Los Angeles in der damaligen Rekordzeit von vierzig Stunden errichtet.

Die gegensätzlichen Momente des Umgangs mit der Zeit schießen in Konfigurationen der klassischen Moderne zu spannungsgeladener Doppelgesichtigkeit zusammen; im Zugleich von Naturbeherrschung in Gestalt hoch technisierter Architektur und Naturverehrung im Umgang mit dem quasi-natürlichen Außenraum. Das unterscheidet die klassische Moderne des 20. Jahrhunderts in ihrer Ästhetik bei aller Kontinuität der Kontrastidee Natur doch wesentlich von früheren Ausdrucksformen eines »modern taste in gardening«, der im Landschaftsgarten Natur in ihrer Unermesslichkeit als konzentriertes Bild genoss und der direkten Konfrontation mit messbaren Errungenschaften der Zivilisation meist aus dem Weg ging.

Während moderne Architektur in der Auseinandersetzung mit sozialen, technischen und ökonomischen Anforderungen an ihre Funktionen auch dem profitablen Fortschritt in die Zukunft ihren Tribut zollte, blieben ihm Gärten und Parks als sein Widerpart einstweilen gestundet. Doch seit einiger Zeit gilt das nicht mehr für alles, was als Park auftritt. Heute könnte Jean Renoir anstelle der »einstmals schönsten Landschaft der Welt« gegen Morgen aus der Banlieue von Paris das Warenzeichen der gigantischen Traumfabrik auftauchen sehen, die hier gegen Ende des 20. Jahrhunderts eröffnet wurde: Das Dornröschen-Schloss, trügerisches Symbol einer stehen gebliebenen Zeit, signalisiert inmitten des betriebsamen Euro-Disney-Land in Wirklichkeit die grassierende Vereinheitlichung von Zeit im Zuge der Markterweiterung nach innen bis in die Tagträume hinein, die hier nicht nur teuer zu stehen kommen, sondern auch im Zeitraffer-Tempo ablaufen.

In zwanzig Minuten hetzt Michel Piccoli, als Jules Verne maskiert, im Circle-Vision-Film »from time to time« durch alle Epochen der Weltgeschichte. Und die Imagineering-Landschaft des wilden Westens, binnen kurzem aus siebzigtausend Kubikmetern künstlichem Fels und zweihundertfünfzigtausend ins Bild passenden Bäumen erstellt, hat statt einer Portion Ewigkeit eine mehr oder weniger effizient bemessene Abschreibungsdauer in sich. »Der Frühling, das hätte der alte Walt, Gott hab ihn selig, sicher ähnlich empfunden wie seine heutige Landscaping-Abteilung, der Frühling ist« hier – wie »Die Zeit« einmal schrieb – »so etwas wie eine natürliche Showtime der Natur. Mit anderen Worten: ein Geschäft«.[28] Als Geschäft aber liegt ein Freizeitpark, selbst wenn er die Gestalt des einstmals revolutionären Landschaftsgartens imitiert, der »Unrast unserer Tage«, dem alltäglichen Zeit- und Verwertungsdruck nicht mehr so fern.

Brigitte Wormbs

Gesteigerter Horror vor Langeweile hat, wie es scheint, mit dem Konsum kommerzieller Angebote zum Zeitvertreib – nach Art von Showtime, Event und Infotainment – neue Abhängigkeit heraufbeschworen. Zwar hat im Zuge des technisch-industriellen Fortschritts mit der Verkürzung von Produktionsvorgängen und Arbeitszeit auf der einen Seite die frei verfügbare Zeit auf der anderen zugenommen. Aber wie sieht es mit der Freiheit, freie Zeit zu haben, unter den Bedingungen aus, die namhafte SPD-Politiker in ihrer Thesenschrift »zur Zukunft der europäischen Stadt« unlängst so beschrieben haben:

»Eine neue Revolution ist angebrochen. Ein Kapitalismus ohne nationale Grenzen und ökologische Regeln ... Große Banken und Unternehmen machen mobil für eine neue Weltordnung. Die Ziele heißen: Noch mehr Wachstum, schnellerer Umsatz und mehr Gewinne – aber damit auch noch mehr Naturverbrauch, Ungleichheit und Arbeitslosigkeit, von der heute bereits über 800 Millionen Menschen weltweit betroffen sind ... Die große Mehrheit der Menschen kann an dieser Glamour-Welt, die ihren Status nur auf Geld und Konsum aufbaut, immer weniger teilhaben. Die Folgen sind neue Formen sozial-kultureller Ausgrenzung, die die sozialen und demokratischen Grundlagen unserer Gesellschaft bedrohen.«[29]

Der so beschriebene »Terror des Quantifizierbaren« diktiert vor allem auch den Umgang mit der Zeit. Beschleunigungsprozesse greifen um sich und unterwerfen tendenziell alle Lebensbereiche einer nach technologisch-betriebswirtschaftlichen Maßgaben rationalisierten Zeitökonomie, mit gravierenden sozialen und politischen Folgen. Denn: »Werden die Zeitmaße der gesellschaftlichen und menschlichen Probleme auf formale Kriterien des Zeitablaufs und der Zeitökonomie reduziert, dann geht gerade jene Eigenzeit von Entwicklungen in arbeitsteilig ausdifferenzierten modernen Gesellschaften verloren, ohne die demokratische Ordnungen nicht existieren können«,[30] wie Oskar Negt in dem mit Alexander Kluge veröffentlichten Buch über »Maßverhältnisse des Politischen« erklärt. Gehört doch zu den Bedingungen, unter denen so etwas wie basisdemokratische Prozesse gedeihen können, nach Ansicht der beiden Autoren »die Kategorie der Dauer. Nicht deshalb, weil Dauer an sich Gebrauchswert hat, sondern weil alle Prozesse, die Gemeinwesen und gesellschaftlichen Reichtum herstellen, lange Fristen haben.«[31]

Die »allmähliche Verfertigung von Ausdrucks- und Unterscheidungsvermögen und darauf gestützte gemeinschaftliche Willensbildung«[32] brauchen eben ihre Zeit.

»Öffentliche Reflexionszeit, gleichsam ein raumgreifendes Innehalten, ist um so dringlicher«, schreibt Negt, »je unübersichtlicher und komplexer die Probleme sind, die nach Lösungen verlangen. Betriebswirtschaftlich und technologisch betrachtet, ist das verlorene Zeit. Was Rousseau einmal über die Erziehung der Kinder gesagt hat, nämlich daß es nicht darauf ankomme, Zeit zu gewinnen, sondern Zeit zu verlieren, trifft im Grunde auf alle menschlichen Lebensvollzüge zu: sie bedürfen qualitativer, organischer Zeitmaße.«[33]

Hort emanzipatorischer Sinnlichkeit

In diesem Zusammenhang haben Gärten und Parks, sofern sie nicht einer aus dem Bereich der industriellen Produktion stammenden Rationalität unterworfen sind, heute erst recht eine zugleich kompensatorische und kritische Funktion. Sie ist allerdings, so meine ich, weder an ein formal »richtiges« Gestaltungsmodell noch an bestimmte ideologische oder symbolische Bedeutungen gebunden. Aktueller denn je erscheint dagegen der Aspekt der spezifischen Zeit, die Gärten und Parks verkörpern. Hier trifft in besonderer Weise zu, was Proust in seiner »Recherche du temps perdu« betont: »Eine Stunde ist nicht nur eine Stunde; sie ist ein mit Düften, mit Tönen ... und Klimaten angefülltes Gefäß.«

In der sichtbaren, hörbaren, spürbaren Bewegung und Veränderung von Dingen und Lebewesen, im Flattern der Vögel, in fließendem oder spiegelndem Wasser, verwitterndem Gestein oder Kunststoff-Material, vor allem aber als wandelbare Mannigfaltigkeit wachsender Vegetation in der zyklischen Wiederkehr der Tages- und Jahreszeiten, im Wechsel von Licht und Wetter erfahrbar, unterscheidet sich die Zeit im Garten wesentlich von der entqualifizierten, mechanisch gemessenen und numerisch bezeichneten linearen Zeit des kommerziellen Produktions- und Freizeitbetriebs.

So hebt der am Horizont aufgespannte Prospekt der zukünftigen Stadt, die die Autoren der genannten Thesenschrift als »Ort der demokratischen Kultur« sichern und weiterentwickeln wollen, auch nicht von ungefähr die öffentlichen Räume zwischen den Gebäuden, insbesondere Gärten und Parks, als wesentliche Bestandteile vielfältiger Urbanität hervor. Können sich darin doch Ungleichzeitigkeiten reiben und das Unterscheidungsvermögen, die Kritikfähigkeit als produktive Kraft anregen.

Hoffnung gründet sich offenbar auch oder gerade im Zeitalter der expandierenden virtuellen Realität der Computerwelt auf das Potential dieser davon so verschiedenen Freiräume, die als Teil, nicht Gegenteil der Stadt ihre ganz spezifische Virtualität haben, etwas der Möglichkeit nach Vorhandenes, das unter Umständen wirksam werden kann.

Während administrativer oder kommerzieller Betrieb in der Regel darauf aus ist, mit allen technischen Mitteln der Kommunikation und Produktion, des Verkehrs und Transports Zeit – und damit Geld – zu sparen, könnten Gärten

Brigitte Wormbs

und Parks dazu beitragen, etwas von jener Zeit offen zu halten, »wo Phantasie, lebendige Erinnerungsfähigkeit und Urteilsvermögen anfangen, in einer Sache Wurzeln zu schlagen ... und zur Besinnung zu kommen«[34], wie es Negt zur Bildung eines Gemeinwesens und zur Bewältigung seiner Aufgaben für unabdingbar hält.

Die Zeit auf seine Seite zu bringen wissen, Souveränität im Umgang mit verfügbarer Zeit – wie lässt sich das lernen und wo? Wenn man an die Erziehung der Kinder denkt, von der Negt mit Blick auf Rousseau spricht, so bietet sich der Garten selbstverständlich nur als ein Ort unter anderen an, aber als einer mit besonderen Möglichkeiten zur Unterbrechung der Kette von Terminen, an der heute nicht selten schon die Kleinsten hängen.

Als Lehr- und Lernort, einst von den Humanisten gegen scholastische Bücherwelt propagiert und später von bürgerlicher Reformpädagogik institutionalisiert, haben Gärten in der Tradition der Moderne eine wichtige Rolle gespielt. Darin zeigen sich sinnlich einleuchtende Qualitäten, aber auch Schattenseiten des pädagogischen Paradieses. Wechselnde Interessen konnten sich hier mit der Autorität der Lehrmeisterin Natur verbünden oder dahinter verschanzen.

Im ausgehenden 18. Jahrhundert hatte sich Johann Heinrich Pestalozzi, einer der einflussreichsten Väter naturgemäßer Erziehungskunst nach Rousseau, als Grundsatz für die Unterrichtung seines Sohnes »im freien Hörsaal der ... Natur« gleichsam selber hinter die Ohren geschrieben: »In diesen Stunden der Freiheit ... laß die Freude über den Fortgang deiner Kunst dich nicht dahin reißen, ... ihm den ganzen Genuß der sich aufdringenden Natur nicht ganz zu lassen. Soll er es empfinden, ganz empfinden, daß die Natur hier lehre ..., wenn der Vogel reizend schwirrt und ein neuer Wurm am Blatt kriecht, so unterbreche jetzt deine Sprachübung; der Vogel und der Wurm lehrt mehr und besser.«[35]

Um die Mitte des 19. Jahrhunderts verschaffte sich eine ganz andere Stimme Gehör: »Der Mensch soll seiner hohen Bestimmung gemäß immer mehr und mehr zum Siege über die materielle Natur gelangen, der einzelne Mensch zur Herrschaft über seine eigene Natur, die Menschheit im Ganzen zur Herrschaft über die Natur im Großen.«[36] Das schrieb der Arzt und Pädagoge Daniel Gottlob Moritz Schreber, dessen pädagogische Grundsätze und Methoden auch Einfluss auf nachfolgende Generationen hatten; nicht nur durch seine weit verbreiteten Schriften über die »Erziehung an Leib und Seele« und die darin empfohlenen, teils drakonischen Maßnahmen einschließlich einer rigiden Zeiteinteilung nach der Uhr, sondern auch durch jene Einrichtung, die seinen Namen trägt. Der »Schreberverein«, den der Pädagoge Hauschild 1864 in Leipzig gründete, setzte sich die Erziehung des Volkes nach Schreberschen Richtlinien und auch mit Hilfe der nach ihm benannten Gärten zum Ziel.

Seither hat der Garten noch manchen pädagogischen Kurswechsel mitgemacht. Zwar hat er als Terrain professioneller Belehrung bis jetzt noch nicht ganz ausgedient. Aber im aktuellen Lehrmittel-Forderungskatalog haben ihm neue Medien doch den Rang abgelaufen. Um so notwendiger ist er allerdings als Bewegungsraum geworden. Unersetzlich erscheint jedoch jene in Schulgärten trotz oder wegen aller Erziehungskunst wohl meist zu kurz kommende Gartenlust, die ihr kreatives Potential einst eher in den Randzonen alter Hausgärten oder auf verwildertem Niemandsland entfaltete, in gewissermaßen informellen Spielräumen für Erfahrungen, wie sie auch Peter Weiß dem Garten seiner Kindheit verdankte und noch als Erwachsener bei seiner Arbeit spürte: »Hier draußen öffneten sich meine Sinne … Ich war mein eigener Herr, ich schuf mir selbst die Welt.«[37]

Als Hort emanzipatorischer Sinnlichkeit und zweckfrei gelassener Zeit haben Gärten, vor allem öffentliche Gärten, darunter insbesondere auch nicht funktionalisierte und perfekt designte Freiräume, elementare politische Bedeutung. Lässt sich doch das Politische nicht nur als professionalisierter Sachbereich, im Sinne von Expertentum, verstehen, sondern vor allem in einem Prozess der Entstehung eines Gemeinwesens sehen, worin der Reichtum an Energien und kreativem Vermögen der Individuen, der immer schon sozial vorgeprägte Rohstoff an individuellen Erfahrungen und Sinneswahrnehmungen freigesetzt und öffentlich wirksam wird.

Grundlegend für die ästhetische Existenz wie für die soziale und politische Wirksamkeit von Gärten und Parks ist jedoch, so meine ich, auch heute noch, dass die Gleichung »Zeit ist Geld« nicht aufgeht an diesen Orten, für deren Verfassung die Ungleichheit von Uhrzeit und Naturzeit – oder vielmehr gelebter Zeit – in der Tradition der Moderne konstitutiv war.

Als eine Art gemeinsamer Nenner für das, was an hoch gehaltenen Idealen und wünschenswerten Qualitäten noch nicht verraten und verkauft worden ist, scheint der abstrakt-pauschale Begriff Natur zwar noch immer etwas von seiner oppositionellen Funktion behalten zu haben. Aber im Interesse wirksamen Widerstands gegen die rasante Nivellierung von Raum und Zeit käme es heute wohl mehr darauf an, das Konkrete an den Elementen von Gärten und Parks in seiner Eigenart und Eigenzeit möglichst differenziert wahrzunehmen und zu benennen.

In diesem Sinne hat Brecht wohl auch den Bäumen, die ihm in »finsteren Zeiten« als Gesprächsthema fehl am Platz zu sein schienen, politische Bedeutung abgewinnen können, wie seine oft zitierte Geschichte vom Herrn Keuner nahe legt. In der unvergänglichen Modernität, in der sie soziale Verhältnisse zur Sprache bringt und zugleich im Alltäglichen das Poetische entfaltet, trifft sie nicht nur dem Inhalt, sondern auch der Form nach so genau den Kern des Themas, um das es hier geht, dass ich sie – auch wenn sie allen bekannt sein mag – zum Abschluss noch einmal in Erinnerung rufen möchte:

»Befragt über sein Verhältnis zur Natur sagte Herr K.: ›Ich würde gern mitunter aus dem Hause tretend ein paar Bäume sehen. Besonders da sie durch ihr der Tages- und Jahreszeit entsprechendes Andersaussehen einen so besonderen Grad von Realität erreichen. Auch verwirrt es uns in den Städten mit der Zeit, immer nur Gebrauchsgegenstände zu sehen, Häuser und Bahnen, die unbewohnt leer, unbenutzt sinnlos wären. Unsere eigentümliche Gesellschaftsordnung läßt uns ja auch die Menschen zu solchen Gebrauchsgegenständen zählen, und da haben Bäume wenigstens für mich, der ich kein Schreiner bin, etwas beruhigend Selbständiges, von mir Absehendes, und ich hoffe sogar, sie haben selbst für die Schreiner einiges an sich, was nicht verwertet werden kann.‹

›Warum fahren Sie, wenn Sie Bäume sehen wollen, nicht einfach manchmal ins Freie?‹ fragte man ihn. Herr Keuner antwortete erstaunt: ›Ich habe gesagt, ich möchte sie sehen aus dem Hause tretend.‹«[38]

Urbanisierte Landschaft – Kulturlandschaft der beschleunigten Gesellschaft

Jörg Dettmar

Über die Zukunft der Landschaft wird gegenwärtig vielerorts diskutiert und spekuliert. Klar ist, wir werden es mit einem massiven Wandel der Nutzungen, der Gestalt, der Vorstellungen und Wahrnehmungen zu tun bekommen. Dazu gehört auch die Auflösung der Grenzen zwischen Stadt und Land. Im Informationszeitalter werden die Karten vollständig neu gemischt. Das gilt auch für den momentan stark strapazierten Begriff Kulturlandschaft. Wenn es wie in den neuen Leitlinien für die europäische Raumentwicklung in Zukunft »urbane Kulturlandschaften« gibt, zeigt dies nach meiner Einschätzung einen wichtigen Aspekt der Zukunft der Landschaft. Aber wiederum gilt, eine genauere Begriffsbestimmung von Urbanität, Urbanisierung und urban erleichtert das Verständnis und die Verständigung.

Der Begriff Urbanität wird nicht nur in Architektur- und Planerkreisen oft auf hohe städtische Dichte reduziert. Urbanes Leben war in der Vergangenheit in der Tat an Städte gebunden und u. a. gekennzeichnet durch folgende Punkte:
- Große Angebotsdichte (Waren, Dienstleistungen, Kultur)
- Vielfältige Erlebnis-, Informations- und Kommunikationsmöglichkeiten
- Unterschiedlichste Arbeits- und Erwerbsmöglichkeiten
- Kontakt zu und gegebenenfalls auch Austausch mit Fremden und anderen gesellschaftlichen Gruppen
- Größere Möglichkeiten zur Selbstverwirklichung, mehr Möglichkeitsräume für wirtschaftliche und kulturelle Aktivitäten

Heute ist vieles davon weitgehend unabhängig von einer Stadt zu bekommen. Eine große Informations-, Kommunikations- und Erlebnisdichte gibt es inzwischen bei uns fast überall, zumindest solange der Zugang zu den entsprechenden Medien möglich ist. Genauso hat man inzwischen zu fast allen Waren und Dienstleistungen über das Internet Zugang. Wenn man diese Aspekte hervorhebt, dann ist urban eine moderne Lebensform der Informationsgesellschaft.

Urbanes Leben und Urbanisierung sind entsprechend weltweit wirksame Phänomene mit allerdings sehr unterschiedlichen räumlichen und sozialen Folgen. Dies ist letztlich eine logische Konsequenz der technischen, sozialen und ökonomischen Entwicklung im Industriezeitalter. Und es ist auch ein Charakteristikum der Beschleunigung unserer Gesellschaft im Informationszeitalter.

Die räumlichen Konsequenzen der Urbanisierung in Mitteleuropa haben sehr verschiedene Facetten, dazu gehört sicher die anhaltende bauliche Erschließung von unbesiedelten Bereichen, die immer noch zunehmende Suburbanisierung und das Wachstum von »Zwischenstädten«, was man u. a. an der anhaltend hohen Flächenumwandlung für Siedlungszwecke von immer noch um die 90 Hektar pro Tag ablesen kann. Genauer betrachtet gehören aber auch die »Deurbanisierungsprozesse« in den durch Strukturwandel und Demographie schrumpfenden Städten und Regionen dazu. Wachstum und Schrumpfung finden gleichzeitig statt und beeinflussen sich gegenseitig; dabei spielen die Anforderungen, Konsequenzen und Möglichkeiten einer zunehmend mobilisierten urbanen Gesellschaft eine große Rolle. Auch die Transformation des ländlichen Raumes durch den urbanen Lebensstil ist eine Folge. Und letztlich hängt auch das Verschwinden alter Kulturlandschaften damit zusammen. Resümierend kann man feststellen, das diese Wachstums- und Schrumpfungsprozesse zwei Seiten einer Medaille sind, die zunehmend zur Auflösung der traditionellen Vorstellungen von »Stadt und Land« und zur Entstehung neuer urbanisierter Landschaften führen.

Ursachen und Triebfedern der Urbanisierung
Es gibt eine Vielzahl von Ansätzen, die die wesentlichen Ursachen der gesellschaftlichen Veränderungen und damit auch Triebfedern der Urbanisierung erklären. Je nachdem welche Wissenschaftsdisziplin die Frage stellt, gibt es technisch (Kommunikationstechnologie), ökonomisch (Globalisierung) oder sozial (Individualisierung) orientierte Antworten. Ich möchte hier zur Beleuchtung der Ursachen einen gesellschaftswissenschaftlichen Ansatz wählen, der mir interessant erscheint. Er beschäftigt sich mit dem Phänomen der zunehmenden Beschleunigung in der Moderne und untersucht die Veränderung der Zeitstruktur als zentralen Faktor gesellschaftlicher Wandlungen. Das bekannte Phänomen zunehmender Beschleunigung umfasst genauer betrachtet verschiedene Dimensionen, die sich gegenseitig immer weiter antreiben und somit die Geschwindigkeit steigern – ich folge hier der Untersuchung von Hartmut Rosa[1]. Er unterscheidet drei Dimensionen der Beschleunigung:

Erstens: Die technische Beschleunigung, das heißt die intentionale Beschleunigung zielgerichteter Prozesse. Unter diesem Blickwinkel stellt sich die

Urbane Kulturlandschaft Rhein-Main
Foto Jörg Dettmar 2009

Moderne in erster Linie als eine Geschichte der progressiven Beschleunigung von Transport, Kommunikation und Produktion dar.

Zweitens: Die Beschleunigung des sozialen Wandels, das heißt die Steigerung der sozialen Veränderungsraten im Hinblick auf Assoziationsstrukturen, Wissensbestände sowie Handlungsorientierungen und Praxisformen der Gesellschaft. Damit sind u. a. beschleunigte Veränderung der Moden, Lebensstile, Beschäftigungsverhältnisse, Familienstrukturen sowie politischer und religiöser Bindungen gemeint. Beschleunigung des sozialen Wandels lässt sich danach definieren als die Steigerung der Verfallsraten von handlungsorientierten Erfahrungen und Erwartungen und als die Verkürzung der für die jeweiligen Sozialsphären als Gegenwart zu bestimmenden Zeiträume. Dafür wird in der Soziologie auch der Begriff »Gegenwartsschrumpfung« verwendet.

Drittens: Die Beschleunigung des individuellen Lebenstempos; dies ist eine Reaktion auf die Verknappung von ungebundenen Zeitressourcen, was sich einerseits in der Erfahrung von Zeitnot und Stress manifestiert und andererseits als Steigerung der Zahl der Handlungs- und/oder Erlebnisepisoden pro Zeiteinheit bestimmt werden kann. Stichworte in diesem Zusammenhang sind Multitasking, parallele Organisation von Familie und Beruf, Freizeitstress.

Was sind die Folgen der dadurch ausgelösten gesellschaftlichen Veränderungen, und welche räumlichen Konsequenzen haben sie? Hier sollen nur einige Phänomene stichwortartig aufgelistet werden, die man mit der zunehmenden Beschleunigung in Verbindung bringen kann:

Jörg Dettmar

- Zunehmende Individualisierung der Gesellschaft
- Auflösung der traditionellen Familienstrukturen (Patchwork-Familie, Lebensgemeinschaften auf Zeit)
- Mehr Singles und Singlehaushalte vor allem in Großstädten
- Zunehmende Mobilisierung und Flexibilisierung als Anforderung für beruflichen Erfolg (keine konstante Lebensplanung, mehrere Berufe und Familien im Laufe eines Lebens, viele Ortswechsel)
- Abnehmender Ortsbezug – Ersatz von Heimat durch Lebensabschnittsheimat
- Förderung multipler oder zumindest flexibler Identitäten

Die Loslösung der persönlichen Identität von einem festen Ort wird noch weiter radikalisiert. Identität verliert ihre geographische Verortung, je mehr man sich im »Raum der Ströme« selbst definiert und stabilisiert. In der klassischen Moderne ging Mobilität noch von einem festen Wohnort aus, von dem aus größere Beweglichkeit möglich war und den man gelegentlich wechselte. Immer mehr ist nach Hartmut Rosa heute jedoch »Nomadentum und Ortspolygamie« gefordert.

Weitere räumliche Konsequenzen – stichwortartig aufgelistet – sind:
- Die Zunahme an Wohnungen bei einer Abnahme der Personen
- Der kontinuierlich zunehmende Verkehr und die anwachsenden Verkehrsflächen
- Höhere Attraktivität von Metropolräumen und Metropolen; diese Rückkehr in die Zentren (Reurbanisierungstendenzen) erfolgt u. a. auch aus Gründen der Zeitökonomie
- Zu erwarten ist eine zunehmende Attraktivität von flexibel wechselbaren Mietwohnungen gegenüber eigenen Immobilien

Die wahrscheinliche Zunahme der wirtschaftlichen Spaltung der Gesellschaft in ökonomische Gewinner und Verlierer wird zwangsläufig räumliche Konsequenzen haben. Eine einfache Einteilung der individualisierten Gesellschaft in Städten ist zwar genau genommen nicht mehr möglich, eine Beschreibung wie sie Walter Siebel vorschlägt, scheint mir aber hilfreich. »In der Stadt entwickeln sich drei einander überlagernde Inselsysteme: die Stadt der Ausgegrenzten als kaum vernetzte Inseln ortsgebundener Armutsmilieus; darüber die netzartig verknüpften Aktionsräume verschiedener Lebensstilgruppen der integrierten Mittelschicht; wiederum darüber das Netzwerk der international eingebundenen hochqualifizierten Arbeitskräfte.«[2] Natürlich ist dies vereinfacht, so ist z. B. das Armutsmilieu sicher nicht nur statisch, sondern, zumindest international betrachtet, gibt es zahllose Armutsflüchtlinge, die lange unterwegs sind, um in Städten eine Zukunft zu finden. Trotzdem lässt sich ein eher statisches Armutsmilieu in unseren Städten schon heute in bestimmten Stadtteilen lokalisieren. Hier ist der Bedarf nach öffentlicher Daseinsvorsorge besonders groß, auch im Sinne des Angebotes von öffentlichen Freiflächen.

Die Überlagerung der beschriebenen Inselsysteme führt zwangsläufig zu Konflikten. Sicherheit wird so wohl in Zukunft zu einer bedeutsamen Dimension der sozialen Strukturierung von urbanen Räumen werden. Räumliche Konsequenzen, die damit zusammenhängen, sind z. B.:

- Zunehmende Privatisierung von öffentlichen Räumen z. B. Passagen
- Einrichtung von Sicherheitszonen in den Innenstädten mit Überwachung/ Kontrolle
- Entwicklung abgegrenzter gesicherter Wohnareale mit Eingangskontrolle (gated communities)

Ob eine Konsequenz der sich steigernden Beschleunigung ein zunehmender Bedeutungsverlust der Orte ist, darüber kann man streiten. In jedem Fall ist aber von einem erheblichen Bedeutungswandel der Orte auszugehen. Der Befürchtung einer starken Homogenisierung der Städte als Konsequenz der Globalisierung kann man entgegenhalten, dass offensichtlich gerade dies die Bemühungen zur Stärkung und Hervorhebung der lokalen und regionalen Besonderheiten fördert. Dies lässt sich ganz gut an der Konkurrenz der Metropolregionen beobachten. Besonders in den Kernen wie z. B. in Frankfurt im Rhein-Main-Metropolraum findet globale Orientierung als internationale Metropole und lokal regionale Verankerung in der Geschichte gleichzeitig statt. Bausteine dabei sind einerseits eine global orientierte Architektur und Landschaftsarchitektur insbesondere für Banken, Versicherungen und Sitze anderer großer Unternehmen. Dafür werden dann die entsprechenden Stararchitekten eingesetzt, die ihre Formensprache weitgehend ortsunabhängig entwickeln. Andererseits wird in Frankfurt der Neubau der nicht mehr vorhandenen mittelalterlichen Innenstadt rund um den Römerberg ernsthaft diskutiert.

Auch auf regionaler Ebene lässt sich diese Parallelität feststellen. Einerseits gibt es im Rhein-Main-Gebiet den Versuch, über eine neue Regionalplanung (Regionaler Flächennutzungsplan) und die Entwicklung eines Regionalparks eine koordinierte überkommunale Siedlungsentwicklung und die Erhaltung und Entwicklung offener Landschaftsräume zu erreichen. Andererseits wird der Ausbau der global orientierten Megainfrastruktur des Flughafens Rhein-Main vorangetrieben. Dabei finanziert sich der Regionalpark Rhein-Main zu einem großen Teil aus Ausgleichsgeldern, die der Flughafenbetreiber zahlt. Das Rhein-Main-Gebiet ist auch gut geeignet für eine vertiefende Betrachtung einer beson-

Jörg Dettmar

ders typischen Erscheinungsform moderner urbanisierter Landschaft – die von Stadtplanern als »Zwischenstadt« bezeichnet wurde.

Beispiel Zwischenstadt
Egal ob man bei dem Arbeitstitel Zwischenstadt bleibt oder von fragmentierten urbanen Landschaften spricht – jenseits aller theoretischen Betrachtungen steigert sich die Ausdehnung dieser Räume und ihre Hässlichkeit. Mit einer sehr hohen Entwicklungs- und Veränderungsgeschwindigkeit haben sie keine Zeit, um eine lokale Besonderheit auszubilden. Sie stellen den real existierenden Kompromiss aller Teilinteressen und Fachplanungen dar, letztlich sind sie der Offenbarungseid all unserer so weit entwickelten räumlichen Planungen. Anders ausgedrückt: Die gut gemeinte und professionelle Arbeit aller Planer erzeugt ein planvolles Chaos. Zynisch kann man auch von Kontrollverlust reden, der mangelnden Möglichkeit von planerischer Kontrolle in Zeiten der Beschleunigung.

Die Reaktion der Planer und Architekten auf dieses Phänomen, das vor allem die Metropolräume dominiert, ist sehr unterschiedlich:
- Kapitulieren oder ignorieren, wie es viele entwerfende Architekten tun, die ihre Aufmerksamkeit lieber einzelnen Gebäuden schenken
- Relativieren, indem man z. B. Vergleiche mit dem viel extremeren urban sprawl in den USA heranzieht
- Euphorisieren und als Chance zur Selbstverwirklichung begreifen, ohne zuviel Rücksicht auf einen kulturellen oder städtebaulichen Zusammenhang nehmen zu müssen
- Akzeptieren, analysieren, verstehen und neue Ansatzpunkte für eine geänderte und sehr viel flexiblere Planungsstrategie suchen, wie z. B. neue, mehr oder weniger ungeplant entstandene Entwicklungskerne oder Aktivitätszonen aufspüren und diese für eine planerische Qualifizierung verwenden
- Forcieren der Weiterentwicklung von Regionalplanung und Landschaftsgestaltung in der Hoffnung auf neue Planungsansätze und den Mut zu Experimenten
- Neu wahrnehmen, ästhetisieren, inszenieren wie es zuerst im Rahmen der »IBA Emscher Park« im Ruhrgebiet versucht wurde

Urbane Kulturlandschaften
Die aktuellen Leitbilder und Handlungsstrategien für die Raumentwicklung in Deutschland geben im Leitbild »Ressourcen bewahren, Kulturlandschaft gestalten« für die Metropolräume das Ziel »Gestaltung suburbaner und verstädterter Räume« an. Die alte Trennung zwischen Stadt und Landschaft wird als obsolet erklärt, der Kulturlandschaftsbegriff nicht mehr nur historisch begründet ver-

Naturschutz – Dynamik und Konservierung
Foto Jörg Dettmar 1989

wendet, sondern mit dem politischen Anspruch einer nachhaltigen Entwicklung verknüpft und eben auch auf Stadträume angewandt.

Traditionell waren Kulturlandschaften eine Symbiose von Natur und Kultur, wie sie die vorindustrielle Landschaft des späten 18. und des beginnenden 19. Jahrhunderts als prägende Chiffre eines besonderen Wertes darstellt. Dies drohte in der Moderne mit der zunehmenden Industrialisierung verloren zu gehen. Aus dieser Befürchtung resultierten zunächst Heimatschutz, Naturschutz und letztlich auch Kulturlandschaftsschutz. Vorindustrielle Kulturlandschaften waren das Ergebnis der Bewirtschaftung unter Ausnutzung der jeweils verfügbaren Möglichkeiten/Techniken, auf der Basis von eingeschränktem Informationsaustausch und nur regional verfügbaren Materialien, sowie begrenzten Energieressourcen.

Die Landschaften des Industriezeitalters waren vielfach geprägt durch Ressourcenausbeutung und -verbrauch sowie die schnelle Umwandlung von Flächen zum Zweck der Produktions- und Gewinnsteigerung. Rahmenbedingungen dafür waren die technische Beschleunigung, der stetig steigende Informationsaustausch, global verfügbare Materialien und scheinbar unbegrenzte Energieressourcen. Das Ergebnis war eine zunehmende Homogenität.

Postindustrielle Landschaften des Informationszeitalters sind urbanisierte Landschaften, geprägt durch wesentlich beschleunigte Veränderungsraten

Industrienatur als Element einer postindustriellen Kulturlandschaft
Foto Jörg Dettmar 1988

unter anderem aufgrund kurzfristiger wechselnder ökonomischer Rahmenbedingungen. Wachstums- und Schrumpfungsprozesse finden gleichzeitig statt und führen zu verstädterten Dörfern und einer Verdörflichung von Städten. Homogene Heterogenität mit vielen patchworkartigen Strukturen, wie wir sie heute schon in den Metropolregionen finden, wird sich weiter ausdehnen. Charakteristische Landschaftsbilder, wie wir sie von historischen Kulturlandschaften kennen, sind weder unter den Rahmenbedingungen einer intensivierten Biomasseproduktion noch unter Verwilderungsszenarien vorstellbar, um nur zwei mögliche Szenarien aus der aktuellen Diskussion über die Zukunft unserer Landschaften aufzugreifen.

Wenn wir einem konstruktivistischen Landschaftsbegriff folgen, dann lässt Landschaft sich als soziale bzw. durch den Prozess der Sozialisation begründete individuelle Konstruktion verstehen. Diese Konstruktion von Landschaft kann man als gesellschaftliche Landschaft, als ästhetisierte, bewusstseinsinterne, sozial begründete Zusammenschau relational im Raum angeordneter Objekte und Symbole beschreiben. Die übergeordneten kulturell geprägten großen Erzählungen der alten Kulturlandschaften oder der europäischen Stadt werden zunehmend verloren gehen, weil sie keinen nachvollziehbaren Bezug mehr zur Lebenswirklichkeit haben. Diese wird sehr viel mehr bestimmt von dem Patchwork der individuellen Identitäten. Was in der Beschleunigungsgesellschaft an

Landschaft gebraucht wird, ist vielmehr eine Kulisse als eine Identitätsbasis. Sie muss Erlebnisreichtum bieten und setzt Erfahrungen nicht voraus.

Die urbanisierte Landschaft ist eine individualisierte Landschaft ohne ausdefinierten und durchschlagend prägenden kulturellen Background – eine Landschaft ohne Sinn? Sie ist geprägt von der Kultur einer beschleunigten Gesellschaft und insofern vielleicht die zeitgemäße Kulturlandschaft. Diese wird allerdings wohl kaum noch eine einheitliche Gestalt haben.

Dies sind natürlich Spekulationen, noch dazu ziemlich grobschlächtige. Aussagen über die zukünftige Entwicklung unserer Landschaft und daraus abgeleitete Handlungsempfehlungen haben angesichts der grundlegenden Veränderungen der Gesellschaft im Informationszeitalter ein großes Risiko, völlig falsch zu liegen. Allerdings können Planer wohl nicht so weit gehen wie der Umwelthistoriker Rolf Peter Sieferle, der Aussagen über unsere Zukunft für unmöglich hält: »Eine Gesellschaft des Informationsüberflusses und der Energieknappheit ist etwas so Neues, dass wir mit Blick auf die Vergangenheit nichts über sie lernen können, so dass die Landschaft der Zukunft vollständig im Dunkeln bleibt.«[3]

Hilft ein neues Naturverständnis – Naturverhältnis?
Nach einem Jahrtausende langen Kampf mit der Natur ums Überleben folgte im Zuge des Industriezeitalters der Versuch der Unterwerfung und die weitgehende Ausbeutung natürlicher Ressourcen mit der Konsequenz der weitgehenden Umwandlung und auch Zerstörung von vorindustriellen Kulturlandschaften – inklusive aller ökologischen Probleme. Das Naturverständnis der westlichen Industriegesellschaften war einerseits geprägt durch die Euphorie der Moderne über die Möglichkeiten der Naturbeherrschung und andererseits durch die Schuld erzeugende Wahrnehmung ihrer ökologischen Konsequenzen.

Die technische Beschleunigung hat die natürlichen Prozesse gesteigert – siehe die Entwicklung der Landwirtschaft – und natürliche Grenzen überwunden. Damit verbunden war eine stetige Beschleunigung der Austauschprozesse mit der Natur unter der Zielsetzung der Ausbeutung.

Im Informationszeitalter wird das Niveau an Wissen und sozialer Organisation mit rasender Geschwindigkeit gesteigert, zumindest bei den Gesellschaften oder Gesellschaftsteilen, die zu den Gewinnern der Globalisierung zählen. Die Bedeutung der immateriellen Informationen wird in der Wahrnehmung der global orientierten Eliten vermutlich immer weiter steigen – begrenzt nur durch ganz materiell-reale Katastrophen wie Kriege, Terrorismus, Umweltprobleme, Energieknappheit oder den Zusammenbruch der Finanzmärkte durch zu viel Gier.

Jörg Dettmar

*Traum von der Einheit. Skulptur in Lost Gardens of Heligen,
Cornwall, England* Foto Jörg Dettmar 2002

Wenn als wertvoller (im Sinne der Wertschöpfung) Inhalt der ökonomischen
Prozesse einer Gesellschaft die materiellen Ressourcen für die industrielle
Produktion an Bedeutung abnehmen und die immateriellen Ressourcen der
Informationserzeugung immer wichtiger werden, kann sich dann die Wahr-
nehmung der Natur vom Ressourcenlieferanten und schutzbedürftigen, zu
regulierenden Objekt ändern zu einem selbstbestimmten Prozess, in dem der
Mensch zum integrierten Subjekt wird und nicht ein exklusives Element ist?
Anders ausgedrückt: Wird der alte Traum von der Rückkehr ins Paradies in
der Turbomoderne neu geträumt?

Gärten und Kulturen auf der Wanderschaft

Thomas Gladis

Die Landwirtschaft ist eine der frühesten kulturellen Leistungen. Vor rund zehntausend Jahren machten Menschen unabhängig voneinander auf mehreren Kontinenten Böden urbar und nahmen die ersten Pflanzen in Kultur. Die Zeit war offenbar reif für die Emanzipation des Menschen von der Natur. Er wurde sesshaft und errichtete Siedlungen. Ohne die nur auf dem Land zu findende Rustikalität sind viele gesellschaftliche und soziale Entwicklungen nicht vorstellbar: Bevölkerungszunahme, hohe Siedlungsdichten, die Entstehung von Städten und die Existenz von Staaten hängen primär von einer leistungsfähigen Landwirtschaft ab. Leider haben die meisten Menschen längst vergessen, dass der wahre Reichtum menschlicher Gesellschaften auf der Vielfalt ihrer Kulturpflanzen und Haustiere beruht – und auf dem gemeinsamen Nutzungsrecht an diesem lebendigen kulturellen Erbe. Mit der Anlage normgerechter Monokulturen endet nicht nur die Selbstversorgung. Traditionelle Werte wurden versetzt und die Grundlagen einer bäuerlichen Lebensweise zerstört. Die kleinräumigen, mosaikartig verzahnten Felder sind binnen weniger Jahrzehnte immer größer werdenden Nutzungseinheiten gewichen. Auch die Siedlungen und vor allem die Städte sind gewachsen. Dem Naturhaushalt fremde Stoffe, Lärm und andere Stressfaktoren belasten Mensch und Mitwelt. Doch immer mehr Menschen kehren dem Landleben den Rücken, immer mehr Wildtiere und -pflanzen wandern in die Städte ein. Sie werden hier zumeist toleriert. Hingegen verödet das Land infolge der Industrialisierung zusehends. Bunt blühende Feldraine gehen verloren, die abwechslungsreichen Wälder müssen ertragreichen, doch artenarmen Forsten weichen.

Viele Menschen empfinden beim Umgang oder bei Begegnungen mit lebenden Tieren und Pflanzen Freude. Dennoch wächst in jedem Kind neu das Bestreben, sich von der Erde und von der Natur zu lösen, sich zu spezialisieren und emporzuarbeiten. Hoch hinaus wollen nicht nur Schornsteinfeger und Politiker, Bergsteiger und Astronauten. Dieser Traum beflügelt Künstler, Techniker und

Wissenschaftler, Handwerker, Händler und Gastwirte, Verwaltungsangestellte, Polizisten, Lehrer und Armeeangehörige. Selbst Industriearbeiter gelten mehr als Gärtner oder Landwirte. Unter ihnen sind wiederum diejenigen besser gestellt, die moderne Maschinen und Geräte einsetzen. Sie bewirtschaften immer größere Anteile der kaum erweiterungsfähigen landwirtschaftlichen Nutzfläche. Sie müssen es, um zu überleben.

»Aber Cain und sein opfer sahe er nicht gnädiglich an. Da ergrimmete Cain sehr, und sein geberde verstellete sich.«[1]
Die beiden ersten von Menschen gezeugten Geschwister in der Bibel, den älteren Ackermann und den jüngeren Schäfer, trennt mehr als sie miteinander verbindet. Die Geschichte des Brudermords erzählt von dem Riss, der durch die Menschheit geht, seit es Hirten und Ackerbauern gibt. Letztere beginnen, sich Grund und Boden anzueignen. Mit dem Bestreben, Eigentum und Besitz zu schützen, zieht die Furcht vor »zigeunernden« Völkern in die Geschichte ein: Einbruchsichere Wohnungen und Häuser, befestigte Dörfer, Wehrkirchen, Festungen, von Mauern umgebene Städte, Staaten mit gesicherten Grenzen, die Angst vor der Landung außerirdischer, überlegener Kulturen. Wer gibt uns Sesshaftgewordenen das Recht, die Welt solcherart unter uns aufzuteilen, migrierende Völker auszuschließen, ihnen die Existenzgrundlage zu entziehen?

Bis zur Abschaffung der Leibeigenschaft nahmen sich die Lehnsherren das Recht, die Bauern an sich und an den Boden zu binden. Jetzt erobert sich das Volk den freien Zug, die abgaben- und steuerfreie Möglichkeit auszuwandern, zurück. Es löst sich damit aus seinen von der Obrigkeit festgelegten Abhängigkeits- und Treueverhältnissen. Reisen in ferne Länder blieben lange Zeit vor allem den Bessergestellten und Wissenschaftlern vorbehalten. Solche Reisen beanspruchten mehrere Jahre und galten bis nach Humboldts Zeiten als gefährliche und teure Abenteuer. Beim Reisen lebt eine lange unterdrückte menschliche Verhaltensweise wieder auf und bricht sich neue Bahnen. Die Grenzen unserer Staaten und Wirtschaftsräume sind durchlässiger geworden. Für Bewohner der Industriestaaten ist es selbstverständlich, die Welt zu bereisen, Häuser und Grundbesitz in anderen Ländern zu erwerben, dort den Urlaub zu verbringen, aber auch im Ausland zu leben und zu arbeiten. Ob eingeladen oder nicht, die immer wieder »Besuchten« rüsten nun zum Gegenbesuch, und nicht wenige von ihnen gedenken zu verweilen. Verwundert stellen sie fest, dass ihnen Vorbehalte und Unverständnis entgegengebracht, dass Barrieren errichtet werden. Sie wollen und können ihre kulturellen Wurzeln nicht leugnen. Mit welchen Argumenten wollte man sie hindern, sich zu integrieren? Die Migranten kolonisieren das Land ja nicht. Sie folgen den gleichen menschlichen Grundbedürfnissen wie seine Einwohner: Sie suchen einen sicheren und schönen Wohnort, wollen Arbeit und Freunde finden, Familien gründen oder erhoffen sich ein leichteres Leben. Dass der gewählte Ort bereits bevölkert ist, scheint seit dem Auszug der Menschheit aus ihrer afrikanischen Urheimat unvermeidlich: Die Radiation, die Ausbreitung der Art *Homo sapiens* auf dem Festland des Planeten Erde ist mehr oder weniger abgeschlossen. Sie fand in sehr langen Zeiträumen unter Ausbildung mehrerer Rassen statt. Im gegenwärtigen Zeitalter beginnt die Radiation und Vermischung dieser Rassen, und die Menschheit versucht, außerhalb ihres Heimatplaneten Fuß zu fassen. Das Bevölkerungswachstum wird bisher durch Ängste, Katastrophen, Kriege und elementare Not gebremst, doch welche Rahmenbedingungen werden künftig gelten?

»… und nun wieder Werbung …«

Indem wir Menschen uns von der Natur oder der landwirtschaftlich-gärtnerischen Produktion lösen und uns ganz der Technik, dem Konsum anvertrauen, verlieren wir gewachsenen Boden unter den Füßen. Durch die Beschäftigung mit computersimulierten, durch Medien und Märkte geprägten Bildern von Natur und Gesellschaft bewegen wir uns im Spiegelkabinett einer von uns selbst erschaffenen Traumwelt. Deren Entzug oder das Erwachen ist für viele Menschen so unerträglich, dass sie dahin zurückflüchten. Allergien, psychische und somatische Zivilisationskrankheiten, asoziales Verhalten, brutale Straftaten, Anschläge und Amokläufe gehören zu den schwer an konkreten Ursachen festzumachenden Signalen von Menschen, die unter den herrschenden Lebensbedingungen leiden und die keinen Ausweg finden. Etliche geraten in ein Strafsystem, in dem sozial eingebundene Wesen isoliert, der Willkür anderer Menschen oder einer Umgebung ausgesetzt werden, in der sie keine Heimat mehr finden. Erinnert sei an die Obdachlosen und Flüchtlinge aus aller Welt. Das Boot sei voll, die Ressourcen begrenzt. Dem Kuckuck gleich drängen angeblich die Mehrheit repräsentierende Gruppierungen Alte, Andersgläubige, Arbeitslose, Behinderte, Kinderreiche, Kranke und Migranten rücksichtslos an den Rand der Gesellschaft und darüber hinaus. Wie der sozial schmarotzende Vogel seine Adoptiveltern blendet und sich für deren einzigen Nachkommen hält, so missbrauchen jene ihre Macht, um andere an den Wertvorstellungen des eigenen Lebensformersatzes zu messen und zu richten. Diese Täuschung der Sinneswahrnehmungen erfolgt in einem Ausmaß, das zu Realitätsverlust und Veränderungen des Selbstwertgefühls bei den Betroffenen wie bei den Verursachern führen kann. Oder steckt hinter all dem eine höhere Einsicht, wird so vielleicht nur die Anpassungsfähigkeit trainiert? Werden sich Menschen auf einer sehr langen Reise durch das All in abiotisch anmutenden Räumlichkeiten wie den

Thomas Gladis

allgegenwärtigen Konsum- und Finanztempeln ohne Tageslicht, ohne lebende Pflanzen und Tiere unter Dauerstress behaupten müssen und dabei wohl fühlen? Trägt die für eine Supermarktkette arbeitende Kassiererin um diesen Preis ein höheres Krankheitsrisiko, hat sie vielleicht sogar eine ähnlich hohe Lebenserwartung wie der in permanenter Unsicherheit lebende Jobber oder jemand, der den ehemals so gesunden Beruf des Landwirts, Gärtners oder Winzers heute zum Broterwerb ausübt?

Wie gelingt es Stadtmenschen überhaupt, unter diesen Bedingungen gesund zu bleiben? Bekannt ist, dass familiäre Bindungen und enge soziale Kontakte stabilisierend wirken. Aber Großfamilien gibt es in unserem Kulturkreis kaum noch. Könnte es sein, dass miteinander spielende Menschen und solche, die für ihre Existenz nicht mehr zwingend erforderliche Tätigkeiten und die damit verbundenen Rituale beibehalten, an einer technisierten Umwelt weniger leicht zerbrechen? Spielen dient der Lebensertüchtigung, es beschäftigt, regt die Phantasie an und härtet ab. Spielregeln können im Unterschied zu den in Gesellschaft und Natur geltenden Gesetzen leicht abgewandelt werden. Spiele verlaufen nie gleich. Das macht sie spannend und unterscheidet sie von den eher starren Riten.

Dem Jagen entsprechen einige Sportarten. Auch wer Fotomotiven nachstellt oder im Internet surft, befindet sich auf der Pirsch. Mehr oder weniger rituelle Jagd und Fischfang sind beliebte Freizeitvergnügen und nur verboten, wenn sie ungenehmigt und unversteuert als Wilderei ausgeübt werden. Vom Sammeln abgeleitete Freuden sind die Suche nach Blumen, Beeren und Pilzen, das Abernten von Bärlauchbeständen und anderen Wildpflanzenvorkommen, sofern diese nicht unter gesetzlichem Schutz oder auf verbotenem Land wie militärischem Sperrgebiet oder privatem Grund gedeihen. An das Leben der Nomaden erinnern Wanderungen, während Pilgerreisen an religiöse Traditionen anknüpfen. Mobilität wird einerseits als Freiheit empfunden, andererseits als Zwang. Wer erfolgreich sein will, muss in Bewegung bleiben und Flexibilität beweisen. Sesshaftigkeit ist dem Beruf oder den Lebensumständen zu opfern. Nur so ist die Gefährdung des Arbeitsplatzes, des Lebensstandards und des gesellschaftlichen Status zu vermeiden. Außendienst, Zeitverträge und Minijobs treiben Menschen in die Enge, bringen sie in Zeitnot und zwingen ihnen ein zermürbendes Nomadenleben auf, das die Zerrüttung der Familien in Kauf nimmt und eine Erwärmung des gesellschaftlichen Klimas.

Vom Acker- und Gartenbau bleibt manchem Städter vielleicht wirklich nur die rudimentäre, rituelle Beschäftigung mit Balkon- und Zimmerpflanzen oder pflegeleichten Heimtieren. Andere gestalten einen winzigen Lebensraum mit exotischen Pflanzen, Fischen oder Echsen – eine letzte, nur scheinbar leicht zu

Migrantenfamilie im Bonner Süden nahe Lannesdorf bei der Bohnenernte Foto Thomas Gladis 2002

kappende Verbindung mit der Natur. Jenseits dieser, einen Ausgleich schaffenden Freizeitvergnügen kann Gärtnern eine feste, Identität und Sinn stiftende Aufgabe sein. Es ist dann eine ernste und zweckgebundene Tätigkeit, die unmittelbar der Existenzsicherung dient, beispielsweise vielen Migranten.

»Der Boden der Gärten wird umgegraben, er wird für die Aussaat vorbereitet, auch Menschen werden durch Krieg, Flucht und den Verlust der Heimat ›umgegraben‹. Sie versuchen, neue Wurzeln zu schlagen.«[2]
Migration bewirkt Veränderungen – bei den Familien und Gesellschaften der abwandernden Menschen ebenso wie bei den sie aufnehmenden. Gegenwärtig findet innerhalb der Länder und über die Staatsgrenzen hinweg eine Völkerwanderung bisher nicht gekannten Ausmaßes statt. Zwischen dem Mauerbau 1961 und dem Anwerbestop 1973 strömten mehrere Millionen Arbeitskräfte als Gastarbeiter in die Bundesrepublik. Zu den mit Italien, Spanien und Griechenland geschlossenen Anwerbevereinbarungen kamen Abkommen mit der Türkei (1961), Marokko (1963), Portugal (1964), Tunesien (1965) und Jugoslawien (1968). Doch es bedurfte keiner diplomatischen Anstrengungen und des im Grundgesetz verankerten Asylrechts, um Menschen aus aller Welt in das Wirtschaftswunderland zu locken: Das Spektrum der heute in den Grenzen Deutschlands lebenden Nationalitäten weist kaum Lücken auf. Ähnliches gilt für andere wirtschaftsstarke Staaten aller Kontinente. In Krisenzeiten wird diskutiert, nur Hochqualifizierten aus bestimmten Berufsgruppen die Einwan-

Thomas Gladis

derung zu ermöglichen oder zeitliche Aufenthaltsbeschränkungen zu definieren. So hoffen Länder mit boomender Wirtschaft, bei Bedarf weiterhin auf ausländische Arbeitskräfte zugreifen und deren Rückkehr in die Heimatländer erzwingen zu können. Durchgesetzt hat sich hingegen das Konzept der Integration, verbunden mit dem Anliegen, eine weitere Zuwanderung zu erschweren und Rückkehrwilligen ihre Entscheidung zu erleichtern. Inzwischen treten Migranten als deutsche Staatsangehörige politisch und wirtschaftlich offensiv in Erscheinung und tragen mehr Menschlichkeit in die Diskussion um Abschiebungen.

Besonders schwierig ist die Land- und Landesflucht für Angehörige des ältesten Berufstandes, für die Bauern. In der Industriegesellschaft bleiben sie oft ihren kulturellen Wurzeln und heimatlichen Bräuchen treu. Die gewohnten heimischen Kulturpflanzen und Haustiere, vor allem aber daraus hergestellte Produkte kann ihnen das »Gastland« nicht bieten. Vor allem in der Eingewöhnungsphase herrscht ein gewaltiger Druck. Kultur und Sprache sind fremd, Familie, Freunde und Bekannte fehlen, es gibt vielerlei Waren im Überfluss, doch die täglich dringend benötigten Dinge, selbst Grundnahrungsmittel wie Brot, Gemüse und Fleisch, Kräuter, Molkereiprodukte sind in der gewünschten Qualität schwer zu bekommen. Indes finden die Migranten Brach- oder Pachtland, das sie nach eigenen Vorstellungen bewirtschaften können. Dazu gehören selbstverständlich die eigenen Kulturpflanzen, erprobten Anbautech-

Das pakistanische Ehepaar Bhatti mit seinen unverzichtbaren Kalebassen in Eichstetten am Kaiserstuhl. Dahinter feiern deutsche Kleingärtner. Foto Thomas Gladis 2008

niken und vertrauten Gerätschaften. Durch Subsistenzlandwirtschaft wird das Leben erträglich. Diese uralte Wirtschaftweise autarker Bauern tangiert den Weltmarkt nicht einmal, und doch beruht auf ihr die Welternährung im Wesentlichen bis heute. Über die anfängliche Selbsthilfe hinaus entwickelte sich der Handel mit heimatlichen Produkten, vorrangig Lebensmitteln, zu einem eigenständigen, zunehmend auch von Deutschen gern angenommenen Marktsegment.

Der Migrantenanteil und seine Verteilung in der städtischen Bevölkerung lässt Konzentrationsprozesse in konfliktbeladenen Stadtteilen erkennen. Unterschiedliche Gartenkulturen können jedoch problemlos nebeneinander existieren, wenn genügend Land zur Verfügung steht. Viele Beispiele aus Städten und Dörfern belegen dies. Während einige Migranten sich in der deutschen Garten-Leitkultur mit ihren rechtwinklig angelegten Beeten und den mindestens wöchentlich geschorenen Rasenflächen typisch deutscher Kleingärten assimilieren, wahren viele ihre Unabhängigkeit. An Straßenzügen und viel begangenen Wegen bauen sie teils abenteuerlich anmutende Einzäunungen, um sich vor fremden Blicken zu schützen. Je siedlungsferner der Garten liegt, desto eher dienen Zäune lediglich als Rankhilfen und Schutz vor Wildschäden. Die Familien der Migranten, vor allem die Frauen, verbringen die meiste Zeit des Tages im Garten, wobei sie teils weit auseinander liegende Gärten mit je nach Ausstattung und Entfernung zur Wohnung unterschiedlichem Pflanzenbestand bewirtschaften. In fast jedem dieser Gärten befinden sich eine oder mehrere selbst gebaute Lauben oder Hütten mit Kochgelegenheit. Außerdem gibt es eine Feuerstelle im Freien, gelegentlich auch einen Backofen, für Kinder ein Baumhaus oder einen anderen, einfach und phantasievoll gestalteten Spielplatz.

Wo es möglich ist, werden Tiere gehalten: Hühner, Tauben, Schafe. Das Interessanteste aber sind neben den unterschiedlichen Kulturtechniken die Pflanzen, die teilweise aus den Heimatländern der Migranten stammen oder bei Nachbarn eingetauscht werden. In beinahe jedem Garten wachsen Mais und Bohnen, Zwiebeln und Porree, Gemüsekohl, Paprika, Tomaten, Kürbisse, *Beta*-Rübe und Salate. An Kräutern ist fast immer Petersilie zu finden, häufig auch Koriander und verschiedene Minzen. Heilpflanzen dürfen ebenso wenig fehlen wie Obstsorten und Reben, die als Edelreis mitgebracht und eigenhändig veredelt worden sind. Zu der Vielfalt der Nutzpflanzen gesellt sich ein reichhaltiges Spektrum an Zierpflanzen.

Es wird so Platz sparend wie möglich gearbeitet. Von mehreren Familien gemeinschaftlich genutzte, eingezäunte Flächen sind nur durch schmale Trampelpfade getrennt. Die einzelnen Kulturflächen werden nicht weiter abgegrenzt, die Übergänge zwischen den Beeten sind fließend. Durch ein ausgefeil-

Bonn: Türkisch-deutsches Grenzgebiet. Im Vordergrund wachsen Schwarzkohl, Stangenbohnen und Kürbisse am Zaun.
Foto Thomas Gladis 2000

tes Fruchtfolge- und Intercropping-System gibt es nur im Winter kurzzeitig un-bestellte Flächen, die je nach Größe und Lage umgegraben oder maschinell ge-pflügt werden. Schon bald darauf werden Ackerbohnen gesät und nach einiger Zeit dazwischen Kartoffeln gelegt. Kürbisse und Zucchini ranken über beide und lösen sie später ab. Eine solche Vorgehensweise ermöglicht drei Ernten auf einer Fläche. Bei Kohl, Rüben, Zwiebeln, Salaten, Lauch, ja selbst bei Paprika wird die Haufensaat der Reihensaat vorgezogen. Empfindliche Kulturen wie Paprika werden locker mit sperrigem, unbelaubtem Reisig bedeckt und über Nacht und bei anhaltend nasskalter Witterung zusätzlich mit abgetragenen Kleidungsstücken geschützt. Einige Pflanzen werden in transportablen Kisten, selbst gebauten Frühbeeten oder kleinen Folienhäusern angezogen oder auch ganzjährig kultiviert. Paprika steht als Reinkultur oder zwischen Mais, dessen Blätter bei zu dichtem Laubschluss eingekürzt werden. Porree wird gern zusam-men mit Pflückrüben gepflanzt, wobei Reihen nicht immer erkennbar sind. Rankende Bohnen wachsen nicht nur am Außenzaun, sondern auch an Stangen, die in lockeren Gruppen aufgestellt werden. Es sind vor allem Trockenbohnen, die als Mischung angebaut werden und in halbreifem Zustand für einige Ge-richte besonders beliebt sind. Busch- und Feuerbohnen sind selten zu finden. Verstreut im Garten, zwischen oder auch inmitten anderer Kulturen, stehen Samenträger von Gartenmelde, Porree, Rüben, Salat oder Schwarzkohl. Letz-terer liefert manchmal mehrere Jahre lang Saatgut für den eigenen Anbau und den Bedarf der Nachbarn. Einige Pflanzenarten wie Koriander, Petersilie und Kichererbsen werden gelegentlich auch Beete füllend in Reinkultur angebaut, andere wie Auberginen, Bockshornklee und Gurken in Reihen – letztere teilweise an Stäben wie hierzulande Tomaten. Ranken Kürbisse in die Kulturen hinein, wird an diesen Stellen mit der Ernte der Vor- oder Unterkultur begonnen. Es wird also möglichst selten etwas abgeschnitten oder abgebrochen, was noch wachsen und Frucht tragen könnte.

Chemischer Pflanzenschutz ist oft unbekannt. Statt Mineraldünger werden Mulch, Kompost oder getrocknete Gartenabfälle verwendet. Die intensive Bodenbearbeitung, fast täglich durchgeführte Hackarbeiten, und die vollständige Bodendeckung helfen, Verkrustungen und das Aufreißen des Bodens zu vermeiden und den Wasserhaushalt zu stabilisieren. Mit Regenwasser wird äußerst sparsam umgegangen, da die meisten Gärten nicht an das Trinkwassernetz angeschlossen sind. In nassen Jahren wird durch Anhäufeln und Anlegen flacher Gräben dafür gesorgt, dass das Wasser abfließen kann. Intensives Hacken bringt immer wieder Luft in den Boden, so dass die Pflanzen nicht faulen oder schimmeln und die Wurzeln atmen können. Besondere Zäune, andere Anbautechniken und ausgefeilte Fruchtfolgen, sich ergänzende Nachbarpflanzun-

Eine in Bonn lebende Philippinin gibt dem Boden auf schmalen Wegen getrocknete und zerkrümelte Gartenabfälle als Dünger zurück.
Foto Thomas Gladis 2002

Thomas Gladis

gen und eine möglichst ganzjährig geschlossene Pflanzendecke, vor allem aber die große Bandbreite der verwendeten Gemüsearten und -sorten kennzeichnen die Gärten vieler Migranten. Allgemeingültige Regeln zu finden, ist schwierig, da die Gärten von Angehörigen unterschiedlicher Nationalitäten und auch innerhalb einer Nationalität von Personen mit unterschiedlichen Vorlieben, Erfahrungen und Idealvorstellungen bewirtschaftet werden.

Da gärtnerisch bewirtschaftete Flächen, und insbesondere die der Einwanderer, eine weit größere Pflanzenvielfalt aufweisen als landwirtschaftliche Schläge, spielen sie für die Erhaltung und Nutzung der Biodiversität eine herausragende Rolle. Die mitgebrachten Kultur- und wild wachsenden Nutzpflanzen übertreffen die Zahl der in staatlichen Sammlungen lebend konservierten Muster bei weitem. Einige der heimatlichen Nutzpflanzen nehmen die Migranten erst hier in Kultur wie *Trachystemon orientalis* (L.) G. Don fil. und *Chaerophyllum byzantinum* Boiss., die beide aus der Türkei stammen und für die es noch keine deutschen Namen gibt. Erstere, ursprünglich ein im Frühjahr gesammeltes Wildgemüse, wird inzwischen von Gartenfachmärkten gehandelt – als Zierpflanze.

Ähnlich wie in deutschen Familien hält sich die Begeisterung für Gartenarbeit bei den jüngeren Migranten-Generationen in Grenzen. Aber die Alten sorgen sich wenig darum, denn ihre Kinder werden später auch nicht auf das gewohnte Obst, Gemüse und vor allem auf Kräuter und Gewürze wie frischen Koriander und Bockshornklee verzichten wollen. Und wo sollten sie die hernehmen, wenn nicht aus dem eigenen Garten? Wenigen Migranten ist klar, dass ihre nirgendwo schriftlich fixierten Gewohnheitsrechte, ihre Verbindungen zu den ureigenen, seit Generationen in den Familien genutzten Pflanzen neuerdings massiven juristischen Angriffen ausgesetzt sind.

»Der größte Dienst, den man einem Land erweisen kann, ist es, eine neue Nutzpflanze seiner Kultur hinzuzufügen«,[3] meinte Thomas Jefferson, dritter Präsident der Vereinigten Staaten. Seit der Entdeckung Amerikas gelangten nicht nur zahlreiche Kulturpflanzen wie Gartenbohne, Kartoffel, Kürbis, Mais, Paprika, Tabak und Tomate nach Europa. Umgekehrt brachten die auswandernden Europäer, Asiaten und Afrikaner ihre Kulturpflanzen und Haustiere mit nach Amerika. Inzwischen wird ein weltweites Verbot gefordert, gebietsfremde Arten einzuführen. Als Neophyten und Neozoen verfemt, werden sie in der Natur mit gutem Grund bekämpft, wenn sie verwildern. Doch dass sie auch als Kulturgut von der Nutzung ausgeschlossen werden, zeigt, wie weit sich die Politik von den realen Bedürfnissen und Wünschen der Menschen entfernt hat. Wenn ein Reisender die Landesgrenze über-

schreitet, dürfen seine Kulturpflanzen und Haustiere dies längst nicht mehr mit der gleichen Selbstverständlichkeit. Das erschwert es den Einwanderern, am neuen Wohnort ihre Existenz zu sichern und Gewohnheiten beizubehalten. Vertraute Speisen, lieb gewonnene Gerüche, Pflanzen und womöglich auch Tiere, mit denen sie sich verbunden fühlen, stellen für sie einen in Geld nicht zu beziffernden Wert dar, der ihre kulturelle Identität mitbegründet. Exakt 500 Jahre nach der Entdeckung Amerikas machen die Beschlüsse der Biodiversitätskonvention (Rio de Janeiro 1992) und ihrer Nachfolgekonferenzen per Federstrich seit Jahrtausenden in Bauernhand befindliche Kulturpflanzen zum Eigentum des jeweiligen Staates.

»Bei dem lebhaft pulsirenden Verkehr des modernen wirthschaftlichen Lebens ist es sonach wohl nicht unwichtig, die heimischen Bestände der Landrassen landwirthschaftlicher Culturpflanzen zu ›inventarisiren‹.«[4]

Zwischen 1850 und 1870 erlebte die industrielle Entwicklung in Deutschland ihren Durchbruch. Die Auswirkungen auf Gesellschaft, Natur und Umwelt halten unvermindert an. Heute wissen wir, dass die Biodiversität in dem Maße abnimmt, wie die Industrialisierung voranschreitet. Bis in die Zeiten des Nationalsozialismus reichen die Wurzeln der Sortimentsbereinigungen und setzen sich heute auf der EU-Ebene fort. Bei den Haustieren gingen die zahllosen sogenannten Land- oder Kirchturmschläge verloren, Spielarten von Rassen, deren Verbreitung gerade einmal von einem bis zum nächsten Kirchturm reichte. Bei den Kulturpflanzen wurden Land- und Regionalsorten als minderwertig abgetan, von Hochleistungssorten verdrängt und schließlich verboten. Eine systematische Bestandserfassung, eine Inventarisierung der landwirtschaftlichen und gärtnerischen Vielfalt, hat in Deutschland niemals stattgefunden. Nach dem Krieg folgten die angeblich überlegenen Hybriden. Sie liefern zwar höhere Erträge als Landsorten, können aber nicht sortenecht nachgebaut werden. Einige sehr vielseitig nutzbare Kulturpflanzen, wie die den Boden verbessernde Faser- und Ölpflanze Hanf, werden unter dem Vorwand einer möglichen missbräuchlichen Verwendung pauschal und unabhängig vom Gehalt an Inhaltsstoffen aus dem Verkehr gezogen. Seit 1990 steht in Deutschland auch der Anbau des Backmohns unter striktem Verbot.[5] Seitdem werden die Produkte u.a. aus dem Nachbarland Österreich importiert, wo diese Pflanzen nach wie vor angebaut und züchterisch bearbeitet werden: Hanfsaat und -fasern als Futter und als Rohstoff für vielerlei Gewebe, Mohnsamen zum Backen und zur Ölgewinnung und leere Mohnkapseln für die Blumenbinderei. Kein Industrieprodukt wird so intensiv bekämpft wie diese traditionell genutzten Kulturpflanzen. Nun stehen gentechnisch veränderte Pflanzen und patentierte Lebewesen zur Debatte. Bei entsprechender Pflege und Düngung sollen sie überall auf der Welt gedeihen und den Bauern Jahr für Jahr einheitliche und gesunde Rekordernten bescheren. So meinen jedenfalls die Protagonisten der industriellen Landwirtschaft.

Das Welternährungsproblem wird auf diese Weise bekanntlich nicht gelöst. Trotz der niederschmetternden Ergebnisse, der ökologischen und sozialen Folgen der »Grünen Revolution« in den 1960er Jahren verbreitet sich die Zwangsvorstellung, einzig in der Gentechnik liege der Schlüssel zum Erfolg. Vor einiger Zeit wurden mit den gleichen Argumenten viel Geld und Hoffnung auf die Mutationsforschung gesetzt – und verloren. Die Schädlichkeit mutagener Chemikalien und Strahlen bestreitet heute niemand mehr. Man vermag nicht einmal mehr die Gedankengänge der Forscher zu verstehen, die mit krank machenden Techniken robustere und gesündere Sorten hervorbringen wollten, geschweige denn die Finanzierung dieser Abenteurer nachzuvollziehen. Die Gentechnik wird hoffentlich vor einem GAU kollabieren. Bis dahin aber verschlingt sie noch gewaltige Summen an Steuergeldern, die alternativen Richtungen vorenthalten bleiben. Über die Köpfe der auf ihre Funktion als Verbraucher reduzierten Menschen hinweg werden Agrikultur, bäuerliche Traditionen und gärtnerische Erfahrungen zugunsten technischer Eingriffe in die Genome von Pflanzen, Tieren und Mikroben aufgegeben. Deutsche Gärtner und Landwirte gewinnen kaum noch Saatgut eigener Sorten oder veredeln ihre Obstbäume selbst. Viele Kulturpflanzen werden im Ausland gezüchtet und vermehrt. Auch Tiere werden zugekauft. Noch ließe sich der Mangel an Saatgut und Zuchttieren binnen weniger Jahre beheben. Aber es fehlt die Basis, der politische Wille für eine Rückbesinnung auf regional angepasste Sorten und Rassen. Stattdessen verarmen die Bauern, wechseln in andere Berufe und betreiben Landwirtschaft nur noch im Nebenerwerb. Das Sterben der Höfe, mangelnde Aus- und Weiterbildungsmöglichkeiten der Landwirte werden als soziale Probleme verstanden und beklagt, erforderliche Konsequenzen aber nicht gezogen.

Für viele Deutsche ist das Gärtnern unattraktiv geworden. Immer wieder fallen Gartenanlagen, für die noch vor 100 Jahren mutig gestritten wurde, stadtplanerischen Argumenten zum Opfer. Nur noch wenige Menschen empfinden brachliegende nutzbare Flächen als Provokation, darunter viele Migranten. Unverzüglich erkundigen sie sich nach den Konditionen, unter denen sie das Land bewirtschaften können, und fangen sofort an – notfalls mitten in der Saison. Nach einigen Jahren halbwegs friedlicher Existenz bleibt es dann oft nicht aus, dass die Wohngärten der Migranten mit den improvisierten Lauben und Zäunen ihrerseits von offiziellen deutschen Stellen als Provokation empfunden und »zurückgebaut« werden oder ganz verschwinden müssen.

Herr Güler aus der Türkei hält in seinem Kaufunger Garten verschiedenfarbige Tauben. Foto Thomas Gladis 2007

In Kaufungen handelte es sich um private Grundstücke, die aufgrund einer Festsetzung im Bebauungsplan öffentlichen Charakter haben. Sie wurden im Jahr 1983 an vier Migrantenfamilien verpachtet und von ihnen nicht eingezäunt. Selbst gebaute Lauben, Geräteschuppen, Gewächshäuser und eine Taubenvoliere erregten Aufsehen und wurden im Dezember 2008 aufgrund einer Verfügung der Bauaufsicht des Landkreises Kassel beseitigt. Ähnliches passiert auch andernorts. Einige der betroffenen Migranten wagen einen Neuanfang, wenige auch zwei oder mehrere. Andere zerbrechen an dem Verlust ihres Gartens, an der Art des Umgangs mit ihnen und mit dem, was ihnen Lebensinhalt und -unterhalt bedeutete.

Unterschiedlicher könnten die beiden aufeinander prallenden Welten nicht sein, die des Nebenerwerbslandwirts und des mehr oder weniger rituell gärtnernden deutschen Liebhabers exotischer Genüsse einerseits und die des entwurzelten, in einen Industriebetrieb gesteckten Bauern andererseits. Bei jedem Urlaub nimmt er ein paar hiesige Handelssorten zum Probieren mit in sein Heimatland und schmuggelt etwas Saatgut und ein paar Edelreiser an den neuen Wohnort. Er versucht, seine Pflanzen dem hiesigen Klima und den Bedingungen unserer Böden anzupassen, gewinnt sein Saatgut selbst und tauscht es mit den Nachbarn. Wohl nie zuvor in der menschlichen Geschichte gab es eine ähn-

Nach der amtlich angeordneten Zerstörung der Gärten in
Kaufungen haben nicht nur die Reben ihren Halt verloren.
Foto Thomas Gladis 2009

lich innovative Phase in Landwirtschaft und Gartenbau, die gleichzeitig mit so viel Misstrauen, Beschränkungen und Verboten belegt wurde. Dabei spielen sich die größten Veränderungen unbemerkt von der Öffentlichkeit in Privatgärten ab. Lebende Andenken an Urlaubsreisen aus aller Herren Ländern werden teils im Freiland, teils in Gewächshäusern oder in Folientunneln gepflegt. Leidenschaftliche Gärtner verschiedener Nationen vergleichen ihre Erfahrungen, sammeln Rezepte und können sich nicht vorstellen, dass dieses nirgendwo explizit formulierte Menschenrecht auf freie Wahl der Nahrungs- und Genussmittel von offizieller Seite untergraben wird und gegenwärtig löchriger ist als der viel zitierte Schweizer Käse.

Kulturpflanzenvielfalt hat eine starke soziale Komponente und besitzt große ökologische Bedeutung. Wie die Völkerwanderungen lassen sich auch die Wanderungen der Kulturpflanzen nachvollziehen und in jüngster Zeit sogar mit Jahreszahlen belegen. Bei einigen sehr alten, wie den tropisch verbreiteten Kulturpflanzen Kokosnuss und Kalebasse, ist das Ursprungsgebiet allerdings ungewiss. Dass man die jungen Früchte und Triebe der nicht bitteren Kalebassensorten essen kann und einige Migrantenfamilien sie als wichtigstes Gemüse zur Selbstversorgung großflächig anbauen, ja dass sie die Ernte als Jahresvorrat verarbeiten und einfrieren, versetzt die Nachbarn in ungläubiges Staunen. Alljährlich werden die frühesten, schönsten und größten Früchte vom Verzehr verschont, um sie zur Saatgutgewinnung heranreifen zu lassen. Für uneingeweihte Besucher wegen der schimmeligen Oberfläche kein schöner Anblick, sind sie der ganze Stolz des Besitzers. Darauf angesprochen, bekommt man eine Probe des kostbaren Saatgutes geschenkt und darf die Gerichte probieren.

Deutsche Gärtner und Landwirte kaufen Saatgut von Sorten, zu denen sie keine persönliche Beziehung haben, was wegen des rasanten Sortenwechsels auch kaum möglich und wie bei der Kartoffelsorte Linda ersichtlich seitens der Züchter auch nicht beabsichtigt ist. Niemanden scheint zu interessieren, wie sich permanent in anderen Ländern, selbst auf anderen Kontinenten vermehrte Pflanzen an die Bedingungen der jeweiligen deutschen Anbauregion anpassen sollen, und ob man diesen Sorten überhaupt einen landeskulturellen Wert zusprechen kann.

Kulturpflanzen und Haustiere sind besondere Güter. Sie hängen von immerwährender menschlicher Pflege ab, von einem nicht nachlassenden Interesse an ihrer Existenz. Was für Tiere selbstverständlich ist, gilt auch für Pflanzen: Ohne regelmäßige Erhaltungszucht ist die betreffende Rasse oder Sorte gefährdet. Friert man Saatgut über lange Zeiträume ein, kommt es zu Lagermutanten, die Anpassungsfähigkeit leidet und spezielle Vorzüge für ihre Nutzung geraten in Vergessenheit. Im Falle des Verlustes sind wir Menschen um unersetzbare Werte ärmer.

Eine Philippinin verwendet von ihren Kalebassen nicht nur die Früchte, sondern auch die jungen Blätter und Ranken.
Foto Thomas Gladis 2002

Thomas Gladis

»Kaiser – König – Edelmann – Bürger – Bauer – Bettelmann«

Den Ständebaum als Symbol für einen gefestigten Sozialverband sagen schon Kinder beim Essen her. Der Bauernstand ging als ältester Beruf aus dem Wehrbauernstand hervor und bildet stets die breite und stabile Basis aufstrebender Gesellschaften. Derzeit ernährt er die unsere noch. Gemessen am Durchschnittsalter und an der Zahl arbeitender Menschen ist diese Basis aber äußerst fragil und extrem anfällig geworden. Steigende Rohstoff- und Energiepreise, unsichere Finanzmärkte, vor allem aber die von der bäuerlichen Kultur geprägten, sich rasch entwickelnden Gesellschaften in den sogenannten Schwellen- und Entwicklungsländern werden die Industriestaaten unter anderem wegen ihres zunehmenden Eigenbedarfs über kurz oder lang dazu zwingen, mit geringeren Rohstoff-, Lebens- und Genussmittelimporten auszukommen. Sind dies nicht Gründe genug, den innovativen, gestalterischen Kräften des Bauernstandes mehr Raum zu geben, Landwirte und Gärtner weniger zu reglementieren?

Die Einrichtung und Förderung interkultureller Gärten und Netzwerke aus sozialen und traditionellen Gründen darf nicht darüber hinwegtäuschen, dass die Wurzeln der Gartenbewirtschaftung primär agri-kultureller Natur sind. Es muss keinen gesellschaftlichen Konsens darüber geben, die lebendige Vielfalt substantiell zu fördern. Sie stellt sich ein, wenn wir Menschen sie nicht bekämpfen, sondern tolerieren und uns gestatten, sie zu nutzen.

Gemeinschaftsgärten – Politische Konflikte um die Nutzung innerstädtischer Räume

Marit Rosol

Was haben Gemeinschaftsgärten mit Politik zu tun? Die Antwort auf diese Frage kann vielgestaltig ausfallen. Das Engagement in einem Gemeinschaftsgarten kann beitragen zur politischen Mündigkeit der Aktiven, zur basisdemokratischen Selbstorganisation sowie zur Mitgestaltung des eigenen Wohnumfelds und des politischen kommunalen Systems. Gemeinschaftsgärten können jedoch auch zur Schließung von Lücken im Sozialsystem instrumentalisiert werden und damit lediglich eine Selbstverwaltung in der Prekarität bedeuten. Zudem können Gemeinschaftsgärten selbst exklusiv wirken und andere Nutzerinnen und Nutzer verdrängen.

Politisch sind teilweise auch die Motive der Engagierten. Sie reichen von der Einmischung in die Kommunalpolitik über andere Formen der Ernährung und Selbstversorgung bis zum Umweltschutz und einem alternativen Verständnis von Arbeit. Eine wesentliche politische Motivation ist die Aneignung von Frei-Räumen – auf ganz unterschiedlichen Ebenen. Während es einigen um die Kiezpolitik im engeren Sinne geht, verfolgen andere weitergehende demokratische Ziele und politische Ideale. So sind einige der Gärtnernden über ihr Engagement in der Quartiers- bzw. Bezirkspolitik zur Mitarbeit im Garten gekommen. Für andere ist zwar der Garten selbst auch wichtig, grundsätzlich könnte sich ihr Engagement jedoch auf ganz andere Bereiche beziehen. Ihre Hauptmotivation ist also nicht der konkreten Form des Gärtnerns geschuldet, sondern der politischen Implikation des Freiraumbegriffs, d.h. der Möglichkeit, einen Freiraum kreativ zu schaffen und zu nutzen. Die Unreguliertheit von Gemeinschaftsgärten, d.h. die Abwesenheit von vorgegebenen Regeln und Zwängen, und vor allem auch die Möglichkeit, einen Raum nach eigenen Vorstellungen nutzen und gestalten zu können, spielen für viele eine wichtige Rolle.

Gemeinschaftsgärten sind eine recht neue und kaum erforschte Form von Garten bzw. Freiraum. Von Mieter- und Kleingärten einerseits und konventionellen öffentlichen Grünanlagen andererseits unterscheiden sie sich durch den weitgehend öffentlichen Charakter ihrer Nutzung bei gleichzeitig überwiegend ehrenamtlicher Pflege und Gestaltungshoheit. Bei bisherigen Untersuchungen von Gemeinschaftsgärten geht es vor allem um Fragen urbaner Landwirtschaft und Ernährungssicherung, um ihre positiven ökologischen oder emanzipatorischen Effekte, um planerische Potentiale für Zwischennutzungen oder um interkulturelle Integration. Arbeiten, die sich mit Gemeinschaftsgärten im politisch-gesellschaftlichen Kontext beschäftigen, sind im Unterschied zum nordamerikanischen Raum hierzulande noch selten.[1] Dies verwundert umso mehr, als eine zentrale Motivation der neuen Bewegungen in der Aneignung innerstädtischer Räume liegt.

Deshalb soll im Folgenden die Frage von politischen Auseinandersetzungen um innerstädtische Flächennutzung in einem Berliner Gemeinschaftsgartenprojekt – dem Kinderbauernhof Mauerplatz in Berlin-Kreuzberg – im Mittelpunkt stehen. Die Geschichte des Kinderbauernhofs Mauerplatz dreht sich im besonderen Maße um die Auseinandersetzung mit Stadtplanung und -politik, um Legitimität von Verfügungsrechten und letztlich um Fragen von Demokratie. Bevor ich jedoch die Geschichte des Berliner Kinderbauernhofes genauer vorstelle, möchte ich zunächst einen Ausflug nach Nordamerika, genauer New York City, unternehmen. Die dortige Community Gardens Bewegung ist wesentlich aus einer politischen Motivation heraus entstanden und erfuhr in den 1990er Jahren eine Repolitisierung, als viele Gärten von Bebauung und Verkauf bedroht waren. Sie sind für die Berliner Projekte oft ein Vorbild und Referenzpunkt.

Community Gardens in New York City
Die New Yorker Community Gardens Bewegung entstand in den 1970er Jahren. Als Antwort auf den Mangel an Grünflächen und städtischen Verfall, aber auch auf Armut, Nahrungsmittelmangel und Kriminalität nahmen die damaligen Aktivistinnen und Aktivisten brach gefallene, in der Regel in städtischem Eigentum befindliche Grundstücke in Besitz und gestalteten sie nach eigenen Vorstellungen. Im gleichen Zeitraum bildeten sich 1973 die Green Guerillas, eine bis heute existierende, überwiegend ehrenamtlich arbeitende Unterstützungsgruppe, die als »militantpazifistische Selbsthilfeaktion«[2] ihren Ausgang nahm. Seit Ende der 1970er Jahre legalisiert und unterstützt Green Thumb, ein Bereich der Stadtverwaltung, Community Gardens, die sich auf städtischen Grundstücken befinden. Sie stellen Erde, Zäune, teilweise Pflanzen und Know-how zur Verfügung und betreiben politische Lobby- und Öffentlichkeitsarbeit. Im Gegenzug müssen die Gärten mindestens fünf Stunden pro Woche öffentlich zugänglich und die Öffnungszeiten und die Unterstützung durch Green Thumb auf einem Hinweisschild angegeben sein.

Der Union Street Garden in Brooklyn. Einmal in der Woche verteilt ein Biobauer dort seine Gemüse-Abokisten.
Foto Elisabeth Meyer-Renschhausen 2007

Im Laufe der Zeit veränderte sich die Ausrichtung der Gärten stark. Heute stehen in den meisten Gärten weniger gesellschaftspolitische Ansprüche oder reine Verschönerungsmaßnahmen im Vordergrund, sondern der Gemüseanbau und der Wunsch nach sozialen Kontakten. Die bei uns bekanntesten Gärten aus der Lower East Side, die eher von weißen Angehörigen der Mittelschicht unterhalten werden, stellen nur einen sehr kleinen Anteil dar. Die Mehrzahl der Gärten liegt in den armen Vierteln und wird zu 85 Prozent von Schwarzen und Latinos und Latinas betrieben. Viele dieser Gärten kooperieren mit Initiativen und Programmen gegen Hunger und Armut und für einen erschwinglichen Zugang zu frischem und überwiegend ökologisch angebautem Gemüse und Obst. Sie arbeiten mit Suppenküchen, Bauernmärkten und Essensverteilstellen zusammen. Eine solche Situation wird in Europa eher mit urbaner Landwirtschaft in der sogenannten Dritten Welt, mit Armengärten zu Beginn des 19. Jahrhunderts oder mit Zeiten um den Zweiten Weltkrieg assoziiert und ist nur im Zusammenhang mit der unzureichenden sozialen Sicherung in den USA zu verstehen. In einer Stadt, in der Arme von Lebensmittelmarken leben müssen und ihr Viertel wegen der Kosten für den öffentlichen Nahverkehr kaum verlassen können, besitzen Suppenküchen und lokale Bauernmärkte eine existenzielle Bedeutung.

Eine Repolitisierung erlebten die Community Gardens Mitte der 1990er Jahre, als unter Bürgermeister Giuliani eine große Anzahl der etwa tausend Gärten von Verkauf und anschließender Bebauung bedroht wurde, was weit über New York hinaus Aufmerksamkeit erregte. Bereits zuvor waren Community Gardens Opfer der auch durch sie selbst in Gang gesetzten Gentrification-Prozesse[3] geworden. So schreibt der Landschaftsarchitekt Frieder Luz 1987 über die »Welle der Gentrification«, die die gesamte Lower East Side erfasst hatte: »So bitter es klingt, aber mit dem 1. Spatenstich für einen Gemeinschaftsgarten beginnen die wohlmeinenden Anwohner nicht selten damit, sich oder ihrer Idee das eigene Grab zu schaufeln.«[4] Durch massiven Protest, Lobbyarbeit und einen von Spenden finanzierten Kauf konnte Ende der 90er Jahre ähnliches verhindert werden. Viele der bedrohten Gärten wurden gerettet und erlangten teilweise sogar einen dauerhaft gesicherten Status. Heute gibt es circa 800 Community Gardens, 600 davon auf städtischen Grundstücken.

Der Kinderbauernhof Mauerplatz in Berlin-Kreuzberg
Der Kinderbauernhof in der Kreuzberger Adalbertstraße ist der älteste der etwa zehn Kinderbauernhöfe in Berlin. Seit 1979 versuchte die Gruppe »Aktion Kinderbauernhof Mauerplatz SO 36« einen Kinderbauernhof in Kreuzberg zu gründen. Allein erziehende Mütter und andere Nachbarn und Nachbarinnen, unter denen sich auch Hausbesetzerinnen und Hausbesetzer befanden, wollten im dicht bebauten Kreuzberg einen pädagogisch betreuten grünen Freiraum vor allem für Kinder schaffen. Im März 1981 wurde ein Grundstück direkt an der Mauer besetzt, eine Sandwüste ohne jegliches Grün, voller Schutt, Autowracks und sonstigem Müll. Bereits 1980 hatte die Gruppe begonnen, die Fläche aufzuräumen und auf dem stark verdichteten Boden organisches Material zur Bildung einer Humusschicht aufzubringen. Das Projekt entwickelte sich im Zusammenhang mit den Hausbesetzungen dieser Zeit und dem Widerstand gegen die Politik der Kahlschlagsanierung. Damit stand der Kinderbauernhof in enger Verbindung zu den Anfängen der »Behutsamen Stadterneuerung« und beeinflusste auch die Kreuzberger Lokalpolitik stark. Die Vertreter und Vertreterinnen des nachbarschaftlich arbeitenden Projekts waren nicht nur sozial und (umwelt)pädagogisch, sondern auch politisch engagiert. Eine Begründerin des Hofes war jahrelang in der Bezirkspolitik aktiv, von 1981 bis 1983 u. a. als Abgeordnete der Bezirksverordnetenversammlung. In den Worten eines Aktiven: »Ich glaube, die politische Entwicklung in Kreuzberg kristallisierte sich sehr stark um den Platz. Wie einzelne Parteien sich zu dem Platz verhielten, spiegelte sich ganz deutlich in den Wahlergebnissen. Ich glaube, die Grünen hätten da sonst nie einen Bürgermeister gestellt. Das war natürlich nur ein Grund. Aber

*Scheune auf dem Kinderbauernhof Mauerplatz: »Vorsicht vor
beißenden Wildschweinen«* Foto Eva-Maria Schön 2009

es machte sich sehr viel fest an dem Umgang und an der politischen Positionie-
rung zu diesem Platz. Insofern ist der Platz ein historisches Element in Kreuzberg. Das war mehr als dieses nette kleine Nachbarschaftsgärtchen. Es war Ausdruck einer gewissen historischen Wende und einer politischen Entwicklung in
Kreuzberg.«[5]

Obwohl die Internationale Bauausstellung Altbau (IBA-Altbau 1984 bis
1987) einer behutsamen Stadterneuerung verpflichtet war, entwickelte sich die
Zusammenarbeit problematisch. Den größten Konflikt gab es um den Bau einer
Kita, der 1987 zu einer Teilräumung des Geländes und der Rodung der mühsam
begrünten Fläche führte, obwohl der Bedarf für eine Kita nicht erwiesen war.
Als der Rohbau aufgrund von Baumängeln abbrannte, wurden die Pläne nicht
weiter verfolgt. In einer öffentlichen Aktion in Anwesenheit des Zukunftsfor-
schers Robert Jungk trug man auf die leer gewordene Baufläche Mist auf und
nahm den Bereich nach und nach wieder in Besitz. Durch Mulchen ist auf dem
Fundament der Kita inzwischen wieder eine ausreichend dicke Erdschicht entstanden.

Nach 20jährigen Bemühungen des Vereins existiert seit Januar 2002 ein
kostenfreier Pachtvertrag mit dem Bezirk, der allerdings jährlich verlängert
werden muss und jederzeit gekündigt werden kann. Vor dem Mauerfall war
die Option einer Absicherung des Grundstücks als Grünfläche im Flächennutzungsplan diskutiert worden. Im Zuge der Wertsteigerung des über Nacht

Marit Rosol

von der peripheren Lage an der Mauer ins Zentrum Berlins gerückten Grundstücks stand das nicht mehr zur Debatte.

In der Eigenpublikation »Wegweiser« wurde das Ziel des Bauernhofes 1998 folgendermaßen umrissen: »Der Platz versteht sich als pädagogisch betreuter Platz, auf dem Kinder und Jugendliche die Möglichkeit haben, Gärten und Felder anzulegen, Nutztiere kennenzulernen und zu betreuen, Verantwortung für diese zu übernehmen und das Gelände als Spiel- und Freizeitfläche zu nutzen. Jeder Zeit können sich Menschen jeder Alterstufe und Nationalität dort treffen.«[6] Im Unterschied zu den anderen Projekten, die sich vor allem auf das Gärtnerische konzentrieren, werden auf dem Mauerplatz auch Tiere gehalten wie Schafe, Ziegen, Ponys, Esel, Enten, Gänse, Hühner und Kaninchen. Es gibt einen Ententeich, eine Pferdekoppel und Ställe. Im Zentrum des Platzes befindet sich ein zusammen mit Architekturstudenten und -studentinnen errichtetes Lehmhaus mit Gründach und Sonnenkollektoren.

Auf dem Bauernhof werden einige Kräuter und Heilpflanzen und wenige Gemüsesorten angebaut. Zudem gibt es auf der ca. 9.000 Quadratmeter großen Fläche mehrere Gartenprojekte, wie den von Beginn an existierenden Nachbarschaftsgarten, den vor allem Kitas nutzen, indem sie einzelne Beete betreuen. Der ca. 160 Quadratmeter große Biogarten wurde 1998 von Studierenden der Erziehungswissenschaften an der TU Berlin gemeinsam mit Aktiven vom Hof und aus der Nachbarschaft angelegt. Das Zentrum bildet ein Solar-

Ställe und Ententeich, im Hintergrund ist die gründerzeitliche Bebauung zu erkennen. Foto Eva-Maria Schön 2009

Das Lehmhaus mit Solarcafé, wo mit Hilfe von Sonnenenergie heiße Getränke zubereitet werden. Foto Eva-Maria Schön 2009

springbrunnen, von dem aus sich die Beete in die vier Himmelsrichtungen erstrecken. Das Regenwasser wird wie überall auf dem Hof gesammelt. Aber auch wenn eine Dokumentation des Biogartens festhält, dass 1999 viele verschiedene Gemüsesorten und Kräuter geerntet werden konnten, dienen die Gärten weniger der Nahrungsproduktion, als der gärtnerischen Betätigung, vor allem aber der Demonstration. So finden sich auch Elemente der Permakultur[7] wie eine Kräuterspirale und Hügelbeete im Biogarten. Dass der Bauernhof als ökologischer Lern- und nicht nur als Spielort dienen soll, machen die Schautafeln deutlich, die verschiedene ökologische Prozesse und Kreisläufe erläutern wie z. B. den Kompost, die Vogelschutzhecke zur Straße hin, den Misthaufen oder den großen Kreislauf von Tierfutter – Tieren – Dünger – Pflanzen.

Da der Kinderbauernhof Mauerplatz sich gegen eine verfehlte Stadtentwicklungspolitik richtete, war das Verhältnis zu den Lokalpolitikern über lange Jahre äußerst gespannt. Die Konflikte, die auch mit dem Image des Platzes zusammenhingen, beschreibt einer der Aktiven: »Auch innerhalb der SPD gab's unheimlich große Vorbehalte gegenüber dem Platz. Das war so ein bisschen … Es war eben autonome Szene. Oder wurde so tituliert, obwohl die soziale Mischung schon von Anfang an wesentlich größer war. Es hing zwar sehr stark mit der Besetzerzeit zusammen, wie der ganze Platz entstanden ist. Aber schon zu der Zeit, als ich hinkam, Anfang 1984, war eine weitaus größere soziale Mi-

Der Biogarten mit Kräuterspirale, Hochbeeten, Solarspringbrunnen und Regenwassersammelanlage Foto Eva-Maria Schön 2009

schung da. Da waren schon damals Senioren oder Seniorinnen aus der Nachbarschaft. Und Leute aus Kirchengemeinden und türkische Nachbarn. Das zu reduzieren auf diese enge Szene war schon damals falsch. Aber es wurde eben damit assoziiert ... mit Chaoten, Besetzern und Schmuddel und so. Und der Kern, oder was dem Platz über Jahre eigentlich das innere Leben oder die Kontinuität gegeben hat, war diese Gruppe von alleinerziehenden Müttern.«[8]

Die starke wechselseitige Beziehung zwischen dem Kinderbauernhof Mauerplatz und der Nachbarschaft zeigt sich auch in der Zusammenarbeit mit anderen ehrenamtlichen soziokulturellen Projekten, die häufig ebenfalls aus der Hausbesetzerszene hervorgegangen sind. Einer der Aktiven hebt hervor, dass der Mauerplatz sich gegenüber anderen Kinderbauernhöfen in Berlin vor allem durch seine nachbarschaftliche Verankerung und den hohen Anteil unbezahlter Arbeit auszeichnet. Dadurch schafft er in dem sehr heterogenen Quartier auch Raum für interkulturelle Begegnungen: »Nach meiner Erfahrung gibt es wenig Plätze, wo deutsche und türkische Nachbarn so engen Kontakt haben.«[9] Damit trug und trägt das Projekt wesentlich zur Integration der heterogenen Nachbarschaft bei und leistet wichtige soziale und interkulturelle Arbeit. Vor allem Kinder, inzwischen schon in der dritten Generation, sowie Schulklassen, aber auch viele Eltern und andere Erwachsene nutzen den Platz. Der Kinderbauernhof beteiligt sich an Straßenfesten und veranstaltet selbst Feste auf

Der Bauerngarten Foto Eva-Maria Schön 2009

dem Gelände, im Sommer kommen Familien und andere Gruppen zum Grillen. Darüber hinaus ist der Platz Nachbarschaftstreff für unterschiedliche Nationalitäten und Altersgruppen.

Der »Kinderbauernhof Mauerplatz e.V.« ist gemeinnützig und anerkannter Träger im Sinne des Kinderjugendhilfegesetzes. Er ist organisiert im Bund der Jugendfarmen und Aktivspielplätze sowie im Arbeitskreis Berliner Abenteuerspielplätze und Kinderbauernhöfe (AkiB). Obwohl für seine Arbeit anerkannt und unterstützt von der Nachbarschaft und Prominenten wie Bill Mollison, dem Vater der Permakultur, und Robert Jungk, erhielt der Verein nie eine Regelförderung durch Senat oder Bezirk. Sporadisch bekam er Zuschüsse vom Bezirk und im Jahre 2002 Gelder für einzelne Projekte vom Quartiersmanagement. Das Arbeitsamt richtete verschiedentlich ABM- und ähnliche Stellen ein. Auch gibt es Spenden wie Tierfutter von lokalen Obst- und Gemüsehändlern, worin sich ebenfalls die nachbarschaftliche Verankerung des Projekts zeigt. Der prekären Finanzsituation stehen hohe laufende Kosten für Betriebskosten, Tierfutter, tierärztliche Behandlungen etc. gegenüber. Die durch den Mangel an festen Stellen ungesicherte personelle Situation sowie die weiterhin nicht dauerhaft gesicherte Flächennutzung beeinträchtigt die pädagogische Arbeit des Hofes erheblich. Umso beeindruckender ist die inzwischen fast 25jährige, vor allem ehrenamtlich getragene Nutzung des Platzes als Beispiel konkreter kollektiver Selbsthilfe. Der Verein setzt sich weiter-

Marit Rosol

hin für einen langfristigen Pachtvertrag sowie kontinuierliche finanzielle Förderung ein. Die politische Auseinandersetzung um die Flächennutzung dauert an und bleibt konfliktreich.

Fazit
Die Geschichte der New Yorker Community Gardens zeigt ebenso wie die des Kinderbauernhofs Mauerplatz die Bedeutung politischer Auseinandersetzungen für Gemeinschaftsgärten sowie umgekehrt den Einfluss solcher Projekte auf die lokale Politik. Auch wenn die Zeiten sich geändert haben, Haus- und Platzbesetzungen der Vergangenheit angehören, bürgerschaftliches Engagement und Selbsthilfe anerkannt sind und staatlich gefördert werden, führt die gewachsene Akzeptanz nicht zur dauerhaften Absicherung alternativer Flächennutzungen – insbesondere wenn sie sich in zentraler Lage und auf wirtschaftlich interessanten Flächen befinden. Daher gilt auch in Zukunft: »... politisch sind die Projekte schon deswegen, weil es viel zu wenige davon gibt und weil eigentlich jeder Platz aus politischen Prozessen, aus Auseinandersetzungen mit konkurrierenden Ansprüchen heraus entstanden ist.«[10]

Von der Lesbarkeit der Gärten.
Versuch über Dramaturgien der Naturbegegnung

Silke Koneffke

Satire

»Meine sehr verehrten Mitbürger, Stadtväter und Ehrengäste.
Meine Damen und Herren, liebe Jugend,
… Als unsere Vorfahren die Felder und Wälder verließen, um eine städtische Gemeinschaft zu gründen, welche Ziele leuchteten ihnen da? Ganz sicher hat der erwachende Geist … ihnen diesen entscheidenden ersten Schritt auf dem Weg zur Verwirklichung der menschlichen Art, gens humanorum, diktiert. Ich will damit nicht sagen, dass die Hirten und Bauern der prä-urbanen Zeit nicht unsere Achtung verdienen. Dennoch – erst die Stadt, unsere Stadt, setzte den Anfang der Zivilisation. Erst in der Umfriedung der Mauern dieser Stadt, unserer Stadt, ist der Mensch, gelöst von der organischen Welt, unabhängig von der Natur, einem anderen Menschen begegnet, ohne Vermittlung der Elemente, sondern Handel und Industrie, Wissenschaft und Verwaltung waren es, die nunmehr die menschlichen Beziehungen bestimmten. Die Natur wich der Gesellschaft, und die Gesellschaft wurde, wenn ich mich so ausdrücken darf, das einzige natürliche Element. Und was ist die Krönung dieses Prozesses? … Die Krönung dieses Prozesses, der letzte Triumph über die finstere Dumpfheit der Natur ist … ja, ja, meine Damen und Herren, sie haben es erraten … sind die Kultur und die Kunst … die befreite, reine und autonome Kunst, die nur sich selber dient, eine Kunst, die nicht sakral ist, sondern zerebral … Die reine Kunst, das heißt der Geist als Quintessenz des Rationalismus.«[1]

Diese Worte legt der polnische Dramatiker und Satiriker Slawomir Mrozek seinem Direktor der Philharmonie in seinem Text »Schlachthof« in den Mund und lässt ihn jenen Antagonismus beschreiben, der in dem Satz »Die Natur wich der Gesellschaft« kulminiert und die konfliktreiche Spannung zwischen Stadt und Land(schaft), Natur und Handel, Industrie, Wissenschaft und Verwaltung, kurz: zwischen Natur und Gesellschaft auf eine Formel verdichtet. Wohin das führen kann, zeigt ein paar Seiten später eine erneute Ansprache des Direktors, dieses Mal gerichtet an »Sehr verehrte Organismen, liebe biologische und gesellschaftliche Funktionen, hochverehrte Materienverwandlungsprozesse, verehrte psycho-physisch-soziale Systeme beziehungsweise energetische Informationssysteme, labil, aber vorübergehend stabil. O ihr Produkte der Evolution, hochverehrte Eiweißsynthesen.«[2]

Nun gehören weder das Theater noch die Gartenkunst zu den »befreiten, reinen, autonomen« Künsten. Grundsätzlich, wenn auch oft unbemerkt, sind sie durch Politisches verunreinigt und können genau deshalb auch das komplexere Zusammenspiel von Dingen begreifbar machen. Im Folgenden wird es also nicht darum gehen, dramatische Texte zu Zeugen für die politische Aussagekraft von Gärten aufzurufen. Vielmehr steht das Theater über die verhandelten Inhalte hinaus für einen spezifisch analytischen Blick auf die Welt, der erst die Voraussetzung für die amalgamierenden, synthetischen Bühnenschöpfungen ist. Mit einer Art dramaturgischen Brille ausgerüstet, lassen sich die hintergründigen Bedeutungen, die natürlich auch Gärten eingeschrieben sind, leichter lesen, und so enthüllen diese Begegnungsstätten zwischen Mensch und Natur schließlich das herrschende menschliche Selbst- wie Naturbild. Bild von welcher Natur aber?

Die Kunsthistorikerin Brigitte Franzen[3] unterscheidet zwischen der 1. Natur, wie Gott sie geschaffen hat, also Wildnis, der 2. Natur als einer von der Agrikultur geprägten Landschaft, die wir inzwischen zumeist als Natur akzeptieren, der 3. Natur, wie sie aus der Begegnung von Natur und Kunst entsteht und die Gartenkunst hervorbringt, ein von der Renaissance geborenes Konzept, und schließlich der 4. Natur, die den Umgang der zeitgenössischen Kunst mit ihr und die Instrumentalisierung von Landschaft, Brachland, urbanen Freiräumen, auch virtueller Gartenkunst als künstlerisches Medium impliziert. Laut Brigitte Franzen existiert die 1. Natur in Europa und den USA nicht mehr. Aber nur dort nicht?

Ich behaupte: Alle Umgebungen sind inzwischen menschengeprägt, die meisten darüber hinaus menschengestaltet. Selbst die Wildnis existiert nur noch als Inszenierung. Ich behaupte weiter: Sie sind wie Bühnenräume keine Reproduktionen, sondern Interpretationen von Welt und Natur. Bühnen- und Gartengestaltung der Neuzeit stammen von denselben Vorfahren ab, nämlich von den perspektivischen Gemälden der Renaissance. In diesem Sinne inszenieren sie zunächst den Blick, befreien sich aber zunehmend von den Gesetzen der Zweidimensionalität und erobern den dreidimensionalen Raum, d. h. sie gehen von einem visuellen auf ein kinetisches Konzept, von einem betrachtenden auf ein erfahrbares über.

»Das Bühnenbild schafft nicht nur, sondern ist Raum für ein Geschehen. Und es folgt einem zeitlichen Ablauf, d. h. es ist eine Kalkulation, die nicht nur den Raum, sondern auch die Zeit ordnet. Damit wird die Welt nicht reproduziert, sondern sie wird interpretiert.«[4] Und ich möchte diesen Hinweis des Dramaturgen Hans-Joachim Ruckhäberle unbedingt ergänzen: Die Bühne schafft Raum für Erlebnisse, ganz im Sinne des legendären Regisseurs Peter Brook, der das Theater in seinem theoretischen Basiswerk »Der leere Raum« (1969) als eine »Spiegelung des Lebens« beschreibt. Dabei geht es ihm weniger um (alltägliches) Leben, das es abbilden soll, als vielmehr um Lebendigkeit, die es zu verkörpern hat. Sowohl das Theater wie die Gärten bilden Gegenmodelle zum alltäglichen Funktionieren, zur atemlosen Zielgerichtetheit. Sie sind wie Gedankenstriche in einem Text, Pausen in einer Komposition, das Innehalten vor einer wichtigen Entscheidung. Sie sind Räume für das Erlebnis von Lebendigkeit. Und als solchen kommt ihnen zunehmend politische Bedeutung zu.

Wenn sie aber interpretierbar sind, sind sie auch lesbar – wie ein Text. Der Dramaturg Ruckhäberle und der Bühnenbildner Volker Pfüller beklagen in dem von ihnen herausgegebenen Arbeitsheft »Das Bild der Bühne«, »daß Bühnenbilder kaum reflektiert, ja kaum gesehen werden. Der Zustand der öffentlichen Kritik ist immer noch jämmerlich.«[5] Sicher kann Ähnliches auch über Architektur-, vor allem über Landschafts- und Gartenarchitekturkritik gesagt werden.

Hat das nur damit zu tun, dass einfach die Lesebrille fehlt? Oder liegt es vielmehr daran, dass die Erfahrung des Raums und der Umgang mit ihm zu jenen Grundbedingungen gehören, die vor dem Bewusstsein wirksam werden, obwohl sie Existenz und Bewusstsein überhaupt erst ermöglichen? In jedem Fall bedarf es dringend einer Bewusstmachung, um sich die Konzepte und Strukturen räumlicher Gestaltung zu erschließen, den in ihnen enthaltenen Text zu lesen. Ohne dieses Bewusstsein bleiben Zeichensysteme wie Bühnenräume oder Gärten ungelesen, schlimmer noch: die Machtstrukturen, die öffentliche Räume kodieren, unverstanden erlitten.

Rudolf Borchardt erinnert in seinem dichterischen Werk »Der leidenschaftliche Gärtner« mit seiner Prämisse »Die Menschheit stammt aus einem Garten«[6] an die zuweilen dramatische Auseinandersetzung der Menschen mit ihren Ursprüngen: »Denn der Garten war, und ist immer noch, die räumliche Anlage, in welcher der Mensch seine Beziehung zur Natur als Struktur niederlegt. Und was ist diese Beziehung, – Liebe, oder Haß oder Haßliebe? Ist sie Flucht zu ihr, oder Flucht vor ihr? Ist sie Vermenschlichung der Natur oder Rückkehr des Reuigen in den Reichtum der Unordnung? Alles dieses hat der Garten durch die Jahrtausende und Jahrhunderte bezeugt und ausgedrückt.«[7]

Auch der Kulturwissenschaftler Hartmut Böhme verfolgt die Geschichte dieser Beziehung in seiner Vorlesung über Naturästhetik, die er 1988 an der Universität Hamburg hielt, bis zu ihren christlichen Wurzeln zurück: »Die Vertreibung aus dem Paradies hieß auch Sturz aus dem Garten Eden in eine feindliche Natur … Der Naturraum insgesamt war nicht zuerst und vor allem der Raum der Geschöpfe Gottes, auf denen sein Wohlgefallen ruht, sondern war niedrige, böse Natur. Hier liegt eine der langfristigen Wurzeln der europäischen Naturfeindschaft. … in einer Kultur, in der alles auf Dinge gerichtete Handeln Sünde ist, [bedurfte] es langer und vorsichtiger Prozesse, um die intensive Beschäftigung mit der Natur als theologisch erlaubt freigeben zu können. Ganz sicher gehört dies zu den großen Leistungen der mittelalterlichen Theologen …

[Es] entwickelte sich innerhalb der Klöster eine hohe agrikulturelle und botanische Kompetenz, durch Wein- und Obstbau, Nutz- und Ziergartenkultur sowie Kräutermedizin. Neben solchen praktischen Dimensionen jedoch ist vor allem die mittelalterliche Natur-Allegorese von Wichtigkeit für die Weltkarriere des Naturbegriffs. Sind Klerus und Mönchstum zwar die wesentlichen Träger der Schriftkultur, so entwickeln sie gleichwohl so etwas wie eine Theologie der nicht-schriftlichen Zeichen – und das ist eine Art Semiotik der Natur … Die Natur ist ein Buch, … sie ist die in Zeichen visualisierte Unsichtbarkeit Gottes.«

Hartmut Böhme stellt auch dar, wie erfolgreich und folgenreich Isaac Newton und Immanuel Kant uns eine Brille der Welt- und Naturerkenntnis geschliffen haben, die wir uns kaum mehr abzulegen trauen, aus Angst vor der Blindheit der Unvernunft. Dabei war sich Kant, wie Böhme erläutert, vollkommen darüber im Klaren, dass sein »Konstrukt von Wissenschaft nur über eine begrenzte Reichweite verfüge … Man gebe ihm, sagte er, ein Atom und er könne daraus ein Universum konstruieren; doch völlig außerstande sei er, mit seiner Theorie auch nur das Werden eines Grashalms zu demonstrieren.«

Daraus zieht Böhme den Schluss, »daß in der Neuzeit nicht das Wissen von der lebendigen, sondern von der toten Materie den Typus abgegeben hat, nach welchem sich bemißt, was als Wissenschaft auftreten darf. D.h. die Mechanik … ist das Modell für Naturwissen überhaupt. Zur Grundwissenschaft der Neuzeit ist also nicht z.B. die Medizin oder Biologie geworden, die mit lebendiger Materie und Lebendigem überhaupt zu tun haben.«[8] Aber wie C.G. Jung einmal formulierte: »An den Grenzen der Logik hört zwar die Wissenschaft auf, nicht aber die Natur, die auch dort blüht, wohin noch keine Theorie gedrungen ist.«

Gesellschaftsstück

Trotz dieser langen und folgenreichen Tradition möchte ich einen Brillenwechsel vornehmen und das Werk eines Architekten betrachten, der sich, sogar als Architekt, sein Leben lang geweigert hat, die Brille der Mechanik zu tragen: Antoni Gaudi y Cornet, der 1926 in Barcelona starb, wo er fast sein ganzes Leben verbrachte und ironischerweise von der Mechanik in Gestalt einer Straßenbahn getötet wurde. Häufig wird Gaudis Werk dem Jugendstil zugeordnet oder der Neo-Gotik, die zu seiner Zeit im wirtschaftlich aufblühenden und sich auf seine nationale katalanische Geschichte besinnenden Barcelona vorherrschte, oder er gilt als inspiriert vom maurischen Stil. Bei genauerem Hinsehen erweist sich Gaudi aber als konsequenter künstlerischer Monolith, der sehr schnell die Einflüsse möglicher Vorfahren abstreifte und auch ohne Nachfolger blieb, da er eine Arbeitsweise und Ästhetik kultivierte, die vermutlich keine Schule machen konnte.

1900 begann er gemeinsam mit seinem lebenslangen Auftraggeber und Förderer, dem Industriellen Eusebi Güell y Bacigalupi, im trockenen und sandighügeligen Gebiet nordwestlich von Barcelona den Plan für eine Mustersiedlung, eine Gartenstadt, auszuarbeiten. Beeindruckt und inspiriert von den Ansätzen der Arts-and-Crafts-Bewegung und von John Ruskin, die Güell in England kennen lernte, sollte eine ausgewählte Gemeinschaft von Menschen vor den Toren der Stadt zusammenleben. Güells Aufnahmekriterien waren allerdings so streng, dass statt der geplanten 60 Siedler schließlich nur für einen einzigen Bewerber und Gaudi selbst Wohnbauten entstanden. Heute ist das Gelände ein öffentlicher Park und liegt längst inmitten des Stadtgebiets.

Einige Forscher vermuten, dass Gaudi und Güell der gesamten Anlage eine extrem komplexe und so vielschichtige Symbolik aus christlichen, katalanischmythischen und vermutlich freimaurerischen Zeichen eingeschrieben haben, dass sich noch niemand an deren Entzifferung herangewagt hat. Was stilistisch so dekorativ und verspielt daherkommt, entspricht also in Wahrheit einem in einer geheimen, nur Eingeweihten zugänglichen Sprache verfassten Text. Der Eingeweihten oder Einweihung Würdigen gab es aber offenbar so wenige, dass sich die Idee der Siedlung bald von selbst erledigte. Hatte der Schöpfer seine Menschen aus dem Garten Eden vertrieben, ließen die Gründer sie hier gar nicht erst einziehen. Als Besucher wurden Menschen in dieser Hommage an die schöpferische Kraft der Natur zwar akzeptiert, als Bewohner aber nicht für würdig befunden.

Gaudi war bekennender Katalane und Katholik. Beides hat seine Arbeit nicht nur beeinflusst, sondern ist eine conditio sine qua non seines Werks: Als rheumaleidendes Kind bewegte er sich viel in der Umgebung seines Geburtsortes und beobachtete die Natur. Er war tief in seiner Heimat verwurzelt und empfand seine Arbeit als Antwort auf die Eindrücke, die ihm die mediterrane Landschaft eingab. Sein Formenkanon speiste sich aus dem Licht, den Meeresbewegungen, den eigentümlichen Gebirgsformationen der Region. Er baute nicht mit rechten Winkeln, sondern entwickelte organisch gerundete, höhlenartige Wandstrukturen. Er bevorzugte das hyperbolische Paraboloid, das den Bögen zwischen den Fingern entspricht, und das Hyperboloid, das an Oberschenkelknochen erinnert, oder die Spirale.

Entsprechend betrachtete der Katholik Gaudi die Natur und Landschaft um sich herum nicht als zitierfähiges Bild- und Formenmaterial, sondern als Gottes Schöpfung. Deren Konstruktionsmechanismen galt es zu beobachten, zu verstehen und experimentell zu erproben, um im Rahmen dieser der Natur innewohnenden Gesetze architektonische Aufgaben und Probleme lösen zu können. Architektur bedeutete für ihn Nachvollzug der Schöpfung, Arbeit im Geist der Naturgesetze, Aufspüren der schönsten Lösungen.

So gibt es von ihm zwar Ideenskizzen, aber keine durchgearbeiteten Entwürfe und Pläne, nach denen unabhängig von seiner Anwesenheit auf der Baustelle hätte gebaut werden können. Der katalanische Architekt Josep Lluis Sert betont deshalb: »Gaudis Arbeitsweise mit maßstabsgetreuen Modellen und Improvisationen am Bauplatz ermöglichte ihm die Lösung von Problemen der Beziehung von Raum und Form, und von sich durchschneidenden, gekrümmten Oberflächen, die mit gewöhnlichen architektonischen Methoden niemals konzipiert, viel weniger zeichnerisch dargestellt werden könnten ... Denn unser architektonisches Repertoire (die Ingenieurkunst ausgenommen) ist praktisch auf Platten und Pfeiler oder die tragende Wand bei nahezu allen Konstruktionen begrenzt.«[9] Als Gaudi wegen eines Streits mit den Bauherren mitten in der Bauphase aus dem Projekt des Bischofspalastes in Astorga ausstieg, gelang es seinen Nachfolgern erst nach mehrmaligen Einstürzen, seine Baupläne so zu verändern, dass sie in der Lage waren, den Bau fertigzustellen. Es fehlte ihnen das Wissen um die Gesetze seiner einzigartigen Art zu konstruieren.

Im Park Güell finden sich viele der für Gaudi typischen Elemente wieder, wie etwa die an die Landschaft angeschmiegten Wege, die teilweise durch Höhlen und Viadukte verlaufen. Scheinbar ganz organisch-labile Strukturen dienen als statisch optimal erprobte Stützen. Sert weist darauf hin: »Wenn bis dahin Säulen nur äußerlich Baumstämmen zu vergleichen waren – bei Gaudi verhielten sie sich in der Aufnahme der Lasten auch wie Bäume.«[10] Oder er verwendete im Sinne des Recyclings abgebautes Material an anderer Stelle weiter und verwertete Kachelabfälle einer Manufaktur. Vor allem aber fand Gaudi seinen Konstruktionsmethoden gemäß ebenso beispielhafte wie verblüffende Lösungen,

Konstruktives Detail des Viadukts im Parc Güell in Barcelona von Antoni Gaudi

ohne die eine Siedlung, gar ein Park an dieser Stelle undenkbar gewesen wären, da das Terrain auf einem wasserlosen Hügel lag, auf dem keine Vegetation gedeihen konnte.

In dieser Hinsicht erfüllt vor allem der große zentrale Platz eine lebenswichtige Aufgabe für das Projekt, die hinter der dekorativen Zeichenhaftigkeit seiner Gestaltung und der sozialen Funktion als Theater, Fest- und Versammlungsplatz verborgen ist. Er bildet wie ein Herz-Kreislaufsystem die Versorgungszentrale des Bewässerungssystems, indem er auf einer begehbaren Colonnaden-Halle ruht, von deren Säulen einige hohl sind. Bei Regen sickert das Wasser durch den gestampften Lehm des Platzes, wird dadurch gefiltert und gelangt durch die Röhren in den Säulen in eine Zisterne, die das Bewässerungssystem für das gesamte Gelände speist.

Dies entspricht der für Gaudi typischen konstruktiven Amalgamierung des Steinernen mit lebendiger Natur: Er vermischt nicht nur Künstliches und Natürliches, sondern ohne seine der lebendigen Natur abgelauschte steinerne Konstruktion gäbe es für die Pflanzen keine Lebensbedingungen, d. h. bei ihm sind Steinernes und Natürliches keine Antagonisten, sondern ermöglichen gemeinsam Lebendigkeit.

Das steht in diametralem Gegensatz zu unserem sonstigen Erleben von Stein. Der New Yorker Stadtsoziologe Richard Sennett beschreibt in seinem

Buch »Fleisch und Stein. Der Körper in der Stadt«, wie in der abendländischen Geschichte Stadtplanung und -gründung traditionell eine steinerne Ordnung über Landschaften und besiegte politische Systeme stülpt. Als Essenz könnte man seinen Satz »Macht brauchte Steine« betrachten. Demnach kann man Architektur, also Schöpfung aus Stein, auch als Bühne lesen, auf der sich Machtstrukturen und Hierarchien einer Gesellschaft auszudrücken, gar zu verewigen suchen. Solchen Aufträgen stand Gaudis Architektur freilich nicht zur Verfügung. Güell und Gaudi versuchten vielmehr, mit ihrer Gartenstadt eine Alternative zur bestehenden Ordnung anzubieten – als Gefäß für eine Gesellschaftsutopie. Vielleicht ließ sich deshalb aus dem Park letztlich keine Stadt errichten.

Trionfo

Im Februar 2005 fand in New York City ein von der Öffentlichkeit weltweit beachtetes künstlerisches Ereignis statt: Christo und Jeanne Claude ließen die Besucher des Central Parks im Rahmen ihrer Installation »The Gates« 16 Tage lang durch Metalltore spazieren, in denen safrangelbe Stoffbahnen flatterten. Um diese 16 Tage lang dem Central Park einen Kommentar einschreiben zu können, mussten die beiden Künstler ihre Idee 25 Jahre lang verfolgen. Nach einem eingehenden Prüfverfahren 1979/80 verweigerte die Stadt New York der Realisierung dieses einzigartigen und zutiefst ephemeren Projekts noch die Genehmigung, die erst unter Bürgermeister Michael Bloomberg gewährt wurde und nach jahrzehntelanger Vorbereitung eine ungeheure logistische Maschinerie in Gang setzte: 37 km Wege des Central Parks wurden mit 7.500 Toren, die auf 15.000 Sockeln ruhten, in einen safrangelben Riesenparcour verwandelt. Tausend Helfer waren im Einsatz, unzählige Schuhe wurden bei der Vorbereitung durchgelaufen; und wie viele Zeichnungen Christo vorher anfertigte, wie viele Fotos Wolfgang Volz, der Fotograf der Künstler, schoss, kann kaum ermessen werden. Betrachtet man Wolfgang Volz' Dokumentation der Vorbereitungen, fühlt man sich an ein Theatergroßereignis erinnert: Ohne dass es dem Publikum später bewusst wird, vermisst, zeichnet, schweißt, näht, webt, schraubt eine ganze Industrie an einer solchen Inszenierung. All dieser Aufwand für die ausgesprochen kurze Zeit erntete zunächst Kritik und Skepsis.

Die Künstler selbst sprachen von einem »Ausdruck von Freude und Schönheit«, einer »Feier der organischen Schönheit«. Und tatsächlich: Was vom 12. bis 28. Februar 2005 in New York stattfand, ließ alle Kritik verstummen und wurde für die, die es erlebten, unvergesslich: »Doch da die Enthüllung der Tücher, die Segel begannen zu flattern, und plötzlich war alles ganz neu, ganz unvorhergesehen. Dies heitere Schweben und Wogen, das leichte Kräuseln, das harte

Zurren, das Tändeln, Schlenkern, Treiben, das hatte sich so beschwingt niemand vorstellen können«,[11] äußerte sich die Kritik fast schon poetisch.

Die Wahl der Bühne wie des Zeitraums, besonders das Ephemere des Ereignisses, waren bewusst kalkuliert: »Das ganze ist eine Sache des Augenblicks – im Leben zählt immer nur der Augenblick«[12], so Jeanne Claudes Kommentar in einem Interview. Die Künstler betonten immer wieder, dass das Projekt von Anbeginn an nur für den Central Park konzipiert war, obwohl sie auch Angebote aus anderen Städten, aus Europa, gar einem deutschen Kurort bekamen. Denn: »Mit Ausnahme der Felsen ist alles daran Menschenwerk. Künstliche Natur, von jeder anderen Natur völlig abgeschnitten. Ein langes Rechteck, das durch das geometrische Straßenraster vorgegeben und von Gebäuden eingepfercht ist. Diese Rechteckigkeit taucht in unseren Toren wieder auf. Während die Stoffbahnen, die sich leicht im Wind bewegen, mit den Elementen korrespondieren, mit der Natur. Der Kontrast zwischen dem Geometrischen und dem Organischen – das macht das Wesen des Parks wie auch der Gates aus.«[13]

Der Titel des Projektes bezog sich auf die Schöpfer des Central Parks, Frederick Law Olmsted und Calvert Vaux, die die Tore in der den Park umgebenden Mauer »the gates« nannten. Hatte Gaudi seinen Park Güell einer unwirtlichen Natur abgerungen, mussten die Schöpfer des Central Parks ihre künstliche Landschaft gegen eine architektonische Steinwüste abgrenzen. Ihr Ehrgeiz war dabei, ein natürlich gewachsenes Biotop zu simulieren, das vergessen lässt, dass 2,3 Millionen Kubikmeter Erde bewegt wurden, um es dem Stadtkörper künstlich einzupflanzen. »Wie das römische Stadtgitter wurde auch der Stadtplan New Yorks auf weitgehend freies Land gelegt, eine Stadt, die geplant war, bevor sie bewohnt wurde; hatten die Römer den Himmel befragt, so konsultierten die Stadtväter New Yorks die Banken ... Die absolute Gleichförmigkeit der Grundstücke, die das New Yorker Gitter schuf, bedeutete, dass das Land genau wie Geld behandelt werden konnte, jedes Stück war gleich viel wert. In den glücklicheren frühen Tagen der Republik wurden Dollarscheine gedruckt, wenn die Bankiers Geldbedarf feststellten; in gleicher Weise konnte nun auch die Versorgung mit Grund und Boden erhöht werden, indem man das Gitter erweiterte. Es entstand mehr Stadt, wenn Spekulatoren den Drang zu spekulieren verspürten. ... als Calvert Vaux und Frederick Law Olmsted 1857 mit der Planung des Parks begannen, stellten sie ihn sich als eine Zuflucht vor der Stadt vor. Von dem Moment an, da Lokalpolitiker Olmsted aus seinem großen Projekt herausdrängten, begann der Park zu verfallen. Die Menschen mieden die ungepflegten Rasenflächen, weil der Park Kriminelle anzog und zu einem gefährlichen Ort geworden war«[14], erinnert Richard Sennett an die Anfänge.

The Gates, Projekt
für den Central Park,
New York City.
(K20040102) von
Christo. Collage 2003.
Sammlung
Deutsche Bank

Die Parkschöpfer umfriedeten ihr Naturreservat inmitten dieses Großstadt-
dschungels mit einer Mauer, um ihre Schöpfung wie ein Paradies vom rauen
Alltag abzugrenzen – verbirgt sich hinter dem awestischen pairi-daēsa doch
schlicht das Wort für Wall. Die Tore aber öffneten ihn für alle Bürger der Stadt.
Auch Christo und Jeanne Claude öffneten mit ihrem Projekt weit und für jedermann die Tore in ein Paradies – zu einem Zitat der Natur. Und so lernten nicht
nur die New Yorker Bereiche des Parks kennen, in die man sich fast schon traditionell nicht hineintraute. Die Besucher wurden vermutlich zum ersten Mal
eingeladen, den gesamten Park als Naturkunstwerk, als Insel in der steinernen
Landschaft wahrzunehmen.

Die Tore öffneten aber auch die Augen für die natürlichen Bedingungen,
nach denen der Park funktioniert. Nicht zuletzt deshalb war der Februar der kalkuliert ideale Zeitpunkt für das Schauspiel: Um diese Jahreszeit ist die Gefahr,
eine bloße Idylle zu produzieren oder ein Klischee zu bedienen, am geringsten.
Kein Grün stört den farblichen Zweiklang aus dem Safrangelb der Tore und dem
Grau der Stämme, der Zweige und der umgebenden Architektur. Die Dramaturgie der Parkgestaltung wurde in Gänze sichtbar. Laut Christo verspricht »der
Februar ... eine große Verschiedenartigkeit der Stimmungen: Nebel, Schnee,
Regen, Sonne.«[15] In dieser Inszenierung spielten nicht Blätter, Blüten und

Pflanzen die Hauptrolle, sondern das natürliche Licht, der Wind in den Segeln, das Wetter, die von ihm erzeugten Atmosphären, die Jahreszeiten – Naturfaktoren, die im urbanen Raum keine angemessene Bühne mehr finden. Nicht die Natur als Bild war ihr Thema, sondern die Natur als steter Wandlungsprozess. Auch jene Natur, die Pausen und Stille in den Lebensrhythmus einwebt und die uns unweigerlich dem Tod entgegen schiebt. Ein momento mori ist in dieser »Feier der Freude und Schönheit« allemal enthalten. Deshalb Februar, deshalb nur eine kurze Weile an einem »Ort in Erwartung eines Ereignisses«, wie Peter Brook solche Aufführungsorte nennt.

Natürlich entstanden von den Toren unzählige Bilder, auch von Christo selbst, der durch den Verkauf seiner Zeichnungen die Finanzierung des Projektes sicherte. In erster Linie stellten sie aber Einladungen dar, immer neue Räume, verschiedene Areale zu erfahren, besser: zu ergehen. Das Kunstwerk selbst zielt nicht auf Anschauung, sondern auf Erleben, und auf sehr subtile Weise wurde sein Rezipient auf sich selbst als Produkt der Natur(gesetze), als weitere Wirkstätte der natürlichen Rhythmen zurückgeführt: Tag und Nacht, Blüte und Welken, die Jahreszeiten, die Lebensalter, die Maße, die dem Körper eingeschrieben sind, der Urrhythmus des Schritts. Zeit ist hier nicht Geld, sondern schenkt Ur-Erfahrung des Lebens. »Schauen Sie sich die Gates nicht von Ihrem Apartment aus an, fliegen Sie nicht mit dem Helikopter drüber. Laufen Sie!«[16] empfahl dementsprechend Jeanne Claude. Nur im Schritt-Tempo des Flaneurs ließ sich das Werk der Park-Schöpfer wie der Gates-Schöpfer nachvollziehen, konnten die Gestaltungskräfte der Natur gespürt werden.

Durch das Gehen als dramaturgisches Konzept der Publikumsteilhabe steht »The Gates« in der Tradition von Festumzügen wie den römischen Triumphzügen, den Mysterienspielen des Mittelalters, den Ehrenpforten und Trionfi der Renaissance, den Festen des Barocks; in neuerer Zeit sind aus dieser Tradition Aufmärsche und Demonstrationen geworden und im Theater der 70er und 80er Jahre Konzepte mit mobilem Publikum, die Expeditionen in die Wirklichkeit unternahmen. In diesen Umzügen und Festzügen feiert sich entweder eine Herrschaftsordnung oder sie wird öffentlich kritisiert; immer sind sie Rituale eines öffentlichen Diskurses, erlebt sich das Individuum in ihrem Rahmen als Mitglied einer Gemeinschaft, nicht einer Masse.

Erst vor gar nicht langer Zeit, kaum den Raubtieren des Großstadt-Dschungels entrissen, wurde der Park in neue Reviere aufgeteilt, die zwar auf zivilisiertere Weise dennoch die Spielräume der Nutzer des Parks beschneiden. Die Stadt New York lässt inzwischen den Unterhalt des Parks zu 85 Prozent von Sponsoren und Stiftern finanzieren, denen sie im Gegenzug natürlich exklusive Nutzungsrechte, z.B. für private Feste, Empfänge oder Events, zubilligen muss.

Im Gegensatz dazu und ungleich Arbeiten in Museen kostete die Rezeption der Gates keinen Eintritt. Durch die konsequent unabhängige Methode der Finanzierung war es möglich, den Central Park der breiten Öffentlichkeit zurückzugeben, zumindest 16 Tage lang.

Agitprop

Nicht nur in New York, ganz generell kann man sich des Eindrucks nicht erwehren, dass die öffentliche Hand sich nicht dafür interessiert, Grünanlagen und Naherholungsräume, also die Generalpausen in der verkehrsbestimmten Symphonie der Großstadt, zu pflegen und zu unterhalten, es sei denn, sie sind für die touristische Attraktivität und das Image wichtig. Davon profitieren die Wohnquartiere der normalen Bürger allerdings kaum. Dort wird schnell mal eben eine Grünfläche überbaut oder muss einer Straßenerweiterung weichen. Für Neubauten gibt es zwar Begrünungs-, aber keine Pflegeauflagen, so dass die Etats für den Erhaltungsaufwand in der Regel viel zu klein ausfallen.

»Die heutigen Grünanlagen der Städte haben ihren Ursprung in dem, was die Tiefbauer ›Strassenbegleitgrün‹ nennen ... Seine Kennzeichen sind: Die Unbrauchbarmachung der Fläche durch Gebüsch, möglichst mit Stacheln, die Verwendung von Pflanzen, welche grosse Dosen Hundekot vertragen, hohe Kosten beim Einkauf bei den Baumschulen und Züchtern, dafür aber geringer Pflegeaufwand ... In den neuen Stadtquartieren sind wir noch konfrontiert mit einer zweiten Art der Begrünung, die ebenso eintönig ist. Sie stammt aber nicht vom ›Strassenbegleitgrün‹, sondern von der ›öffentlichen Anlage‹. Von dort greift sie über auf sämtliche Gebäudeabstände ... Was diese Anlagen und bepflanzten Gebäudeabstände so langweilig werden lässt, ist ihre Aussagelosigkeit, ihre Unlesbarkeit«, erklärt Lucius Burckhardt, der Begründer der Promenadologie, unser Leiden an einem subjektiv empfundenen »Mangel an Grün«.[17]

Diese Monokultivierung und inhaltliche Verwahrlosung des Grüns im urbanen Raum führte zu einer relativ neuen Art der Naturbegegnung: dem Guerilla Gardening. »Als guerilla gardening wurde ursprünglich – als ein subtiles Mittel politischen Protests und zivilen Ungehorsams – die heimliche Aussaat von Pflanzen im öffentlichen Raum bezeichnet, vorrangig in Großstädten oder auf öffentlichen Grünflächen ... Wie Guerillas vermeiden auch Guerilla-Gärtner die offene Konfrontation und bevorzugen abgelegene und unzugängliche Standorte oder nehmen ihre Aktionen bevorzugt heimlich durch ›Überraschungspflanzungen‹ vor«,[18] erläutert Wikipedia dieses Phänomen.

Zwei Schulen sind bisher sichtbar geworden: Die private Bürgerinitiative entwickelte sich aus dem Vorstoß von Richard Reynolds, der im Londoner Armen-Stadtteil Elephant and Castle lebte, nahe dem Einkaufszentrum gleichen Namens, und der schlagenden Verwahrlosung und Hässlichkeit seines Viertels aktiv zu Leibe rückte, indem er eines Nachts eine entwürdigte Brachfläche in sieben Stunden in einen Miniaturgarten verwandelte. Das soll im Oktober 2004 gewesen sein und inzwischen in vielen Städten der Welt und mit Hilfe von unzähligen Freiwilligen, die entweder Pflanzen und Gerät spenden oder selbst gärtnern, zu weiteren Aktionen geführt haben. Dabei ist man sich der Illegalität der Aktionen bewusst, die juristisch wohl unter Vandalismus fallen, aber von den Stadtverwaltungen und Gesetzeshütern wohlwollend übersehen werden.

Neben dieser implizit politischen Form des Bürgerprotests gegen die Missachtung und Vernachlässigung der Wohnumfelder gibt es eine explizit politische Form. Sie dient Globalisierungsgegnern zu öffentlichkeitswirksameren Ausdrucksformen ihres Protests gegen Nahrungsmittelmonopole, die Versiegelung von Lebensraum und Ackerland, den Qualitätsverfall von Nahrungsmitteln durch industrielle Produktionsweise und Gentechnik. Meist sind sie antikapitalistisch, immer ökologisch orientiert und stehen z.B. Attac nahe. Ihre Kernstädte sind London und New York, und ihren ersten Auftritt hatten sie am 1. Mai 2000, als eine Gruppe von Guerilla-Gärtnern mit Pflanzen und Gerät bewaffnet eine Rasenfläche direkt auf dem verkehrsumtosten Parliament Square in London stürmten, ihn umgruben und mit Gemüse bepflanzten, um, so erklärte ihr Transparent, »die Straßen zurückzuerobern«.

Die klar politisch motivierten Guerilla Gärtner legen bei der Anlage weniger Wert auf Ästhetik oder Benzinresistenz, als auf die Symbolkraft der Pflanzungen, in Form eines Friedensymbols etwa, oder auf die der Pflanzen selbst, wenn auf Verkehrsinseln Getreide oder Gemüse, auf Golfplätzen aber Dornenbüsche gepflanzt oder eintönige Gebäudeabstände mit Samenbomben beworfen werden, für die es im Internet übrigens Bauanleitungen gibt. Bei aller politischen Ernsthaftigkeit entbehrt diese Form des Protests weder der Originalität noch der Ironie. Hier prallt die eruptive Art des Säens auf die nicht zu beschleunigenden Wachstumsprozesse der Pflanzen; die heimliche oder plötzliche, überhöht aktive Art des Gärtnerns auf die Passivität, die Pflanzen eigentlich verkörpern; der Anbau von Nutzpflanzen auf zur Nutzlosigkeit verkommenem Grund; die Friedlichkeit, für die das Pflanzen und die Pflanzen stehen, auf die Gewalt, die ihnen und ihren Lebensräumen angetan wird.

Natürlich sind diese Aktionen politisch und illegal, insofern sie sich öffentlichen Raum in Zeiten seiner Privatisierung unangekündigt aneignen. Sie gehen aber ohne die Gewaltsamkeit vor, die in der von ihnen angeprangerten Enteignung öffentlichen Grundes steckt und sind damit viel publikumswirksamer, weil sie unberechenbarer und sympathischer zuschlagen. Im Sinne von Lucius Burckhardt wird dabei der Lebensraum wieder in die Lesbarkeit zurückgeholt: Der missachtete Massenmensch gärtnert gegen seine Entwürdigung an, der politisch engagierte Aktivist nutzt die Leerstelle im stadtplanerischen Text, um seine Warnung oder Botschaft weithin sichtbar zu artikulieren – und erntet dafür Aufmerksamkeit und Verständnis bei seinen Mitbürgern. Dies sei die einzige Form des Vandalismus, die dazu führe, dass die Öffentlichkeit nicht rot, sondern grün sehe, so der listige Kommentar einer schwedischen Kolumnistin.[19]

Tragödie

Das Thema der Auflösung öffentlichen Raums durch seine Aufteilung in exklusive und/oder privatisierte Reviere führt mich zu meinem letzten Beispiel einer bemerkenswerten Dramaturgie der Naturbegegnung und nach Hamburg, in eine Art Garten, der nicht vergessen lässt, dass Gärten nicht nur von homo sapiens sapiens genutzt werden, sondern auch von vielen verschiedenen Tierarten: Hagenbecks Tierpark.

Zoologische Gärten stammen aus gemeinsamen Wurzeln mit Museen. Jene entwickelten sich aus den höfischen Menagerien, diese aus fürstlichen Kunst- und Wunderkammern. Beide wurden in aufgeklärteren Zeiten für das Volk geöffnet. Anders verlief die Entwicklung in der Hansestadt Hamburg. Dort erhielt 1848 der Fischhändler Gottfried Hagenbeck von Finkenwerder Fischern einen Beifang von sechs Seehunden, die er – was sollte ein Hamburger auch sonst damit machen? – »gegen Entree« auf dem Spielbudenplatz zur Schau stellte. Dies war offenbar so erfolgreich, dass er Seeleuten immer wieder exotische Tiere abkaufte und seine Tierschau vergrößerte. Sein Sohn, der spätere Tierparkgründer Carl Hagenbeck, stieg nicht in den Fisch- sondern in den Tierhandel ein. Seit seinem sechzehnten Lebensjahr ließ er Tiere in aller Welt fangen und verkaufte sie in höfischer Tradition an Kaiser, Sultane und selbst den Mikado in Japan, aber auch an Zoos wie den in Berlin. Hagenbeck war aber nicht nur an den Tieren als Ware interessiert, sondern auch von den Lebewesen »unterschiedlicher Gemütsart« fasziniert, mit denen er gern und vergleichsweise furchtlos Umgang pflegte. So entstand 1877 zunächst der weltweit reisende »Zirkus Hagenbeck«, dessen Hauptattraktion die von ihm selbst zahm dressierte Löwengruppe war. Zahm hieß mit Geduld und Kenntnis, statt mit Peitsche und glühenden Stangen, wie damals üblich. Diese Erfahrungen, besonders mit Raubkatzen, ließen später die Idee reifen, einen exotischen Landschaftspark und das Konzept der Tierausstellung im Tierpark zu verschmelzen, ließen das Projekt der gitterlosen Freigehege entstehen, das sich Carl Hagenbeck 1896 patentieren ließ. Im August 1906 eröffnete er, noch auf der Baustelle im damaligen Dorf Stellingen die Keimzelle seines Tierparks, die Löwenschlucht.

Die Löwenschlucht in Hagenbecks Tierpark in Hamburg, um 1910

Gemäß der Überlieferung packte die ersten Besucher die blanke Furcht beim Anblick der wilden Tiere auf Augenhöhe ohne den sichtbaren Schutz von Gitterstäben. Hagenbeck hatte im Zuge seiner Dressuren die Sprungfähigkeit der verschiedenen Arten ermittelt und die Gehege, die bei ihm ein Zitat der natürlichen Umgebung der Tiere sein sollten, entsprechend angelegt. »Die Illusion ist so vollkommen erreicht, dass die meisten Besucher sich erst durch eine Besichtigung des Grabens von der Tatsächlichkeit der Anlage überzeugen lassen«[20], schrieb Hagenbeck in seinen Erinnerungen 1908. Auch der Erfinder Thomas Alva Edison gehörte zu den Beeindruckten und schrieb 1911 nach seinem Besuch: »The animals are not in the cage, they are on stage.«[21] Damit bringt er den besonderen Geist dieser Tierparkanlage auf den Punkt, die ihre Wurzeln nicht in einer Menagerie, sondern in der Schaustellung und der Inszenierung des Exotischen im Zirkus hat und auch im – freilich ebenso kolonialistisch wie hanseatisch beeinflussten – Wunsch, die exotischen Welten ins Vertraute zu transportieren, einen Teil der Weite und Vielfalt der fünf Kontinente in der Nachbildung eines Miniaturreviers erlebbar und auch verkäuflich zu machen. Zu dieser Heimholung fremder Welten gehörte für Hagenbeck ebenso die Anlage eines botanischen Gartens wie die Präsentation anderer Kulturen und Lebensformen in den Völkerschauen, mit denen er seine Biotope zu vervollständigen suchte. Die erste Völkerschau passierte quasi, als eine Samenfamilie ihre Rentierherde aus Lappland nach Hamburg begleitete und so ihre Lebensweise gleich mitbetrachten ließ. Später folgten Indianer, Inuit und Nomaden der Sahara. In der Regel zogen die Nomadenvölker nach Hamburg – und bald wieder weg. Auch ihre heute zum großen Teil ausgestorbene Lebensform hätte

Candida Höfer: Zoologischer Garten Köln, 1991

eines Schutzprogramms bedurft. Sie sind weitgehend durch Nomaden der Mobilität in der vom Westen beeinflussten Welt ersetzt. Dabei haben wir die Reiserichtung umgedreht, indem der Massentourismus sich in alle Winkel der Erde hinauswälzt und sich vor Ort die Tänze untergegangener Kulturen vorführen lässt.

Carl Hagenbecks Patent hat inzwischen, mehr oder minder geschickt umgesetzt, in fast alle Zoologischen Gärten Einzug gehalten. Fast nirgendwo gibt es mehr Gitter. Erstrebt wird aber nicht mehr die Abbildung der Biotope, die Architekten interpretieren die Bauaufgabe auf ihre Weise – und behandeln die Tiere oft nicht anders als menschliche Bewohner. In Anschauung der Fotoreihe »Zoologische Gärten« der Fotografin Candida Höfer wird das überdeutlich. Die Kunsthistorikerin Hanna Hohl spricht treffend von »Analogien«: »›Schöner Wohnen‹, Appartement, Wohncontainer, unwohnliche Modernität konstruktiver Architektur, Urlaubslandschaften und repräsentative Gebäude«[22] sind ihre Stichwörter. Da Candida Höfer auf fast einzigartige Weise ihre Motive nicht inszeniert und interpretiert, verdeutlicht sie die Inszeniertheit und Interpretation der Motive selbst. Aussage und Faszination gewinnt ihre distanzierte Perspektive vor allem durch die Reihung.

Wie die meisten Zoos definiert auch Hagenbecks Tierpark seine Aufgaben heute anders als zu Gründungszeiten. Man versteht sich als Arche Noah für bedrohte Tierarten, engagiert sich in nationalen und internationalen Artenschutzprogrammen, arbeitet mit dem Zoologischen Institut der Universität Hamburg zusammen und versucht, für Natur- und Umweltschutz zu sensibilisieren – und natürlich für alles das nötige Geld zu verdienen. Im Gegensatz zu den ehemals feudalen Einrichtungen anderer Städte zahlt die Hansestadt dem Privatunternehmen traditionell nichts dazu, hat den Park aber unter Denkmalschutz gestellt, was seine Situation nicht erleichtert. Hagenbeck versucht, seinen Unterhalt und seine Projekte durch Grundstücksverkäufe zu sichern, denn Stellingen liegt längst inmitten des Stadtgebiets, und der Park ist Lieferant für kostbare Lebensqualität. Als weitere Einnahmequelle dient ironischerweise ein Hotel »im kolonial-exotischen Stil für Familien, Städtetouristen und Geschäftsreisende«. Ist die nächste Geschäftsidee nach der Heimholung des Fremden und Exotischen die Heimholung des Tourismus, nachdem ein Großteil der in Hagenbeck gezeigten Tierarten an ihren Ursprungsplätzen gar nicht mehr zu erleben sind? Wenn man die Tafel liest, die die Besucher darüber informiert, wie sich das Verhältnis der Sibirischen Tiger zum Menschen in ihrer asiatischen Herkunftsregion zwischen 1960 und heute umgekehrt hat, begreift man leicht, wer letztlich vor wem geschützt werden muss.

»Wenn heute der Zoo den Anspruch erhebt, eine ›Arche‹ für das Überleben bedrohter Arten zu sein, klingt es, ernst genommen, geradezu zynisch. Denn der Mensch, der sich im Zoo zum scheinbaren Bewahrer, zum Anwalt der Tiere macht, vernichtet andererseits durch angeblichen Fortschritt der Zivilisation die Natur«[23], kritisiert Hanna Hohl. Als Gott Noah den Auftrag gab, die rettende Arche zu bauen, da dachte er sich offenbar Mensch und Tier im gleichen Boot. Auch Carl Hagenbeck begriff Mensch und Tier, Natur und Kultur als zusammengehörig, aber schon sein Konzept offenbart deutlich den Graben, der das Fremde und das Vertraute trennt, der zwischen Betrachter und Betrachtetem verläuft. Seine Anlage kann als Versuch gelesen werden, diesen Graben im Anschauen zu überbrücken, ihn im Erleben einer gemeinsamen Umgebung oder Landschaft vergessen zu machen, an die gemeinsame Kreatürlichkeit zu erinnern. Nur wenige andere Zoologische Gärten übernahmen mit seinem Patent auch diesen Geist. Aber können Artenschutzprogramme in Zoos wirklich helfen, obwohl man genau weiß, dass diese Arten auf absehbare Zeit nicht ausgewildert werden können, weil ihre Lebensräume gar nicht mehr existieren? Die Diskussion hierüber ist ebenso komplex wie theoretisch, weil die Zoos natürlich nicht aufgegeben werden und selbst ihre Bemühungen dem leisen täglichen Artensterben kaum Einhalt gebieten können. Erkennbar aber wird, dass Museen und Zoologische Gärten Verwandte geblieben sind in der Aufgabe, Verschwindendes aufzubewahren und die nachwachsenden Generationen zu motivieren, sich gegen den Verlust der Vielfalt zu engagieren. Man schützt nur, was man kennt. So sind am Ende wieder Natur und Kultur vereint – in einer Arche der Erinnerung.

Gärten für die Multioptionsgesellschaft? Landschaftsarchitektur zwischen gestalterischer Geschwätzigkeit und Minimalismus

Udo Weilacher

Die Vielfalt und Vielzahl der in den Massenmedien angebotenen Bilder von Natur und Landschaft, welche rund um die Uhr weltweit verbreitet werden, steigern das allgemeine Verlangen nach der sofortigen Erfüllung von ganz bestimmten Sehnsüchten nach »schöner Landschaft« und »intakter Natur«. Noch nie lag die rasche Erfüllung dieser Wunschträume so nah wie heute, denn fast jedes noch so exotische Reiseziel ist mit einem einfachen Mausklick im Internet zu buchen. Zudem werden zahllose Wünsche geweckt nach immer neueren und immer »originelleren« Garten- und Landschaftskreationen. Spezialisierte Gartenfestivals, Gartenschauen, Haus- und Gartenzeitschriften propagieren unzählige neue Gartenkreationen, und ein ganzer Industriezweig lebt heute von der Produktion und Vermarktung vielfältigster Freiraummöblierungselemente und luxuriöser Garten-Accessoires.

Wie gehen Landschaftsarchitektinnen und -architekten mit dieser schier unüberschaubaren Bilderflut um? Welche Alternativen gibt es zu jener Art der – auch aktuell weit verbreiteten – Garten- und Landschaftsgestaltung, die mit aufwändigem dekorativen Design fast zwanghaft versucht, alle möglichen Klischeevorstellungen ihrer Kundinnen und Kunden rasch zu bedienen? Was tun gegen eine inhaltsleere gestalterische Geschwätzigkeit in Gartengestaltung und Landschaftsarchitektur, die zwar immer neue modische Gartenideen entwickelt, aber das eigentliche Wesen von Garten und Landschaft – darunter die ästhetische Vermittlung von Kunst, Kultur und Natur – offensichtlich aus dem Auge zu verlieren droht?

Der renommierte Schweizer Landschaftsarchitekt Dieter Kienast, der bereits 1998 im Alter von 53 Jahren starb, war einer der wenigen seiner Zunft, die sich ganz bewusst gegen die »gestalterische Geschwätzigkeit«[1] in der Landschaftsarchitektur wandten. Bis heute ist vor allem bei den populären Gartenschauen die Tendenz zum Überbordenden immer wieder zu beobachten. Bei

Die Stampflehmwand gibt dem Garten Krummenacher in Zürich einen klaren räumlichen Abschluss und ist zugleich das zentrale Kunstwerk im Garten. Foto Udo Weilacher 2005

der Gestaltung der Internationalen Gartenschau 2000 Steiermark in Graz und auf dem Messegelände der EXPO 2000 in Hannover setzte der Gartenarchitekt neue Akzente, aber auch bei der Planung kleiner Privatgärten legte er besonderen Wert auf einen einfachen, klaren aber kraftvollen gestalterischen Ausdruck.

Kienasts konsequente Haltung lässt sich exemplarisch an der Gestaltung des kleinen Privatgartens Krummenacher studieren, der Mitte der neunziger Jahre entstand. Elf Meter breit und vierzig Meter lang erstreckt sich das private Grün im rückwärtigen Bereich einer gründerzeitlichen Stadtvilla in Zürich. Die Besitzer wünschten sich einen möglichst pflegeleichten Garten, den sie von der Veranda aus überblicken wollten. Die südliche Grenze des Gartens bildet eine hohe Eibenhecke, hinter der sich noch heute diverse Sportanlagen befinden, die es visuell als auch akustisch auszublenden galt.

Der Landschaftsarchitekt entschied sich dazu, die Länge des Grundstücks zu betonen, indem er entlang der östlichen Grundstücksgrenze eine vierzig Meter lange, sich allmählich verbreiternde Buchenhecke pflanzte. Ein einzelner prächtig blühender Judasbaum an der Veranda akzentuiert den Zugang zum rückwärtigen Gartenraum, der mit einem einfachen Rasenteppich ausgelegt ist. Ein Hauptaugenmerk Kienasts galt dem südlichen Raumabschluss des Gartens. Diesen besetzte er mit einer 2,50 Meter hohen und 60 Zentimeter starken

Stampflehmmauer, aufgebaut wie eine geschalte Betonmauer, mit dem vor Ort vorhandenen humos-lehmigen Erdmaterial, das in Schichten eingebaut und verdichtet wurde. Die Mauerkrone musste mit einer Cortenstahlplatte abgedeckt werden, um das schädigende Einsickern von Regenwasser zu verhindern.

Die Stampflehmwand erinnert in konzeptioneller und formaler Hinsicht an die Interventionen der amerikanischen Land Art, denn sie ist ein kraftvoller, wenn auch formal minimalistischer Eingriff, gekennzeichnet durch eine überraschend hohe Sensibilität für die Veränderungsprozesse in der Umwelt. Die Oberfläche der Mauer reagiert nämlich auf den Wechsel der Luftfeuchtigkeit äußerst empfindsam: Bei steigender Feuchte oder bei Regen intensivieren sich die Erdfarben und entwickeln eine erstaunlich lebendige Ausdruckskraft. Sobald die Mauer wieder abtrocknet, verblassen die Farben wieder. Auf diese Weise wirkt die Wand vor der grünen Eibenhecke wie ein großformatiges lebendiges Gemälde, das dem Garten einen noblen Eigencharakter verleiht und etwas Unsichtbares sichtbar macht: nicht nur den permanenten tages- und jahreszeitlichen Wandel der Umweltverhältnisse, sondern auch die Lebendigkeit des Erdmaterials, das normalerweise unter der begrünten Oberfläche des Gartens verborgen ist.

»Unsere Arbeit ist die Suche nach einer Natur der Stadt, die nicht nur grün, sondern auch grau ist«,[2] lautet die erste der 10 Thesen zur Landschaftsarchitektur, die Dieter Kienast 1998 formulierte. Seine Projekte verdeutlichen, welchen Erscheinungsformen der Natur der Landschaftsarchitekt zeitlebens auf der Spur war. Das ästhetische Anliegen, das hinter solchen Interventionen steckt, ist neuer Landschaftsarchitektur und aktueller Kunst gemeinsam. Der Schweizer Autor und Journalist Gerhard Mack schrieb vor einiger Zeit über die neuerliche »Liebe zum Garten in der Gegenwartskunst«: »Die Künstlerinnen und Künstler fügen ihre Werke in die vorgefundenen Situationen ein und geben ihnen beinahe unmerklich eine zusätzliche Dimension. Wer sie bemerkt, wird aus dem Fluss der Gewohnheiten auftauchen und seine Wahrnehmung für eine Weile neu justieren.«[3]

Dieter Kienast ging es genau um jene Neujustierung der Wahrnehmungsgewohnheiten, welche im Strom der massenmedialen Bilderflut immer stärkeren, überwiegend marktstrategisch motivierten Manipulationen ausgesetzt sind. Die Reduktion der gestalterischen Vielfalt im Garten hatte für den Schweizer Landschaftsarchitekten also auch eine gesellschaftliche Dimension. »Die Anreicherung des Raumes geschieht von selbst, während wir dafür Sorge tragen müssen, den tragfähigen Rahmen zu schaffen. Wenn die Schale bereits von Anfang an voll ist, kann sie nicht weiter gefüllt werden, oder die unerträgliche Masse wird zum Problem. Wir müssen uns daher auf die teilweise Fertigstellung des

Bildes beschränken.«[4] Die Vokabel Beschränkung genießt aber gerade in einer Gesellschaft, die stets gierig nach neuen, noch aufregenderen und bevorzugt gewinnversprechenden Optionen Ausschau hält, nicht gerade einen guten Ruf und klingt eher nach Rezession.

Was geschieht, wenn man sich nicht auf die teilweise Fertigstellung eines Bildes beschränken möchte, und wie getrübt unsere Wahrnehmungsfähigkeit im Hinblick auf das Erkennen von »wahrer Natur« ist, wird am Beispiel der von François Mitterand 1996 in Paris eröffneten »Bibliothek für das 21. Jahrhundert« deutlich. Der französische Stararchitekt Dominique Perrault gestaltete das Herz der neuen Bibliothèque Nationale de France als eine Art Garten, der zwischen die vier L-förmigen und fast achtzig Meter hohen Türme des repräsentativen Bauwerks eingespannt ist. Diesen Garten, bepflanzt mit 250 Bäumen, priesen viele Experten als Beispiel für einen fortschrittlichen Umgang mit Natur in der Stadt. In den knapp 11.000 Quadratmeter großen Innenhof des voluminösen Bauwerks aus Beton, Stahl und Glas wurde ein Stück Wald gepflanzt, den die meisten unvoreingenommenen Betrachter als »ursprünglich« betrachten. In Wahrheit handelt es aber sich um einen Kiefernforst, ein monotoner, forstindustriell produzierter Stangenwald, rasch aufgezogen im Forêt de Bord in der Nähe von Rouen mit ziemlich geringem ökologischen Wert, den man in den Innenhof des Gebäudes wie in eine überdimensionale Blumenschale setzte.

Wie ein Ausstellungsstück wurde ein Abbild vermeintlich authentischer Natur zur dekorativen Akzentuierung der Architektur schlüsselfertig geliefert und aufgebaut. Der erste Eindruck dieser Inszenierung ist sicher atemberaubend, aber eine derart manipulative Haltung gegenüber der Natur hat bei genauerer Betrachtung auch etwas Abschreckendes, denn hier wird in erster Linie die technische Machbarkeit von Natur demonstriert. Den Architekten plagen indes keine Zweifel an seiner Waldinszenierung, im Gegenteil: Er ist nach eigenem Bekunden sehr stolz darauf, dass der Baumbestand heute so wirkt, als ob er schon immer da gewesen und hier gewachsen sei, und die meisten Besucher akzeptieren bereitwillig dieses verführerische Bild von Natur. Mit einem fortschrittlichen Verhältnis zur Umwelt hat ein rein dekorativer Einsatz klischeehaft geprägter Naturbilder dieser Art allerdings nicht viel zu tun.

»Der Garten ist der letzte Luxus unserer Tage, denn er fordert das, was in unserer Gesellschaft am seltensten und kostbarsten geworden ist: Zeit, Zuwendung und Raum.«[5] Mit diesem Postulat bezog sich Dieter Kienast unmittelbar auf jene Definition von Luxus, die der zeitkritische Lyriker und Essayist Hans Magnus Enzensberger vor Jahren prägte. Enzensberger geht davon aus, dass das Verlangen nach Luxus tief in der Triebstruktur des Menschen verwurzelt ist und deshalb nie völlig verschwinden wird. Der Luxus, so Enzensberger, wird

Der Kiefernwald im Innenhof der Französischen Nationalbibliothek in Paris ist ein beeindruckendes Bild von Natur aber nicht Natur an sich. Foto Udo Weilacher 2000

aber vermutlich unter ganz anderen Vorzeichen in einer anderen Gestalt überdauern. »Der Luxus der Zukunft verabschiedet sich vom Überflüssigen und strebt nach dem Notwendigen, von dem zu befürchten ist, dass es nur noch den wenigsten zu Gebote stehen wird. Das, worauf es ankommt, hat kein Duty Free Shop zu bieten.«[6] Für Enzensberger sind die Luxusgüter der Zukunft frei verfügbare Zeit, bewusst selbstbestimmte Aufmerksamkeit, Raum für freie Bewegung, Ruhe, Sicherheit und intakte Umwelt. »Der Überfluss«, so Enzensberger, »tritt in ein neues Stadium ein, indem er sich negiert. Die Antwort auf das Paradox wäre dann ein weiteres Paradox: Minimalismus und Verzicht könnten sich als ebenso selten, aufwendig und begehrt erweisen wie einst die ostentative Verschwendung.«[7]

»Es ist nun mal eine Tatsache, dass unsere aktuelle gesellschaftliche, politische und religiöse Situation in der Schwebe ist, und dagegen können wir sehr wenig tun«, stellte Dieter Kienast 1996 fest. »Je länger dieser Schwebezustand anhält, desto mehr neigen wir dazu, uns an bestimmte Prinzipien oder Leitbilder zu klammern. Ich finde diesen Schwebezustand aber besonders spannend, weil er die Möglichkeit bietet, sich unbeschwert zu bewegen und Dinge auszuprobieren.«[8] Der Landschaftsarchitekt experimentierte deshalb in seinen Arbeiten zwischen Ästhetik und Ökologie und pflegte darüber hinaus, wie er selber immer wieder betonte, die »Kultivierung der Brüche«. Er war der festen Über-

zeugung, dass der bis dahin in der Umweltgestaltung vorherrschende Drang zur Harmonisierung, etwa zur Harmonisierung zwischen Natürlichkeit und Künstlichkeit, Ästhetik und Nutzen, Arkadien und Restfläche mit der großen Gefahr verbunden sei, ins Banale, ins Konturlose abzurutschen.

Einen durchaus vergleichbaren Ansatz, was die Kultivierung der Brüche und das Experimentieren mit der Lesbarkeit von Natur und Landschaft anbelangt, verfolgt der renommierte deutsche Landschaftsarchitekt Peter Latz seit Jahrzehnten. Er zählt zu den wenigen, denen in den vergangenen Jahrzehnten die nachhaltige Transformation und kulturelle Inwertsetzung postindustrieller Landschaften geglückt ist. Auch er verbindet mit seiner Arbeit gesellschaftspolitisch engagierte Ansätze, und die erprobt er nicht nur beim Umbau großer Industrieareale wie etwa im weltweit bekannten »Landschaftspark Duisburg-Nord«, sondern auch bei der Gestaltung des eigenen Privatgartens.

Peter Latz und seine Frau Anneliese erwarben 1991 in der Nähe der bayrischen Dom- und Universitätsstadt Freising am Rande des Weilers Ampertshausen in idyllischer, südexponierter Hanglage einen Hektar Land und ein kleines altes Bauernhaus, das sie innerhalb von zwei Jahren zu einer Art Vierseithof erweiterten. Was den Garten Latz zum bemerkenswerten Experimentierfeld macht, ist der Versuch, gartenkünstlerische Strategien und Methoden der Renaissance mit ökologischen Erkenntnissen der Gegenwart so zu verbinden, dass daraus ein gartenkulturelles Ensemble, also eine Art modernes Gesamtkunstwerk entsteht. Darin überlagern sich unterschiedliche Informationsebe-

Udo Weilacher

nen der Landschaft, wodurch immer wieder neue Lesarten ein und derselben Landschaft möglich werden, je nach den Vorkenntnissen des Betrachters.

Am Anfang der Geschichte des Gartens Latz – und das mag bei einem modernen Landschaftsarchitekten vielleicht überraschen – steht ein klares Bekenntnis zur historischen Gartenkunst: »Man kann davon ausgehen, dass die Mimesis immer noch eine der sichersten Gestaltmethoden ist. Insofern liegt es nahe, das historische Repertoire einer Profession zu studieren, auf das man in gewissem Sinn ein Informationsmonopol hat. Aber ich glaube natürlich nicht, dass das reicht … Eins ist jedenfalls klar: ohne das historische Repertoire und die Kenntnis in der Gartenkunst erreicht man keine kritische Position. Dann riskiert man nur, das Rad neu zu erfinden und glaubt am Ende sogar noch, etwas Neues geschaffen zu haben.«[9] Geschichtsbewusstsein ist für den Landschaftsarchitekten ein wichtiger Schlüssel zur intelligenten Gestaltung von Umwelt, denn es kann keine nachhaltige Weiterentwicklung von Kultur geben, wenn man sich der Geschichte nicht bewusst ist, und das gilt nicht nur für die Gartenkultur, sondern im Gegensatz zum modernistischen Credo auch für alle anderen Bereiche der Kultur.

Insbesondere die Gartenkunst der Renaissance steht für Peter Latz im Mittelpunkt des Interesses, weil in jenen Gärten, ausgelöst durch fundamentale Umbrüche in der damaligen Gesellschaftsordnung, der Erfindungsreichtum und die Experimentierfreude ganz besonders ausgeprägt waren, insbesondere

Im Dialog zwischen neuen und alten Ruinen im Hafeninsel-Park in Saarbrücken von Peter Latz entfaltet sich eine unerwartet neue Sicht auf das Thema Landschaft. Foto Udo Weilacher 2006

was den Umgang mit architektonischen Elementen, mit Wasser, mit geschnittenen Hecken und Topografie anbelangte. Ein zweiter wichtiger Aspekt in den Gärten von Peter Latz ist dem Thema Materialrecycling gewidmet, denn der Landschaftsarchitekt wuchs im kriegszerstörten Saarland auf und lernte in der Nachkriegszeit, dass Abbruchmaterial einen wichtigen Gebrauchswert hat. Latz begann aber auch zu begreifen, dass jedes wieder verwendete Material seine eigene Geschichte in sich trägt, welche jedoch nur dann lesbar bleibt, wenn das Altmaterial mit Würde behandelt und nicht zum Zweck der Wiederverwendung als Baustoff bis zur Unkenntlichkeit zerkleinert wird. »Kulturelles Recycling« nennt der Landschaftsarchitekt seine Art des Umgangs mit Altmaterialien, bei dem versucht wird, den Informations- und Bedeutungsverlust des Vorgefundenen möglichst zu vermeiden.

Im Garten Latz kommt dieser Aspekt nur andeutungsweise und eher beiläufig zur Geltung, beispielsweise wenn er mit Abbruchmaterialen aus einer alten Scheune neue Mauern errichtet, in denen man Geschichten der Vergangenheit regelrecht lesen kann. Eine wesentlich zentralere Rolle spielte das kulturelle Recycling bei Planung und Bau des Hafeninselparks in Saarbrücken. Dort galt es Anfang der achtziger Jahre, aus dem Trümmerschutt eines im Zweiten Weltkrieg völlig zerstörten Hafengeländes die unterschiedlichen Informationsschichten und Geschichtsfragmente heraus zu arbeiten, um einen neuen, mit dem Geist des Ortes eng verknüpften Park aufzubauen. Viele Fachleute kritisierten in den Anfangsjahren die konsequente Wiederverwendung vorgefundener Industrie- und Baufragmente als sogenannte Schrottästhetik und verstanden nicht, weshalb man nicht einfach den ganzen Kriegsmüll beseitigte. Statt dessen ließ Peter Latz nicht nur Ruinen aus dem Trümmergelände herausarbeiten, sondern errichtete sogar neue Ruinen.

Der einflussreiche Kasseler Soziologieprofessor Lucius Burckhardt, dessen Theorie sowohl die Arbeit von Dieter Kienast als auch die von Peter Latz und vielen anderen Landschaftsarchitekten spürbar prägte, schrieb bereits 1981 treffend: »Wenn die Ruine in besonderem Maße Trägerin einer Information ist, die uns die Verarbeitung der Gegenwart ermöglicht, so muss sich die Theorie des kleinstmöglichen Eingriffs mit dem Bau von Ruinen befassen. Das Unvollendete, schon Ruinöse, stellt das Gegenteil jener ›sauberen Lösungen‹ dar, die, stets rechthabend und stets zur Katastrophe führend, unsere Welt zerstören.«[10] Lucius Burckhardt verwies damit auf die Ruine als wichtigen Informationsträger, den es zu erhalten gilt – gerade in der gegenwärtigen Gesellschaft, die immer wieder dazu neigt, das Vergangene als vermeintliches Entwicklungshemmnis auszublenden. Treffender als mit Lucius Burckhardts Erkenntnis kann man den Ansatz von Peter Latz kaum charakterisieren. Dass seine »ruinösen«

Gärten und Parks in einer Welt der sauberen, bevorzugt fertigen Lösungen auf Widerstand stoßen und als gesellschaftskritische Kommentare interpretiert werden, mag kaum verwundern. So erging es Peter Latz auch zu Beginn seines mittlerweile weltweit bekannten Projektes »Landschaftspark Duisburg-Nord«. Auch dieser Park ist ohne das Verständnis dessen, was Peter Latz »kulturelles Recycling« nennt, nur unvollständig zu begreifen.

Neben der fachgerechten Umweltsanierung ist es dem Landschaftsarchitekten ein Anliegen, die Lesbarkeit der Landschaft zu sichern, und deshalb greift er so wenig wie möglich in die Struktur einer Landschaft ein, sondern sorgt allenfalls dafür, dass scheinbar Wertloses in neuem Licht erscheint. Was geschieht also, wenn man in die Stahlbetonwand eines Kohlebunkers eine Tür schneidet und in dem Bunker einen von der Renaissance inspirierten Heckengarten anlegt? Ganz einfach: Der Garten verwandelt die ehemals wertlos und brachial anmutende Bunkerwand in eine zauberhaft wirkende Gartenmauer, die neben dem Garten ihre eigene Geschichte erzählen darf. Ein neuer Bedeutungszusammenhang entsteht, eine neue Geschichte beginnt sich zu entwickeln. Zuweilen legen Latz und Partner einfach nur klar erkennbare neue Erzählfäden, sprich Erschließungs- und Wegesysteme, in die ehemalige Industrielandschaft, um neue Perspektiven zu erschließen und neue Lesarten zu provozieren.

Solche Prinzipien liegen auch einem aktuell aufsehenerregenden Projekt mitten in New York zugrunde. Hier zieht sich der Erzählfaden bereits seit Jahrzehnten durch die Stadt und wird derzeit von der Gruppe Field Operations unter der Leitung des Landschaftsarchitekten James Corner nach ähnlichen Grundsätzen entwickelt, wie sie bereits in den Arbeiten von Dieter Kienast und Peter Latz deutlich wurden. Auf einer ehemaligen Hochbahnstrecke durch Manhattan, wo früher Güterzüge durch die Stadt fuhren, um die Lagerhäuser und Fabrikanlagen zu versorgen, soll einer der interessantesten Parks in New York entstehen. Bereits 1950 nahm der Schienenverkehr auf dieser Strecke dramatisch ab, weil sich ein neues Transportsystem durchsetzte, nämlich der Gütertransport per Lastkraftwagen. 1960 wurden Teile der Hochbahn abgerissen, und 1980 legte man die Strecke endgültig still. Nach langen Debatten über Erhalt oder Abriss der letzten Teilstrecke entschied man sich schließlich für einen internationalen Wettbewerb im Jahr 2003, um Ideen für die Zukunft der High Line zu gewinnen.

Den Wettbewerb gewann das New Yorker Landschaftsarchitekturbüro Field Operations von James Corner in Zusammenarbeit mit Diller Scofido Architekten. Die Grundsätze des Entwurfsteams lauten »Keep it simple. Keep it wild. Keep it quiet. Keep it slow« – ganz so, als habe Enzensberger mit seiner Definition vom wahren Luxus bei der Entwicklung der Projektidee Pate ge-

Viele Jahre lang war die stillgelegte High Line in New York ein geheimes Refugium für spontane Vegetationsvielfalt.
Foto Joel Sternfeld © 2000

standen. Zentrales Ziel des ambitionierten Unternehmens ist es, die unverwechselbaren Qualitäten des zufällig entstandenen, spontan begrünten Freiraums zu erhalten und dauerhaft zu sichern. Wie immer bei solchen Planungen stellt sich jedoch die Frage, ob es tatsächlich gelingen wird, den einzigartigen Charakter dieser in Vergessenheit geratenen überwucherten Hochbahnfläche auf Dauer zu bewahren. In dem Augenblick, wo solche verwunschenen Flächen in bester Absicht an das Licht der Öffentlichkeit gerückt werden, verändern sie zwangsläufig ihren Charakter und gehen häufig sogar verloren. Die Planung des Spontanen ist meist ebenso schwierig wie der dauerhafte Erhalt des Temporären.

Field Operations will die Hochfläche als begehbaren Park mit einer multifunktionalen modularen Oberfläche entwickeln. Die Pioniervegetation soll so zumindest in ihrem Erscheinungsbild erhalten werden und in der Stadt für eine zwanglose Atmosphäre sorgen, aber angesichts der erforderlichen technischen Umbauten und geltenden Sicherheitsrichtlinien wird das wahrscheinlich schwer zu gewährleisten sein. Das High Line Projekt gilt dennoch als visionäres Unterfangen, weil es auf die Veränderung in einem Teil der urbanen Infrastruktur mit einem Entwicklungs- und Gestaltungskonzept reagiert, das neue Landschaftsbilder in der Stadt entwickelt, in denen sich fortschrittliche Konzepte der Technik mit ebenso tragfähigen Ansätzen der Ökologie

Udo Weilacher

*Mit modernster Technik verwandeln die Landschaftsarchitekten die
High Line in einen einzigartigen linearen Park.*
Foto Iwan Baan © 2009

verbinden. Für die meisten Amerikaner ist das ein ziemlich neuer Ansatz und
alles andere als politically correct, denn auch in den USA bevorzugt man
nach wie vor die »sauberen« Lösungen und die Beseitigung solcher Ruinen
aus industrieller Zeit.

Wie sagte Lucius Burckhardt so treffend: Die sauberen Lösungen, stets
rechthabend und stets zur Katastrophe führend, zerstören unsere Welt. Solchen sauberen Bildern, die oft allzu geschwätzig den öffentlichen Raum füllen,
anstatt ihn stabilisierend zu rahmen, setzen Landschaftsarchitektinnen und
Landschaftsarchitekten heute neue Gestaltungskonzepte entgegen, die – wie
es Dieter Kienast ausdrückte – die Brüche kultivieren und die Diskontinuität
der Welt bejahen.

Grau gegen Grün.
Vom Konflikt zwischen politischer und natürlicher Ordnung

Silke Koneffke

Der Natur zu begegnen wird immer schwieriger. Menschengeprägtes ist nahezu omnipräsent. Das Selbstverständnis des Lebens in einer natürlichen Ordnung droht als Erfahrung wie als Begriff in ideologischen Problematisierungen zu zerstäuben. Die politischen Ordnungsmodelle des Daseins verdrängen die natürlichen Zusammenhänge, können sie aber nicht besiegen, weil sie ihnen zugleich innewohnen. Wie ein Theseus, der versuchte, ohne die Anleitung von Ariadnes Faden aus dem Labyrinth herauszufinden, stoßen wir uns orientierungslos und alleingelassen an den unüberschaubaren Strukturen, unfähig den Ausgang zu finden.

Pflanzen für die Bevölkerung
Die Enthüllung natürlicher und politischer Strukturen ist die Aufgabe, der sich seit langem und auf vielfältige Weise der deutsche Künstler Hans Haacke verschrieben hat. Im besten Fall macht Kunst komplexe Zusammenhänge in symbolischer Verdichtung begreifbar, und so offenbart seine Installation »Der Bevölkerung«, die er 1999, eingeladen vom Kunstbeirat des Deutschen Bundestags, für die Gestaltung des nördlichen Lichthofs des Reichstagsgebäudes entwickelte, wie leicht die Arbeit mit Natürlichem zum Politikum werden kann.

Haacke »produziert keine Kunstwerke für den Kunstmarkt. Seine Arbeiten beziehen sich immer auf konkrete Orte, Situationen und Anlässe.«[1] Man könnte sie ohne allzu große Ungenauigkeit als politische Konzeptkunst einordnen, mit dem Ziel, künstlerische Aufklärungsarbeit zu leisten: Haacke bekennt sich zur Tradition der Aufklärung und ihrer politischen Ideale, und so klären seine Arbeiten oft über all jenes auf, was politisch gern verdunkelt und verschleiert wird. Und genau solch ein Werk, das zum Denken, Diskutieren, auch Streiten anregt, hatte an diesem repräsentativsten Ausstellungsort der Republik nach Meinung der meisten Mitglieder des Kunstbeirats gefehlt, nicht zuletzt, weil es das ein-

zige Kunstwerk in den Räumen des Deutschen Bundestags ist, das sich auf diesen spezifischen Ort als Bühne politischer Herrschaft bezieht. Was aber mit
dieser Projekt-Wahl an Vehemenz und Ausdauer der Debatten tatsächlich los-
getreten wurde, muss selbst sie überrascht haben. Denn die Heftigkeit der Reaktionen, die sich auf den politischen Bühnen und in den Medien ein knappes halbes Jahr lang abspielten, konnte nur den Schluss zulassen, dass Hans Haacke
präzise das Schmerzzentrum deutscher Befindlichkeit getroffen hatte.

In der Pressemitteilung des Kunstbeirats über die Auftragserteilung vom
25. Januar 2000 wird das Projekt so vorgestellt: »Der Entwurf des Künstlers besteht aus zwei miteinander verschränkten Vorschlägen. Zum einen sieht sein
Entwurf vor, im nördlichen Lichthof einen Holztrog aufzubauen. Diejenigen
Abgeordneten, die der Einladung des Künstlers, sich an diesem Projekt zu beteiligen, folgen wollen, können Erde aus ihren jeweiligen Wahlkreisen in dem
Holztrog ausstreuen. Der Künstler hat ausdrücklich zugestimmt, dass die Beteiligung von Abgeordneten an der Kunstaktion freiwillig ist und die Quantität der
Teilnahme sein Kunstwerk nicht beeinträchtigt. Ohne gärtnerischen Eingriff
soll sich durch Flugsamen und Samen aus dem Herkunftsort im steinernen Innenhof eine freie Vegetation entfalten. Zum zweiten werden aus der Vegetation
des Holztrogs flach liegende Neonleuchtbuchstaben nach oben herausstrahlen.
Sie sind von den oberen Geschossen aus lesbar und bilden die Worte ›Der Bevölkerung‹. Die Worte ›Der Bevölkerung‹ im Innenhof des Reichstagsgebäudes
stellen keine Distanzierung zu der Giebelinschrift ›Dem deutschen Volke‹ dar.

Hans Haacke:
DER BEVÖLKERUNG,
2000–01
Foto Hans Haacke

Sie sollen vielmehr die zentrale Giebelinschrift ergänzen – als ein zeitgemäßer Denkanstoß und eine Anregung für Diskussionen und Kontroversen über Aufgaben und Ethos von Parlamentariern.«

Um eine »größtmögliche Öffentlichkeit« in die architektonische Exklusivität des Lichthofs zu bringen, wurde eine Kamera installiert, die alle zwei Stunden ein Bild der Installation aufnimmt, so dass »die Veränderungen im Hof gleichsam im Zeitraffer« verfolgt werden können. Das jeweils aktuelle Bild kann im Internet angesehen werden.

Unbedingt zu ergänzen sind einige Präzisierungen des Künstlers aus seinen Konzepterläuterungen, die er dem Kunstbeirat vor dessen Entscheidung eingereicht hatte: Darin erinnert er an den Umstand, dass Kaiser Wilhelm II. zunächst verhinderte, dass die vom Reichstagsarchitekten Paul Wallot geplante Widmung im Giebel angebracht wurde, denn »der Kaiser spürte wohl einen Hauch der Französischen Revolution«. Nach dem schwierigen Beginn des Ersten Weltkriegs bewilligte er allerdings sogar das Einschmelzen zweier Beutekanonen aus den Napoleonischen Kriegen als Bronzematerial für die Buchstaben, worauf ein Streit über die Wahl der angemessenen Schrifttype losbrach. Er wurde dadurch beigelegt, dass Peter Behrens, einer der ersten deutschen Gestaltungskünstler, eine Kompromiss-Type aus Fraktur und Antiqua kreierte. Diese Schrift zitiert Haacke in seinem leuchtenden Neon-Schriftzug.

Er erinnert des weiteren ausführlich daran, dass der Begriff des Deutschen Volkes in der weiteren Geschichte des 20. Jahrhunderts durch seine Instrumentalisierung seitens nationalistischer Tendenzen, der Nationalsozialisten und des DDR-Regimes nicht zur republikanischen Identitätsstiftung beitrug, wie vom Kaiser gefürchtet, sondern prekär wurde. Dabei zitiert er eine Äußerung Bertolt Brechts im Exil 1935: »Wer in unserer Zeit statt Volk Bevölkerung sagt ... unterstützt schon viele Lügen nicht.«

Hans Haacke erläutert in den Ergänzungen besonders den gärtnerischen Teil des Projektes: »Für ihre Entscheidungen sind die Bundestagsabgeordneten nicht einem mythischen Volke, sondern gegenüber DER BEVÖLKERUNG verantwortlich. Im Gegensatz zur Fiktion einer deutschen Stammeseinheit ist das Territorium ... der Bundesrepublik eine völkerrechtlich definierte und anerkannte Realität, deren materielle Existenz in die Erde eingelassene Grenzsteine markieren ... Der Boden der Bundesrepublik ist unterschiedslos allen, die innerhalb ihrer Grenzen leben, gemeinsam ... Das Zusammentragen von Erde aus allen Regionen der Bundesrepublik und ihre unwiderrufbare Vermischung im Hof des Reichstagsgebäudes ist eine antipartikularistische Gemeinsamkeit und Gleichheit bekräftigende symbolische Handlung ... Dieses auf Partizipation setzende Projekt ist ... – wie eine lebendige Demokratie – ein

DEM DEUTSCHEN VOLKE – Reichstag, Berlin
Foto Eva-Maria Schön 2009

dynamisches Werk der Zusammenarbeit, ein unaufhörlicher Prozess. In dem aufs Äußerste kontrollierten Parlamentsgebäude ist das aus eingeschleppten Samen im Lichthof sich unvoraussagbar entwickelnde Biotop eine Enklave freier Entfaltung. Es ist ein Flecken, der keiner Regulierung unterworfen ist, der nicht dem Diktat unterliegt, alles und jedes zu planen. Er ist DER BEVÖLKERUNG gewidmet.«[2]

Haacke bezieht sich auch auf die mythische Dimension der Erde: »In vielen Schöpfungsmythen spielt die Erde eine besondere Rolle. Das Alte Testament beginnt mit dem Satz: ›Am Anfang schuf Gott Himmel und Erde.‹ … Am sechsten Tag schuf er aus einem ›Erdenkloß‹ den Menschen … Zugleich gilt die Erde in vielen Kulturen als Leben spendende ›Mutter Erde‹ und Quelle periodischer Erneuerung. Aber sie öffnet sich auch als das Grab, das den Menschen aufnimmt und in dem er mit ihr eins wird. Macht und Besitz sind ihr unbekannt. Die Erde ist klassenlos.«[3]

Franziska Eichstädt-Bohlig (Bündnis 90/Die Grünen), Mitglied des Kunstbeirats des Deutschen Bundestags, brachte auf den Punkt, worin Auftrag und Zumutung des Werks an die Parlamentarier besteht, indem sie betonte, »dass es ein Denkwerk und nicht nur ein Kunstwerk ist.« Haacke zwinge zur »Selbstreflexion unseres Handelns«. Er stelle an die Abgeordneten zwei Fragen: Die

Frage nach einem natürlichen unverkrampften oder historisch kontaminierten Verhältnis zum »Boden, der uns alle trägt und nährt und die andere Frage: Für wen macht ihr Politik?«[4]

Der Kunstbeirat nahm den Entwurf mit neun Ja-Stimmen gegen eine Nein-Stimme an, und es war kein Geheimnis, dass das Nein von Volker Kauder (CDU) stammte, zumal er im Anschluss alles ihm Mögliche unternahm, um die Realisierung des Projekts zu verhindern. Dank der Presse und der Bundestagsabgeordneten wurde der Eindruck erweckt, es habe zu jener Zeit kein politisch wichtigeres Thema gegeben. Gleichermaßen irritierend wie erfreulich kann man es finden, dass der Deutsche Bundestag die Frage des Erwerbs eines Kunstwerks für politisch so bedeutsam erachtete, dass eine namentliche Abstimmung – über die Entscheidung des Kunstbeirats hinweg – für nötig gehalten wurde. Am 5. April 2000 stimmte das Parlament nach ungewöhnlich gut besuchter und leidenschaftlich geführter Debatte über das Schicksal des Projekts ab: Mit nur 260 gegen 258 Stimmen wurde die Entscheidung des Kunstbeirats bestätigt.

Zunächst richtete sich die Kritik hauptsächlich gegen den Denkanstoß, also gegen die Absicht, die Giebelinschrift »Dem deutschen Volke« durch »Der Bevölkerung« zu ergänzen – nicht zu ersetzen. Verständlicherweise fühlten sich einige Parlamentarier vom Künstler belehrt. Dieser Punkt war offenbar auch der Motor, der Volker Kauder zu seiner Protesthaltung antrieb. In einem Interview, das er dem Bayernkurier gab, argumentierte er gegen eine vermeintliche »Abschaffung des deutschen Volkes, denn das sei wesentlich älter und keine Erfindung der Nazis«, was der Künstler auch nie behauptet hatte. Andererseits: »Würde man das deutsche Volk als Idee abschaffen, wenn es also keine gemeinsame deutsche Identität gäbe, müsste man sich fragen, wer dann noch für den Holocaust zuständig sein sollte. Denn die Bevölkerung Deutschlands ist zu drei Vierteln entweder nach 1945 geboren oder zugewandert.«[5] Abgesehen von der unklaren Argumentationslinie scheint die absurde Idee, dass die Installation das deutsche Volk abschaffen könnte oder auch nur wollte, die politische Wirksamkeit zeitgenössischer Kunst erheblich zu überschätzen. Seine Gegenargumente kulminierten schließlich in der Behauptung, das Konzept sei verfassungswidrig, die Auftragserteilung ein Verstoß gegen das Grundgesetz – ausgerechnet ein Grundgesetz, das die Freiheit der Kunst garantiert.

Die Journalistin Martina Meister zog aus ihrer Presseschau des Vorfalls den bedenkenswerten Schluss: »Haackes Holztrog wird zum Symbol im eigentlichen Sinn: Es repräsentiert indes nicht das Parlament, sondern avanciert gegen den Willen der Gegner zum Symbol ihres Widerstands gegen eine Gesellschaft, deren Bürger man qua Geburt auf einem Boden wird – und nicht mehr allein durch das ›richtige‹ Blut … Das Sträuben gegen die vermeintlich politisch-korrekte Lektion bringt Angst zum Vorschein. Angst vor einer gesellschaftlichen Entwicklung, die längst im Gange ist. Wie ein letztes Aufbegehren gegen diesen ›Paradigmenwechsel‹ … werden Ursache und Folgen dieses Prozesses auf das Werk selbst projiziert.«[6]

Eine andere Phalanx der Ablehnung bezog sich auf die Vereinigung von Erde aus den deutschen Wahlkreisen als Grundlage des Biotops um den leuchtenden Schriftzug herum. Diesen Flecken, »der nicht dem Diktat unterliegt, alles und jedes zu planen«[7], für den Bundestagsvizepräsidentin Antje Vollmer (Bündnis 90/die Grünen) das (Tot)Schlagwort »Biokitsch« in Umlauf brachte, will Hans Haacke explizit »der Bevölkerung« gewidmet wissen. Für seine Entstehung setzt er auf die aktive Teilnahme der Abgeordneten, die dabei durchaus »Spaß« empfinden sollen. Als Strafarbeit ist die Teilnahme keineswegs gemeint, aber durchaus als aktives Bekenntnis, sich der Bevölkerung der Wahlkreise verpflichtet zu fühlen – eine Aufforderung, gerade als Politiker nicht die Bodenhaftung zu verlieren. Die Empfindlichkeit Befehlen gegenüber erstaunt in Deutschland vielleicht nicht so sehr und auch nicht, dass einige Abgeordnete es trotz prinzipieller Zustimmung unter ihrer Würde fanden, sich von einem Künstler beauftragen zu lassen. Es »Nötigung im Namen der Freiheit der Kunst«[8] zu nennen, wie Eduard Beaucamp von der FAZ, zeigt aber anschaulich, mit welcher Verbissenheit diskutiert wurde. Peter Ramsauer (CSU) bekundete beispielsweise, »lieber einen Zentner Erde auf den Watzmann« schleppen zu wollen »als auf diesen Dreckhaufen nach Berlin«[9]. Andere Abgeordnete bevorzugten es hingegen, sich kreative Gedanken darüber zu machen, wie sie ihren Wahlkreis auf typische Weise repräsentieren könnten. »Als Erdarbeiter werden sie nun Kunstgehilfen«, entwertete der FAZ-Journalist Eckhard Fuhr ihre Bemühungen und fragte weiter: »Wussten die Anhänger der Haacke'schen Idee, dass sie das Monument eines kruden, darwinistisch angehauchten Naturmythos in die Welt setzen?« Denn: »Wer im Reichstag … bald tausend Blumen blühen sieht … könnte sich täuschen. Er versteht nichts von Pflanzenökologie. Es werden nur die robustesten Kräuter wuchern, sich rücksichtslos Licht und Nährstoffe sichern. Die besten Chancen haben jene, die schon da sind als Samen oder Wurzelstock im heimatlichen Erdreich … Die Natur lässt sich multikulturelle Symbolik nicht aufzwingen.«

Fuhr unterstellt weiter, dass Haackes künstlerische Sprache von dort komme, wo »von Gesellschaft, Diskurs und Vernunft nie die Rede war, dafür viel von einer organischen Ordnung der Dinge und ewigen Kreisläufen, von dort also, wo ein tief sitzendes Ressentiment gegen die gesellschaftliche Moderne, gegen demokratische Institutionen und Verfahren zu Hause ist. Wertkonservative Grüne und grünliche Wertkonservative wissen, wo das ist.«[10] Offenbar verwechselt er die Missdeutungen anderer mit dem Konzept des Künstlers selbst.

Eine weitere Gruppe von Gegnern problematisierte die Nähe zu Blut-und-Boden-Ideen und Erdritualen der Nationalsozialisten. Hier gipfelte die Argumentation in dem Vorschlag des Hamburger Kunsthistorikers Martin Warnke in der Süddeutschen Zeitung: »Der Bundestagspräsident könnte ein Gartenamt beauftragen, einige Fuhren beliebiger bundesdeutscher Erde aufzufahren, anstatt Abgeordnete zu verleiten, Erdschollen beizukarren, denen unweigerlich ein nazistischer Geruch beigemistet sein würde.«[11] Man kann mit der Journalistin Martina Meister wohl zurecht von einer »phantastischen Umkehrung des von Haacke Gewollten«[12] sprechen.

Fast parallel und im Gegensatz dazu erschien ein Artikel von Warnkes Kollegin Monika Wagner in der Berliner Zeitung, die angesichts all dieser Blüten, die die Debatte trieb, die künstlerischen Bedeutungtraditionen und die ästhetischen Wurzeln, denen Hans Haackes Kunst zugehört, ins Bewusstsein hob. All diejenigen, die ihn des Kitsches, des Volkshasses, der Nähe zu Blut-und-Boden-Ideologien ziehen, hatten vergessen, sich darum zu kümmern. Sie betont: »Zwar ist Haacke als der unbequeme und politisch alerte Künstler schlechthin über jeden Zweifel an seiner politischen Absicht erhaben, doch könnten sich, so lässt sich einwenden, hinter dem Rücken des Künstlers in der Erdschüttung Bedeutungen aus dem kollektiven Gedächtnis aktivieren ... Da Erde als Stoff verschiedenen Nutzungen und Symbolisierungen offen steht – sie kann heilig oder dreckig sein –, ist der jeweilige Kontext ausschlaggebend.« Sie kommt für dieses Projekt zu dem Schluss: »In diesen Aktionen der Politisierung der Erde ist weder das Zusammenschweißen der Überlebenden im Namen toter Helden und künftiger Rache, noch die Mahnung an Opfer der Bezugspunkt. Vielmehr repräsentiert Erde, der als niedrig eingestufte Primärstoff der Natur, aus dem in vielen Schöpfungsmythen der Urmensch geformt wird, diejenigen, die Haacke als ›Bevölkerung‹ bezeichnet. Sie werden am Ort ihrer höchsten politischen Repräsentanz vergegenwärtigt.«[13]

»Der Bevölkerung« wurde hingegen durch den aufgebauschten Medienrummel suggeriert, sie sei verunglimpft, statt in Erinnerung gerufen; zumal das Konzept nur interpretiert, bewertet, gekürzt und befrachtet der Öffentlichkeit vorgestellt worden war. Dies ist übrigens kein einmaliger Vorgang angesichts unbequemer, kritischer künstlerischer Stellungnahmen zum Zustand der deutschen Gesellschaft und erinnert mich an das ernüchternde Resümee, das der französische Anthropologe André Leroi-Gourhan bereits in den 60er Jahren zog: »Heute realisiert sich die auf kollektiver Ebene höchst profitable Arbeits-

Silke Koneffke

weise zwischen einer schmalen Elite, als dem Organ intellektueller Verarbeitung, und den Massen, die zu bloßen Aufnahmeorganen geworden sind ... Die Verarmung liegt nicht in den Themen, sie beruht vielmehr auf dem Verschwinden der persönlichen Vorstellungsvariante.« Und er warnte: »... die Imagination ist eine fundamentale Fähigkeit der Intelligenz, und eine Gesellschaft, in der die Fähigkeit zur Schaffung von Symbolen nachließe, verlöre zugleich ihre Handlungsfähigkeit.«[14]

A propos Frankreich: Bereits 1989 schlug Haacke eine geistesverwandte Umgestaltung für den Cour d'Honneur des Palais Bourbon in Paris vor. Zum Wettbewerb wurden anlässlich der 200-Jahrfeier der Gründung des französischen Parlaments mehrere Künstler eingeladen. Hans Haackes Vorschlag sah einen 4,30 Meter hohen Kegel vor, gebildet aus Steinen der Wahlkreise, aus denen die Abgeordneten stammen. Die Gestalt erinnert an die stereometrischen Formen, die der Revolutionsarchitekt Etienne-Louis Boullée bevorzugte. Der Schriftzug »liberté, égalité, fraternité« ist auf Arabisch geschrieben. Der Spitze entspringt das »Wasser der Gesetzgebung«, eine Wasserfontäne, die eine Art Beet oder einen Acker in Gestalt Frankreichs bewässert, der im Vierjahreszyklus mit für die französische Landwirtschaft typischen Ernten bestellt und auf keinen Fall wie ein Garten behandelt werden soll. Dies wird als Abgrenzung zu den zentralistisch inszenierten Gärten von Versailles und als Hinweis auf die landwirtschaftliche Basis Frankreichs verstanden.

Auch hier erinnerte Haacke an die uneingelösten Forderungen der Republik, wenn auch aus einer anderen Tradition heraus, und forderte bei den gesetzgebenden Politikern Bodenhaftung und Volksnähe aus republikanischem Geist ein. In Frankreich fand allerdings keine öffentliche Debatte statt. Der Entwurf wurde ganz einfach nicht gewählt.

Auffällig ist, dass das Bedeutungspotenzial, das in dem wildwüchsigen Biotop steckt, in der Debatte wenig thematisiert wurde. Das nicht nur ästhetische Todesurteil »Biokitsch« von Antje Vollmer ist ein typisches Beispiel für den oberflächlichen, schlagwortartigen Umgang mit den Grenzen, die die Natur unseren menschengemachten Ordnungen setzt. Das ernsthafte Nachdenken über Natürliches scheint immer noch keine Disziplin zu sein, mit der erfolgreiche Politiker oder Journalisten reüssieren könnten. Und wer will schon als »grünlicher Wertkonservativer« gelten.

Hans Haackes Werk beschäftigt sich seit langem mit Natürlichem. Bereits 1965 formulierte er für eine Ausstellung in Düsseldorf seinen selbst erteilten Arbeitsauftrag: »... etwas machen, das Erfahrungen und Erlebnisse hat, das auf seine Umwelt reagiert, sich verändert, unsolide ist ... etwas Undeterminiertes machen, das immer anders aussieht, dessen Gestalt nicht präzise voraussagbar ist ...« und ließ ihn gipfeln in: »... NATÜRLICHES artikulieren ...«[15] Daneben ist eine eher wissenschaftliche, weniger symbolisch-künstlerische Beschäftigung mit Systemen ein durchgehender Faden seines Werks. 1969 formulierte er: »Arbeitsbasis ist, in Systembegriffen zu denken; in Begriffen der Herstellung von Systemen, des Eingreifens in bestehende Systeme und deren Enthüllung.«[16] Und er ergänzte in einem Interview 1971: »Der Unterschied zwischen ›Natur‹ und ›Technologie‹ besteht einzig darin, daß die letztere eine Schöpfung des Menschen ist. Die Wirkungsweise beider lässt sich mit Hilfe derselben Begriffs-modelle beschreiben ... Es sieht auch so aus, als sei die Art und Weise, wie sich gesellschaftliche Organisationen verhalten, nicht viel anders ... In einer groß-angelegten Übersicht lässt sich die Welt in ... vier Kategorien unterteilen – die physikalische, die biologische, die gesellschaftliche und die des menschlichen Verhaltens –, von denen jede an der einen oder anderen Stelle in Wechselbe-ziehungen zu den übrigen tritt. Eine Hierarchie gibt es nicht.«[17] Indem er sich in seinem künstlerischen Schaffen mit naturwissenschaftlichen Modellen beschäf-tigt, arbeitet er interdisziplinär und bezieht als gegensätzlich Geltendes auf-einander. Es finden sich in seinem Werk Installationen, die sich natürlicher Ma-terialien wie Erde oder der Wirkungen von Luft bedienen, neben Arbeiten, die Politisches analysieren und kritisieren. So ist es viele Jahre und Projekte später immer noch möglich, mit dem Credo von 1965 die Dramaturgie des Reichstags-projektes zu entschlüsseln.

Vor diesem Hintergrund versteht man vielleicht besser, wie Haacke in sei-ner Installation im Reichstag ganz selbstverständlich die Bedeutungsgehalte der natürlichen Ordnung, den Holztrog mit Erde, und die der politischen Ordnung, den Schriftzug, amalgamiert, obwohl uns besonders im Zusammenhang mit den Diskussionen über die Klimaveränderung ständig ein Antagonismus beider Prinzipien suggeriert wird. In der Installation hingegen werden die beiden Zei-chensysteme nur als untrennbare Einheit bedeutungsvoll, die dennoch nicht der Spannung zwischen den Polen Text (= abstrakter Begriff) und Material (= Erde) entbehrt. Aber nur gemeinsam eröffnen sie einen Handlungsspielraum über das Bild hinaus. Haackes hierarchiefreier Zugang zu den Strukturen scheinbar dis-parater Systeme ermöglicht sogar noch mehr: Er veranschaulicht, dass Geisti-ges, dass Wörter, Abstraktionen, Begriffe aus Natürlichem erwachsen.

Die Rezeption dieser Arbeit enthüllte hingegen den Hang des politischen Systems zum Antagonismus. Das begann bereits mit der Behauptung des Kunst-beirats in seiner Pressemitteilung, der Entwurf bestehe aus zwei miteinan-der verschränkten Vorschlägen, obwohl der Künstler selbst von »dem Projekt« sprach und nirgendwo von zwei Teilen oder Vorschlägen. Sofort wird ein Riss sichtbar. Was aus künstlerischer Perspektive ganz natürlich bei der Sinngebung

Hans Haacke: DER BEVÖLKERUNG, 2000–06
Foto Hans Haacke

zusammenwirkt, zerfällt der Weltanschauung unter dem Primat des Politischen in zwei widerstrebende Teile: das Vertraute und das Unvertraute, das Beherrschbare und das Unbeherrschbare, das Besiegbare und das Unbesiegbare.

Die Verschmelzung des aus dieser Perspektive Gegensätzlichen im Kunstwerk verstört umso mehr, als die Abgeordneten aufgefordert sind, sich aktiv und öffentlich zu einem als niedrig eingestuften Material wie Erde zu verhalten. Also zog man es vor, diesen Teil des Projekts als »Biokitsch« zu verharmlosen oder in der Verbindung mit dem heroischen und unheimlichen Material Blut, für das es ja bereits eine Tradition und damit klare Verhaltensmuster gibt, zu dämonisieren. Dem Künstler wurde somit die eigene Diskursebene unterstellt, ein Trugschluss, den er durch sein schriftliches Konzept – das »ausdrücklich« nicht Teil des Kunstwerkes ist, wie der Kunstbeirat betonte – womöglich selbst provozierte. Das Material aber spricht eine andere Sprache: Erde und Pflanzen weisen über das Politische hinaus und sind eine Einladung, aus einer übergeordneten kreatürlichen Perspektive Land und Menschen zu betrachten.

Der Künstler »verleitet« die Parlamentarier tatsächlich dazu, sich auf unbekanntes Terrain zu begeben. Aber er verleitet sie weder zu einem kitschigen oder naiven Verhältnis zur Natur noch zur Mittäterschaft in einem ideologischen Ritual, sondern inszeniert mit ihrer Hilfe sachliche, (natur)wissenschaftliche Einblicke in das Funktionieren von Systemen. Dabei werden das Regierungsgeschäft und der öffentliche Diskurs ebenfalls als Systeme vorgeführt. Sein Zugriff ist dabei nicht ideologisch oder orthodox, sondern eher orthopraktisch. Die langsam wachsenden Ergebnisse im »deutschen Beet« bilden dabei den

Kontrapunkt zu den überhitzten Reaktionen in Parlament und Medien. Beide verkörpern exemplarische Verdichtungen, Metaphern für die Menschen, die bei aller Verschiedenheit gemeinsam auf deutschem Boden leben. Der Charakter der Debatten, die in den Medien und im Bundestag geführt wurden, bestätigte die Unterstellung des Künstlers.

Indem selbst der Kunstbeirat es in der Initialveröffentlichung seiner Auftragserteilung für nötig befand, die Einheit zugunsten eines Nebeneinanders zu zerreißen, verweigerte auch er sich der natürlichen Prämisse des Kunstwerks, der Einheit von Menschen und Land, in dem sie leben, auf dem sie leben, das sie prägt. Dies wurde deutlich, als sich Rita Süssmuth, Mitglied des Kunstbeirats und neben Renate Blank die einzige Befürworterin in den Reihen der CDU, weniger von der künstlerischen Konzeption beeindruckt zeigte, als von den zahlreichen nationalistischen und fremdenfeindlichen Zuschriften, die sie als Reaktionen auf die Diskussion in den Medien erhielt. Die unteilbare Einheit wurde ganz schnell zum Gegeneinander uminterpretiert und leistete damit der Abgrenzung der Volksvertreter von Volk wie Bevölkerung Vorschub.

Paradiese

Es ist mir aus einem weiteren Grund wichtig, die Untrennbarkeit der Worte »Der Bevölkerung« vom Beet, in dessen Kontext sie stehen, zu betonen. Denn Mensch und Garten sind nicht zu trennen, Gärten sind immer Schöpfungen des Menschen. Insofern ist Haacke eine Metapher der Uridee des Gartens gelungen. In seinen Erläuterungen beruft er sich ganz direkt auf die Schöpfungsmythen vieler Kulturen, nach denen der Mensch aus denselben (chemischen) Elementen gemacht ist und von derselben Materie lebt wie alles Belebte und Unbelebte. Seine Erinnerung an das Bodenrecht geht damit über juristische und politische Kategorien hinaus. Sie verweist auf die kreatürliche Dimension, zielt auf die Menschenrechte und erinnert die Parlamentarier an die mit ihrer Herrschaft verbundene Verantwortung für Menschen und Umwelt.

Schutzräume der Menschen waren Gärten von Anbeginn an. Die von Schutzmauern umfriedeten Paradiese der Perser und des Alten Testaments waren Oasen inmitten von Wüstenlandschaften. Sie spendeten Wasser und Schatten und waren den der Wüste Preisgegebenen eine Stätte der Labung und Erholung. Der Athener Schriftsteller Xenophon schrieb um 399 v. Chr.: »Der große König [Artaxerxes] sorgt ... in allen Teilen des Landes, die er bewohnt und besucht, dass es dort so genannte ›Paradiese‹ gibt, die mit allen guten und schönen Dingen angefüllt sind, die der Boden hervorbringt.«

Vom alten China ist überliefert, dass die Gärten nach den Prinzipien der Kosmogonie angelegt waren, um schädliche Einflüsse vom Menschen und seinem Wohnhaus fernzuhalten. Deshalb ließ der Kaiser auf Reisen sogar provisorische Gärten um sein Zelt errichten.

Auch an die traditionelle Aufgabe des Gartens, einen Raum für Verinnerlichung, Kontemplation, Meditation oder Erkenntnis, eben den besagten Denkraum im weitesten Sinne zu öffnen, erinnert die Arbeit Haackes. Dieses entspricht den Ursprüngen der Klöster als Eremitagen in der Wildnis, der nördlichen Version der Wüste. Die Ein-heit des Menschen mit Gott, gespiegelt im Einklang des Lebens mit der Natur des Paradieses, wurde durch die Erbsünde, die im Zwei-fel wurzelte, zerstört und war damit die Geburtsstunde der Dualitäten Gott – Teufel, gut – böse, Körper – Seele, himmlische – irdische Welt, Hölle – Paradies. Kontemplation bedeutete das Arbeiten an der verlorenen Einheit mit dem Göttlichen, was nur in der Leere, der Abgeschiedenheit gelingen kann – so das christliche Konzept, aus dem heraus später die Klöster und Klostergärten entstanden.

Der New Yorker Arbeits- und Stadtsoziologe Richard Sennett beschreibt am Beispiel von Paris im 13. Jahrhundert wie eine Kultur des Glaubens und Mitgefühls ihren Ort im Klostergarten fand, der sich »mit ausgesetzten Kindern, Obdachlosen, Leprakranken und Sterbenden füllte.«[18] Er hebt hervor, dass dieses Gartenkonzept, im Gegensatz zu den islamischen Paradiesen, »die Erholung von der Arbeit zu bieten«[19] suchten, auf die Wiedererlangung des Paradieses durch die Arbeit der Mönche im Garten zielte. »Die christlichen Reformer, die die Klöster schufen, glaubten, die Arbeit im Garten versetze nicht nur den Arbeitenden in den ursprünglichen Garten zurück, sondern schaffe auch spirituelle Disziplin; je härter die Arbeit, desto höher ihr moralischer Wert.«[20] Das Ziel dieser Arbeit unterschied sich deutlich von den profanen Ambitionen, die die Parallelwelt des Ökonomischen in Gang hielten. »Während die christliche Zeit und der christliche Ort aus der Kraft des Körpers zum Mitleiden schöpfte, beruhten ökonomische Zeit und ökonomischer Raum auf seiner Fähigkeit zur Aggression.«[21] So war die Arbeit im Garten Arbeit für den Geist und für die Gemeinschaft, und nur deshalb konnte sie den Schutzbedürftigen ein Refugium bieten.

Dominierend, wenn auch auf andere Weise, ist dieser Aspekt der tätigen Kontemplation auch in der japanischen Gartenkunst, sowohl aus dem Geiste des Shintoismus heraus, der ursprünglichen Naturreligion der Japaner, als auch des Zen-Buddhismus sowie der Moderne, die in der Praxis noch immer aufeinander bezogen werden. Der französische Künstler und Zen-Gartenschöpfer Erik Borja betont, dass der Garten in Japan »dem Menschen vor allem einen Raum bieten soll, in dem er in Einklang mit der Natur durch Übung und Meditation zur Erleuchtung gelangt«. Er betont vor allem die Übung, »d. h. den physischen Vorgang, der die Gestaltung und Pflege eines Gartens beinhaltet ... Er lehrt uns

*Der Japanische Garten
im Botanischen Garten
Hamburg-Klein-Flottbek*
Foto Katja Musenberg
2009

Geduld und Demut, auch Durchhaltevermögen, vor allem aber zwingt er uns dazu, mit der Natur eins zu werden, um sie besser zu begreifen und im Einklang mit ihr deren Wesen zutage zu fördern.«[22]

Die japanische Töpferin und Gartenkünstlerin Setsuko Nagasawa beschreibt die Gärten als Teil ihrer Erziehung: »Die Gärten gehören zum täglichen Leben: Man ergeht sich darin, um die Herbstfarben zu bewundern, man steht sehr früh auf, um den ersten Schnee zu betrachten ... Ich erhielt da also eine Ausbildung der Sinne, die übrigens eng verknüpft war mit der Religion, einer Religion, die nicht von der theoretischen Unterweisung herrührt, sondern von der direkten, unmittelbaren physischen Erfahrung ... Die gesamte japanische Bildung, welche nicht über das Wort vermittelt wird, beruht darauf.«[23] Dass dies eine exzellente Bildung ist, bestätigen neuere empirische Forschungsergebnisse der Erziehungswissenschaften, die belegen, dass Naturerfahrung Kinder befähigt, Stress zu kompensieren, während das urbane Lebensumfeld Mangelerscheinungen und Überforderung gleichzeitig hervorruft. Sie hilft gegen geistige Müdigkeit, da sie anregt und Aufmerksamkeit einfordert, ohne anzustrengen. D. h. sie nimmt nichts, was sie nicht gleichzeitig ersetzt. Sie erschöpft also nicht, und das unterscheidet sie grundlegend von den menschengeschaffenen Systemen der Moderne.

Silke Koneffke

Macht braucht Stein

Gärten sind nicht nur Schutzräume für den Körper und die Seele des Menschen angesichts einer ungezähmten, abweisenden, schwer zugänglichen natürlichen Landschaft wie der Wüste ebenso wie angesichts gebauter Unwirtlichkeit, sie sind auch Freiräume, die sich dem herrscherlichen Zugriff des Menschen auf den Menschen entgegenstellen. Daher sind sie entweder der Luxus der Herrschenden oder Kristallisationspunkte von Mitmenschlichkeit und Spiritualität. Insofern spricht der Mangel an öffentlichen Gärten in der aktuellen Stadtplanung, der Mangel an tatsächlichem Grün in Grünanlagen, der inflationäre Gebrauch von grauem, hartem, kaltem, glatten Material auch in der Landschaftsarchitektur eine beredte Sprache. Richard Sennett filtert aus seiner Analyse Roms zur Zeit Kaiser Hadrians, einer Epoche des Übergangs, die formelhaft kurze Essenz »Macht brauchte Stein.« Vor knapp 20 Jahren schrieb der Journalist Ulrich Greiner einen denkwürdigen Essay, in dem er aus kultureller Perspektive die natürlichen Probleme beim Planen angesichts lebendiger, unberechenbarer Prozesse und beschleunigter Gesellschaften untersucht. Seine Leitgedanken lauten: »Unter allen Künsten ist die Architektur an die Logik der Ordnung am meisten gebunden ... Ein Architekt, der nicht plant, ist keiner. Und Planung führt zur Ordnung ... Insofern hat Architektur mehr mit Politik gemein als mit Kunst ... Architektur ist immer auch der herrscherhafte Zugriff auf den Raum. Und wer den Raum beherrscht, der beherrscht den Menschen.«[24] Diese Feststellungen legen den Schluss nahe, dass es nicht im Sinne politischer Systeme sein kann, Ungeordnetes, Unkontrollierbares und damit Unbeherrschbares zu tolerieren. Sie begründen auch die Skepsis gegenüber der Unplanbarkeit des Holztrogs im Reichstag. Die Regierenden sind beauftragt, das gesellschaftliche Zusammenleben zu regeln, zu verwalten und zu organisieren. Unvorhersagbares, entfesselt Prozessuales entspricht aus dieser Perspektive einem Störfall, wenngleich es sich um den Normalfall handeln dürfte. So wird vielleicht verständlich, warum die natürlichen Wandlungsprozesse geradezu als Feind der Herrschenden und ihrer politischen Ordnung empfunden und angesehen werden und warum Hans Haackes Installation zur Zumutung werden kann. Wenn Architektur vor allem auch ein Herrschaftsinstrument ist, wäre das Ausweichen in die mehr oder weniger gezähmte Natur oder in Gärten immer auch ein Entweichen aus dem System politischer Verplanung und Ordnung in Räume, die an die verdrängte Existenz einer natürlichen Ordnung erinnern und Kreativität aus dieser natürlichen Ordnung heraus inspirieren. Sie ermöglichen überhaupt erst die Wahrnehmung dieser anderen Ordnung, die wir ja selbst verkörpern, der wir neben der menschlichen Gesellschaft mit ihren dominanten ökonomischen Ansprüchen ebenfalls zugehören.

Unser deutsches Wort Wirtschaft für den versorgenden Teil unserer Kultur ist übrigens verräterisch. Darin »steckt der Wirt, womit man vor ungefähr tausend Jahren nicht nur den Besitzer eines Gasthauses, sondern ganz allgemein einen Gastfreund oder Hausherren bezeichnete. Früher hatte sich der Hausherr um das Wohlergehen seines Hausstands und aller, die dazugehörten, zu kümmern.«[25] Wirtschaft wäre demnach Herrschaft. Aber wir scheinen etwas sehr Wesentliches vergessen zu haben: Der Mensch ist auf Erden nicht der Wirt. Wir sind die Gäste.

Die letzten Schutzräume der Freiheit
Inzwischen hat sich die Situation umgekehrt: Gärten bieten nicht mehr Schutz vor der Wildnis, sie sind Schutz für die Wildnis bzw. das, was von ihr übrig blieb und wofür sie steht.

In der chinesischen Tang-Dynastie (618–907) z. B. wandten sich Dichter und Philosophen um der religiösen und künstlerischen Inspiration willen immer mehr der wilden, ungestalteten Natur zu. Selbst die Gärten als menschliche Schöpfungen sollten diesem freien Geist Ausdruck verleihen.[26] Von dieser Freiheit, dieser Konfrontation und Begegnung mit ungebändigter Natur, die sich der Indienstnahme durch den Menschen widersetzt und ihn seiner Verletzbarkeit gewahr werden lässt, als Weg zu (Selbst-)Erkenntnis schreibt auch Otl Aicher in seinem Buch »gehen in der wüste«. Aicher, einer der Begründer der Visuellen Kommunikation, war in den 70er Jahren mehrmals zu Fuß, allein oder zu zweit, in der Sahara unterwegs. Diesen Wanderungen verdanken wir nicht nur ein faszinierendes Buch über das Leben in der Wüste, sondern auch ein sehr kluges über die Verwüstungen der Zivilisation. Er resümiert: »wer alles zurücklässt und nur mitnimmt, was er am leib hat, kommt als er selber zurück.«[27] Damit ist man aber nicht mehr beherrschbar, kontrollierbar, benutzbar. Man fällt aus der herrschenden Ordnung: »freiheit hat man nicht, man kann sie nicht besitzen wie ein haus, ein auto oder ein konto. sie existiert nur im vorgang, wenn man freiheit verwirklicht. ... wir haben sicher in unserem staatswesen die freiheitlichste verfassung in unserer geschichte. das ändert nichts an dem sachverhalt, dass wir in zunehmendem maße unsere freiheit verspielen, weil wir freiheit als besitz verstehen und nicht als prozess. ... die anpassung in der folge einer arbeitsteiligen wirtschaft, der verzicht auf identität im beruf, der kotau vor dem gehalt und der karriere sind ein selbstverzicht ... es ist kein widerspruch, dass menschen in einem freien staat ihre freiheit einbüßen können. sie büßen sie ein, wenn sie unabhängigkeit und selbstbestimmung nicht ständig realisieren.«[28] Aicher beschreibt anhand der Nomaden der Wüste, wie die herrschende politische Ordnung abweichende Lebenskulturen nicht mehr zulässt:

Die libysche Wüste im alten Land von Ägypten unweit der
pharaonischen Orakelstätte Aghurmi beim heutigen Siwa
Foto Annegret Nippa 1989

»offenbar macht es schwierigkeiten, die nomaden zu ölarbeitern zu machen, sie ziehen nicht immer nur zu neuen weiden, sie fliehen vor dem zugriff der industriegesellschaft«[29], der sie am Ende nicht entrinnen konnten. Ihr Verschwinden und der technische Zugriff auf die Landschaft wirkt sich unmittelbar auf das Funktionieren ihres Systems aus: »die sahara war einmal fast bewohnt. sie wird menschenleer. die folge ist, dass die brunnen nicht mehr freigehalten werden. der sand deckt sie zu. industrie braucht wasser. … keine frage, dass sich der grundwasserspiegel gesenkt haben muss. [die letzten nomaden] werden ebenfalls aufgeben müssen, weil ihre kamele kein futter mehr finden. eine jahrtausendealte kultur des lebens in der wüste, eine kultur des überlebens mit intelligenz, eine kultur, … die das prinzip der optimierung durch minimierung aufs genaueste verfeinerte, wird zu ende sein. weichen muß sie der zivilisation der verschwendung.«[30] Verloren ist damit auch das Wissen um das Leben und Überleben in Harmonie mit den natürlichen Regeln und Rhythmen, mit extremen Lebensbedingungen.

Damit ist ein entscheidendes Stichwort gefallen: Kultur. Wir pflegen ständig von Naturschutz und von Klimaschutz zu sprechen, als bräuchte die Natur ausgerechnet Schutz von menschlicher Seite. Die Natur kann nicht einfach verschwinden, das Klima wird nicht aufhören. Es mag sich alles schneller verwandeln als wir kontrollieren können, dennoch werden sich neue Gleichgewichtszustände austarieren. Vielleicht dehnt sich die Wüste aus, vielleicht vergrößern sich die Wasserwüsten, Verwüstung könnte unseren Lebenstil bedrohen. Was aber tatsächlich gefährdet ist, ist unsere Kultur, sind unsere Möglichkeiten, unter den Bedingungen der neuen Homöostasen unsere Lebensqualität zu erhalten. Dass die Wüste traditionell als großer Lehrmeister des Menschen gilt, kann nur ein schwacher Trost dafür sein, dass wir solche Lektionen nötig zu haben scheinen.

Werfen wir einige Jahre nach all den Aufregungen und Diskussionen einen Blick auf den Trog im Lichthof des Deutschen Bundestages. Die Pflanzen kümmern sich wenig darum, dass sie zu einem Aussageträger im Rahmen eines kulturellen menschlichen Systems geworden sind. Es kümmert sie auch nicht, dass sie aus einer mit Bedeutung gedüngten Erde und Humus sprießen, dem tatsächlich knappsten Rohstoff, den wir zur Zeit kennen. Ganz unschuldig überwuchern sie im Sommer den Schriftzug »Der Bevölkerung«, der aber trotzdem da ist – in seiner Existenz völlig unbedroht. Im Winter verhält es sich umgekehrt. Das Leben schlummert in der Erde, die menschlichen Zeichen treten deutlicher hervor. Die Installation verändert sich im Wechsel der Jahreszeiten. Ohne Unterschied wachsen Kräuter verschiedener Herkunft nebeneinander, Gräser neben Heilpflanzen, ganz im Sinne von Ulrich Greiners Resümee: »Wir sollten die Macht des Ungeplanten kennen und akzeptieren, das ungeordnete Nebeneinander dulden und pflegen, das Abweichende zulassen, mit dem Vorläufigen einverstanden sein.«[31]

Ressource Kritik.
Garten und Landschaft als politische Orte
in den zeitgenössischen Künsten

Dirck Möllmann

Ein Garten ist ein lehrreicher Ort. Wie ein Pharmakon enthält er die Gifte und Lockstoffe der Welt im kleinen Maßstab und lokalisiert sie in sinnvoller Weise. Ihre präzise Verortung stiftet Identität für Gemeinschaften ebenso wie für Individuen und versinnbildlicht Handeln. Ein Garten ist in diesem Sinne ein »spezifischer und anthropologischer Ort«[1] der Praxis. Darin gleicht er der Landschaft, die über die individuelle Gestimmtheit hinaus Zeichen politischer Herrschaft, Formen ästhetischer Anschauung und Ressourcen wirtschaftlicher Bestimmung bildet und abbildet. Lassen sich heute anderweitige Attribute von Garten und Landschaft finden, nachdem die instrumentelle Naturbeherrschung ihre handlungsleitende und sinnstiftende Funktion verloren hat? Anders gefragt: Wenn der Garten seit der Antike ein »Ort der Vortrefflichkeit (aristos) einer politischen Gemeinschaft«[2] ist, wer erhält dann Zutritt? Kann der Garten mehr als ein Ort sein, der sittliche Ideale bloß abbildet, sondern darüber hinaus zu einem Ort politischen Handelns werden? Er ließe sich dann zu einem Ethos verpflichten, das im Streit oder im Dissens mit dem Vortrefflichen eine subversive Haltung im Umgang mit gemeinschaftlicher Ordnung einnimmt – zum Beispiel als Kritik oder als Kunst. Zu welchen Bildern oder Erzählungen führt ein Ethos des Politischen im Umgang mit Garten und Landschaft? Und welche anders gearteten Zugänge zum Politischen eröffnet die Kunst?

Kunst ist ein bewährter Filter, nicht nur Macht, sondern auch Ungleichheit oder Unrecht in spezifischen Formen darzustellen. Carlos Ginzburg nennt beispielsweise zehn Ideen zur ärmlichen Kunst (10 ideas de arte pobre, 1971), die in einer Mappe über ökologische Projekte von seinem Künstlerkollegen Edgardo Antonio Vigo in ihrem Heimatland Argentinien publiziert werden. Es handelt sich zum Teil um bombastische bis gewaltsame Eingriffe in dortige Naturlandschaften, die allesamt nicht verwirklicht wurden, aber wie ein Treppenwitz der Geschichte werden sie heute von der Realität bei weitem übertroffen. Ginzburgs

Ideen unterwandern gezielt die gute Absicht von Ökologie und Naturschutz, um ein Sinnbild für die brutale politische Unterdrückung im eigenen Land zu finden, wenn er vorschlägt, mit Flammenwerfern einen See verdampfen zu lassen und Eisberge zu schmelzen, die Pampas in einem »geopsychoanalytischen«[3] Akt der Penetration bis in 3 Kilometer Tiefe zu durchbohren oder einen 1.000 Kilometer langen Ariadnefaden durch den subtropischen Dschungel zu legen. Man kann diese tatsächlich physisch und nicht bloß ideell gemeinten Konzepte in ihrer Übertreibung als Ausdruck der extremen Polarisierungen in einem zunehmend vom Staatsterrorismus beherrschten Land verstehen. Das Beispiel zeigt darüber hinaus, wie ein anderer Kontext auf vergleichbare künstlerische Haltungen wirkt: Außerhalb des anglo-amerikanischen Sprachraums bietet der Konzeptualismus der 1970er Jahre eine Möglichkeit, politische Repression und Zensur durch poetische Strategien kritisch zu unterlaufen.

Die vier im Folgenden vorgestellten Positionen konzeptueller Kunst loten mit einem erweiterten Kunstbegriff auch eine demokratische Auffassung von Kunst aus: Robert Smithson, Joseph Beuys, Till Krause, Peter Fend. Alle vier betreiben keine Gartenkunst, sie begreifen jedoch Garten und Landschaft auch als einen politischen Ort. Die drei letztgenannten Beispiele verlassen gezielt eine bloß ästhetische Praxis, auf der sie gleichwohl gründen. Sie integrieren außerkünstlerische Kontexte wie institutionelle Politik, administrative Verwaltung, landschaftliche Planung in ihre Konzeptionen, entwickeln ortsspezifische Ideen im Hinblick auf eine soziale Ökologie und betreiben künstlerische Forschungen. Der Vorschlag von Beuys war langfristig angelegt und wurde nicht ausgeführt. Gleiches gilt für die heutigen Projekte von Krause und Fend, die bislang politisch (und finanziell im Falle von Fend) nicht durchsetzbar sind. Dies verleiht den Ideenskizzen eine Aura des Unrealisierbaren, Phantastischen oder Provokanten, was sie künstlicher erscheinen lässt, als sie eigentlich gedacht sind. Man könnte auch sagen, die Blockade durch die Politik »verkunstet« die Kunst. Die Zwiespältigkeit der Vorschläge führt zumindest dazu, dass deren Irritationskraft und ihr Konfliktpotenzial noch nicht aufgebraucht wurden. Die Entscheidungen am politischen Ort zeigen, wie aus Landschaften Orte des Politischen werden können. Auf ähnliche Weise verharren manche von Smithsons obskuren Landschafts-Interventionen wie Ressourcen der Kritik in der Warteschleife der kulturellen Archive.

Kunst als physische Ressource: Robert Smithson
Eine Hand kippt eine Tonne mit orangefarbenem Klebstoff um. Die zäh klebrige, wasserlösliche Masse läuft langsam einen Abhang hinunter. Der nächste Regen wird die Kohäsionskraft der zufälligen Form auflösen und verschwin-

den lassen. Die Schüttung des wie Gift leuchtenden Industriestoffs, ein mono-chrom farbiger Fleck auf erodiertem Land, wird in mehreren Stadien fotogra-fiert. In einem so genannten Wasteland bei Vancouver (Kanada), ein industri-elles Stück Brachland und Gegenteil des Gartens, wird die Schüttung von grell-farbigem Industriekleber zur Hommage und zur Emanzipation von heroischen Künstlergesten der Vorgängergeneration. Die unförmige Trägheit der Masse, der derangierte Ort und die Vergänglichkeit des Werks konterkarieren die großflächig, frei und impulsiv erscheinende, gestische Farbfeldmalerei des Abs-trakten Expressionismus. Smithson interessiert sich mehr für den Prozess der Veränderung als für das bleibende Ergebnis. »Glue Pour« ist die letzte von drei Schüttungen im Jahr 1969. Für die zweite Version gibt er per Telefon die An-weisung, eine Fuhre Zement eine Böschung hinunter zu schütten, an der übli-cherweise Baumaterialien entsorgt wurden. Sein »Concrete Pour« ist von den sonstigen Überresten nicht mehr zu unterscheiden. Den Auftakt der Reihe bildet im selben Jahr eine Schüttung im Großmaßstab. Ein LKW entlädt flüs-sigen Asphalt am Abhang einer Müllhalde bei Rom, »Asphalt Rundown«. Ähn-lich einer Lavamasse wälzt sich das schwarze Bitumen den Steilhang herab. Die Aktion wird fotografisch festgehalten und filmisch aufgezeichnet. Smithson ersetzt die Malmaterie durch Baumaterialien (Asphalt, Zement, Klebstoff), die Leinwand und der Atelierboden werden ersetzt durch entropische Indus-triebrachen (Müllhalde, Abwrackböschung, Brache) und die Konservierung des Werks wird zugunsten der Auflösung durch elementare Naturprozesse

Robert Smithson:
Glue Pour 3, 1969

(Regen, Erosion) aufgegeben. Die Dokumentation mit Fotografien ergänzt er um den künstlerischen Essayfilm, der als »Non-Site« einen eigenen theoretischen wie praktischen Status im Werk gewinnt.

Robert Smithson zählt zu der ersten Generation jener Künstler, die aus den Metropolen aufbrechen, um ihre Kunst in den neuen landschaftlichen Kontext amerikanischer Wüsten, Industriebrachen und städtischer Randgebiete einzubetten. Er entwickelt das Konzept einer Dialektik von »Site-Non-Site« (Ort-Nicht-Ort) zwischen Natur und Kultur. Den konkreten Ort in der Landschaft nennt er »Site«. Dessen Repräsentanten im Ausstellungsbereich – das Werk, das Buch, das Kino, der Film, die Fotografie, der Spiegel, Sand und Steine – werden zum »Non-Site«, zum Teil einer physischen Ressource, die Konkretion und Fiktion für die ästhetische Wahrnehmung miteinander verbindet. Seine künstlerischen und kunstkritischen Texte, die mit Bildern im eigenen Layout erscheinen, veröffentlicht er in ausgewählten Zeitschriften. Die Schriften bündeln theoretisches Wissen um das Pittoreske, die physikalische Entropie, Phänomenologie, Geographie, Archäologie und Vorgeschichte mit dem Anspruch, eigenes Werk zu sein. Text und Schrift stehen für Smithson gleichrangig neben den bildnerischen Medien. In den Debatten um Naturbeherrschung, schwindende Rohstoffressourcen und weltwirtschaftliche Entwicklungen der frühen siebziger Jahre – Ölkrise, Umweltbewusstsein – vertritt Smithson die Position, Natur nicht als Substanz zu betrachten, die sich aneignen, ausbeuten und beherrschen ließe, sondern deren entropische Eigendynamik zu erkennen. Werk, Erscheinung und Material sind in logischer Konsequenz nicht mehr das Ergebnis der Formgebung des Künstlers allein, sondern im gleichen Maße Bestandteil elementarer Wandlungsprozesse bis hin zur Formauflösung, zur Unkenntlichkeit und Unbeherrschbarkeit. Den scheinbaren Gegensätzen von Natur und Kultur/Kunst versetzt Smithson einen dialektischen Schwung, der im entropischen Zerfall mündet. Er agiert provokant, ebenso anti-idealistisch wie anti-ökologisch. Seine Vision gilt bereits früh der Zusammenarbeit von Kunst und Wirtschaft: »Kunst kann eine physische Ressource sein, die zwischen Ökologie und Industrie vermittelt.«[4] Er fordert von Künstlern, sich an den konkreten Problemen zu orientieren: »Kunst wird dann von einem isolierten Luxus zu einer notwendigen Ressource«.[5]

Die Forderung nach einer Verbindung zwischen Ökologie, Kunst und Wirtschaft erhebt auch Joseph Beuys. Wie Smithson setzt er mit seiner Kritik am eigenen Berufsstand an, dem beide abstrakten Utopismus und gesellschaftliche Isolation vorwerfen. Die entropische Landschaft bei Smithson wird durch die Ökologie von einer ästhetischen zu einer politischen Frage gewendet, die Beuys über die Ökologie hinaus mit der Sozialen Plastik zu einem die Gesellschaft neu gestaltenden, politisch-künstlerischen »Gesamtkunstwerk« ausweitet.

Dirck Möllmann

Beuys' erstes Großprojekt im Sinne einer Sozialen Plastik, »7000 Eichen«, beginnt mit der documenta 6, 1977 und dauert fünf Jahre bis zur Eröffnung der folgenden documenta 7, 1982. 7.000 Bürger sollen einen Eichensetzling erwerben und an ausgewählten Straßenzügen einpflanzen. Neben jedem Setzling wird ein Basaltstein verankert. 7.000 Basaltstelen liegen für fünf Jahre auf dem Friedrichsplatz im Zentrum von Kassel. Der Steinhaufen schwindet innerhalb des Zyklus' und verteilt sich mit den Bäumen in der Stadt. Organisches Wachstum, Erstarrung und Evolution kommen symbolträchtig zueinander. Beuys nutzt die politische Ikonographie der Eiche als patriotisches Symbol von Einheit und Standfestigkeit wie es in der Frühromantik geprägt und gerne in spätere Kriegerdenkmäler übernommen wurde. Basalt ist dagegen ein anorganisches Material, dessen »Tendenz zum Amorphen«[6] sich für Beuys der nächsten Stufe der evolutionären Entwicklung annähert. Der gleiche Rohstoff, den Smithson als Sinnbild des entropischen Ortes für den Bau der »Spiral Jetty« (1970) verwendet, wird bei Beuys zum Zeichen einer sich erneuernden Gesellschaft durch die so genannte Kasselaner Stadtverwaldung statt Stadtverwaltung.

»7000 Eichen« ist das längste und aufwändigste Projekt, das Beuys realisiert hat. Er plant kurz darauf ein noch größeres Unternehmen, das am politischen Veto scheitert: Die Renaturierung einer Industriebrache mit dem langfristigen Ziel der Umwandlung Hamburgs in einen ökologischen Stadtstaat. Im Mai 1983 wird Beuys neben fünf anderen Künstlern von der Hamburger Kulturbehörde aufgefordert, ein Kunstwerk für eine städtische Brachfläche eigener Wahl zu entwerfen. Die Finanzmittel stellt das neu konzipierte städtische Förderprojekt »Stadt – Natur – Skulptur« für Kunst im öffentlichen Raum bereit. Es wird ein Vorschlag gesucht, der das isolierte plastische Gestalten im Außenraum um einen klaren gesellschaftlichen Bezug ergänzt. Die Wahl fällt auf Beuys. Nach einer Besichtigung am 7. Juli 1983 entscheidet er sich für den Standort der Spülfelder in Altenwerder. Das ehemalige Fischerdorf liegt begraben unter bis zu acht Meter hohen Aufschüttungen aus Elbsand und Hafenschlick. Das Spülfeld ist nötig, um Ausbaggerungen der Fahrrinne der Elbe und der Hafenbecken aufzunehmen und den Fluss für den Schiffsverkehr gangbar zu halten. Das aufgespülte Sediment besteht zum größten Teil aus Elbsand, der aus heutiger Sicht weniger giftig war als damals angenommen wurde. Hochtoxische Rückstände enthält allerdings der Hafenschlick, der den Aufspülungen untergemischt wurde. Deren Versickerung kann das Grundwasser beeinträchtigen. Von Beginn an werden oberhalb einer undurchlässigen Bodenschicht aus Ton Drainagen um das Gelände gelegt, die Sickerwasser ableiten und zur weiteren Aufbereitung sammeln, ein bewährtes Verfahren, die Fließbewegungen im Spülfeld zu kontrollieren.

Viel eindrücklicher als die technischen Vorkehrungen bleiben die Bilder der wüstenartig versandeten Landschaft, die Vorstellung von vergiftetem Boden und die rücksichtslos wirkende Umsiedlung der Bewohner im öffentlichen Gedächtnis, das Beuys aktiviert. Aus der »Todeszone« soll laut Projektbeschreibung für das »Gesamtkunstwerk Freie und Hansestadt Hamburg« (1983–1984) eine »Kunstzone« werden und Anstoß zum Umdenken bieten.[7] Das Spülfeld bekommt den Rang eines Mahnmals. Mit einem symbolischen Auftakt soll ein 500 Kilogramm schwerer, präparierter Basaltstein inmitten der neu gesetzten Baumpflanzung abgeworfen werden. Der Solitär wird aus einer Reihe von bearbeiteten Basaltstelen für die Installation »DAS ENDE DES ZWANZIGSTEN JAHRHUNDERTS« (1982–1983) ausgesondert, ein Stück ausgefräst, der Hohlkegel mit Blei gefüllt und das herausgeschnittene Basaltstück darin fest verankert. Es kommt aber nicht zum Abwurf oder einer anders gearteten Platzierung. Stattdessen verbleibt der Solitär in einem Steinbruch bei Kassel, bis er nach Beuys' Tod 1986 in den Nachlass übergeht. Der weitere Plan für Altenwerder sieht vor, mit schnell wachsender Vegetation schädliche Ablagerungen zunächst zu binden und so deren Versickerung zu verhindern. In der Zukunft sollen systematische Pflanzungen mit ausgewählten Sorten erfolgen. Beuys nutzt sein umfangreiches botanisches Wissen für Kunstprojekte, die über den Status eines Gartens weit hinaus reichen. Auf mehreren Skizzen und Zeichnungen werden Listen mit Pflanzennamen und Notizen zu diesem Vorhaben festgehalten. Es existieren fünf mit dem Zeichen der »7000 Eichen« gestempelte Blätter und vier ungestempelte Zeichnungen von Beuys' Hand. Auf sieben der neun Blätter ist eine ovaloide bis rechteckige Grundform zu erkennen, die an den Grundriss des Kirchhofs von Altenwerder erinnert. In deren Mitte ist auf fünf Blättern ein Strich zu sehen, der den geplanten Steinabwurf oder die Steinsetzung markiert. Auch die Bepflanzung orientiert sich überwiegend an Friedhofsgewächsen, wie die Biologin und Botanikerin Barbara Engelschall 2007 während einer Ortsbegehung aufzeigen konnte. Die Zeichnungen belegen, dass die Wandlung von der »Todeszone« in eine »Kunstzone« inspiriert wurde durch den Friedhof Altenwerder, den verbliebenen Rest des Dorfes. Das gesamte Projekt bekommt dadurch einen ortsspezifischen Bezug. Zu den Pflanzungsmaßnahmen gehört die Einrichtung eines Forschungs- und Organisationsbüros in der Stadt, um Alternativen für den gesellschaftlichen Umbau zu eröffnen. Ein unabhängiges Forum mitten in der Stadt will ökologische und ökonomische, wissenschaftliche und künstlerische Stimmen an einem Tisch ins Gespräch bringen, um nachhaltige Perspektiven zu entwickeln.

Dirck Möllmann

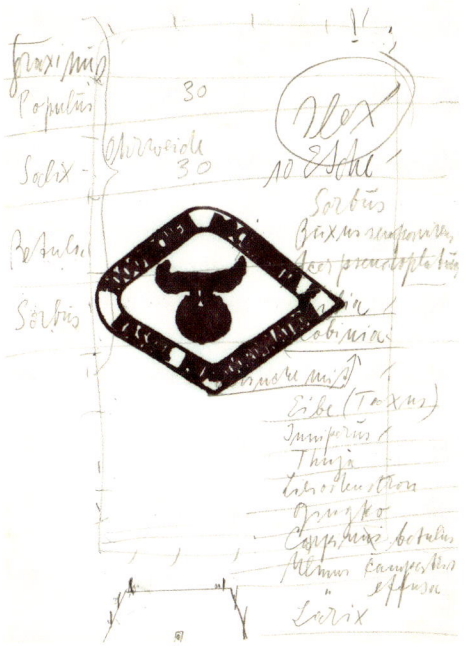

*Joseph Beuys: Unbetitelt
[Projekt Spülfeld, Hamburg],
1983 Bleistift auf Papier
mit Stempel: 7000 Eichen
29,7 x 21,4 cm.
Sammlung Klüser, München*

Beuys rückt durch seine Prominenz bis heute sensible Themen wie Hafenwirt-
schaft, Elbvertiefung, Bodenverseuchung, Enteignung, Zerstörung und Umsiedlung gezielt in das öffentliche Rampenlicht. Seiner Überzeugung nach wäre
eine konventionelle Skulptur unangemessen für die verschärfte soziale und ökologische Situation in Altenwerder. Beuys integriert die Anliegen der Demokra-
tisierung und ökologischen Umwandlung in sein künstlerisches Werk. Er sucht
die ästhetische Kontroverse im politischen Widerstreit und geht damit einen
Schritt weiter als die Land art. Mit seinem erweiterten Kunstbegriff plädiert
er für das »Gesamtkunstwerk« als Soziale Plastik. Die Aufforderung an alle,
kreativ und verantwortlich tätig zu werden, birgt politischen Sprengstoff. Bürgermeister Klaus von Dohnanyi verbot die künstlerische Aktion per Senats-
beschluss in letzter Minute und begründete das medienwirksam mit seinem
Geschmacksurteil, das sei keine Kunst. Er setzte damit die ordnungspolitische
Maxime durch, Teilbereiche des Hafens aus wirtschaftlichen Gründen auf keinen Fall den unabsehbaren Folgen eines Kunstprojekts zu überlassen.

Offene Zugänge: Galerie für Landschaftskunst
Die Hamburger Kulturbehörde hatte mit der Auslobung des neuen Förderwett-
bewerbs 1981 Pioniergeist bewiesen und das Augenmerk auf Orte gelenkt, deren
besonderes ästhetisches Potenzial eine Dekade zuvor von der Land art erkannt

worden war. Die Rekultivierung und Wiederaneignung verlassener Regionen oder industrieller Orte durch künstlerische Interventionen hat sich mittlerweile europaweit etabliert und wird mit öffentlichen Mitteln gefördert. Dazu gehört auch der 2005 erstmals ausgeschriebene Landschaftskunstpreis »Neuland« der Stiftung Niedersachsen. Gesucht wird ein Entwurf für die teilweise stillgelegte Braunkohletagebaugrube Schöningen Südfeld in der Nähe von Helmstedt. Das 1.000 Meter breite und 2.100 Meter lange Restloch wird zu einem See und soll künftig als Naherholungsgebiet dienen. Aufgrund der toxischen Bodenbelastung kann erst in frühestens zehn bis 15 Jahren darin gebadet werden. Die Flutung erstreckt sich über die nächsten 60 bis 80 Jahre. Ausgezeichnet werden das Landschaftsarchitekturbüro Schweingruber und Zulauf aus der Schweiz mit einem Entwurf zur Gestaltung eines landschaftlichen Freilichtmuseums sowie ein kurioser Vorschlag der Hamburger »Galerie für Landschaftskunst«, ein von Künstlern initiierter Ausstellungs- und Projektraum, von denen Mark Dion, Bob Braine und Till Krause beteiligt sind.

Krause schlägt vor, um die Grubenkante des von ihm so genannten »Schöninger Lochs« einen etwa 20 bis 50 Meter breiten Streifen als öffentlichen, frei zugänglichen Tierfriedhof auszuweisen. In diesen Entwurf sind zwei Ideen von Dion und Braine integriert. Dion will ein großformatiges Diorama in einem Pfeiler errichten, der gut sichtbar Nachbildungen von prähistorischem Pflanzenwuchs präsentiert. Obenauf oder in der Nähe soll Bob Braines Gedenkskulptur in einer Gestaltung zwischen Arche und Kriegerdenkmal für jene Pflanzen stehen, die durch ihren Verfall unsere kohlenstoffbasierte Hightech-Ökonomie ermöglicht haben. Die Zone für den Tierfriedhof hingegen ist gedacht als Land-Reklamation für eine künftige öffentliche Nutzung, die bisher im halb-legalen Graubereich geschieht. Gleich neben den Tiergräbern kann man von der Kante herab in die tief ausgebaggerte Grube der Natur- und Menschheitsgeschichte schauen. An einer Stelle des Tagebaus wurden zwischen 1995 und 1998 acht

Till Krause: Tierfriedhof am
»Schöninger Loch«, 2005,
Detail aus der Entwurfsskizze

Dirck Möllmann

»Schöninger Loch« Foto Till Krause 2005

hölzerne Wurfspeere entdeckt. Die 400.000 Jahre alten Fundstücke gelten als
älteste Jagdwaffen der Welt. Sie wurden zwischen unzähligen Knochen prä-
historischer Wildpferde entdeckt. An diesem bedeutenden natur- und zivili-
sationsgeschichtlichen Ort hätten einzelne Künstler den Anfang gemacht, aber
den »freien Tierfriedhof am Schöninger Loch« gestalten Künstler und Bürger
gemeinsam.[8] Der Entwurf verbindet Orte des Gedenkens mit sozialem Leben.
Aus der Umwidmung und anfänglichen Gräbergestaltung wäre über die Jahre
durch kollektiven Gebrauch ein öffentlicher Raum für anerkannte private Zwecke entstanden. Der Tierfriedhof würde zu einem offen angelegten, sozialen
Garten werden. Es gibt nur einen Einwand von politischer Seite gegen dieses
Vorhaben: Der wenig repräsentative Vorschlag ließe sich der (Medien-)Öffent-
lichkeit nicht vermitteln. Es kam bislang nicht dazu, ihn umzusetzen, denn die
Stadtverwaltung in Schöningen hat trotz Preisverleihung ihre zugesagte Unterstützung für die Realisierung schlichtweg unterlassen.

Krause, Dion und Braine würzen ihr politisches Verständnis von Landschaft mit Ironie; im Kern geht es ihnen jedoch um ein freiheitliches und eigen-
verantwortliches Denken. Locken die Monumente der Land art ihr vereinzel-
tes Publikum mit der Live-Erfahrung erhabener Wüstenregionen oder entropi-
scher Industriebrachen, so kehrt Krause dieses Verhältnis um: Er bezieht sich
auf die bereits bestehende Nutzung eines Ortes durch eine anonyme Gemeinschaft (der Tierfreunde), um dessen lokale Besonderheiten (die weitläufige
Bruchkante, der Tierfriedhof mit Blick auf geologische und archäologische Zeit-

schichten) durch eine legalisierte Nutzung, aber ohne monumentale Eingriffe, zu betonen. Der öffentliche Raum wird hier kenntlich gemacht über die Möglichkeiten des Zugangs, die gesetzlich geregelt sind. Man befindet sich mit Krauses Vorschlag auf der Ebene der Nutzungsplanung von öffentlichem Raum, und die Rahmenbedingungen der Kunst böten im Prinzip die Möglichkeit, einen Regelvollzug für bestimmte Zeit auszusetzen, um dort ein Eigenleben sich entfalten zu lassen. Krause reagiert auf bestehende Nutzungen und versucht, eine Situation für deren öffentliche Anerkennung zu schaffen, anstatt anderweitige Nutzungen vorzugeben. Solch eine offene konzeptionelle Haltung, die auf vorgefundene Situationen reagiert, lässt eher etwas geschehen als regulierend einzugreifen.

Eine sozio-ökologische Architektur des 21. Jahrhunderts: Peter Fend
Peter Fend verlagert seine Kunst aus werkimmanenten und ebenso strategischen wie praktischen Gründen auf die Ebenen der Landschaftsplanung und der technisch-künstlerischen Projektentwicklung. Seine Arbeiten sind stark beeinflusst von Land art, Konzeptkunst, politischem Aktivismus und selbständigem Unternehmertum. Im Jahr 1980 gründete er die »Ocean Earth Construction and Development Corporation«, die Künstler, Architekten und Wissenschaftler um sich schart, um alternative Energiequellen zu erforschen. Er hat in dieser Zeit Zugang zu LANDSAT-Satellitenbildern, die globale ökologische und geopolitische Krisenzonen zeigen und kann deren Überwachung wirtschaftlich verwerten. Die zivil genutzten Beobachtungssatelliten der NASA dienen zur Fernerkundung der Erdoberfläche und umkreisen seit den frühen 1970er Jahren die Erde. Fend versteht sich sowohl als Künstler wie auch als Architekt und Forscher. Für ihn ist die Erde ein organisch lebendes Erdwerk, in dem sich ökologische und künstlerische Aspekte miteinander verbinden. Er überträgt Ansätze der Land art oder Earth art der 1970er Jahre in zukünftige praktische Anwendungsbereiche. Mit seiner Synthese aus Kunst und Wissenschaft entwickelt er utopische Ökoprojekte, die technisch durchführbar wären, denen aber finanzielle Unterstützung fehlt.

Dies gilt insbesondere für sein Projekt »Elbegas«, das 2007 in den Räumen der Galerie für Landschaftskunst präsentiert wird. Fend schlägt eine ökologisch nachhaltige Energiegewinnung auf Pflanzenbasis im Bereich der Elbe-Mündung vor. An Stellen, wo sich Nährstoffe aus industriellen Wassereinleitungen sammeln, werden Unterwassergärten angelegt, in denen Algen gezüchtet und geerntet werden können. Die industriell regulierte Vergärung und Fermentierung der Algen produziert umweltschonendes Methangas, das für eine nachhaltige Energieversorgung eingesetzt würde. »Eine U-Boot-Flotte erntet die Wasserpflanzen Off-Shore in der Nordsee und im Atlantik. Eine Boje mit blauer Gas-flamme soll bei den (Hamburger) Landungsbrücken als Zeichen für den großen Energieraum Elbe schwimmen.«[9] Aus praktischen wie wirtschaftlichen Erwä-gungen hält Fend die Energiegewinnung aus Kohlenwasserstoff in einer hoch technisierten Industriegesellschaft vernünftigerweise für unersetzlich. Sein Angebot klingt verlockend: Er plädiert nicht für einen Verzicht auf Komfort, sondern für die Entwicklung einer neuen Ressource und für eine gerechtere Energieverteilung. Ökologie verschiebt sich so von einer moralischen Frage zu einem technisch lösbaren Problem. Alle notwendigen Schritte für eine spezielle Biogas-Anlage sind nach Fends Angaben im Einzelnen erforscht, erprobt und haben sich bereits bewährt – sie wurden bislang nur noch nicht zusammen-geführt zu einem Projekt: Es ist möglich, aus Seetang durch Fermentierung Bio-gas zu gewinnen, denn die Wasserpflanze besteht zur Hauptsache aus Methan, dem einfachsten Vertreter der Kohlenwasserstoffe, nämlich Wasserstoff und Kohlendioxid. Es ist möglich, mit U-Booten in großem Maßstab Algenfelder unter Wasser abzuernten und in Laderöhren zu verfrachten, denn die Unter-wasser-Flotten bestehen bereits. Es ist möglich, bestehende Anlagen für die chemische Verarbeitung des Pflanzenrohstoffs umzubauen. Es ist möglich, aus der Methan-Kohlendioxid-Mischung zur weiteren Verwendung Flüssiggas her-zustellen, das andere kohlenstoffbasierte Energie ergänzen oder gar ablösen könnte. Es ist allerdings nur sinnvoll, regenerative Energie herzustellen, wenn es in einem globalen Maßstab geschieht. Der idealistische Pferdefuß dieser Vision liegt in ihrer schieren Größe, in der Monumentalität des Projekts, das die Meeresströmungen optimal ausnutzen muss, um biologische Energiequellen anzuzapfen. Dies betrifft alle Anrainerstaaten des Atlantiks, die konsequen-terweise darauf verpflichtet werden müssten, für eine gerechte Verteilung der Energie zu sorgen.

Fend betrachtet den Globus wie einen komplexen lebenden Garten oder ein ganzheitliches Earthwork. Anders als die Landartisten der ersten Gene-ration platziert er jedoch keine Monumentalskulpturen in der Landschaft, son-dern entwickelt künstlerische Perspektiven für die Zukunft der Gesellschaft. Er sucht neue Quellen für die Produktion alternativer Energien. Für Fend hat die Industrie sehr wohl das Know-how und Potenzial, aber nicht die Kapazi-täten, neu zu denken, weil sie in Marktgesetze eingebunden ist. Als Künst-ler will er normengeleitetes Denken unterbrechen und kreativ öffnen. Als Architekt zählt für ihn die Verantwortung gegenüber Ökosystemen und der gerechten Energieverteilung mehr als repräsentatives Bauen. Als Forscher legt er plausible Argumente für seine Visionen vor. Seine Ideen überprüft er gründlich wie ein Wissenschaftler auf ihre Machbarkeit und übersetzt sie dann in Installationen mit bildnerischer Wirkung. Er fordert von der Architektur, ähnlich wie Smithson dies für die Kunst getan hatte, die Übernahme gesellschaftlicher Verantwortung. Was Beuys als Soziale Plastik entworfen hatte, eine Selbst-Regierung der Menschen, überträgt Fend mit technologischem Pragmatismus und idealistischer Chuzpe auf eine künftige ökologisch orientierte Weltregierung. Peter Fends Vision konstruiert eine sozio-ökologische Architektur des 21. Jahrhunderts, die der Weltbevölkerung eine effiziente Energieversorgung sichern soll. Diese Welt verändert ihr Gesicht – ihr Zusammenhang soll nicht nach Nationen, sondern nach neuen Energiequellen und neuen Energieverteilungs-Systemen geordnet sein. Ginge es nach Peter Fend, dann würde der Globus zum Rohstoff-Garten für Biogas, der seine Erzeuger nutzbringend und gerecht versorgt.

Künstlerische Orte des Politischen

Garten und Landschaft sind als politische Orte vor allem bestimmt durch ihre Zugangsmöglichkeiten: Das zeigen die vier Beispiele der jüngeren und jüngsten Geschichte zeitgenössischer Kunst. Es geht ihnen dabei nicht mehr um die Darstellung von Herrschaftsattributen oder Naturmetaphorik, wie sie der »politischen Landschaft«[10] zugeschrieben wurden, sondern um konkrete Handlung, Teilhabe, Planung und soziale Interaktion vermittels einer künstlerischen Perspektive. Die handlungsleitende Idee entspringt demzufolge nicht länger der normativen Auffassung eines Naturvorbildes, das Gemeinschaft verbindlich macht. Angesichts des umfassenden Verbrauchs und der Verwertung von Rohstoffen und Ressourcen entsteht auch innerhalb des Kunstfeldes eine Auseinandersetzung aus der Perspektive einer sozialen Ökologie um den angemessenen Nutzen und Gebrauch von Natur, Landschaft und Garten als Orten des Politischen. Smithson erschloss neue Kontexte und Orte für die Kunstwelt mit der erklärten Absicht, sie zu verlassen, um neue Kooperationen zwischen Kunst, Ökologie und Wirtschaft zu ermöglichen. Beuys versuchte mit einem konkreten Ortsbezug in die institutionalisierte Politik einzugreifen und scheiterte mit seinem visionären Entwurf einer Sozialen Plastik in Hamburg. Krause bezog sich auf bestehende Zugänge und Nutzungsmöglichkeiten eines spezifischen Ortes, einer umlaufenden Zone entlang der Kante des Restlochs der Tagebaugrube in Schöningen, die er im faktischen Gebrauchsrecht als Tierfriedhof verankern wollte, und fand für seinen wenig glamourösen Vorschlag keine Unterstützung in der lokalen Stadtpolitik. Fend kämpft wie ein ökologischer Don Quijote um die Realisierung seiner Biogas-Projekte, die als Zerreißprobe an den ständig sich erweiternden globalen Bedingungen scheitern, um hoffent-

Dirck Möllmann

Peter Fend: Elbegas, 2007, Ausstellungsansicht

lich doch irgendwann den Durchbruch zu finden. Die nicht ausgeführte res-
pektive verschwundene Form dieser Arbeiten wahrt auf zwiespältige Weise
ein utopisches Versprechen der künstlerischen Kritik als gesellschaftlicher
Ressource – frei und ungebunden, aber man hätte schon gerne erfahren, wie
ihre Realisierung aussähe.

Der Garten der Frauen –
ein Ort der Zeitgeschichte

Rita Bake

»Auf Ohlsdorf, da sehen wir uns wieder …« ist in Hamburg ein geflügeltes Wort. Und wirklich: Hier finden wir sie, die Frauen, die Hamburgs Geschichte mitgeprägt haben, aber zumeist in Vergessenheit geraten sind. Kaum eine Gedenktafel erzählt von ihren Taten, wenige Plätze oder Straßen überliefern ihre Namen, kaum eine Publikation beschäftigt sich mit ihrem Schaffen. Das steht ganz im Gegensatz zum Umgang mit männlichen Persönlichkeiten.

Nach wie vor finden die Leistungen von Männern sowohl zu ihren Lebzeiten als auch nach ihrem Tod immer noch mehr Beachtung und Würdigung als Verdienste von Frauen. So wird das Andenken an männliche Persönlichkeiten auf eine vielfältigere Weise gewahrt, als dies bei Frauen üblich ist. Das beweist schon die weitaus größere Anzahl von Denkmälern und Gedenktafeln für Männer. Und von den rund 9.000 Straßennamen in Hamburg sind ca. 2.000 nach Männern benannt und nur 324 nach Frauen, obwohl es genügend bedeutende Frauen gab, die mit einem Straßennamen geehrt werden könnten. Dieses Vorgehen widerspricht dem Artikel 3, Absatz 2 des Grundgesetzes: »Männer und Frauen sind gleichberechtigt.«

Für die Durchsetzung der Gleichberechtigung der Geschlechter spielt die Erinnerung eine gravierende Rolle. Erinnert man sich nicht an die Leistungen von Frauen, nimmt man sie auch in der Gegenwart nicht wahr und empfindet sie für die Zukunft als unbedeutend.

Damit wird die Diskriminierung von Frauen fortgeschrieben, und es kommt zu falschen Interpretationen gesellschafts- und kulturpolitischer Entwicklungen.

Um dem entgegen zu wirken, gründete sich im Herbst 2000 der »Verein Garten der Frauen e.V.« mit dem Ziel, durch die Errichtung eines Gartens der Frauen auf dem Ohlsdorfer Friedhof die Leistung von Frauen im gesellschaftlichen Gedächtnis zu bewahren. Am 1. Juli 2001 wurde der Garten der Frauen eingeweiht: ein Ort der Erinnerung mit historischen Grabsteinen bedeutender

Durch einen Rosenbogen gelangt man in den Garten der Frauen.
Foto Marina Bruse

Frauen und eine letzte Ruhestätte für Frauen in Gemeinschaftsgrabstätten. Dieses europaweit einmalige Projekt ist konzipiert, errichtet und getragen von dem gemeinnützigen »Verein Garten der Frauen«, der ausschließlich ehrenamtlich arbeitet und in dem sowohl Frauen als auch Männer Mitglied sein können. Der Verein hat aktuell (Stand: Juni 2009) 240 Mitglieder. Die Startfinanzierung in Höhe von 50.000 DM für die gärtnerische Anlage des musealen Teils des Gartens erhielt der Verein aufgrund eines von den damaligen GAL- und SPD-Bürgerschaftsfraktionen gemeinsam gestellten und von der Bürgerschaft – auch mit den Stimmen der sich damals in der Opposition befindenden CDU-Bürgerschaftsfraktion – einstimmig angenommenen Antrags an den Hamburger Senat. Die Kosten übernahm die Umweltbehörde. Das Amt für Denkmalschutz der Kulturbehörde beteiligte sich mit 19.500 DM am Aufstellen und Fundamentieren der historischen Grabsteine sowie dem Anfertigen der Aluminiumtafeln mit Kurzviten der bedeutenden Frauen.

Angesichts der erwähnten Tatsache, dass Männern postum mehr Erinnerung zuteil wird als Frauen, ist es wichtig einzuschreiten, wenn die wenigen Orte oder Gegenstände verschwinden, die an Frauen erinnern, wie z. B., wenn deren Grabsteine entsorgt und für Straßenbelag zerschreddert werden. Solches geschieht mit Grabsteinen, wenn die Nutzungsdauer der Grabstätten abgelaufen ist, und niemand für die Kosten einer Verlängerung der Nutzungsdauer aufkommt.

Von einem solchen Schicksal waren und sind auch viele Grabsteine bedeutender Frauen auf dem Ohlsdorfer Friedhof betroffen. Deshalb wandte ich

Ein Blick in den musealen Bereich des Gartens der Frauen
Foto Marina Bruse

mich an die Friedhofsverwaltung mit der Idee, einen besonderen Ort einzurichten, in den die Grabsteine bedeutender Frauen verlegt werden, nachdem
die Nutzungsdauer der Grabstätten abgelaufen ist und niemand mehr für die
Verlängerung aufkommt. Außerdem holte ich mir Mitstreiterinnen in der ersten Reporterin des NWDR und Ehrenvorsitzenden des Landesfrauenrates
Helga Diercks-Norden und in der damaligen Bürgerschaftsabgeordneten Silke
Urbanski und gründete den »Verein Garten der Frauen e.V.«.

Die Kriterien für den Standort waren: ein lichter und sonniger Platz im historischen Teil des Ohlsdorfer Friedhofes, in der Nähe einer Bushaltestelle und
gut erreichbar über weder zu dunkle noch uneinsehbare Friedhofswege. Solch
ein Platz wurde in der Nähe des historischen Wasserturms und der Kapelle 10 an
der Cordesallee gefunden. Der Platz präsentierte sich zuerst als bloße Rasenfläche, doch nach neunmonatiger Bauzeit war der Garten der Frauen fertig gestellt.

Die vier Elemente des Gartens der Frauen: Historische Grabsteine –
Steine der Erinnerung – Gemeinschaftsgrabanlagen – Dokumentationszentrum
Heute stehen 38 historische Grabsteine bedeutender Frauen im Garten der
Frauen. In mehreren sogenannten Geschichtsbüchern – auf Ständern befestigte
Ringbücher aus Aluminiumtafeln – sind die Lebensgeschichten der Frauen
nachzulesen. Es sind Frauen darunter, die sich politisch engagierten, sich für
Frauenrechte einsetzten, im humanitären Sinne pädagogisch tätig waren, ihr
künstlerisches Talent entfalten konnten, durch ihre Energie und den Einsatz

ihrer persönlichen Fähigkeiten Ungewöhnliches leisteten, sich wohltätig engagierten, während der NS-Zeit im Widerstand kämpften oder Opfer des Nationalsozialismus wurden.

Ein Großteil dieser Grabsteine ist in einem musealen Bereich am Eingang
des Gartens der Frauen aufgestellt worden, andere erhielten verteilt im Garten
ihren Platz. Um die Kontinuität von Frauengeschichte zu verdeutlichen und die
Verbindung zwischen Historie und Gegenwart aufzuzeigen, hat jede Gemein-
schaftsgrabanlage an ihrem Kopfende den historischen Grabstein einer bedeutenden Frau.

Ein Jahr nach der Eröffnung des Gartens stellte sich die Frage: Wie halten
wir die Erinnerung an diejenigen bedeutenden Frauen Hamburgs wach, deren
Grabstellen bereits aufgehoben und deren Grabsteine, soweit welche vorhanden
waren, bereits entsorgt wurden? Das Nichtmehr-Vorhandensein eines Grab-
steins darf kein Kriterium sein, diese Frauen der Welt des Vergessens zu überlassen. Für diese Frauen werden nun Erinnerungssteine in Form einer Spirale
aufgestellt – Symbol des wiederkehrenden Lebens.

Einige Erinnerungssteine sind besonders gestaltet wie der für Erna Hoffmann, Opfer der Euthanasie. Sie steht für die große Anzahl Hamburger Frauen,
die als Opfer der Euthanasie in der NS-Zeit systematisch durch Nahrungsentzug
getötet wurden. Um an die durchscheinenden verhungerten Körper zu erinnern, wurde der kompakte Stein ausgehöhlt und mit Glassplittern gefüllt. Die
Aushöhlung ist durch Gitterstäbe umschlossen und verdeutlicht damit das Ein-
gesperrtsein der Frauen.

Auch der gemeinsame Erinnerungsstein für die Lehrerin Erna Stahl und
die Medizinstudentin Margaretha Rothe wurde in der Mitte ausgehöhlt. Da
Margaretha Rothe in Hamburg die Flugblätter der Geschwister Scholl heimlich verteilt hat, wurde in die Aushöhlung eine aus Metall geformte Schwalbe
hineingehängt. Auf diese Weise versinnbildlicht der Stein ein zu einer Schwalbe gefaltetes Flugblatt der Geschwister Scholl, welches aus dem Zellenfens-
ter des Konzentrationslagers, hinter dem Margaretha Rothe saß, in die Freiheit fliegt. Die Idee für diesen Stein kam von einer Schülerin des Hamburger
Margaretha Rothe Gymnasiums. Schülerinnen und Schüler dieses Gymnasiums und des Gymnasiums Alstertal hatten zusammen mit ihrem Kunstlehrer
Gerhard Brockmann zum Leben von Margaretha Rothe geforscht und dafür
2005 den Bertinipreis bekommen.

Ein anderer besonderer Erinnerungsstein wurde 2007 im »Europäischen
Jahr der Chancengleichheit für alle« enthüllt. Obwohl es seit vielen Jahren europaweit geltende Gleichstellungsrichtlinien gibt, werden Menschen diskriminiert
und benachteiligt, die nicht den genormten Denkschemata und Verhaltensvor-

*Spirale mit
Erinnerungssteinen.
Der mittlere Gedenkstein
ist Erna Hoffmann
gewidmet. Sie war Opfer
der NS-Euthanasie.*
Foto Marina Bruse

*Gemeinsame Erinne-
rungssäule mit Weltkugel
für Gunda Werner
und Emily Ruete, da-
neben der Gedenkstein
für Erna Stahl und
Margaretha Rothe.*
Foto Marina Bruse

stellungen entsprechen. So werden Menschen wegen ihrer ethnischen Herkunft, der sexuellen Orientierung, ihrer Religion oder Weltanschauung, einer Behinderung, wegen ihres Alters oder ihres Geschlechts herabgesetzt.

Diese Tatsache zeigt, dass Gesetze allein nicht ausreichen, um Diskriminierungen zu verhindern. Die Menschen müssen sensibilisiert werden für das Recht auf Gleichbehandlung und Antidiskriminierung. Nur dadurch wird es möglich sein, diesen sozialen Gruppen die gleichen Chancen auf gesellschaftliche Teilhabe zukommen zu lassen wie allen anderen auch.

Da es dem Verein seit seinem Bestehen eine Selbstverständlichkeit ist, im Sinne eines humanen Weltbilds seinen Beitrag zur Antidiskriminierung sozialer Gruppen zu leisten, so dass er immer wieder historische Grab- und Erinnerungssteine für Frauen aufstellt, die wegen ihrer Religion, Weltanschauung, Behinderung oder ihres Geschlechtes verunglimpft wurden, fühlte er sich dem »Europäischen Jahr der Chancengleichheit für alle« besonders verpflichtet. Mit dem gemeinsamen Erinnerungsstein für Gunda Werner und Emily Ruete Prinzessin von Oman und Sansibar setzten wir ein Zeichen für die Chancengleichheit von homosexuellen Frauen und Männern und von Zuwanderinnen und Zuwanderern. Gunda Werner war eine Streiterin für Frauenrechte und Frauenbildung

Rita Bake

und lebte in einer Lebensgemeinschaft und Liebesverbindung mit einer Frau. Die nach Hamburg zugewanderte Prinzessin von Oman und Sansibar heiratete einen Hamburger Kaufmann, nahm den Namen Emily Ruete und den christlichen Glauben an und lebte in Deutschland in kultureller Zerrissenheit. Der Erinnerungsstein ist als Säule gestaltet und trägt Symbole. Auf dem abgeschrägten oberen Teil der Säule befindet sich eine drehbare Steinkugel. Sie stellt die Weltkugel dar und verdeutlicht somit Migration, wofür stellvertretend die Prinzessin von Oman und Sansibar steht. Auf der Weltkugel sind Schmetterlinge eingraviert, Symbol der Lebenserneuerung und des Prinzips der ewigen Wandlung. Seine Flügel erinnern an die Doppelaxt, die seit der Neuen Frauenbewegung in Erinnerung an den Frauenstaat von Lesbos ein Symbol für frauenliebende Frauen darstellt. Stellvertretend für alle homosexuellen Frauen und Männer wird dabei an Gunda Werner gedacht, die im Jahre 2000 auf dem Ohlsdorfer Friedhof beigesetzt wurde.

Die Tatsache, dass sich immer mehr Frauen anonym bestatten lassen, weil sie ihren Angehörigen mit der Grabpflege nicht zur Last fallen wollen oder alleinstehend sind und niemanden für die Pflege haben, nahm der Verein zum Anlass, nicht nur historische Grabsteine bedeutender Frauen aufzustellen, sondern auch Gemeinschaftsgrabstellen für Frauen anzubieten, wo Frauen, die die Idee des Gartens der Frauen unterstützen möchten, bestattet werden können. Mit dem Erwerb ihrer Grabstätte und der hierfür notwendigen Mitgliedschaft im »Verein Garten der Frauen e.V.« treten sie als Mäzeninnen zum Erhalt der historischen Grabsteine auf. Mit dem Angebot der Gemeinschaftsgrabstätten wird dem Prinzip der jahrhundertealten Tradition der Genossenschaftsgrabanlagen gefolgt. Neben der Pflege für den musealen Teil kommt der Verein auch für die Grabpflege und die Bepflanzung der Gemeinschaftsgrabstätten auf.

Ganz in der Nähe des Eingangs zum Garten der Frauen steht an der Cordesallee ein 34 Meter hoher, im Jahre 1898 im neugotischen Stil errichteter Wasserturm, der seit 1919 seine Funktion als Wasserspeicher verloren hat. Seit 2003 befindet sich hier das Dokumentationszentrum des Gartens der Frauen. Von Anfang Mai bis Ende September präsentiert der Verein jeden Sonntag zwischen 14 und 17 Uhr in den Räumen des Wasserturms eine jährlich wechselnde Ausstellung zu einer Frau, deren historischer Grabstein sich im Garten der Frauen befindet. Vor dem Wasserturm gibt es die »Tafel der besonderen Art«. Hier kann Platz genommen werden, um Kontakte zu knüpfen oder sich zu unterhalten. Bei Kaffee, Tee und Kuchen informieren Vereinsmitglieder über den Garten der Frauen. Zumeist am ersten Sonntag im Juli wird der Geburtstag des Gartens begangen. Außerdem werden im Garten der Frauen Führungen angeboten und Veranstaltungen mit Lesungen, Musik und szenischen Darbietungen durchgeführt, so zum Beispiel wenn ein historischer Grabstein oder ein Erinnerungsstein eingeweiht wird.

Der Garten der Frauen ist ein laufendes Projekt. Es kommen immer noch historische Grabsteine und Erinnerungssteine hinzu. Die Recherchearbeit nach bedeutenden Frauen Hamburgs gleicht oft einer Sisyphusarbeit, finden sich Notizen doch meist versteckt in Zeitungsartikeln, kleinen Aufsätzen und weniger in umfangreichen, gut zugänglichen Biographien. Warum über die eine mehr als über eine andere, ebenso bedeutende Frau geschrieben wurde, hängt z. B. mit Kontakten zur journalistischen Zunft zu Lebzeiten der Frau zusammen, auch eine durch gesellschaftlich opportune Aktivitäten gewonnene Popularität spielt eine Rolle. Es gibt aber auch Geschichtsforscher und -forscherinnen, die vor dem Hintergrund der Überlegung, mit welchem Forschungsfeld Karriere zu machen sei bzw. welches Thema gerade in der historischen Forschung angesagt ist, eine besondere Vorliebe für bestimmte Frauen der Geschichte entwickeln.

Nun könnte man meinen, wenn es schon keine Veröffentlichung über eine bestimmte Frau gibt, lagert ihr Nachlass in einem Archiv. Aber hier zeigt sich das gleiche Phänomen: Wer zu Lebzeiten seine Öffentlichkeit hatte, behält sie über den Tod hinaus. Nachlassverwalter, Verwandte und Bekannte bemühen sich zwar oft darum, dass Nachlässe ihrer verstorbenen Verwandten und Anvertrauten in einem Archiv aufgenommen werden. Besonders alteingesessene Familien einer Stadt oder Region handeln hierbei sehr traditionsbewusst und halten es für wichtig, dass ihre Familie durch die Archivierung schriftlicher Nachlässe das ewige Leben erlangt. Andere Familien dagegen haben nie den Mut, den Nachlass ihrer Angehörigen in ein Archiv zu geben, weil sie die Aktivitäten ihrer weiblichen Verwandten nicht für relevant halten. Solche Fragen der Tradierung entscheiden häufig mehr über den Bekanntheitsgrad und die Bedeutung einer Person, als deren eigene Handlungen und Leistungen.

Oft hat auch die offizielle Öffentlichkeit zu wenig Notiz vom Wirken der Verstorbenen genommen, so dass dadurch die Wichtigkeit dieser Person nicht angemessen erkannt wurde. Daraus wiederum kann sich eine Scheu entwickeln, dieser Frau durch ihren Nachlass den ihr gebührenden Platz in einem Archiv zu geben.

Aus meinen Ausführungen wird unschwer deutlich, wie schwierig die Suche nach wichtigen verstorbenen Frauen der Zeitgeschichte ist – und von welchen Zufällen das Auffinden dieser Frauen abhängt. Um so mehr ist es notwendig, die Leistung dieser Frauen auch über ihren Tod hinaus zu würdigen und ihrem Handeln respektvoll Gewicht beizumessen, denn ihr Leben und Wirken ist Teil unseres Denkens, Fühlens und Handelns und wird auch das künftige mitbestimmen.

Rita Bake

Hinter Mauern und Stacheldraht – Gärten der Hoffnung

Renate Hücking

»Gärten hinter Mauern bedeuten Leben!« Dieser Satz eines südafrikanischen Mitgefangenen von Nelson Mandela bringt die Motivation der Gärtner auf den Punkt, mit denen ich mich im Folgenden beschäftigen werde: Es sind Menschen, die in extremen Lebenssituationen gegärtnert haben, unter Umständen, die ich früher nie mit der Vorstellung von Garten und Gärtnern in Verbindung gebracht hätte: Gefängnisse und Internierungslager, Ghettos und Konzentrationslager. Orte der Gewalt und der Angst. Orte, an denen Menschen verhungern und getötet werden, an denen sie verzweifeln – aber auch, und das ist das Erstaunliche, zum Spaten greifen.

Den Impuls, sich mit diesem Thema auseinanderzusetzen, gab die berühmteste Gartenschau der Welt, die Chelsea Flower Show in London.[1] Dort hatten 1991 Strafgefangene zum ersten Mal in der Geschichte dieser altehrwürdigen Ausstellung einen Garten gestalten dürfen. Das allein war schon eine Sensation, die aber von der Tatsache noch übertroffen wurde, dass die Häftlinge auf Anhieb eine Silbermedaille gewannen.

Seither haben diese Häftlinge nicht nur zahlreiche Preise auf der Chelsea Flower Show gewonnen, sie betreiben außerdem in ihrer Haftanstalt, dem Leyhill-Gefängnis, erfolgreich ein Gartencenter. Die Kunden sind zufrieden und bei den Häftlingen ist das Resozialisierungsprogramm im Garten beliebt. Zum einen bietet die körperliche Arbeit an der frischen Luft eine willkommene Abwechselung in dem oft stupiden Gefängnisalltag. Zum anderen aktiviert die gärtnerische Tätigkeit bei den Männern neue Energien und verschüttete Qualitäten, egal, in welchem Beruf sie vor ihrer Inhaftierung gearbeitet haben: schöpferische Fantasie, handwerkliches Geschick, Improvisationstalent, Ausdauer und Zielstrebigkeit – alles Voraussetzungen, um auch nach jahrzehntelanger Haft draußen wieder ein selbstständiges Leben führen zu können.

Jeff Goundrill, leitender Vollzugsbeamter im Gefängnis seiner Majestät, war lange Jahre der Motor der Gartenaktivitäten. Er hat die Gärten entworfen;

gebaut und gepflanzt wurden sie von den Häftlingen. »Meine Wirklichkeit ist der Gefängnisalltag«, sagt Goundrill: »Mache ich mir tiefsinnige Gedanken zum Thema Gefängnis, kann ich sie in Gartenbilder umsetzen.«[2] Ein preisgekröntes Beispiel ist der Garten »Time the Healer«, die Zeit als Heiler, der zeigte, wie die Natur ein verlassenes Zechengrundstück zurückerobert – ein Wandel, der, auf das Leben der Häftlinge bezogen, durchaus symbolisch zu verstehen war. Hunderte von Wildblumen und Kräutern hatten sie im Knast herangezogen und nach London transportiert. In zehn Tagen mussten sie eine Hütte bauen, kunstgerecht Bäume und Sträucher einsetzen, Steine verlegen, die Wiese ausrollen und abends in die Haftanstalt zurückkehren – zweieinhalb Stunden Fahrt in der Black Maria, wie die Grüne Minna in England heißt.

Als die Gruppe mit diesem Garten im Jahr 2000 sogar eine Goldmedaille in Chelsea gewann, blieb der Königin nichts anderes übrig, als dem Gefängnis-Team persönlich zu gratulieren – Fotos, die in Großbritannien natürlich durch alle Medien gingen und die Gärtner aus dem Leyhill-Gefängnis berühmt machten. Ein britischer Regisseur hat sogar einen sehr unterhaltsamen Spielfilm mit dem Titel »Green Fingers« über sie gedreht.

Damals waren Gärten in Haftanstalten und gärtnernde Strafgefangene eine Ausnahmeerscheinung. Zwar boten Haftanstalten die Möglichkeit, eine Ausbildung zum Gärtner zu machen. Doch die Gartengestaltung, die eigenverantwortliche und kreative Seite dieses Berufs spielten dabei kaum eine Rolle. Längst waren die therapeutischen Möglichkeiten, die der sorgsame bzw. kreative Umgang mit Pflanzen birgt, noch nicht erforscht und anerkannt. Das hat sich inzwischen geändert. Allein schon ein kurzer Blick ins Internet macht deutlich, dass mittlerweile im In- und Ausland zahlreiche Gartenprojekte in Haftanstalten existieren.

Mir kommt es darauf an zu zeigen, dass es immer wieder Häftlinge gegeben hat, die aus eigenem Antrieb und ganz ohne theoretischen Unterbau Gärten hinter Mauern und Stacheldraht angelegt haben. Wer waren diese Gefangenen und was hat sie, die eingesperrt und zwangsweise aus der Gesellschaft ausgeschlossen worden waren, veranlasst zu gärtnern?

Nelson Mandela

»Ich wusste, dass ich eines Tages wieder Gras unter den Füßen fühlen und als freier Mann im Sonnenschein spazieren würde!« Das sagt Nelson Mandela im Rückblick auf seine Jahre in Haft. 27 Jahre verbrachte der südafrikanische Freiheitskämpfer, der zum ersten schwarzen Präsidenten von Südafrika gewählt wurde und den Friedens-Nobelpreis erhielt, hinter Gefängnismauern.

Zunächst war er auf einer unwirtlichen kleinen Insel vor Kapstand untergebracht: Robben Island. Da sie als absolut ausbruchssicher galt, richtete das

»Als die Tomate endgültig tot war, grub ich die Wurzeln aus, säuberte sie und beerdigte sie in einer Ecke des Gartens.« – Mandelas Beet auf Robben Island Foto Kej Hielscher 2003

Apartheid-Regime dort das Hochsicherheitsgefängnis für seine politischen Gefangenen ein. Insgesamt waren dort 1.500 Männer untergebracht und leisteten Zwangsarbeit in einem Steinbruch – alle waren »Kaffer« und »Kulis«, wie die Wärter die Schwarzafrikaner und die Gefangenen indischer Abstammung herabsetzend nannten. Schläge und Folter gehörten zum Gefängnisalltag.

Nelson Mandela war der Staatsfeind Nr. 1 des Apartheid-Regimes, als er 1964 mit 46 Jahren auf Robben Island eingeliefert wurde. 18 Jahre musste der unbestrittene Führer der Befreiungsbewegung ANC (African National Congress) dort verbringen. Die Zellen waren so klein, dass sich der 1,90 Meter große Mandela kaum ausstrecken konnte. Geschlafen wurde auf einer Sisalmatte auf dem Steinfußboden; drei dünne Decken, ein Toiletteneimer und eine Plastikflasche mit Wasser – mehr gab es nicht in der Zelle. Jahrelang existierten nur drei Duschen mit kaltem Wasser für die Häftlinge.

Blickte Mandela aus dem vergitterten Fenster, so sah er nur die Tristesse des gepflasterten Gefängnishofs. Tagsüber saßen hier Gefangene, die Postsäcke nähen oder mit ihren Händen Steine zu Kies zermalen mussten. »Wenn man im Gefängnis überleben will«, bekennt Mandela in seinen Lebenserinnerungen, »muss man Wege finden, um sich im täglichen Leben Zufriedenheit zu verschaffen.«[3] Deshalb bat er schon bald nach seiner Ankunft auf Robben Island darum, im Gefängnishof einen Garten anlegen zu dürfen. Doch es war ein langer Kampf. Erst als sich die Haftbedingungen insgesamt etwas verbesserten, erhielt Mandela die Erlaubnis, im Gefängnishof zu gärtnern.

In dieser Steinwüste ein Beet anzulegen war Schwerstarbeit. Zunächst galt es, große Steinbrocken auszugraben. Der Boden war äußerst karg, nichts als Muschelerde, und bevor Mandela säen und Gemüse kultivieren konnte, musste er versuchen, den Boden zu verbessern. Darum bat er seine Mithäftlinge, alle Knochen, die bei den Mahlzeiten anfielen, zu sammeln und mit einem Hammer zu pulverisieren. Doch das Ergebnis war zu mager. Mandela schlug vor, ein Loch im Hof zu graben, in das die Gefangenen morgens ihren Toiletteneimer ausleerten. Doch auch dieses Experiment wurde bald abgebrochen – wegen des Gestanks.

So klein und unscheinbar Mandelas Beet auch war, sein Gartenprojekt war unter den Gefangenen umstritten: Die Gegner argumentierten, dass den gelegentlichen Besuchern des Internationalen Roten Kreuzes ein geschöntes Bild der Verhältnisse auf Robben Island vorgegaukelt würde, wenn sie Gemüse- oder gar Blumenbeete vorfänden. Doch Mandela ließ sich nicht beirren: »Der Garten ist jetzt Nelsons Kind, und er geht ihm über alles«, schrieb damals ein Mithäftling. Der Gefangene bestellte Bücher über Gartenbau und studierte sie mit der für ihn typischen Beharrlichkeit. Er erhielt Samen für sein Beet: Tomaten, Chilis und Zwiebeln. Bald wuchsen die Pflanzen recht gut. Seine Mitgefangenen schätzten, er habe dem Gefängnishof etwa 2.000 Paprikaschoten, fast 1.000 Tomaten, Zwiebeln, Kopfsalat, einige Rettiche, Honig- und Wassermelonen abgerungen. Diese Ernte teilte Mandela zwischen seinen Mithäftlingen und den Aufsehern auf.

Ein weiterer positiver Effekt: Das Gemüsebeet in der weitgehend zubetonierten Umgebung lockte alle möglichen Tiere an – Vögel, Insekten und Schmetterlinge. Sogar ein Chamäleon fand sich ein, das zur Freude der Gefangenen sechs Junge zur Welt brachte.

»An manchen Tagen«, so schreibt Mandela, »ging ich morgens auf dem Gefängnishof spazieren, und alle Lebewesen, die Möwen und Bachstelzen, die kleinen Bäume, ja sogar die einzelnen Grashalme schienen zu lächeln und in der Sonne zu leuchten. Wenn ich bei solchen Gelegenheiten bemerkte, dass selbst diese kleine abgeschlossene Ecke der Welt ihre Schönheit hatte, dann wusste ich, dass mein Volk und ich selbst eines Tages frei sein würden.« Mit anderen Worten: Die Begegnung mit der Natur, mit ihrer Schönheit und allem Lebendigen ist eine Selbstversicherung des Inhaftierten. Sie stärkt den Widerstandsgeist desjenigen, dessen Willen und Kampfgeist von staatlicher Seite mit allen Mitteln gebrochen werden sollen. Gärtnern hinter Gefängnismauern hält dagegen, wird zu einem Akt des Widerstands.

1982 wurden Mandela und drei weitere Führer des ANC von Robben Island aufs Festland verlegt – ins Pollsmoore Gefängnis. Dort waren die Haftbedingungen erheblich angenehmer: So gab es beispielsweise Betten in den Zellen. »Im Vergleich zu Robben Island befanden wir uns in einem Fünf-Sterne-Hotel«, bemerkte Mandela später ironisch. Auch seine Gartenaktivitäten konnte Mandela in Pollsmoore intensivieren, denn sie wurden von einem gartenbegeisterten Gefängnisdirektor unterstützt. Auf dem Dach der Haftanstalt, das etwa halb so groß wie ein Fußballfeld war, wurden 16 große Ölfässer aufgestellt; halbiert ergaben sie 32 geräumige Pflanzkübel. Guter Mutterboden, Samen und Dünger – alles stellte ihm die Gefängnisleitung zur Verfügung; er erhielt sogar Plastikplanen, um die Pflanzen vor der brennenden Sonne und schneidenden Winden zu schützen. Es ist überliefert, dass Mandela eine ganze Palette an Gemüsen anbaute. Allmorgendlich – so heißt es – setzte er sich seinen Strohhut auf, zog derbe Schuhe an und arbeitete mehrere Stunden lang in seinem »Fässergarten«. Sonntags schickte er Gemüse in die Gefängnisküche, damit die Kost für die Gefangenen mit frischem Grünzeug und Vitaminen angereichert wurde. Einen Teil seiner Ernte vermachte er wiederum den Wärtern. »Schließlich verfügte ich über eine kleine Farm mit fast 900 Pflanzen«, schreibt Mandela. Er war stolz auf seine Leistung und sagte: »In der Bibel steht, die Gärten seien früher da gewesen als die Gärtner, aber das war in Pollsmoore nicht der Fall.«

Noch ein zweites Mal wurde Mandela verlegt, bevor er dann endlich 1990 nach 27 Jahren Haft frei kam. In seinem letzten Gefängnis war die Regierung schon in Kontakt mit ihm, um über die Zukunft Südafrikas zu verhandeln. Jetzt stand ihm sogar ein schöner Garten zur Verfügung. Durch ein Wäldchen führte ein Pfad zu den Blumenbeeten mit Plumbago, Lilien, Aloepflanzen und Geranien. Sein langjähriger Wärter Gregory nannte diesen Weg »Nelsons Walk« und schreibt: »Jeden Morgen schlenderte Nelson zu seinen Büschen und Pflanzen, er inspizierte jedes einzelne Gewächs, hielt Ausschau nach Krankheitsbefall und frischen Blüten. Er schien alle Pflanzen zu kennen und sorgte für sie.«[4]

Auch nach seiner Freilassung gärtnerte Mandela – jetzt in seinem eigenen Garten. Was, so fragt man sich, hat diesen Revolutionär und Staatsmann immer wieder dazu gebracht, zu gärtnern. »I am a country boy«, hat er einmal erläutert. Doch das Wichtigste war für den Häftling Mandela die therapeutische Wirkung des Gärtnerns. In seinen Lebenserinnerungen hebt er hervor: »Ein Garten war im Gefängnis eines der wenigen Dinge, über die man selbst bestimmen konnte. Einen Samen in die Erde zu legen, ihm beim Wachsen zuzusehen, die Pflanze zu pflegen und dann zu ernten, bot eine einfache aber dauerhafte Zufriedenheit. Das Gefühl, der Verwalter dieses kleinen Stückchen Erde zu sein, beinhaltet einen Hauch von Freiheit.« Beim Gärtnern, so lautet die Botschaft, verlässt der Gefangene die Rolle des Befehlsempfängers, der nur reagieren kann. Als »Kultivator« seines noch so kleinen Gärtchens ist er Herr über das Werden und Wachsen der Pflanzen. Dabei kann er selbstbestimmt agieren, was hilft, seine Würde inmitten demütigender Lebensbedingungen zu bewahren. Darüber hinaus befördert die Erfahrung, sich im Einklang mit dem Rhythmus der Natur zu bewegen, eine innere Ruhe; Spannung und Anspannung, die zum Gefängnisalltag gehören, werden abgebaut. Den Hauch von Freiheit, den Mandela durch das Gärtnern verspürt, ist seine innere Freiheit.

Rosa Luxemburg

»Das Schlüsselblümchen beleuchtet mir die Zelle wie Sonnenlicht«, schreibt Rosa Luxemburg in einem ihrer vielen, vielen Briefe aus dem Gefängnis.[5] Sie war zwischen 1915 und 1918 vier Jahre lang in so genannter Schutzhaft. Im Klartext heißt das: Unter dem Vorwand sie zu schützen, wurde die politisch Unliebsame während des Ersten Weltkriegs ins Gefängnis gesteckt, um sie so politisch unschädlich zu machen. Rosa Luxemburg war damals 44 Jahre alt, Pazifistin sowie eine führende Aktivistin und Propagandistin der deutschen Sozialdemokratie.

Zunächst war sie im Berliner Frauengefängnis in der Barnim Straße untergebracht. Ihre Zelle schmückte sie mit Blumen, die ihr ihre Freundin und Sekretärin Matilde Jakob schickte bzw. zu Besuchsterminen mitbrachte: »Ihre Blumen prangen auf meinem Tisch in üppiger Schönheit«, bedankte die Gefangene sich, »ich pflege sie aber auch mit der selben Zärtlichkeit, wie Sie unsere Mimi.« (Das war Rosa Luxemburgs Lieblingskatze.)

Man sagt Rosa Luxemburg nach, sie habe eine fast kindliche Freude an allem Schönen gehabt. Kein Wunder also, dass sie sich hinter den Gefängnismauern nach dem Duft, den Farben und dem Anblick von Blumen sehnte. Immer wieder musste sie ihre Blumenliebe – ihr »Glück im Winkel«, wie sie selbstironisch sagte – gegen Spott und Kritik ihrer Genossen verteidigen.[6] Doch die Schönheit der Natur heiterte nicht nur ihre Stimmung auf, sondern sie spendete ihr, wie sie sagte, »Trost und Wärme«. Und wenn sie schreibt, sie behandle die Blumen mit Zärtlichkeit, dann hat man den Eindruck, als kompensiere sie die eigene Sehnsucht nach menschlicher Nähe.

Der Enge der Zelle setzte Rosa Luxemburg gemalte Landschaften entgegen. Oder sie drehte auf dem Gefängnishof ihre Runden und schwelgte dabei in Erinnerungen an die Naturerlebnisse vor ihrer Inhaftierung, z.B. an ihre Spaziergänge in den Feldern nahe ihrer Wohnung. Dabei stellte sie sich vor, wie zahllose Vergissmeinnicht und Veilchen blühen, »bald auch meine allerliebste Wiesenblume – das Wiesenschaumkraut; Himmelschlüssel nicht zu vergessen. Nächstes Jahr, wenn ich heil heraus bin, ist keine von diesen Genannten vor mir sicher.«

Im Frauengefängnis in der Barnimstraße glaubte Rosa Luxemburg noch an ihre schnelle Entlassung und lebte so normal wie möglich. Dazu gehörte, dass sie weiter arbeitete, Artikel und Aufsätze verfassen wollte, doch, so gestand sie Franz Mehring: »Leider geht es mir mit der Arbeit nicht so recht vorwärts. Es ist wohl die Einförmigkeit und die Enge des Lebens, der Mangel an Eindrücken, was sich allmählich wie Kleister um die Sinne legt.«

Man stelle sich die Situation vor: Eine energiegeladene Frau, eine Politikerin, eine Revolutionärin mit glühendem Herzen, die gewohnt ist, mitreißende Reden zu halten, Demonstrationen anzuführen, in Parteigremien mitzuarbeiten – eine solche Frau ist plötzlich zum Nichtstun verdammt. Die Langeweile, der »Kleister, der sich um die Sinne legt«, ist das eine. Die Frustration, vom politischen Diskurs und vom Handeln abgeschnitten zu sein, das andere. Dringend suchte sie nach sinnvollen Beschäftigungen.

Eine fand sie in der Botanik. So schrieb sie an Matilde Jakob: »Für die Blumen einen ganz besonderen Dank. Sie wissen gar nicht, welche Wohltat Sie mir damit erweisen. Ich kann nämlich wieder Botanisieren, was meine Leidenschaft und die beste Erholung nach der Arbeit ist. Ich weiß nicht, ob ich Ihnen meine Botanisierhefte gezeigt habe, in denen ich vom Mai 1913 ab etwa 250 Pflanzen eingetragen habe. Alle prächtig erhalten. Ich habe alle hier, und nun kann ich ein neues Heft anlegen, speziell für die Barnimstraße. Gerade alle die Blümchen, die Sie mir geschickt haben, hatte ich noch nicht, und nun habe ich sie ins Heft gebracht.«

Bei ihren Rundgängen im Gefängnishof suchte Rosa Luxemburg das Gras nach Pflanzen ab, die sie dann in ihrer Zelle trocknete, presste und in ihren Botanisierheften befestigte. Dabei hatte sie durchaus einen wissenschaftlichen Anspruch. Das botanische Bestimmen der Fundstücke war für sie eine intellektuelle Tätigkeit, das Präparieren der Herbare eine sinnvolle Fleißarbeit, mit der die Gefangene sich die Langeweile, die Eintönigkeit und Stumpfheit des Gefängnisalltags vertrieb, denn aus der schnellen Entlassung wurde nichts.

Stattdessen erfolgte Ende Oktober 1916 ihre Verlegung in die Festung Wronke – weit weg von Berlin, noch eine Stunde Bahnfahrt hinter Posen im heutigen Polen. Wie sehr hätte sich Rosa Luxemburg über bunte Blumen gefreut, doch hier, so weit entfernt von Berlin, wurden Besuche, auch die von Matilde Jakob, äußerst selten. Umso wichtiger war es für ihr Wohlbefinden, dass sie – abgetrennt von den restlichen Gefangenen – einen Garten benutzen und sich ein Blumenbeet anlegen durfte.

Viele Stunden ging sie dort spazieren. Wurde es wärmer, saß sie stundenlang in der Sonne, denn Matilde hatte ihr einen Liegestuhl organisiert. Aufmerksam beobachtete sie alle Vorgänge in der Natur: »In meinem Gärtlein hier

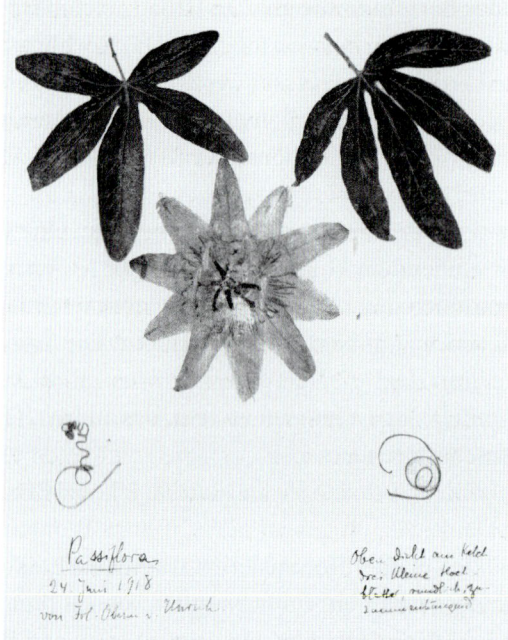

»Passiflora.
24. Juni 1918 von
Frl. Oberin v. Unruh«
»Oben dicht am
Kelch drei kleine
Hochblätter, rundlich,
zusammenhängend« –
Blatt aus dem
Herbarium von
Rosa Luxemburg

ist noch kein Grün zu sehen«, meldete sie ihrer Freundin Clara Zetkin: »Ich habe aber nach den Knospen schon alle Sträucher festgestellt und erwarte eine ganz herrliche Blüte.« Dann zählt sie acht verschiedene Bäume und zahlreiche blühende Sträucher auf und schließt: »Das wird schön nacheinander blühen, und ich warte ohne Ungeduld, denn ich habe jetzt schon an den Knospen große Freude.«

Liebend gern beobachtete sie die Vögel und lauschte begeistert ihrem Gesang. Vor allem die kleinen Meisen waren für sie ein Lebenselixier, und es ist äußerst anrührend zu lesen, wie liebevoll und poetisch sie in ihren privaten Briefen die winzigen Wesen würdigte, die ihr in ihrer Einsamkeit mit ihrem Gezwitscher zu Gefährten wurden.

Wie gut ihr der Garten tat, erzählte sie ihrem Freund Hans Diefenbach: »Ich gehe gewöhnlich vor ›Einschluss‹ abends noch für ein halbes Stündchen hinaus, um mein kleines Blumenbeet (selbst gesetzte Stiefmütterchen, Vergiss-meinnicht und Phlox!) mit einem kleinen eigenen Kännchen zu begießen und mich noch ein bisschen im Garten zu ergehen. Diese vorabendliche Stunde hat einen eigenen Zauber. Die Sonne ist noch heiß, aber man lässt sich gern ihre schrägen Strahlen auf Nacken und Wangen wie einen Kuss brennen.«

Briefe, die wie dieser auf offiziellem Weg die Haftanstalt verließen, wurden zensiert und durften nichts Politisches enthalten. (Unerlaubtes schmuggelte

Renate Hücking

Rosa Luxemburg mithilfe von Matilde Jakob aus dem Gefängnis hinaus.) In diesen privaten Briefen erfährt man, wie einsam, isoliert und ausgeschlossen sie sich oft fühlte, und je länger die Haft dauerte, desto häufiger war sie verzweifelt: dann »packte mich vor dem Einschlafen wieder eine Verzweiflung, die viel schwärzer war als die Nacht. Und heute ist auch noch ein grauer Tag, statt Sonne – kalter Ostwind. Ich fühle mich wie eine erfrorene Hummel.«

Wie das Tier war Rosa Luxemburg erstarrt und bewegungsunfähig, hilflos der Willkür der Justizbürokratie sowie der ständigen Kontrolle des Gefängnispersonals ausgeliefert. Sie fühle sich als Mensch ohne Haut, schrieb sie damals verzweifelt, und tatsächlich wurde Rosa Luxemburg krank. Zu einem nie ganz auskurierten Leberleiden kamen nervöse Magenbeschwerden – ausgelöst durch den psychischen Stress im Gefängnis. Sie konnte nicht mehr arbeiten und wurde depressiv. »Jeder Tag, den ich herunterleben muss, wird ein kleiner Berg, der mühsam bestiegen wird und jede Kleinigkeit irritiert mich schmerzlich«, klagte sie, »in fünf Tagen sind eben volle acht Monate des zweiten Jahres meiner Einsamkeit durch. Dann kommt sicher wieder, wie voriges Jahr, eine Belebung von selber, zumal es ja zum Frühling geht.«

Der Frühling beendet die dunkle Jahreszeit. Die Pflanzen treiben und setzen Knospen an. Frühling, das bedeutet Aufbruch, Leben, Rückkehr von Kraft und Energie. Jeder empfindet das, aber wie viel intensiver muss das Gefühl hinter Gefängnismauern sein. Gleichzeitig ist das beginnende Frühjahr ein Zeitmesser: Wieder ist ein Jahr Haft überstanden und die Freilassung ein Jahr näher gerückt.

Immer wieder taucht das Frühjahr in Rosa Luxemburgs Briefen als ein Symbol der Hoffnung auf. An eine Freundin schreibt sie: »... mit den Nerven im allgemeinen geht's langsam vorwärts. Dann wird wohl der Magen auch zur Ruhe kommen, wenn bloß der Frühling schon käme! Die Sonne und Wärme und das junge Grün sind mir das Wichtigste für den allgemeinen Zustand.«

Außerdem konnte sie sich wieder auf den Hofgang und den Aufenthalt im Freien freuen. Für Rosa Luxemburg waren die Stunden an der frischen Luft lebenswichtig: »Heute regnet es hier in Strömen«, berichtete sie Hans Diefenbach, »doch bin ich früh am Morgen zwei Stunden lang im Gärtlein gewandert. Es war so schön, zu sinnen und zu träumen im Gehen, während mir der Regen durch Hut und Haar aufs Gesicht und in den Nacken rann.« Der Garten als ein Ort der Meditation, der Ruhe und des Friedens. Auch diese therapeutische Wirkung ist im Gefängnisalltag mit seinen emotionalen Belastungen nicht zu unterschätzen: »Vor allem die Wolken! Welch unerschöpflicher Grund des Entzückens für ein Paar Menschenaugen. Das zauberte eine ganze ferne Welt vor, in der unendliche Ruhe, Milde und Feinheit herrschten. Alles sah wie ein schwaches Lächeln aus, wie eine unbestimmt schöne Erinnerung aus früher Jugend. Der Hof war leer und ich, wie immer, allein und allen fremd.«

Dann im Juni 1917 endlich die dritte und letzte Station ihrer »Schutzhaft«: Breslau. Hier verschlechterten sich die Haftbedingungen, denn Rosa Luxemburg wurde wie eine normale Strafgefangene behandelt: Das bedeutete Einschluss in der Zelle. Nur ab und zu Ausgang im unwirtlichen, gepflasterten Hof. Umso wichtiger war ihr das »Gärtchen« auf der Fensterbank ihrer Zelle: »Ich treibe hier eine Gärtnerei im Kleinen. Alle Leute überschütten mich mit Blumen und Blumentöpfen, dass ich einen ganzen Wintergarten in der Zelle habe und nicht wenig Zeit darauf verwenden muss, all das Volk jeden Morgen zu begießen und zu bespritzen.«

Knapp eineinhalb Jahre musste Rosa Luxemburg in Breslau verbringen – mit wachsender Ungeduld lag sie »wie ein Hund an der Kette«. Am 8. November 1918 kam sie nach vier Jahren endlich frei. Nur zwei Monate später wurden sie und Karl Liebknecht in Berlin ermordet.

Im selben Jahr wurde die NSDAP gegründet.

Ghetto-Gärten

Zwanzig Jahre später: Deutschland beginnt den Zweiten Weltkrieg, überfällt Polen und treibt die polnischen Juden in Ghettos zusammen. Etwa eine halbe Million Menschen (das sind 10 Prozent aller Holocaust-Opfer) sind in diesen überfüllten Gefängnis-Städten verhungert, an Krankheiten gestorben oder von den Nazis umgebracht worden.

Ghettos waren durch hohe Zäune und Mauern vom »arischen« Teil der Stadt abgetrennt. Die Zugänge waren bewacht. Alles wurde von den Nazi-Schergen kontrolliert. Das Warschauer Ghetto war etwas mehr als drei Quadratkilometer groß und von einer etwa 15 Kilometer langen und zweieinhalb bis drei Meter hohen Mauer umgeben. In dieser Gefängnis-Stadt waren anfangs 390.000 Menschen eingepfercht, doch schnell wuchs die Bevölkerung auf eine halbe Million Menschen an. Ihre Versorgung mit Nahrungsmitteln war völlig unzureichend. Spätestens 1941 war klar, dass die systematische Vernichtung der Ghettobevölkerung das Ziel der Deutschen war.

Und doch: Auch an diesen Orten des Elends, des Hungers, der Krankheiten und des massenhaften Sterbens sind Gärten entstanden. Gärten, die Teil einer Überlebensstrategie waren – Teil des Kampfes ums physische Überleben und um den Erhalt der menschlichen Würde.[7]

»Für Juden verboten!« hieß es gleich nach dem Einmarsch der Deutschen an den Parkeingängen in Polen. »Selbst das haben sie uns genommen«, notierte der Bewohner eines polnischen Ghettos. »Wer sind wir schon, dass wir um etwas so

Wunderbares bitten dürften, wie in einem Park zu sitzen. Das einzige, was für Juden von den Schönheiten der Natur geblieben ist, ist der blaue Himmel. Den konnten uns die Deutschen nicht nehmen.«

Auch nicht, wenn die Ghettogrenzen – wie in Warschau – so gezogen waren, dass es außer dem Friedhof kein grünes Fleckchen gab. Gezielt hatten die Nazis zwei Parks ausgespart und die Ghetto-Mauern unmittelbar daran vorbei geführt. Deshalb stiegen die Menschen auf die Dächer oder in die oberen Stockwerke der Häuser, um von dort das Grün der Bäume sehen zu können. Mary Berg, eine Lehrerin im Ghetto, notierte damals in ihrem Tagebuch: »Auf der anderen Seite des Stacheldrahtes hält der Frühling Hof. Aus meinem Fenster kann ich junge Mädchen sehen, die mit Fliedersträußen auf der arischen Seite der Straße gehen. Ich kann sogar den leichten Duft der geöffneten Blüten riechen. Im Ghetto gibt es kein Frühlingszeichen. Hier werden die Sonnenstrahlen vom grauen Pflaster geschluckt. Mehr gelb als grün sind die langen, bleichen Zwiebeltriebe auf ein paar Fensterbänken. Wo sind meine herrlichen Frühlingstage der vergangenen Jahre, die fröhlichen Spaziergänge im Park, die Narzissen, der Flieder und die Magnolie, die mein Zimmer füllten.«

Zumindest im ersten Jahr ihres Ghetto-Lebens 1941/42 mochte diese Erinnerung noch ein Fünkchen Hoffnung enthalten haben, dass sich die Mauern des Ghettos wieder öffnen. Ein Jahr später sah das anders aus: »Vergangene Nacht wurden wieder 60 Personen exekutiert«, hielt Mary Berg sachlich fest, um dann, nur einen Absatz später, von ihrem Gärtchen zu berichten, das sie inzwischen angelegt hat: »In unserem Garten ist alles grün. Die jungen Zwiebeln sprießen. Unsere Radieschen haben wir schon gegessen. Stolz spreizen sich die Tomatenpflanzen in der Sonne. Das Wetter ist herrlich.«

Diese ganz alltägliche Reaktion auf die Schönheit des Frühlings hatte unter den lebensbedrohlichen Umständen des Ghettos eine besondere Dramatik. Noch einmal Mary Berg: »Das Grün und die Sonne erinnern uns an die Schönheit der Natur, die zu genießen uns verboten ist. Deshalb ist ein kleiner Garten wie der unserige so besonders wichtig für uns. Der Frühling ist in diesem Jahr ganz außergewöhnlich. Ein Flieder unter unserem Fenster steht in voller Blüte.«

Wie für Rosa Luxemburg war auch für Mary Berg der Beginn des Frühlings ein Hinweis auf das Verstreichen der Zeit. Doch dramatischer als im Gefängnis oszillierte im Ghetto die darin enthaltene Botschaft zwischen Hoffnung und Verzweiflung. Denn ein Jahr überlebt zu haben, bedeutete hier: Vielleicht der Freiheit, vermutlich aber der Vernichtung ein Jahr näher gekommen zu sein.

Angesichts dieser niederschmetternden Perspektive waren die enormen Anstrengungen der Bewohner, in der Steinwüste des Ghettos Gemüse zu kultivieren, ein geradezu heroischer Akt. Nur auf Trümmergrundstücken gab es

Avraham Tory: »Die Deutschen mussten anerkennen, dass die Gemüsegärten im Ghetto von Kovno besser gepflegt waren als die in der Stadt.« Foto George Kadish, Zvi Kadishman

Platz, um etwas anzupflanzen, und für die entkräfteten Menschen bedeutete es eine ungeheure Anstrengung, die Trümmer wegzuräumen, um den Boden für ein noch so bescheidenes Beet vorzubereiten. Doch der Wille zum Überleben trieb die Menschen an, Nahrungsmittel anzubauen. In jedem Winkel des Ghettos entstanden Gärtchen, auch auf Balkonen wuchs Gemüse.

In diesem Sinne agierten auch Gruppen der jüdischen Selbstorganisation im Ghetto wie Toporol, die Gesellschaft zur Förderung der Landwirtschaft unter Juden. Diese 1933 gegründete Organisation verantwortete in Warschau und in Lodz eine Reihe von Gartenprojekten, die in erster Linie der Nahrungsmittelproduktion dienten. Toporol kaufte Trümmergrundstücke im Ghetto, beschaffte Saatgut und Gartengeräte und hielt Gartenbaukurse ab, um Arbeitskräfte zu mobilisieren und anzuleiten. Selbst einige große Gemüsegärten und reichliche Ernten konnten nur wenige Menschen vor dem Verhungern retten.

Trotzdem: Das Gärtnern im Ghetto war auch ein Weg, gegen die allgegenwärtige Angst anzugehen: Wer im Gewächshaus liebevoll die kleinen Pflänzchen vorzog und dann auspflanzte, der erwartete auch, in einigen Monaten noch zu leben, um ernten zu können oder die Blumen blühen zu sehen. »Zu sehen, dass etwas wächst«, sagte ein Überlebender, »gab uns das Gefühl, dass wir irgendwie überleben können.« Dort Gärten anzulegen und zu gärtnern, wo der Tod allgegenwärtig ist und die Angst alle Lebensbereiche durchdringt, bedeutete inneren Widerstand und Selbstbehauptung.

Ein besonderes Augenmerk galt der Fürsorge für die Ghetto-Kinder: Für ihr physisches und psychisches Wohlergehen zu sorgen, barg ebenfalls ein Ver-

Renate Hücking

sprechen auf die Zukunft. Im Mai 1942 berichtete Mary Berg über einen kleinen Park an der Seite eines zerbombten Hauses, in dem Gras und Blumen wuchsen: »Es ist Grün dort. Jüdische Arbeiter haben Schaukeln, Bänke usw. gebaut. Unsere Schüler haben einen Tier-Cartoon auf eine Wand der Bombenruine gemalt. All das soll den Ghetto-Kindern ein Gefühl der Freiheit geben. Heute wurde der Park eröffnet. Die lachenden und rosigen Gesichter der Kinder waren vielleicht die schönste Belohnung für die, die diesen kleinen Zufluchtsort der Freiheit für die kleinen Gefangenen des Ghettos angelegt haben.«

Mit dem Aufstand im Warschauer Ghetto endeten dort 1943 diese vielfältigen Bemühungen, das Leben inmitten des Horrors erträglicher zu machen. Das Ghetto wurde von den Nazis dem Boden gleich gemacht.

Albert Speer und Korbinian Aigner
Zum Schluss möchte ich zwei Menschen gegenüberstellen, die beide hinter Gefängnismauern gärtnerten, doch unter völlig unterschiedlichen Bedingungen: Albert Speer und Korbinian Aigner – der eine Täter, der andere Opfer des Nazi-Regimes.

Albert Speer, Hitlers Architekt und Rüstungsminister, musste sich vor dem Nürnberger Kriegsverbrechertribunal für Verbrechen gegen die Menschlichkeit verantworten. Und er hatte Glück, dass er nicht – wie zwölf andere Angeklagte – zum Tode verurteilt wurde. Seine Strafe: 20 Jahre Gefängnis.

Dem Nazi-Täter Speer steht das Nazi-Opfer gegenüber: Korbinian Aigner, ein bayrischer Landpfarrer und Dorfschullehrer hatte oft gegen die Nazis gewettert. 1939, nach dem misslungenen Attentat auf Hitler in München wurde er denunziert: »Es wäre gut gewesen, wenn's den Führer zerrissen hätte«,[8] soll er gesagt haben. Das brachte den kritischen Geistlichen schließlich ins Konzentrationslager Dachau, in dem die Nazis alle unbotmäßigen Geistlichen aus Deutschland und Polen einsperrten.

Schon als Gymnasiast interessierte sich der Sohn eines Obstbauern mehr für Äpfel und Birnen, als Griechisch und Latein zu pauken; und auch im Priesterseminar beschäftigte er sich lieber mit Obst als mit seinen theologischen Studien. Die Lehrer dort beklagten, er sei »mehr Pomologe als Theologe«[9]. Trotzdem brachte er es zu einer Pfarrei auf dem Lande. Dass der Herr Pfarrer aber dauernd Äpfel malte, festigte seinen Ruf als »Apfelpfarrer«. Viele alte Sorten aus Oberbayern portraitierte der Priester in seinen Mußestunden. Seine über tausend Aquarelle sind bis heute erhalten und bilden eine hervorragende Dokumentation alter Apfelsorten. Leider sind sie in einem Archiv verschwunden, und es wäre wünschenswert, dass sich jemand fände, sie auszustellen, und damit auch an die Geschichte des Apfelpfarrers zu erinnern.

»Arbeit macht frei« – unter diesem zynischen Nazi-Motto standen Aigners grauenhafte Jahre im Konzentrationslager Dachau. Von morgens bis abends mussten die Häftlinge auf den Feldern der »Plantage« schuften. Heinrich Himmler, Chef der SS, hatte ein Faible für das »Heilgut Natur« und ließ in der SS gehörenden Betrieben einheimische Heilkräuter anbauen. Deutschland sollte unabhängig werden vom Import ausländischer Medikamente. Eine kriegsvorbereitende Maßnahme, die damit begründet wurde, »das deutsche Volk von gesundheitsschädigenden fremden Gewürzen und künstlichen Medikamenten abzubringen«[10].

Die Häftlinge litten unter Hunger und Kälte, denn bei Wind und Wetter wurde draußen gearbeitet. Auf den Feldern herrschte ein brutales Arbeitstempo. Aufseher machten sich ein Vergnügen daraus, die »Pfaffen« zu schikanieren. Sie mussten Kompost herankarren, umgraben, säen und Setzlinge pflanzen. Wer nicht schnell genug mitkam, wurde brutal gestraft.

Wie ein Wunder mutet es an, dass die Gefangenen trotz allem die Schönheit der Pflanzen wahrnahmen. »Wenn die hässliche Sklavenarbeit nicht wäre«, schrieb einer der Priester, hätte die Plantage im Frühjahr und Sommer »mit ihrem frischem Grün, ihren lachenden Blumen und den freundlichen Landhäusern dem Auge ein begeisterndes Bild dargeboten.«[11] Wenn im Sommer acht Hektar Gladiolen blühten und alles nach Salbei und Thymian, Melisse und Pfefferminze, nach Estragon und Kamille duftete, dann zeigte sich inmitten »des Bösen« die Schöpfung von ihrer schönsten Seite. Das machte Mut und spendete Trost.

Verglichen mit den Haftbedingungen im Konzentrationslager Dachau ging es in der Festung Spandau harmlos zu. Sieben ehemalige Nazigrößen wurden hier von Soldaten der vier Siegermächte bewacht. Anfangs herrschten zwar strenge Regeln, z. B. durften die Häftlinge zunächst nicht miteinander oder mit dem Wachpersonal reden. Doch als die alliierte Gefängnisleitung befürchtete, die Häftlinge könnten in ihrer Isolation depressiv werden und womöglich Selbstmord begehen, wurden die Haftbedingungen erleichtert. Dabei wurde auch der Vorschlag des britischen Anstaltsdirektors akzeptiert, die Gefangenen gärtnern zu lassen.

Der damals 39 Jahre alte Speer, der einst Großbauten errichtete und Städte für die Zeit nach Hitlers »Endsieg« plante, hatte vorher selber noch nie in einem Garten gearbeitet, wurde aber ein besonders eifriger Gärtner. Die Häftlinge durften sich täglich mehrere Stunden im Garten beschäftigen. Speer notierte in seinen Tagebuchaufzeichnungen: »Nun sind wir täglich in einem Garten von 5.000 bis 6.000 Quadratmetern; es gibt zahlreiche alte Nussbäume und Fliederbüsche. Der Garten ist von meterhohem Unkraut bedeckt; seit dem Krieg hat niemand hier gearbeitet. Das Jäten wird nutzlos sein, weil der französische Gefängnisdirektor sich nicht davon abbringen lässt, das Unkraut als Dünger eingraben zu lassen.«[12]

Die Gefängnisleitung stellte Gartengeräte, Saatgut, Dünger und Pflanzen bis hin zu jungen Bäumen. Speer bestellte, was er brauchte – er erhielt sogar Nistkästen, um sie in die Bäume zu hängen. Für den hyperaktiven Speer bot die Gartenarbeit zum einen eine sinnvolle Beschäftigung, die seine Fantasie anregte, zum anderen war die viele Bewegung an der frischen Luft gesund und diente ihm als Fitnessprogramm. Speer selber spricht von seinem »Durchhalte-Programm«.

Nach den untätigen Wintermonaten wartete er ungeduldig, dass die Gartenaktivitäten wieder losgingen: »Das Gras grünt, Rossmist und Kunstdünger sind angefahren, die Spatzen lärmen. Ich stürzte mich, als wir heute Morgen in den Garten geführt wurden, gleich auf die Arbeit.«

Speer, ganz Architekt, arbeitete nach einem Plan. Auf dem Papier hatte er seinen Park entworfen und bei der Umsetzung entwickelte er einen solchen Ehrgeiz, dass langsam aber sicher aus dem verkommenen Gelände ein Landschaftsgarten entstand. Ein US-Wachoffizier sprach sogar von einem »Garten Eden«: »Als Speer kam, war der Garten eine richtige Wildnis. Als er ging, glich der Garten einem herrlich gepflegten Park mit einer Fülle von Blumen aller Art, einer Gemüseecke – mit Salat, Tomaten und Beeren – und einem Obstgarten mit Dutzenden von Apfel- und Pflaumenbäumen.«[13] Vor allem aber gab es Wege, die durch den Garten führten. Genauer: Ein 270 Meter langer Rundweg war der wichtigste. Auf ihm drehte Speer Tag für Tag eine Unzahl von Runden. Dabei blendete er die Tatsache, dass er sich auf dem Gefängnishof in Spandau befand, soweit wie möglich aus. Vielmehr stellte er sich vor, zu Fuß die Welt zu erwandern. Erste Etappe: von Berlin nach Heidelberg, dann über die Alpen, den Balkan, weiter nach Asien und so weiter …

Auf die Etappen seiner virtuellen Reise bereitete Speer sich bestens vor: Er ließ sich Karten, Länderberichte und kunstgeschichtliche Bücher aus der Bibliothek kommen und absolvierte so ein anregendes Bildungsprogramm. Und wenn er dann durch den Garten von Spandau wanderte, sah er vor seinem geistigen Auge die Landschaften, Städte und historischen Bauten. Penibel führte er Buch über die zurückgelegten Strecken. Nach seinen Berechnungen hatte er 31.936 Kilometer hinter der Gefängnismauer zurückgelegt, als er am 1. Oktober 1966 nach 20jähriger Haft entlassen wurde. »Bitte 35 Kilometer südlich von Guadalajara in Mexiko abholen«, telegrafierte er an einen Freund, den er in seine Weltreisen eingeweiht hatte.

Speer war während der Haft ein fleißiger Tagebuchschreiber. Der Ton ist eher sachlich, selbst wenn er die Sonntag-Morgen-Idylle in seinem Gefängnis-

»Der Widerstand der Maschine entspricht, wie ich errechnet habe, einem Höhenunterschied von vierhundert Metern.« – Albert Speer in Spandau

garten beschrieb: »Eine Amsel badete im Badewannenteich und sang danach über mir im Nussbaum. Ein junger Spatz hatte sich unter der Gartenbank verirrt. Fünf Falken übten unterdessen Kunstflug im Wind.« Sein Verhältnis zum Garten und zu Gartenarbeit war äußerst pragmatisch: Sie sollten im Verein mit seiner virtuellen Weltreise nach seinen Worten, »Kopf und Körper gesund halten«. Sie sollten ihm die Haftzeit erleichtern und ihn für die Zeit danach in eine Topverfassung bringen. Diese Zukunftsperspektive war immer gegenwärtig. Würde er die Walnüsse des frisch gepflanzten Baums überhaupt noch ernten können, bevor seine 20jährige Haft zu Ende ging?

Nachdem Speer schließlich am 1. Oktober 1966 entlassen worden war, hat er sich nie wieder mit Gärten, Gartenarbeit oder Gartengestaltung beschäftigt. Der Garten in Spandau verschwand 1987, als mit Rudolf Heß der letzte in der Festung einsitzende Kriegsverbrecher starb. Die vier Mächte hatten beschlossen, den Gebäudekomplex sofort abzureißen. Er sollte keine braune Kultstätte werden. So verschwanden auch die Bäume, die Speer gepflanzt, die Senkgärten und Rabatten, die er angelegt hatte.

Die KZ Gedenkstätte in Dachau ist als Mahnmal erhalten geblieben. Doch von der Kräuterplantage, auf der Korbinian Aigner mit anderen Häftlingen täglich schuften musste, ist nichts mehr zu sehen. Er hat die »Plantage« überlebt – auch weil es ihm gelang, heimlich und im Verborgenen Apfelbäume zu ziehen, so wie er es zu Hause vor seiner Inhaftierung im Pfarrgarten getan hatte. Auf diese Weise holte sich Aigner ein Stück Normalität in den Wahnsinn des KZ-Alltags. Er wagte es, hinter irgendeinem Busch auf dem Gelände aus Apfelkernen Sämlinge zu ziehen. Das war seine Art, dem Terror zu widerstehen. 30.000 Menschen starben in Dachau an Hunger und Krankheit, unter der Folter oder sie wurden exekutiert.

Renate Hücking

Doch wie ist Aigner an die Apfelkerne gekommen?

Der frühere Messdiener aus seiner Gemeinde erzählt die anrührende Geschichte: Aus Sorge um das Schicksal ihres Pfarrers hatten Freunde ein paar Äpfel ins Lager schmuggeln lassen. Und als schließlich ein Zettel mit den richtigen Sortenbezeichnungen wieder heraus kam, wussten sie, dass er noch lebte. An einem versteckten Ort muss Aigner heimlich die Apfelkerne in den Boden gesteckt haben. Vier Sämlinge päppelte er hoch. Sie waren für ihn Gefahr und Hoffnung zugleich.

Nach einem Jahr waren die Haupttriebe etwa einen Meter groß – und es gelang ihm, die Bäumchen aus Dachau hinaus zu schmuggeln.

Korbinian Aigner überlebte nicht nur die »Heilkräuterplantage«, er konnte sogar entkommen, als die SS kurz vor Kriegsende 10.000 halbverhungerte Häftlinge aus dem KZ auf den »Todesmarsch« schickte. Es gelang ihm, aus der Kolonne zu fliehen und in einem nahe gelegenen Kloster Einlass zu finden. Das war seine Rettung. Ein paar Tage später standen die Amerikaner vor der Tür.

Korbinian Aigner kehrte sofort in seine Pfarrei zurück. Über seine Zeit im Konzentrationslager hat er danach kaum gesprochen. Seine Zöglinge aus Dachau hat er ganz unsentimental KZ 1, KZ 2, KZ 3, und KZ 4 genannt. Er vermehrte die Bäumchen, die seinen Garten erreicht hatten, aber nur bei KZ 3 lohnte die Weiterzucht. Als Baum ist KZ 3 pflegeleicht, der Apfel schmeckt und wird deshalb auch immer noch gepflanzt. Aigner zu Ehren wurde KZ 3 inzwischen in Korbinians-Apfel umbenannt.

1966 ist Korbinian Aigner gestorben. Der Pfarrer ließ sich mit seinem zerschlissenem Mantel begraben, der ihn durch die Jahre im KZ begleitet hatte.

»Der Obstbau ist die Poesie der Landwirtschaft.« – Korbinian Aigners in Dachau gezogener Apfel »KZ 3« heißt heute Korbiniansapfel.

Anmerkungen

Günter Miehlich

Ohne Boden bodenlos …

1 Fritz Holzwarth, Hansjörg Radtke, Bernd Hilger u. Günther Bachmann. Bundes-Bodenschutzgesetz/Bundes-Bodenschutz- und Altlastenverordnung. Bodenschutz und Altlasten 5. Berlin 2000, S. 51f.

2 Vgl. Ad-hoc-AG Boden. Bodenkundliche Kartieranleitung. Stuttgart 2005.

3 Karin Greiner, Thomas Hagen, Angelika Weber. Der große ADAC-Ratgeber Garten. Bd.: Zwiebel und Knollenpflanzen. München 1995. Kurios ist, dass in jedem dieser Bände die Bodenart erklärt wird, jedoch nur in diesem verständlich und richtig.

4 Vgl. Robert Sulzberger. Kompost, Erde, Düngung: Der gesunde Gartenboden. Pflanzenernährung und Düngepraxis. München/ Wien/Zürich 2003, S. 9.

5 Zit. n. Kulturstiftung Dessau Wörlitz (Hrsg.). Unendlich schön – das Gartenreich Dessau-Wörlitz. Berlin 2005, S. 178.

6 Heinz Ohff. Der grüne Fürst. München 2005, S. 92 u. 260.

7 Vgl. Bundesamt für Bauwesen und Raumforschung (Hrsg.). Raumordnungsbericht 2000. Berlin 2000.

8 Südwind: Kinderarbeit in indischen Steinbrüchen. [www.suedwind-institut.de/downloads/LF_Kommunen-Steine-Kinder-Indien.pdf] 27.5.2009.

9 Vgl. Bundesvereinigung Humus- und Erdenwirtschaft. Positionen 1. Aachen o. J.

Wolfgang Kil

Stadtpark – Brache – Neue Wildnis?

1 Atelier LATENT. Wo Anne ihren ersten Kuss erhielt. Begleitbroschüre für Spaziergänge durch den Leipziger Osten. Leipzig 2002.

2 Ingeborg Beer. Einen kleinen Zoo und einen Schrebergarten für jeden. In: Das Parlament. Berlin 2003, Nr. 37, S. 13.

3 Undine Gisecke. Über Irritationen in der Freiflächenkultur. In: Deutsches Architektenblatt 4/03.

4 Eva Barlösius, Claudia Neu. Wildnis wagen? In: Berliner Debatte INITIAL 2001, Nr. 6, S. 72.

5 Jörg Dettmar. Ökologische und ästhetische Aspekte der Sukzession auf Industriebrachen. In: Heike Strehlow (Hrsg.). Ökologische Ästhetik. Basel/Berlin/Boston 2004, S. 128.

6 Richard Ingersoll. Kleine urbane Naturen – Christophe Girot. Luzern 2004.

7 Dettmar. A.a.O., S. 129.

8 Atelier LATENT. A.a.O.

9 Katja Heinecke, Reinhard Krehl. Villa Hamilton. [www.landschaften-2003.de] September 2007.

10 Dettmar. A.a.O., S. 129.

11 Boris Sieverts. Was ist öffentlicher Raum in Deutschland im Jahr 200X? In: Ministerium für Städtebau und Wohnen des Landes NRW (Hrsg.). Stadt macht Platz – NRW macht Plätze. Landeswettbewerb 2003 Dokumentation, S. 16.

Horst Günther

Der Traum des Poliphilo …

1 Jacob Burckhardt. Die Kultur der Renaissance in Italien, hrsg. u. kommentiert v. Horst Günther. Frankfurt a. M. 1989, S. 280.

2 Ebd. Die Kunst der Renaissance. Kap. XIV: Die Villen, Kap. XV: Die Gärten, S. 778 ff.

3 Zit. n. Leon Battista Alberti. De Re Aedificatoria. Buch 9, Kap. 4.

4 Siehe Marie-Luise Gothein. Geschichte der Gartenkunst. Jena 1914, Bd. 1, S. 221.

Hans-Helmut Poppendieck
Barock als Banalität …

1 Am 27.9.2009 entschieden sich rund 80 Prozent der Ahrensburger Wähler in einem Bürgerentscheid gegen den Kastenformschnitt und dafür, dass »die Linden an der Großen Straße ... durch Kronenbegrenzungsschnitt in ihrem natürlichen Erscheinungsbild erhalten und gepflegt werden.«

2 Vortheile und Nachtheile des Kappens der Bäume auf den Hamburgischen Wällen und Landstraßen. In: Verhandlungen und Schriften der Hamburgischen Gesellschaft zur Beförderung der Künste und nützlichen Gewerbe. Hamburg 1792, 2. Bd., S. 194–213.

3 Ingo Kowarik. Unkraut oder Urwald? Natur der Vierten Art auf dem Gleisdreieck. In: Bundesgartenschau GmbH (Hrsg.). Dokumentation Gleisdreieck morgen. Sechs Ideen für einen Park. Berlin 1991, S. 45–55.

4 [http://de.wikipedia.org/wiki/Komik] 4.5.2009.

5 A. Le Blond. Die Gärtnerey sowohl in ihrer Theorie oder Betrachtung als Praxis oder Übung. Augsburg 1731. Reprint Leipzig 1986, S. 78.

6 Alwin Seifert. Die Versteppung Deutschlands. In: Alwin Seifert. Im Zeitalter des Lebendigen. Planegg 1942, S. 24–50. Der Aufsatz ist zuerst 1934 erschienen.

7 Werner Hoffmann. Die Grüne Spur. Stiftung Naturschutz Hamburg und Stiftung zum Schutz gefährdeter Pflanzen. Hamburg 1994. Bd. 1, S. 65f.

8 Freie und Hansestadt Hamburg. Baumschutzverordnung. Vom 17. September 1948 (HmbBL I 791-i), 17. September 1948.

9 Jürgen Milchert. Vom Schutzgedanken zum Präventivschlag. In: Garten und Landschaft 8/1993. S. 4–5.

10 Hier ist pauschal von »der« Linde die Rede. Wir verzichten in diesem Aufsatz darauf, auf die Unterschiede zwischen Winter- und Sommerlinde (Tilia cordata und T. platyphyllos) einzugehen. Bei den gepflanzten Linden handelt es sich in den meisten Fällen um die Hybride der beiden Arten, die Holländische Linde Tilia x vulgaris.

11 Zit. n. Clemens Alexander Wimmer. Bäume und Sträucher in historischen Gärten. Gehölzverwendung in Geschichte und Denkmalpflege. Dresden 2001, S. 34.

12 Vortheile und Nachtheile des Kappens der Bäume auf den Hamburgischen Wällen und Landstraßen. A.a.O.

13 R. Maatsch (Hrsg.). Pareys Gartenbaulexikon. 2 Bde. Berlin 1956. Bd. 1, S. 27.

14 Meyers Konversationslexikon, 3. Auflage, Bd. 2, etwa 1880.

Martina Oldengott
Die Entdeckung der Landschaft …

1 Adrian von Buttlar. Der Landschaftsgarten. Gartenkunst des Klassizismus und der Romantik. Köln 1989, S. 115.

2 Vgl. Günther Herzog. Hubert Robert und das Bild im Garten. Worms (Grüne Reihe 13) 1989.

3 Die Aufzeichnungen zu Canon befinden sich im Stadtarchiv von Mézidon.

4 Vgl. die Briefe Elie de Beaumonts aus England, die sein Cousin Vicomte de Grouchy 1895 in der »Revue Britannique« veröffentlichte.

5 Informationsprospekt und Führer durch den Park von Canon, hrsg. v. Vielles Maisons Francaises. o. J. (Übers. d. Verf.).

Horst Günther
Gärten der Revolution …

1 Thomas Morus. Utopia, hrsg. v. Horst Günther. Frankfurt a. M. 1992, S. 55.

2 Horaz. Oden, II, 3.

3 Übersetzt von Rudolf Alexander Schröder.

4 Denis Diderot. Der Spaziergang des Skeptikers oder die Alleen. Vorrede. In: Horst Günther (Hrsg.). Diderot. Inselalmanach auf das Jahr 1984. Frankfurt a. M. 1983, S. 26.

5 Vgl. Justus Möser. Das englische Gärtchen (1773). In: Patriotische Phantasien, 2. Teil, Nr. 77.

6 Johann Wolfgang Goethe. Der Triumph der Empfindsamkeit, 4. Akt. In: Weimarer Ausgabe. I. Abt., Bd. 17., S. 37.

7 Georg Forster. Parisische Umrisse. In: Horst Günther (Hrsg.). Die Französische Revolution. Berichte und Deutungen deutscher Schriftsteller und Historiker. Frankfurt a. M. 1985, S. 633.

8 Konrad Engelbert Oelsner. Vorrede zur Klio. In: Ebd., S. 1422.

9 August Ludwig von Schlözer. Staatsanzeigen Bd. 13, H. 52. In: Ebd., S. 1280.

10 Johann Bernhard Fischer von Erlach. Entwurf einer historischen Architektur. Wien 1721.

Hartmut Frank

Vom formalen Garten zur Stadtlandschaft

1 Vgl. Fritz Schumacher. Architektonische Aufgaben der Städte. In: Robert Wuttke (Hrsg.). Die Deutschen Städte. Leipzig 1904, Bd. 1.

2 Alfred Lichtwark. Moderne Gartenkunst. In: Die Gegenwart 28, 1885. Zit. n.: Ders. Studien. Hamburg 1896, Bd. 1, S. 81ff.

3 Vgl. die Einführung Lichtwarks zu dem von Ed. L. Lorenz Meyer und E. Janda zusammengestellten Band der Gesellschaft Hamburger Kunstfreunde: Breitfenster und Hecke. Ein Bilderbuch alter Hamburgischer Häuser und Gärten. Hamburg 1906.

4 »Hier wurde nicht versucht, den Gartenbau zu behandeln ... denn die Frage der Gestaltung, der Behandlung des Grundstücks in seiner Gesamtheit und im Detail ist grundsätzlich anderer Art. Sie wurde mit dem Gartenbau durcheinander gebracht und schließlich diesem untergeordnet. Gartenbau verhält sich zu Gartenkunst etwa so wie Bauen zur Architektur, sie sind miteinander verbunden aber längst nicht identisch.« Reginald Blomfield and F. Inigo Thomas. The Formal Garden in England. London 1892, Preface.

5 »die auf ziemlich dem gleichen Prinzip beruhe wie dem, wonach ein Gentleman sich dadurch auszeichnet, keinerlei nützliche Arbeit zu leisten«; ebd., S. 227.

6 Vgl. Uta Hassler. Max Läuger und die Gartenbauausstellung in Mannheim 1907. In: Mannheim um 1900. Katalog zur Ausstellung, Mannheim 1985, S. 257–293.

7 Alfred Lichtwark. Das Problem des Hamburger Stadtparks. In: Jahrbuch der Gesellschaft hamburgischer Kunstfreunde, 14, 1908, S. 3–39; und: Ders. Park und Gartenstudien. Das Problem des Hamburger Stadtparks. Der Heidegarten. Berlin 1909, S. 49.

8 Ebd.

9 Ebd., S. 83.

10 Ebd., S. 87.

11 Ebd., S. 112f.

12 Leberecht Migge. Der Hamburger Stadtpark und die Neuzeit. Die heutigen öffentlichen Gärten – dienen sie in Wahrheit dem Volke? Betrachtungen eines Praktikers. Hamburg 1909, S. 27f.

13 Vgl. Fritz Schumacher. Ein Volkspark, dargestellt am Hamburger Stadtpark. München 1928.

14 Fritz Schumacher. Eine Studienreise nach England. In: Ders. Rundblicke. Ein Buch von Reisen und Erfahrungen. Stuttgart und Berlin 1936, S. 42.

15 Alfred Lichtwark. Briefe an die Kommission für die Verwaltung der Kunsthalle. In: Auswahl mit einer Einleitung hrsg. v. Gustav Pauli (Hamburgische Hausbibliothek). Hamburg 1923, Bd. 2, S. 318f.

16 Hugo Koch. Gartenkunst im Städtebau. Berlin 1914.

17 Werner Hegemann. Der Städtebau nach den Ergebnissen der Allgemeinen Städtebauausstellung in Berlin nebst einem Anhang: die internationale Städtebauausstellung in Düsseldorf. Berlin Teil 1 1911, Teil 2 1913.

18 Werner Hegemann. Der neue Bebauungsplan für Chicago. Berlin o. J.

19 Werner Hegemann. Ein Parkbuch. Zur Wanderausstellung von Bildern und Plänen amerikanischer Parkanlagen. Berlin 1911.

20 Fritz Schumacher. Köln. Entwicklungsfragen einer Großstadt. München 1923.

Bernd Horneburg

Tomaten in menschlicher Gesellschaft

1 J. Metzger. Landwirthschaftliche Pflanzenkunde oder praktische Anleitung zur Kenntniß und zum Anbau der für Oekonomie und Handel wichtigen Gewächse. Heidelberg 1841, S. 558f.

2 Johannes Böttner. Tomatenbuch. Frankfurt/
   Oder 1922, S. 4f.

3 Michael Flitner. Sammler, Räuber und Ge-
   lehrte – Die politischen Interessen an pflan-
   zengenetischen Ressourcen 1895–1995.
   Frankfurt a.M. 1995, Vorspann.

4 Vgl. ebd., S. 85–121.

5 Vgl. Semyon Reznik und Yuri Vavilov. The
   Russian Scientist Nicolay Vavilov. In: Nicolay
   Ivanovich Vavilov. Five Continents. Rom
   1997, S. xxiv–xxviii.

6 Vgl. Gertrud Rullich, Bärbel Schöber-Butin,
   Frank Niepold und Johann Habermeyer.
   Alte und neue Populationen von *Phytophthora
   infestans* in Deutschland. In: Nachrichtenblatt
   des Deutschen Pflanzenschutzdienstes,
   Heft 54, 2002, S. 152–155.

7 Gen-ethischer Informationsdienst (GID) 162,
   Februar 2004, S. 20 und
   [http://www.news.ucdavis.edu/search/news
   _detail.lasso?id=6833] 3.6.2009.

8 Kommission Zukunft der Lebensmittel und
   Landwirtschaft: Manifest zur Zukunft des
   Saatgutes. Sesto Fiorentino 2006, S. 22f.

9 Vgl. Charles M. Rick. Die Tomate. In:
   Spektrum der Wissenschaft Nr. 11, 1978,
   S. 25–34.

10 Vgl. Armin Paasch. Verheerende Fluten –
   politisch gemacht. Germanwatch e.V., Bonn
   und Berlin 2008 sowie [www.germanwatch.
   org/handel/tomahuhn.htm].

11 Vgl. Europäisches BürgerInnenforum und
   CEDRI. Bittere Ernte. Die moderne Skla-
   verei in der industriellen Landwirtschaft
   Europas. Propress Zürich 2004, S. 9–18.

12 Vgl. Magdalena Siebold. Gläserne Produktion
   am deutschen Tomatensaatgutmarkt? Aktuelle Saatgutflüsse und Bedarfskalkulationen.
   Bachelorarbeit an der Fakultät für Agrar-
   wissenschaften, Georg-August-Universität
   Göttingen, 2006.

13 Vgl. [http://ec.europa.eu/food/plant/
   propagation/catalogues/index_en.htm].

14 Vgl. Josef Barfuß. Die Melone, Tomate
   und der Speisekürbis. Neudamm 1896,
   S. 54–55.

15 Nicolai Ivanovic Vavilov. Geographische
   Genzentren unserer Kulturpflanzen. In:
   Zeitschrift für induktive Abstammungs- und
   Vererbungslehre 1928, Supplementband I,
   S. 369.

Hartwig Stein
Oasen in der Steinwüste …

1 Adolph Friedrich Lüders. Einige Bemerkungen über mehrere Ursachen des Elends in der
   unteren Volksklasse. Altona 1829, S. 21.

2 Neue Aufgaben in der Bauordnungs- und An-
   siedlungsfrage. Eine Eingabe des Deutschen
   Vereins für Wohnungsreform. Göttingen
   1906, S. 38.

3 5. Reichskleingärtnertag. Verhandlungs-
   bericht nebst Geschäftsbericht des Vorstands
   des Reichsverbands der Kleingartenvereine
   Deutschlands, Frankfurt am Main, 30. und
   31.7.1927. Frankfurt am Main 1927, S. 61f.
   (Schriften des RVKD H. 12).

4 [Karl Georg] Rosenbaum. Kleingartenämter.
   In: Gartenkunst Jg. 13, H. 9, 1920, S. 132.

5 Spectator, Jugendpflege und Kleingarten.
   In: Hamburger Anzeiger, 24.1.1928.

6 Zit. n. Parzelle Laube Kolonie. Kleingärten
   zwischen 1880 und 1930. Texte und Bilder zur
   Ausstellung im Museum »Berliner Arbeiter-
   leben um 1900« vom 18. Mai 1988 bis 8. April
   1989. O. O. o.J., S. 37.

7 Kurt Schilling. Die Entwicklung des deutschen Kleingartenwesens. In: Der Fachberater
   für das deutsche Kleingartenwesen. Jg. 7,
   H. 25, 1957, S. 11.

8 Hamburger Fremdenblatt, 20.2.1917 (Abend-
   ausgabe).

9 Kleingarten-Jahrbuch Jg. 2, 1918. Bearb. i. A.
   der Kleingarten-Kommission der Stadt Altona
   v. F[erdinand]. Tutenberg, S. 57f.

10 Ulrich Plenzdorf. Die neuen Leiden des jungen W. Rostock 1973.

11 Neues Deutschland, 16.9.1965. Zit. n. Isolde
   Dietrich. Hammer Zirkel Gartenzaun. Die
   Politik der SED gegenüber den Kleingärtnern.
   Berlin 2003, S. 176.

12 Zit. n. Hartwig Stein. Chronik 1907–2007.
   100 Jahre Landesbund der Gartenfreunde in
   Hamburg e.V. o. O. o. J., S. 63 mit diversen
   Belegstellen im Anmerkungsapparat.

Britta Olényi von Husen

Leberecht Migge und der Reformgarten …

1 Alfred Lichtwark. Markartbouquet und Blumenstrauss. Hamburg 1892, S. 30.
2 Leberecht Migge. Deutsche Gartenkultur I. Das Typische am neuen Garten. In: Dekorative Kunst. Bd. 16, 1913, S. 380.
3 Hermann Muthesius. Die Bedeutung des Kunstgewerbes. In: Dekorative Kunst. Bd. 10, 1907, S. 182.
4 Leberecht Migge. Garten-Naturalismus. In: Die Gartenkunst, 12. Jahrgang, 1910, S. 194.
5 Leberecht Migge. Gartenkultur des 20. Jahrhunderts. Jena 1913, S. 23.
6 Simone Oelker. Otto Haesler. Eine Architektenkarriere in der Weimarer Republik. Hamburg 2002, S. 255.

Brita Reimers

Vom Gartenkind zum Weltbürger …

1 Alma de l'Aigle. Unveröff. Text vom 12.1.1932. In: N 1021 Nachlass Alma de l'Aigle. Bundesarchiv, Koblenz, Ordner 5.
2 Dies. Leben und Bücher. Unveröff. Manuskript, 4 S., S. 1. In: Nachlass. A.a.O., Ordner 1.
3 Dies. Ein Garten hrsg. v. Anke Kuhbier, Martina Nath-Esser, Brita Reimers. Hamburg 1996, S. 14.
4 Dies. Deutsches Erbrecht. In: Jungdeutsche Stimmen. Febr. 1921, 3. Jg., H. 2, S. 43 f.
5 Siehe Silke Helfrich. Wem gehört die Welt? Zur Wiederentdeckung der Gemeingüter. München 2009.
6 Martina Nath-Esser. In: Akte Garten de l'Aigle. Behörde für Stadtentwicklung und Umwelt in Hamburg.
7 Für diesen Hinweis danke ich Martina Oldengott, die die Senatsdrucksache und die Bürgerschaftsdrucksache verfasst hat.
8 Alma de l'Aigle. Schriftstellerin wider Willen. 1951, Unveröff. Manuskript, 8 S., S. 1. In: Nachlass. A.a.O., Ordner 1.
9 Ebd., S. 4.
10 Dies. Die ewigen Ordnungen in der Erziehung. Gespräche mit Müttern. Hamburg 1948, S. 309.
11 Ebd., S. 9.

12 Dies. Die ewigen Ordnungen in der Erziehung. Gespräche mit Müttern. 3. Auflage, Hamburg 1952, S. 522.
13 Dies. Schriftstellerin. A.a.O., S. 5.
14 Dies. Ein Garten. A.a.O., S. 164.
15 Dies. Die ewigen Ordnungen. 1948. A.a.O., S. 17.
16 Dies. Ein Garten. A.a.O., S. 28.
17 Ebd., S. 114.
18 Ebd., S. 90.
19 Dies. Bauspielplätze. In: Hamburger Elternblatt. O. J., S. 8. In: Nachlass. A.a.O., Ordner 1.
20 Dies. Der Staat als Erzieher. In: 4. Politischer Rundbrief 1925, S. 16.
21 Dies. Volk und Staat. Unveröff. Manuskript 1923, 41 S., S. 15. In: Nachlass. A.a.O., Ordner 3.
22 Ebd., S. 14.
23 Dies. Staat und Versuchsschule. In: Hamburger Lehrerzeitung Nr. 24, 15.6.1929, S. 500.
24 Dies. Volk und Staat. A.a.O., S. 11.
25 Dies. Die ewigen Ordnungen. 1948. A.a.O., S. 9.
26 Dies. Leben und Bücher. A.a.O., S. 3.
27 Dies. Eine Schulklasse erlebt Zeit und Ewigkeit. Unveröff. Manuskript. Archiv B. Reimers. 82 S., S. 37.
28 Dies. In: Meine Briefe von Theodor Haubach, Hamburg 1947, S. 13.
29 Dies. Begegnung mit Rosen. A.a.O., S. 314.
30 Ebd., S. 317.
31 Zit. n. Servais Lejeune. Alma de l'Aigles Vermächtnis. In: Der Rosenbogen mit Jahrbuch 1976, Nr. 4, S. 128.

Brigitte Wormbs

Gärten in modernen Zeiten

1 Arnold Hauser. Der Ursprung der modernen Kunst und Literatur. München 1973, S. 31.
2 Gustav René Hocke. Die Welt als Labyrinth. Hamburg 1983, S. 88.
3 Nicolas Born. In Berlin 1966. In: Gedichte 1967–1978. Reinbek bei Hamburg 1981, S. 13.
4 Robert Walser. In: Hans Bender (Hrsg.). Das Insel-Buch der Gärten. Frankfurt a. M. 1985, S. 234.
5 Bertold Brecht. An die Nachgeborenen. Svendborger Gedichte. Gesammelte Werke. Frankfurt a. M. 1967, Bd. 9, S. 723.

6 Otto Valentien. Neue Gärten. Ravensburg 1957, Klappentext.

7 Peter Shepheard, Erich Kühn. Grüne Architektur. Berlin 1959, S. 8.

8 Valentien. A.a.O., S. 4.

9 Sigfried Giedion. Raum Zeit Architektur. Ravensburg 1965, S. 45.

10 Shepheard. A.a.O., S. 20.

11 Ebd.

12 Zit. n. Magdalena Droste. Bauhaus. Berlin/Köln 1990, S. 121.

13 Fannina W. Halle. Kunstblatt Nr. 13, 1929, H. 7, S. 203.

14 Lena Meyer-Bergner (Hrsg.). Hannes Meyer. Bauen und Gesellschaft. Schriften, Briefe, Projekte, Dresden 1980.

15 Ebd.

16 Shepheard. A.a.O., S. 62.

17 Ebd., S. 64.

18 Humphrey Repton. Sketches and Hints on Landscape Gardening. London 1794.

19 Jean Jacques Rousseau. Die Neue Héloïse. München 1988, S. 503ff.

20 Jacques Delille. Les Jardins ou l'art d'embellir les paysages. Paris 1782.

21 William Hogarth. Analysis of Beauty. London 1753.

22 Zit. n. Ernst Bloch. Naturrecht und menschliche Würde. Frankfurt a. M. 1961, S. 75.

23 Jean Paul. Siebenkäs. Hamburg 1957, S. 537.

24 Zit. n. Günter Herzog. Hubert Robert und das Bild im Garten. Worms 1989, S. 173.

25 Jean Renoir. Bemerkungen zu »Modern Times«. In: Wilfried Wiegand (Hrsg.). Über Chaplin. Zürich 1978, S. 73.

26 Giedion. A.a.O., S. 40.

27 Zit. n. Peter Gössel, Gabriele Leuthäuser. Architektur des 20. Jahrhunderts. Köln 1990, S. 221.

28 Susanne Mayer. Bei Mickey im Garten. In: Die Zeit 24/1997.

29 In: Frankfurter Rundschau, 25.6.1997.

30 Oskar Negt. Geschwindigkeit als Politik. In: Oskar Negt, Alexander Kluge. Maßverhältnisse des Politischen. Frankfurt a. M. 1993, S. 307.

31 Negt, Kluge. A.a.O., S. 16.

32 Alexander Kluge. Das Politische ohne dessen Verzweiflung. In: Negt, Kluge. A.a.O., S. 290.

33 Oskar Negt. Geschwindigkeit als Politik. In: Negt, Kluge. A.a.O., S. 307.

34 Oskar Negt. Ebd. S. 306.

35 Johann Heinrich Pestalozzi: Aus dem Tagebuch 1774. In: Robert Alt (Hrsg.). Johann Heinrich Pestalozzi zum Gedächtnis. Berlin/Leipzig 1951, S. 24.

36 Daniel Gottlob Moritz Schreber. Kallipädie oder Erziehung zur Schönheit. Leipzig 1858.

37 Peter Weiß. Abschied von den Eltern. Frankfurt a. M. 1964, S. 16.

38 Bertolt Brecht. Geschichten vom Herrn Keuner. Gesammelte Werke. Frankfurt a. M. 1967, Bd. 12, S. 318.

Jörg Dettmar
Urbanisierte Landschaft …

1 Hartmut Rosa. Beschleunigung. Die Veränderung der Zeitstruktur in der Moderne. Frankfurt a. M. 2005. S. 161ff.

2 Walter Siebel. Ist die Europäische Stadt ein zukunftsfähiges Modell? In: Werner Rietdorf (Hrsg.). Auslaufmodell Europäische Stadt? Neue Herausforderungen und Fragestellungen am Beginn des 21. Jahrhunderts. Berlin 2001, S. 151–155.

3 Rolf Peter Sieferle. Die totale Landschaft. Topos 47/2004, S. 6–13.

Thomas Gladis
Gärten und Kulturen auf der Wanderschaft

1 1. Mose IV, 5. In: Evangelische Deutsche Original-Bibel von 1741. Griechischer und hebräischer Original-Text mit der Deutschen Originalübersetzung Martin Luthers. Band 1. Berlin 1986.

2 Christa Müller. Wurzeln schlagen in der Fremde. München 2002, S. 7.

3 »The greatest service which can be rendered any country is to add a useful plant to its [agri]culture.« [http://www.jeffersoninstitute.org/initiative/jefferson.shtml] 22.7.2009.

4 Emanuel Ritter von Proskowetz jun. Welches Werthverhältnis besteht zwischen den Land-

rassen landwirthschaftlicher Culturpflanzen
und den sogenannten Züchtungsrassen?
Internationaler land- und forstwirthschafli-
cher Congress zu Wien. Section I: Landwirth-
schaft. Subsection: Pflanzenbau. Frage 5.
H. 13. 1890, S. 16.
5 Vgl. Eckehart Jäger, Friedrich Ebel, Peter
Hanelt und Gerd K. Müller (Hrsg.). Exkur-
sionsflora von Deutschland. Bd. 5: Krautige
Zier- und Nutzpflanzen. Berlin/Heidelberg
2008, S. 159 und 177.

Marit Rosol
Gemeinschaftsgärten …

1 Eine Ausnahme bilden u. a. die Arbeiten von
Haidle und Arndt sowie Lebuhn, welche sich
mit Auseinandersetzungen über die Verfü-
gungsmacht von Raum in Buenos Aires und
Los Angeles beschäftigen.
Isabella Haidle, Christoph Arndt. Urbane Gärten in Buenos Aires. ISR Diskussionsbeiträge,
Technische Universität Berlin 2007, Heft 59.
Henrik Lebuhn. Stadt in Bewegung. Mikro-
konflikte um den öffentlichen Raum in Berlin
und Los Angeles. Münster 2008.
2 Elisabeth Meyer-Renschhausen. Unter dem
Müll der Acker. Community Gardens in New
York City. Konzepte/Materialien.
Königstein/Taunus 2004, Bd. 2, S. 120.
3 Gentrification meint den baulichen und sozialen Umwandlungsprozess eines Stadtteils,
welcher mit einem teils gezielten und selekti-
ven Austausch der Bevölkerung einhergeht.
4 Frieder Lutz. Gemeinschaftsgärten statt
Parks. In: Garten und Landschaft 11/1987,
S. 153.
5 Marit Rosol. Gemeinschaftsgärten in Berlin.
Eine qualitative Untersuchung zu Potentialen
und Risiken bürgerschaftlichen Engagements
im Grünflächenbereich vor dem Hintergrund
des Wandels von Staat und Planung, Berlin
2006, Gemeinschaftsgärtner Interview 19/2003.
6 Petra Kindermann. Wegweiser. Ein ökologischer Lehrpfad für wissbegierige Kinder mit
bunten und phantasievollen Tafeln. Kinderbauernhof am Mauerplatz e. V. (Hrsg.). Berlin
1998, S. 5.

7 Permakultur bedeutet soviel wie dauerhafte
(Land)wirtschaft und meint eine bereichs-
übergreifende und lösungsorientierte Methode zur ökologisch nachhaltigen und funktionalen Gestaltung von Lebensräumen.
8 Gemeinschaftsgärtner Interview. A. a. O.
9 Gemeinschaftsgärtner Interview. A. a. O.
10 Gemeinschaftsgärtner Interview. A. a. O.

Silke Koneffke
Von der Lesbarkeit der Gärten …

1 Slawomir Mrozek. Schlachthof. Ein Hörspiel.
In: Ders. Emigranten und andere Stücke.
Zürich 1997, S. 173.
2 Ebd., S. 203.
3 Vgl. Brigitte Franzen. Die vierte Natur.
Köln 2000.
4 Hans-Joachim Ruckhäberle. Das Bühnenbild
zwischen den Künsten. In: Theater der Zeit. Ar-
beitsbuch: Das Bild der Bühne, hrsg. v. Hans-Joachim Ruckhäberle, Volker Pfüller. 1998, S. 16.
5 Ruckhäberle, Pfüller. Vorwort. Ebd., S. 4.
6 Rudolf Borchardt. Der leidenschaftliche
Gärtner. Frankfurt a. M. 1992, S. 7.
7 Ebd., S. 37f.
8 Hartmut Böhme. Unveröff. Manuskript.
9 James Johnson Sweeney, Josep Lluis Sert.
Antoni Gaudi. Stuttgart 1960, S. 58.
10 Ebd., S. 135.
11 Hanno Rauterberg. Unter goldenen Segeln.
In: Die Zeit Nr. 8, 17.2.2005.
12 Interview: Moment im Park. In: Die Zeit
Nr. 1, 30.12.2004.
13 Ebd.
14 Richard Sennett. Fleisch und Stein. Der
Körper und die Stadt in der westlichen Zivilisation. Frankfurt a. M. 1994, S. 444f.
15 Interview: Moment im Park. A. a. O.
16 Thomas Fischermann. Mit warmem Hintern
durch die »Gates«. In: Die Zeit Nr. 8, 21.2.2005.
17 Lucius Burckhardt. Promenadologie. Eine
neue Wissenschaft. In: Passagen, Schweizerische Kulturzeitschrift 24, 1998, S. 20.
18 Guerilla Gardening. Wikipedia, Oktober 2006.
19 Vgl. Susen Schultz. Snart tar gerillaodlare
över en rabatt nära dig. In: Svenska Dagbladet,
20.6.2006.

20 Zit. n. Klaus Gille. Sensationell: Eine Bühne für Löwen. In: Tier International. Nr. 3, 2006, S. 33.

21 Zit. n. Gille. Ebd., S. 32.

22 Hanna Hohl. Einleitung. In: Katalog Candida Höfer: Zoologische Gärten. Hamburg/Bern 1993, S. 9.

23 Ebd., S. 8.

Udo Weilacher

Gärten für die Multioptionsgesellschaft?

1 Dieter Kienast. Zwischen Poesie und Geschwätzigkeit. Aus: Garten und Landschaft 1/1994. In: Professur für Landschaftsarchitektur ETH Zürich (Hrsg.). Dieter Kienast – Die Poetik des Gartens. Über Chaos und Ordnung in der Landschaftsarchitektur. Basel/Berlin/Boston 2002, S. 137.

2 Dieter Kienast. 10 Thesen zur Landschaftsarchitektur (1998). In: Professur für Landschaftsarchitektur ETH Zürich (Hrsg.). Dieter Kienast – Die Poetik des Gartens. Über Chaos und Ordnung in der Landschaftsarchitektur. Basel/Berlin/Boston 2002. S. 207.

3 Gerhard Mack. Die Liebe zum Garten in der Gegenwartskunst. In: Bund Deutscher Landschaftsarchitekten BDLA (Hrsg.). Neu verorten. Zeitgenössische deutsche Landschaftsarchitektur. Basel/Berlin/Boston 2002, S. 69.

4 Zit. n. Udo Weilacher. Zwischen Landschaftsarchitektur und Land Art. Basel/Berlin/Boston 1996, S. 150.

5 Dieter Kienast. Sehnsucht nach dem Paradies. Aus: Hochparterre 7/1990. In: Professur für Landschaftsarchitektur ETH Zürich (Hrsg.): Dieter Kienast – Die Poetik des Gartens. Über Chaos und Ordnung in der Landschaftsarchitektur. Basel/Berlin/Boston 2002, S. 76.

6 Hans Magnus Enzensberger. Reminiszenzen an den Überfluß. In: Der Spiegel 51/1996, S. 117.

7 Ebd.

8 Zit. n. Weilacher. Zwischen Landschaftsarchitektur und Land Art. Basel/Berlin/Boston 1996, S. 146.

9 Zit. n. Udo Weilacher. Syntax der Landschaft. Die Landschaftsarchitektur von Peter Latz und Partner. Basel/Berlin/ Boston 2008, S. 22.

10 Lucius Burckhardt. Der kleinstmögliche Eingriff (1981). In: Lucius Burckhardt. Die Kinder fressen ihre Revolution. Wohnen – Planen – Bauen – Grünen. Köln 1985, S. 247.

Silke Koneffke

Grau gegen Grün …

1 Klaus Bußmann. Einführung. In: Hans Haacke: Bodenlos. Katalog zur Biennale in Venedig 1993, S. 4.

2 Hans Haacke. Erweiterte Fassung der Überlegungen zum Kunstprojekt im Reichstagsgebäude – nördlicher Lichthof. In: Michael Diers und Kasper König (Hrsg.). Der Bevölkerung. Aufsätze und Dokumente zur Debatte um das Reichstagsprojekt von Hans Haacke. Frankfurt a. M./Köln 2000, S. 91f. Diese über 260 Seiten umfassende Dokumentation vermittelt einen umfassenden Eindruck von der ganzen Wucht des Aufeinanderpralls und der Fülle der Reaktionen.

3 Ebd., S. 91.

4 Zit. aus dem amtlichen Protokoll der 97. Sitzung des Deutschen Bundestages vom 5. April 2000. Ebd., S. 190.

5 Interview: Das deutsche Volk abschaffen. In: Bayernkurier 5.2.2000. Ebd., S. 109.

6 Martina Meister: Die Abschaffung eines Volkes durch die Kunst – eine Presseschau. Ebd., S. 65.

7 Ebd., S. 91.

8 Eduard Beaucamp. Das Volk und seine Erde. In: FAZ, 23.12.1999. Ebd., S. 103.

9 Erwähnungen finden sich bei Diers, König. Ebd., S. 114, S. 116 und S. 205.

10 Eckhard Fuhr: Mutter Erde soll es richten. In: FAZ, 8.4.2000. Ebd., S., 166.

11 Martin Warnke. Haackes Haken. In: SZ, 20.3.2000. Ebd., S. 144.

12 Ebd., Meister, S. 60.

13 Monika Wagner. Mehr Blut als Boden. In: Berliner Zeitung, 22.3.2000. Ebd., S. 139.

14 André Leroi-Gourhan. Hand und Wort. Frankfurt a. M. 1980, S. 267.

15 Hans Haacke. Texte 1965–2006. In: Katalog wirklich, Hamburg/Berlin 2006, S. 250.

16 Ebd., S. 250.

17 Ebd., S. 252.

18 Richard Sennett. Fleisch und Stein. Frankfurt a. M. 1997, S. 223.

19 Ebd., S. 231.

20 Ebd.

21 Ebd., S. 236.

22 Erik Borja. Japanische Gärten. Gartengestalten mit Zen. München 2000, S. 35f.

23 Lorette Coen im Gespräch mit Setsuko Nagasawa. Eine ästhetische Initiation. In: Passagen. Schweizerische Kulturzeitschrift 24, 1998, S. 36f.

24 Ulrich Greiner. Die geordnete Stadt. Zum Umgang mit dem Abweichenden. In: Die Zeit Nr. 9, 26.2.1988.

25 Nikolaus Piper. Geschichte der Wirtschaft. Weinheim/Basel 2002, S. 9.

26 Vergl. Thomas Hoover. Die Kultur des Zen. Köln 1978, S. 96.

27 Otl Aicher. gehen in der wüste. Frankfurt a. M. 1982, S. 146.

28 Ebd., S. 173.

29 Ebd., S. 38.

30 Ebd., S. 172f.

31 Greiner. A.a.O.

Dirck Möllmann

Ressource Kritik …

1 Brigitte Franzen. Die vierte Natur: Gärten in der zeitgenössischen Kunst. Köln 2000, S. 30.

2 Philippe Nys. Ethik und Ästhetik des Gartens. In: KUNSTFORUM International, Bd. 145, Mai bis Juni 1999, S. 72.

3 »Mother Earth: An exploration of the intrinsic structure of terrestrial matter in a geopsycho-analytical dimension: I am going to dig in the fertile plains of the Pampas a gigantic uterus three kilometres long.« Carlos Ginzburg. 10 ideas de arte pobre. 1971. In: Subversive Praktiken. Kunst unter Bedingungen politischer Repression. 60er bis 80er/Südamerika/Europa. Württembergischer Kunstverein Stuttgart, 30. Mai bis 2. August 2009.

4 Robert Smithson. Ohne Titel (Robert Smithson Estate, 1972). In: Ders. Gesammelte Schriften, hrsg. v. Eva Schmidt und Kai Vöckler. Köln 2000, S. 175.

5 Robert Smithson. Entwurf. In: Smithson. A.a.O., S. 191.

6 Joseph Beuys. Zit. n.: Anne Hoormann. Land Art. Kunstprojekte zwischen Landschaft und öffentlichem Raum. Berlin 1996, S. 164.

7 Vgl. Uwe M. Schneede. Joseph Beuys' »Gesamtkunstwerk Freie und Hansestadt Hamburg«. In: Volker Plagemann (Hrsg.). Kunst im öffentlichen Raum. Anstöße der 80er Jahre. Köln 1989, S. 198–205.

8 Bettina von Dziembowski, Dominik von König, Udo Weilacher (Hrsg.). Neuland: Bildende Kunst und Landschaftsarchitektur. Basel/Boston/Berlin 2007, S. 152.

9 Zit. n. Informationstext [www.gflk.de/schute/de/04forschungsstation/04.5projekte/04.5.1fend/fend.php] Juni 2009.

10 Vgl. Martin Warnke. Politische Landschaft. München 1992.

Renate Hücking

Hinter Mauern und Stacheldraht …

1 Renate Hücking, Kej Hielscher. Oasen der Sehnsucht. Von Gärten im Verborgenen. München 2004. In diesem Beitrag stütze mich auf die Arbeit meiner Co-Autoren: Kej Hielscher schrieb über die Gärtner von Leyhill, Hans Hielscher über Nelson Mandela und Albert Speer.

2 Ebd., S. 29.

3 Die Zitate stammen, wenn nicht anders ausgewiesen, aus: Nelson Mandela. Der lange Weg zur Freiheit. Frankfurt 1994. Buch 9, Kap. 4.

4 James Gregory. Goodbye Bafana. London 1995. Zit. n. Hücking, Hielscher. A.a.O., S. 56.

5 Die Zitate stammen aus den Briefbänden: Rosa Luxemburg. Ich umarme Sie in großer Sehnsucht. Briefe aus dem Gefängnis 1915 bis 1918, Berlin/Bonn 3. Aufl. 1989 und Annelies Laschitza und Georg Adler (Hrsg.). Herzlichst Ihre Rosa. Ausgewählte Briefe. Berlin 1989.

6 Vgl. Heide Inhetveen. »Glück im Winkel« – Rosa Luxemburgs botanische Leidenschaft im Spiegel ihrer Gefängnisbriefe und -herbarien. In: Heide Inhetveen, Mathilde Schmitt (Hrsg.). Frauen und Hortikultur. Hamburg 2006.

7 Vgl. Kenneth Helphand. Defiant Gardens. Making Gardens in Wartime. San Antonio 2006. Die Zitate der Ghetto-Bewohner sind dem Kapitel Ghetto Gardens entnommen.

8 Zit. n. Frank Ohorn. Süddeutsche Zeitung, 29. und 30. Dezember 1992, sowie 2./3. Januar 1993.

9 Ebd. Vgl. auch: Korbinian Aigner. Äpfel & Birnen gesehen und gemalt von Korbinian Aigner, mit Beiträgen von Willi Votteler, Peter B. Steiner. München 1994.

10 Zit. n. Enno Georg. Die wirtschaftlichen Unternehmungen der SS. Stuttgart 1963, S. 63.

11 Zit. n. Johannes Neuhäusler. Wie war das im KZ Dachau. Ein Versuch, der Wahrheit näherzukommen. 16. Aufl. Dachau 1996, S. 37.

12 Die Zitate stammen, wenn nicht anders ausgewiesen, aus: Albert Speer. Spandauer Tagebücher. Frankfurt/Berlin/Wien 1975.

13 Gitta Sereny. Das Ringen mit der Wahrheit – Albert Speer und das deutsche Trauma. München 1995. Zit. n. Hücking, Hielscher. A.a.O., S. 99.

Rita Bake, Dr., geb. 1952 in Bremerhaven. Sozial- und Wirtschaftshistorikerin, Dipl. Bibliothekarin. Stellvertretende Leiterin der Landeszentrale für politische Bildung und der Abteilung außerberufliche Weiterbildung der Behörde für Schule und Berufsbildung. Gründerin des Gartens der Frauen und Erste Vorsitzende des gleichnamigen Vereins. Veröffentlichungen zur Geschichte Hamburgs, zur Frauengeschichte und zu institutionenkundlichen regional-politischen Themen. Mitarbeit an Ausstellungen, Vorträge, szenische Stadtrundgänge.

Jörg Dettmar, Prof. Dr., geb. 1958 in Kamen. 1977–1981 Studium der Landespflege/Landschaftsarchitektur an der Gesamthochschule Paderborn. 1983 bis 1985 Studium der Landschaftsarchitektur an der Universität Hannover. 1983 bis 1987 selbständige Tätigkeit als Landschaftsplaner. 1987–1991 Wissenschaftlicher Mitarbeiter an der Universität Hannover. 1991–1995 Tätigkeit in verschiedenen Planungsverwaltungen in Niedersachsen und Hamburg. 1995 bis 1999 Bereichsleiter bei der IBA Emscher Park GmbH. Seit 2000 Professor für Entwerfen und Freiraumplanung an der TU Darmstadt. Mitglied im Sachverständigenrat »Industriewald Ruhrgebiet« des Umweltministeriums NRW. Wissenschaftlicher Berater der Industriekultur Saar GmbH und der RUHR.2010 GmbH.

Hartmut Frank, Prof. Dipl.-Ing., Architekt, geb. 1942 in Kosten/Koscian. Professor für Architektur- und Städtebautheorie an der HafenCity Universität Hamburg. Mitbegründer des Hamburger Architekturarchivs und Vorstandsmitglied des Hamburger Fritz-Schumacher-Instituts. Seit langem Forschungen über die Architektur und den Städtebau der Moderne. Kurator mehrerer einschlägiger Ausstellungen, unter anderem 1994 in Hamburg über Fritz Schumacher. Veröffentlichungen zu unterschiedlichen Fragen der Moderne im In- und Ausland.

Thomas Gladis, Dr., geb. 1956 in Berlin. Biologe (Zoologie, Botanik, Ökologie), seit 1983 Kulturpflanzenforschung, d. h. Agrobiodiversität einschließ-

310

lich der Unkräuter. Bestäubungsökologie, Domestikation und Verwilderung von Pflanzen und Tieren sowie deren Koevolution. Besonderes Interesse an der Inventarisierung und Nutzung der Vielfalt domestizierter Pflanzen und Tiere in Deutschland. Studien zur Wanderung von Menschen mit ihren Pflanzen und Tieren sowie zum Einfluss von Migranten auf die Gartenkultur. Seit 2007 Aufbau einer regionalen Kulturpflanzensammlung in Eichstetten am Kaiserstuhl. www.gladis.gmxhome.de

Horst Günther, Dr. Privatdozent, geb. 1945 in Altenburg/Thüringen. Philosoph. Forschungen zur Geschichte politischer Begriffe und Zeitvorstellungen, Lehre an der FU Berlin und an französischen Universitäten, regelmäßig Gast der Maison des Sciences de l'Homme, Paris. Kommentierte Editionen zur europäischen Renaissance (Machiavelli, Morus, La Boétie, J. Burckhardt), zur Aufklärung in Deutschland und Frankreich (Goethe, K. Ph. Moritz, Diderot) und zur Französischen Revolution.

Bernd Horneburg, Dr., geb. 1965 in Hamburg. Gärtner aus Passion, Biologe und Pflanzenzüchter. Mitgründer von »Dreschflegel und Züchter im Kultursaat e.V.«. Seit 1999 wissenschaftlicher Mitarbeiter an der Universität Göttingen; Leiter der Arbeitsgruppe »Standortanpassung und ökologische Züchtung«. Seit zwei Jahrzehnten ökologische Saatgutproduktion und Züchtung gärtnerischer Arten in Hausgarten und Erwerbsgärtnerei. Nebentätigkeit als Berater für Samenbau und Züchtung. www.uni-goettingen.de/de/48392.html

Renate Hücking, Dr., geb. 1947 in Werdohl. Literaturwissenschaftlerin. Über 20 Jahre Fernsehjournalistin in der Tagesschau- und Tagesthemen-Redaktion. Heute freie Autorin im Themenbereich Gärten und Gärtner. Zuletzt erschienen: Süchtig nach Grün, Piper 2007. Redakteurin des »blätterrauschen«, der Mitgliederzeitschrift der »Gesellschaft zur Förderung der Gartenkultur«.

Wolfgang Kil, geb. 1948 in Berlin. 1967–1972 Architekturstudium in Weimar, danach Arbeit als Architekt in Ostberlin. 1978–1982 Chefredakteur der Zeitschrift »Farbe und Raum«, anschließend freiberuflicher Kritiker und Publizist. 1992–1994 Redakteur bei der »Bauwelt«, seither wieder freiberuflich tätig. Lebt in Berlin und in der Uckermark. 1993 und 2001 Journalistenpreis der Bundesarchitektenkammer, 1997 Kritikerpreis des BDA, Mitglied der Sächsischen Akademie der Künste. Zahlreiche Publikationen u. a.: Luxus der Leere. Vom schwierigen Rückzug aus der Wachstumswelt, Wuppertal 2004. Das Wunder von Leinefelde, Dresden 2007.

Silke Koneffke, Dr., geb. 1964 in Hamburg. Studium der Germanistik mit dem Schwerpunkt Theater/Medien und der Kunstgeschichte an der Universität Hamburg. Promotion mit interdisziplinärer Grundlagenforschung zur Bedeutung von Orten und gestalteten Räumen für das Theater und den öffentlichen Diskurs: Theater · Raum, Berlin 1999. Leitende Dramaturgin am Landestheater Tübingen bis 2001. Seitdem freie Dramaturgin für verschiedene deutsche Bühnen. Veröffentlichungen und Vorträge zu alternativen Aufführungsorten.

Günter Miehlich, Prof. Dr., geb. 1939 in Bitterfeld-Wolfen. Studierter Lehrer für Biologie, Chemie und Geographie, promovierter und habilitierter Bodenwissenschaftler, Professor für Bodenkunde an der Universität Hamburg mit den Schwerpunkten Bodengefährdung und Bodenschutz urbaner Standorte sowie der Standortkunde im südlichen Afrika. Seit der Pensionierung mit dem mühsamen Geschäft der Öffentlichkeitsarbeit zum Thema Bodenschutz beschäftigt.

Dirck Möllmann, geb. 1963 in Wetzlar. Kunsthistoriker. Freier Kurator und Mitbegründer des VIDEO Club 99 in der Hamburger Kunsthalle und STILE DER STADT, Hamburg. Ausstellungen u. a.: raumsichten, Kunstwege und Raumplanung in der Grafschaft Bentheim, 2009–2011. Joseph Beuys. Das Gesamtkunstwerk Freie und Hansestadt Hamburg 1983–1984, Altonaer Museum, 2007. Videoabend I–II. Kartierungen in Film und Video, Galerie für Landschaftskunst und Kunstverein in Hamburg, 2003–2004.

Martina Oldengott, Prof. Dr. Dr., geb. 1957 in Berlin. Studium der Landschaftsarchitektur an der TU Berlin und der Kunstgeschichte an der TU Braunschweig und FU Berlin. Promotionen auf den Gebieten der Ökologie/Pflanzensoziologie und Gartenkunstgeschichte/Gartendenkmalpflege. 1986–1990 selbständige Landschaftsarchitektin. 1990–2005 Referats- und Abteilungsleiterin in der Senatsbehörde für Stadtentwicklung und Umwelt in Hamburg, seit 2005 bei der Emschergenossenschaft in Essen. Gastprofessorin an verschiedenen Hochschulen.

Britta Olényi von Husen, geb. 1969 in Hamburg. Studium der Betriebswirtschaft an der Berufsakademie in Mannheim, danach Studium der Kunstgeschichte, Klassischen Archäologie und Italienisch an der Universität Bonn. 1996 Magisterarbeit zum Thema »Der Gartenarchitekt Jacob Ochs und die Reform des Hausgartens um die Jahrhundertwende«. Seit 1996 im Kunsthandel tätig; seit 1999 bei Sotheby's in Köln für Gemälde des 19. Jahrhunderts zuständig, seit 2006 in London im Restitution Department für die Provenienz Recherche.

Hans-Helmut Poppendieck, Dr., geb. 1948 in Ahrensburg. Botaniker; Kustos am Herbarium der Universität Hamburg. Vorsitzender des Botanischen Vereins zu Hamburg und der Stiftung Internationaler Gärtneraustausch. Arbeitsschwerpunkt: Systematik tropischer Pflanzengruppen und Flora von Norddeutschland. Arbeitet zur Zeit an der Herausgabe eines Pflanzenatlas für Hamburg. Daneben Arbeiten zu historischen Gärten, Bauerngärten und zur Geschichte der Botanik. Interesse an allen Bereichen, wo Botanik und Gartenkultur sich berühren.

Brita Reimers, geb. 1949 in Hörst. Studium der Literaturwissenschaft, Philosophie und Kunstgeschichte an der Universität Hamburg. Magisterarbeit über Goethe. Verlagslektorin und zeitweilig Pressereferentin. Veröffentlichungen zu Kulturgeschichte, Biographien und Gärten; Herausgeberin der Buchreihe »Gartenkultur«. Konzeptentwicklung und Leitung von Vortragsreihen und Workshops, Mitarbeit an Symposien und Ausstellungen. Seit 2008 freiberuflich tätig.

Marit Rosol, Dr., geb. 1974 bei Berlin. Studium der Stadt- und Regionalplanung an der TU Berlin und in Madrid. Promotion in Geographie an der Humboldt-Universität Berlin. Seit 2006 wissenschaftliche Assistentin am Institut für Humangeographie an der Goethe-Universität Frankfurt a. M. Arbeitsschwerpunkte: Kritische Stadtforschung, Governance, Gouvernementalität, Neoliberalismus, Stadt- und Freiraumplanung, Partizipation und Protest.

Hartwig Stein, Dr., M. A., geb. 1950 in Hamburg. Geschichts- und Gemeinschaftskundelehrer. Publikationen und Vorträge zur Sozialgeschichte des 19. und 20. Jahrhunderts (Stadtgrün, Militärwesen, Versicherungsgeschichte). 1999 Auszeichnung mit dem Bundeskleingartenpreis des Bundesverbandes Deutscher Gartenfreunde für das Standardwerk zur Kulturgeschichte des deutschen Kleingartenwesens »Inseln im Häusermeer«.

Udo Weilacher, Prof. Dr., geb. 1963 in Kaiserslautern. Gärtnerlehre, Studium der Landschaftsarchitektur an der TU München-Weihenstephan und an der California State Polytechnic University Pomona/Los Angeles. 1993–1998 wissenschaftlicher Assistent bei Dieter Kienast an der Universität Karlsruhe und an der ETH Zürich, danach Lehrauftrag und Promotion an der ETH Zürich. 2002 bis 2009 Professor für Landschaftsarchitektur und Entwerfen an der Leibniz Universität Hannover. Seit April 2009 Professor für Landschaftsarchitektur und industrielle Landschaft an der Technischen Universität München. www.lai.ar.tum.de

Brigitte Wormbs, geb. 1937 in Betzdorf an der Sieg. Studium der Garten- und Landschaftsarchitektur an der TU München. Veröffentlichung zahlreicher theoretischer und essayistischer Arbeiten u. a. zum Naturbegriff, zur Landschafts-Wahrnehmung, -Darstellung und -Gestaltung, zur Stadtentwicklung, Architektur und Gartenkunst. Grundlegend ihr Buch: Über den Umgang mit Natur. Landschaft zwischen Illusion und Ideal, München/Wien 1976, Frankfurt a. M./ Basel 1981. Es thematisiert Landschaft als gesellschaftliches Produkt, sedimentierte Geschichte und aktuelles Politikum.

© Günter Miehlich. (S. 13, 17).

© SuB Hamburg: NSch : XVII : 3.20. (S. 101).

© Behörde für Stadtentwicklung und Umwelt, Hamburg. (S. 123, 135).

Quelle: Landesbund der Gartenfreunde, Hamburg. (S. 125, 133).

© DHM, Berlin. (S. 131).

© Bayer CropScience Deutschland GmbH. (S. 136).

Quelle: Haesler-Archiv im Stadtarchiv Celle. (S. 147).

Quelle: Sammlung der Verfasserin. (S. 161).

© Càtedra Gaudí-ETSAP-UPC. Fons Aleu. (S. 224).

© Christo 2003. (S. 227).

© Archiv Hagenbeck, Hamburg. (S. 232).

© VG Bild-Kunst, Bonn 2009. (S. 233, 247, 255, 265, 269).

© Galerie für Landschaftskunst, Hamburg. (S. 270, 271, 275).

Quelle: Archiv der sozialen Demokratie der Friedrich-Ebert-Stiftung. Bestand Rosa Luxemburg, Mappe XIII/18. (S. 290).

© United States Holocaust Memorial Museum. (S. 294).

© Baum- und Rosenschulen Johannes Boysen, Niebüll. (S. 299).

Bildzitate:

Aus: A. Le Blond. Die Gärtnerey sowohl in ihrer Theorie oder Betrachtung als Praxis oder Übung. Leipzig 1986, S. 78. (S. 47).

Aus: Hans-Jürgen Lüsebrink, Rolf Reichardt. »Kauft schöne Bilder, Kupferstiche … «. Illustrierte Flugblätter und französisch-deutscher Kulturtransfer 1600–1830. Mainz 1996, S. 95. (S. 81).

Aus: Hans-Christian und Elke Harten. Die Versöhnung mit der Natur. Hamburg 1989, Abb. X. (S. 82).

Aus: Jean Massin. Almanach de la Révolution francaise. O.O. 1988, S. 303. (S. 83).

Aus: Frederick Law Olmsted jr./ Theodora Kimball. Frederick Law Olmsted. Land-scape Architect. 1822–1903. New York and London 1928, Faltblatt, nicht paginiert. (S. 93).

Aus: Die unaufhörliche Gartenlust. Hamburgs Gartenkultur vom Barock bis ins 20. Jahr-hundert. Für das Museum für Hamburgische Geschichte hrsg. v. Claudia Horbas. Ost-fildern-Ruit 2006, S. 237. (S. 95).

Aus: Werner Hegemann. Der Städtebau nach den Ergebnissen der allgemeinen Städtebau-ausstellung in Berlin nebst einem Anhang: Die internationale Städtebauausstellung in Düsseldorf. Berlin 1913. Bd. 2, Abb. 283 (zwischen S. 338 und 339). (S. 99).

Aus: Fritz Schumacher. Ein Volkspark, dar-gestellt am Hamburger Stadtpark. München 1928, S. 22, 116. (S. 100, 103).

Aus: Daniel H. Burnham/Edward H.Bennet edited by Charles Moore with a new introduction by Kristen Schaffer. New York 1993 (1.edition Commercial Club Chicago 1909) plate XLIV nach S. 44. (S. 104).

Aus: Leberecht Migge 1881–1935. Gartenkultur des 20. Jahrhunderts. Hrsg. v. Fachbereich Stadt- und Landschaftsplanung der Gesamthochschule Kassel. Worpswede 1981, S. 8. (S. 138).

Aus: Die Gartenkunst 1999, S. 66, 58. (S. 140, 143).

Aus: Leberecht Migge. Gartenkultur des 20. Jahrhunderts. Jena 1913, S. 75. (S. 144).

Aus: Alma de l'Aigle. Ein Garten. Martina Nath-Esser, Anke Kuhbier, Brita Reimers (Hrsg.). Hamburg 1996, Bildteil. (S. 157, 164).

Aus: Der Rosenbogen mit Jahrbuch 1976, Heft 4, S. 28, 58. (S. 158, 163).

Aus: Die Gartenkunst 2002, S. 331. Foto Margrit Behrens. (S. 174).

Aus: Tilmann Buddensieg und Henning Rogge (Hrsg.). Die Nützlichen Künste. Berlin 1981, S. 382. (S. 175).

Aus: Albert Speer. Spandauer Tagebücher. Frankfurt/Berlin/Wien 1975, Bildteil nach S. 368. (S. 298).

Dank

Ich bedanke mich sehr herzlich bei Heinz Holert, Seniorchef der Firma Garpa, und bei Marianne Günther, Wirtschaftsprüferin und seit 50 Jahren Freundin, für die großzügige finanzielle Grundfinanzierung des Buches; bei Dr. Johannes Martens, der sich als Geschäftsführer der »Stiftung Naturschutz Hamburg und Stiftung Loki Schmidt« für das Projekt einsetzte; bei Prof. Dr. Ullrich Schwarz, Geschäftsführer der Hamburgischen Architektenkammer, dessen Zuschuss uns die Bebilderung erleichterte. Dennoch wäre dieses Buch ohne die Unterstützung einer großen Anzahl weiterer Menschen nicht zustande gekommen.

Zuerst möchte ich das Engagement der Autoren nennen, die sich erneut in ihre Vorträge hineingedacht, ihnen eine schriftliche Form gegeben und Bilder zur Verfügung gestellt haben. Hartwig Stein hat von sich aus professionell Korrektur gelesen und war, wie andere Autoren auch, immer offen für ein Gespräch. Ich danke allen für die schöne, von wechselseitigem Respekt getragene Zusammenarbeit.

Zahlreiche Künstler, professionelle Fotografen, Kollegen und Freunde haben bei der Bebilderung des Buches geholfen: Andrea Haase, Katharina Kuhlmann und Eva-Maria Schön haben auf meine Bitte in Dessau, München und Berlin fotografiert. Christo in New York, Ulrich Doering in Cape Town/Südafrika, Kej Hielscher, Till Krause und Heinz Spielmann in Hamburg, Massimo Listri in Florenz, Annegret Nippa in Leipzig und Jörg Zimmermann in Mainz haben eigene Arbeiten zur Verfügung gestellt; die Baum- und Rosenschulen Johannes Boyen in Niebüll, Bayer CropScience Deutschland, die Behörde für Stadtentwicklung und Umwelt, der Landesbund der Gartenfreunde und der Tierpark Hagenbeck in Hamburg, die Deutsche Bank in Frankfurt a. M., die Galerie Bernd Klüser in München, Heide Inhetveen in Sulzbürg, das Landschaftsarchitekturbüro Field Operations in New York, das Stadtarchiv Celle steuerten in ihrem Besitz befindliche Arbeiten bei. Ihnen allen sei ganz herzlich gedankt.

Besonders glücklich bin ich über die grafische Gestaltung durch Katja Musenberg. Dem oekom verlag danke ich für das Vertrauen in unser Projekt.

Über dem Buch soll seine Grundlage nicht vergessen werden. Ich danke der Landeszentrale für politische Bildung in Hamburg, insbesondere ihrer stellvertretenden Leiterin Dr. Rita Bake für die Anregung zur Vortragsreihe. Bei der Konzeption hat Hans-Helmut Poppendieck mich aus der Sicht seines Fachgebiets beraten.

Als letzte seien diejenigen genannt, die die ersten sind. Sie haben mich in allen Phasen des fünfjährigen Projekts »Gärten und Politik« begleitet: Silke Koneffke und Horst Günther.

317

Tiere und Pflanzen erobern die Stadt

»Raus in die Natur«, zieht es die nimmermüden Stadtmenschen, sobald die Frühlingssonne lacht. Rechnen müssen sie dabei neuerdings mit Gegenverkehr. Viele Tiere und Pflanzen finden auf dem Land keinen Lebensraum mehr und retten sich in die Städte. Die Großstadt Berlin belegt bereits einen Spitzenplatz unter den deutschen Vogelschutzgebieten. In einem Münchner Innenhof wurden bis zu 260 Schmetterlingsarten gezählt.

J. H. Reichholf

Stadtnatur
Eine neue Heimat für
Tiere und Pflanzen

318 Seiten, 24,90 EUR
ISBN 978-3-86581-042-7

oekom

Erhältlich bei www.oekom.de, kontakt@oekom.de, Fax +49/(0)89/54 41 84-49